Mahāvyutpatti

Bibliotheca Indo-Buddhica Series No. 98

Mahāvyutpatti

Edited by:
I.P. Minaev

SRI SATGURU PUBLICATIONS
A Division of
INDIAN BOOKS CENTRE
DELHI-INDIA

Published by :
Sri Satguru Publications
Indological and Oriental Publishers
A Division of
Indian Books Centre
40/5, Shakti Nagar,
Delhi-110007
(INDIA)

First Edition : St. Petersburg 1911
Reprint Edition : Delhi 1992

ISBN 81-7030-303-6

Printed at:
D.K. Fine Art Press, Delhi-52

PRINTED IN INDIA

Предисловіе къ I изданію.

Текстъ Махāвјутпатти изданъ по слѣдующимъ рукописямъ:

1) **P.** Рукопись на четырехъ языкахъ (т. е. санскритскомъ, тибетскомъ, китайскомъ и монгольскомъ) на толстой китайской бумагѣ, изъ библіотеки Имп. Санктпетербургскаго Университета (№ 25.147); 319 листовъ; 13 вершковъ въ длину и 4 вершка въ ширину. Санскритскій текстъ писанъ вдвойнѣ, двумя азбуками: на верхней строкѣ *ланчою*; на нижней строкѣ тибетскою азбукою. Такимъ образомъ, санскритскаго текста на страницѣ по четыре строки: двѣ a) верхнихъ и двѣ b) нижнихъ. Большинство исправокъ и приписокъ встрѣчается на нижнихъ строкахъ, обозначенныхъ: *b*). Поправки, попадающіяся надъ строками, обозначены въ изданіи словами: «на верху». Подъ санскритскимъ текстомъ — слѣдуетъ тибетскій, ниже китайскій и затѣмъ монгольскій.

Эта рукопись представляетъ самый исправный санскритскій текстъ.

На двухъ послѣднихъ листахъ находится слѣдующая приписка:

लक्ष्मोधरः 1) काञ्चनपर्वताभस्त्रिलोकनाथस्त्रिमलप्रहोणः बुद्धो विबुद्धो ऽम्बुजपत्रने-त्रस्तुन्मङ्गलं 2) भवतु शान्तिकरं तवाद्य। तेनोपदिष्टः प्रवरस्त्वकम्प्यः ख्यातस्त्रिलोकि 3) नरदेवपूज्यः

---

1) Отнесено къ тексту, см. ниже, стр. 117, и во второй разъ приписано на л. 318. — 2) Читай: °पत्र नेत्रस्तु°? — 3) Читай: °लोके?

धर्मात्तमः 1) शान्तिकरः प्रज्ञानां 2) तन्मङ्गलं भवतु शान्तिकरं तवाद्य ॥

सद्धर्मयुक्तः श्रुतमङ्गलाद्यः 3) संघो नृदेवासुरदक्षिणीयः । यः 4) श्रीनिवासः प्रवरो गणानां तन्मङ्गलं भवतु शान्तिकरं तवाद्य 5) ॥

नमो बुद्धाय । नमः सर्वमङ्गलतिथिमुहूर्तनक्षत्रराजाय 6) तथागतायार्हते सम्यक्सं-बुद्धाय ॥ तद्यथा । नक्षत्रे नक्षत्रे सर्वमङ्गलतिथिमुहूर्तनक्षत्राणि सर्वार्थसाधुकरिणी 7) स्वाहा ॥

यन्दिशि गन्तुगामता 8) दिशिमवलोक्य इयन्धारिणी पठित्वा गम्यते महासिद्धि 9) भवति ॥

सर्वमङ्गलधारणी समाप्तः 10)
ये धर्मा हेतुप्रभवा हेतुस्तेषां तथागतो ह्यवदत् ।
तेषाञ्च यो निरोध एवंवादी महाश्रमणः ॥
राज्ञा दानपतिश्चैव ये चान्यो 11) मि सवराशय ।
प्रप्नुवन्ति 12) सदा सुखमायुरारोगसम्पदः ।
महाव्युत्पत्तिसमाप्तेति ॥

Въ концѣ выпуска приложено факсимиле перваго листа этой рукописи *. Объ ея происхожденіи см. свѣдѣнія у Васильева въ У. Запискахъ И. Ак. Наукъ, томъ III, стр. 30.

2) **D.** Рукопись Азіатскаго Музея. — На китайской бумагѣ; 2 тетради; въ 1) 1—122 л., во 2) 123—257 л. (14 вершковъ въ длину, 3¾ въ ширину). Текстъ, какъ санскритскій (по двѣ строки на страницѣ), такъ и тибетскій переводъ (подъ скр. оригиналомъ), писанъ одною азбукою — тибетскою.

На первой страницѣ: नमो रत्नत्रयाय ॥ सद्धर्मोदितः भयोपदेशः व्यवस्थ-प्यते तत्र बुद्धस्य भगवतः नाममाहात्म्यमतिक्रुत्य (sic) । तथागतस्य पर्यायनामानि ।

На 225 л. об.: महाव्युत्पत्तिः समाप्तेति । इति । मङ्गलं । भवतु ॥

---

1) Читай: धर्मोत्तमः — 2) На строкѣ *b*) प्रज्ञानानां, *a*) तवाद्य — 3) *a*) श्रुति ˙˙˙द्यः — 4) Тибетскою азб.: श्रीः — 5) Р. तावाद्य — 6) Р. °त°. Все въ скобкахъ. — 7) Читай: °रिणि — 8) Читай: °कामता दिशम°? — 9) Читай: °द्धिर्भवति — 10) Читай: समाप्ता — 11) Читай: चान्ये ऽपि । °राशयः (?) — 12) Читай: प्राप्नु°.

* Факсимиле было приложено лишь къ 1-му изданію и не воспроизведено въ настоящемъ изданіи. П. М.

Два листа 256—257 съ тибетскимъ послѣсловіемъ. См. O. Boehtlingk, Ueber einige Sanskrit-Werke in der Bibliothek des Asiatischen Departements, въ Bulletin Historico-Philologique, т. II, стр. 345.

3) **M.** Рукопись тамъ-же (Indica № 125 b), на европейской бумагѣ ($11^3/_4$ вершка въ длину, $3^3/_4$ въ ширину). Тибетская азбука. По три строки санскритскаго текста на страницѣ; тибетскій переводъ подъ каждою строкою. По всей вѣроятности списокъ съ T.

На первой страницѣ: नमो भगवते (sic) शाक्यमुनये तथागतायार्हते (sic) सम्यक्संबुद्धाय ।

На послѣдней: व्युत्पत्ति समाप्तेति । शुभमस्तु सर्वजगताम्

За тѣмъ одна страница санскритскихъ словъ съ тибетскимъ и монгольскимъ переводомъ. См. A. Schiefner, въ Bulletin Historico-Philologique, т. IV, стр. 286, т. V, стр. 147.

4) **T.** Текстъ, напечатанный въ 123 т. Танжура; экземпляръ (№ 25.252) библіотеки Имп. Санктпетербургскаго Университета; азбука тибетская; печать неясная.

Начало: व्युत्पत्ति समा···, далѣе нѣсколько буквъ вытерто, затѣмъ: नमो भगवते शाक्यमुनये तथागतायार्हते (sic) सम्यक्संबुद्धाय ।

Заканчивается: व्युत्पत्ति समाप्तेति । शुभमस्तु सर्वजगताम् ।

[5) **L.** [1]) Рукопись Азіатскаго Музея На 1-мъ листѣ стоитъ 1066 и приклеенъ билетикъ: «Санскрито-тибетскій словарь буддійскихъ терминовъ, расположенный по предметамъ. (Санскритскія слова въ семъ экземплярѣ писаны тибетскими буквами)». Кромѣ того на 1-мъ листѣ: व्युत्पत्ति समा (?) नाम विकराति स्म. — Рукопись на толстой желтой бумагѣ (11 вершковъ въ длину, 2 въ ширину) по четыре строки на страницѣ. И санскритскій и тибетскій тексты писаны тибетской азбукой. На оборотѣ 1-го листа: नमो भगवते शाक्यमुनये

---

1) Описаніе рукописей L. и S. приведено по замѣткамъ И. П. Минаева въ его экземплярѣ Mahāvyutpatti. И. М.

तथागतायार्हते सम्यकसंबुद्धाय. Листы (175) обозначены китайскими цифрами. На последней страницѣ: व्युत्पत्ति समाप्तेति и далѣе शुभमस्तु सर्वजगतमः (?) ग्रनेन पुण्येन नु (?) सर्व दर्शिताः (?) मबास्य (?) निर्जित्य च दोषद्विषः ङ्घरतु (?) ज्ञा (?) मृत्युमहोर्मिसंकुलात् समुद्दरयं भवसागराज्जगत्। (sic). Затѣмъ ये धर्मा и т. д. и въ концѣ: मङ्गल म्रो ड्वलज्ञम्बुद्दीपालङ्कारमस्तु शुभं।]

6) U. Рукопись библіотеки Императорскаго Санктпетербургскаго Университета № 25.148. На европейской бумагѣ — in fol.; стр. 1—356. Въ концѣ оглавленіе по тибетски. Текстъ (въ 2 столбца) на двухъ языкахъ: тибетскомъ и санскритскомъ; азбука тибетская.

На первомъ листѣ: नमो रत्नत्रयाय। सद्धर्मोदितः भषोपदेशः व्यवस्थप्यते। तत्र बुद्धस्य भगवतः नाममाहात्म्यमतिकृत्य (sic)। तथागतस्य पर्यानामानि। (!).

На 353: महाव्युत्पत्तिः समाप्तिति (sic)। इति मङ्गलं भवातु (!)।

За симъ два листа тибетскаго послѣсловія. — По всей вѣроятности списокъ съ D.

[7) Къ тому же типу рукописей слѣдуетъ относить S[1]) — рукопись Азіатскаго Музея. Писана на 305 листахъ толстой бѣлой бумаги (11 вершковъ въ длину и 2½ вершка въ ширину) двумя азбуками: *ланчой* и тибетской. Санскритскій текстъ повторяется дважды ланчой (s) и тибетскими письменами. Начинается: नमो रत्नत्रयाय सद्धर्मोदितः (sic) भषोपदेशः (sic) व्यवस्थप्यते। तत्र बुद्धस्य भगवतः (sic) नाममाहात्म्यमधिकृत्य तथागतस्य पर्यायनामानिः Оканчивается на 303-мъ листѣ: महाव्युत्पत्तिः समाप्तिति। इति मङ्गलं भवातु. Затѣмъ 2 листа тибетскаго послѣсловія. — Рукопись хранится между 2 деревянныхъ досокъ. На 1-й стоитъ 1066 и заглавіе на наклеенной карточкѣ: «Санскрито-Тибетскій словарь буддійскихъ терминовъ, расположенный по предметамъ. (Санскритскія слова писаны буквами ланча)».]

Въ трехъ рукописяхъ тѣ-же описки и сообщаются санскритскія заглавія нѣкоторыхъ отдѣловъ.

---

1) См. примѣчаніе на стр. III.

Заглавія эти слѣдующія:

। १ । तथागतस्य पर्यायनामानि ॥
। २ । नानातथागतनामानि ॥
। ३ । बुद्धभूमिः । ॥ ४ ॥ असमसमाः पञ्च स्कन्धाः । ॥ ५ ॥ चत्वारि ज्ञानानि । ॥ ६ ॥ त्रिकायनामानि ॥
। ७ । दश तथागतबलानि ॥
। ८ । चत्वारि तथागतस्य वैशारद्यानि ॥
। ९ । अष्टादशावेणिका बुद्धधर्माः ॥
। १० । द्वात्रिंशत्तथागतस्य महाकरुणाः ॥
। ११ । त्रीण्यवेणिकानि स्मृत्युपस्थाननामानि ॥
। १२ । चत्वार्यारक्षाणि ॥
। १३ । चत्वारि (!) प्रतिसंविदश्च [1]) ।
। १४ । षडभिज्ञानामानि ॥
। १५ । अभिज्ञाकर्माणि ॥
। १६ । त्रीणि प्रातिहार्याणि ॥
। १७ । द्वात्रिंशन्महापुरुषलक्षणानि ॥
। १८ । अशीत्यनुव्यञ्जनानि ॥
। १९ । सूत्रान्त उद्धृतानि तथागतमाहात्म्यनामानि ॥
। २० । षष्ट्यङ्गस्वरनामानि ॥
। २१ । प्रज्ञापारमितोद्भविता (!) समाधि(सं)नामानि ॥
। २२ । बोधिसत्वानां साधारणनामानि ॥
। २३ । नानाबोधिसत्वनामानि ॥
। २४ । बोधिसत्वसमाधयः ॥
। २५ । बोधिसत्वधारण्यः ॥
। २६ । बोधिसत्वबलानि ॥
। २७ । बोधिसत्ववशिताः [1]) ॥
। २८ । बोधिसत्वानां चत्वारि वैशारद्यानि ॥
। २९ । अष्टादशावेणिकबोधिसत्वधर्माः ॥
। ३० । बोधिसत्वानां सूत्रान्तनिर्गतानि [2]) कानिचिद्गुणनामानि [3]) ॥
। ३१ । दश भूमिनामानि ॥
। ३२ । अधिमुक्तिचर्याभूमिनामानि ॥
। ३३ । दश धर्मचर्याः ॥
। ३४ । दश पारमिताः ॥
। ३५ । चत्वारि संग्रहवस्तूनि ॥
। ३६ । त्रीणि शिक्षाणि ॥
। ३७ । अष्टादश शून्यताः ॥
। ३८ । चत्वारि स्मृत्युपस्थानानि ॥
। ३९ । चत्वारि प्रहाणानि ॥
। ४० । चत्वारः [4]) ऋद्धिपादाः ॥
। ४१ । पञ्चेन्द्रियाणि ॥
। ४२ । पञ्च बलानि ॥
। ४३ । सप्त बोध्यङ्गानि ॥
। ४४ । आर्याष्टाङ्गमार्गनामानि ॥
। ४५ । प्रत्येकबुद्धपुद्गलाः ॥
। ४६ । श्रावकपुद्गलक्रमाः [5]) ॥

---

1) S. °सम्वितिश्च

1) Поправка; въ рук.: °शितनिः — 2) Въ рук.: सूत्रान्तनिर्गता — 3) Въ рук.: काचिद्गुण° — 4) Такъ S. — 5) Въ рук. °अपुद्गलक्रमा, प्रति°?

। ४७ । नानाश्रावकनामानि ॥

। ४८ । श्रावकगुणाः ॥

। ४९ । द्वादश धूतगुणाः ॥

। ५० । श्रावकभूमयः ॥

। ५१ । षडनुस्मृतयः ॥

। ५२ । अशुभभावनाः ॥

। ५३ । अनापानभावनाविधिः ॥

। ५४ । षोडशभिराकारैर्विस्तरितानि चत्वार्यार्यसत्यानि ॥

। ५५ । निर्वेधभागक्रम ॥

। ५६ । षोडश चित्तक्षणाः ॥

। ५७ । दश ज्ञानानि ॥

। ५८ । चत्वारः प्रतिपदः ॥

। ५९ । यानक्रमः ॥

। ६० । इन्द्रियवैमात्रता 1) ॥

। ६१ । पञ्च गोत्राः ॥

। ६२ । द्वादशाङ्गधर्मप्रवचनं ॥

। ६३ । धर्मपर्यायाः ॥

। ६४ । ॥ ६५ ॥ *

। ६६ । कण्ठोक्तकारिकादीनां नामानि ॥

। ६७ । चत्वारि ध्यानानि ॥

। ६८ । समापत्तिनामानि ॥

। ६९ । चत्वार्यप्रमाणानि 2) ॥

। ७० । अष्टौ विमोक्षाः ॥

। ७१ । अष्टावभिभ्वायतनानि ॥

। ७२ । दश कृत्स्नायतनानि ॥

1) U. इन्द्रियावानाभिसमयगोत्र, S. нѣтъ — 2) D. U. °र्याप्रमणानि

* Скр. заглавія нѣтъ.

। ७३ । त्रीणि विमोक्षमुखानि ॥

। ७४ । चत्वारि प्रतिशरणानि ॥

। ७५ । त्रिविधा प्रज्ञा ॥

। ७६ । पञ्च विद्यास्थानानि ॥

। ७७ । चत्वारि धर्मसमादानानि ॥

। ७८ । सप्त धनानि ॥

। ७९ । षडनुत्तर्याणि ॥

। ८० । चत्वार्यधिष्ठानानि ॥

। ८१ । नव प्रमोद्यपूर्वका धर्माः ॥

। ८२ । षड् निःसरणीयधातवः ॥

। ८३ । चत्वारि देवमनुष्याणां चक्राणि 1) ॥

। ८४ । तापसंवारमर्यादाः 2) ॥

। ८५ । योगाङ्गानि ॥

। ८६ । चत्वारि व्याकरणानि ॥

। ८७ । त्रीणि लक्षणानि ॥

। ८८ । चत्वारो ऽभिप्रायाः ॥

। ८९ । चत्वारो ऽभिसंधयः ॥

। ९० । शमथविपश्यनानि ॥

। ९१ । दशाकुशलानि ॥

। ९२ । दश कुशलानि ॥

। ९३ । पुण्यक्रियावस्तूनि ॥

। ९४ । परमार्थपर्यायाः ॥

। ९५ । निर्वाणपर्यायाः ॥

। ९६ । शरणपर्यायाः ॥

। ९७ । माननापर्यायाः ॥

। ९८ । उत्सुटिपर्यायाः (?) ॥

। ९९ । अभयपर्यायाः ॥

1) D. U. चक्रणी — 2) D. U. संवारमर्याय

। १०० । पञ्चोपादानस्कन्धाः ॥

। १०१ । चत्वारि महाभूतानि ॥

॥ १०२–१०५ ॥*

। १०६ । द्वादशायतनानि ॥

। १०७ । अष्टादश धातवः [1]) ॥

। १०८ । द्वाविंशतीन्द्रियाणि ॥

। १०९ । स्कन्धधात्वायतनेन्द्रियान्तर्गतानि [2]) पदान्तराणि ॥

। ११० । *

। १११ । त्रयदुःखता ॥

। ११२ । पुनरष्टौ दुःखताः ॥

। ११३ । द्वादशाङ्गः प्रतीत्यसमुत्पादः ॥

। ११४ । षड् हेतवः ॥

। ११५ । चत्वारः प्रत्ययाः ॥

। ११६ । पञ्च फलानि [3]) ॥

। ११७ । चत्वारो योनयः ॥

। ११८ । चत्वार आहाराः ॥

। ११९ । नव सत्वावासाः [4]) ॥

। १२० । अष्टावक्षणाः ॥

। १२१ । त्रिकार्मकाराणि ॥

। १२२ । पञ्चानन्तर्याणि ॥

। १२३ । पञ्चानन्तर्यसहगतानि [5]) ॥

। १२४ । पञ्च कषायाः ॥

। १२५ । अष्टौ लोकधर्माः ॥

। १२६ । नानागुणनामानि ॥ ॥ १२७ ॥ *

। १२८ । अनुत्तरपर्यायाः ॥

। १२९ । परिशुद्धपर्यायाः ॥

। १३० । निमन्त्रणापर्यायाः ॥

। १३१ । कीर्तिप्रशंसापर्यायाः ॥

। १३२ । निन्दनापर्यायाः ॥

। १३३ । अनुकूलाप्रतिकूलादयः ॥

। १३४ । बृहत्परीत्तादयः ।

। १३५ । मित्रकार्यं ॥

। १३६ । अमित्रकर्म [1]) ॥

। १३७ । कुशलवर्तः ॥

। १३८ । धर्मदेशनाश्रावणादिनामानि ॥

। १३९ । मायादयः ॥

। १४० । त्यागादयः ॥ ॥ १४१–१४२ ॥ *

। १४३ । पण्डितपर्यायनामानि ॥ ॥ १४४ ॥ *

। १४५ । नन्दिपर्यायाः ॥

। १४६ । क्रोधकाराः ॥

। १४७ । चत्वारः पुद्गलाः [2]) ॥

। १४८ । इहपरत्राकाराणि ॥

। १४९ । विवेकादयः ॥

। १५० । स्थाननामानि ॥

। १५१ । भूमिकम्पिकारः ॥

। १५२ । प्रभापर्यायाः [3]) ॥

। १५३ । लोकधातवः ॥

। १५४ । चत्वारो [4]) द्वीपाः ॥ ॥ १५५–१६२ ॥ *

---

* Скр. заглавія нѣтъ.

1) D. U. धातुरनि — 2) D. U. °न्द्रियं अन्तर्गतानि — 3) D. U. S. फलं — 4) D. U. सत्वावसत्वावासा — 5) D. U. S. °सतागानि

---

* Безъ скр. заглавія.

1) D. U. °र्मः — 2) D. U. S. °लानि — 3) D. U. प्रता° — 4) D. U. चतर

। १६३ । लौकिकदेवताः [1] ॥

। १६४ । नव ग्रहाः [2] ॥

। १६५ । अष्टाविंशति नक्षत्राणि ॥ ॥ १६६ ॥*

। १६७ । नागराजनामानि ॥ ॥ १६८ ॥ *

। १६९ । यक्षाः ॥

। १७० । गन्धर्वा यथा ॥

। १७१ । असुरा यथा ॥

। १७२ । गरुडेन्द्रनामानि ॥

। १७३ । किंनरा यथा ॥

। १७४ । महोरगनामानि [3] ॥ ॥ १७५ ॥ *

। १७६ । महर्षयः [4] ॥

। १७७ । पूर्व उपाध्यायाः ॥

। १७८ । तीर्थिकाः ॥

। १७९ । षट् शास्तरः ॥

। १८० । चक्रवर्तीराजानः ॥

। १८१ । चक्रवर्तिनां सप्त रत्नानि गुणक्रमः ॥

। १८२ । सातिरेकपुत्रसाहास्राणां गुण पद्दति ॥

। १८३ । चतुरङ्गबलकायः ॥

। १८४ । प्रदेशराजनामानि ॥ ॥ १८५ ॥ *

। १८६ । मनुष्यक्रमः ॥

। १८७ । चत्वारो वर्णाः ॥ ॥ १८८ ॥ *

। १८९ । शरीराङ्गप्रत्यङ्गानि ॥ ॥ १९०–१९३ ॥*

। १९४ । गिरिनामानि ॥ ॥ १९५ – १९६ ॥*

। १९७ । मन्त्रनायकनिर्गतनिपराणि ॥

। १९८ । उत्पातनिमित्तानि [1] ॥

। १९९ । प्रमाणातार्कनिर्गतार्थाः (?) ॥

॥ २००–२०५ ॥ *

। २०६ । चतुर्दशाव्याकृतमूलानि ॥

। २०७ । तीर्थकात्मपर्यायाः [2] ॥

। २०८ । विंशतिशिखरसमुद्गतः सत्कायदृष्टिशैलः ॥ ॥ २०९ ॥*

। २१० । सप्त विभक्तयः [3] ॥

। २११ । दुर्गतयः ॥ ॥ २१२–२१५ ॥ *

। २१६ । अष्टादश विद्यास्थानानि ॥

॥ २१७ -२२० ॥ *

। २२१ । ब्राह्मणविक्रकर्मः (sic) ॥

॥ २२२–२२३ ॥ *

। २२४ । स्वर्गकामादीनां नामानि ॥

॥ २२५–२३० ॥ *

। २३१ । ओषधिनामानि ॥

। २३२ । वस्त्रनामानि ॥

। २३३ । परिष्कारनामानि ॥

। २३४ । रङ्गनामानि ॥

। २३५ । मणिरत्ननामानि ॥

। २३६ । शङ्खादिनामानि ॥

। २३७ । सर्वालंकारनामानि ॥ ॥ २३८ ॥ *

। २३९ । पूजापरिष्कारः ॥

। २४० । पुष्पनामानि ॥

---

1) D. U. °तानि — 2) D. U. °हानि, S. °हाणि — 3) D. U. °रगाति — 4) D. U. महार्षयानि

* Безъ скр. заглавія.

---

1) D. U. उद् पदनिमित्रानि, S. उत्पाद
2) D. U. तिर्थ्रका° — 3) D. U. विभिक्तय—

* Безъ скр. заглавія.

। २४१ । पुष्पमुलति (sic) [1]) नामानि ॥
। २४२ । पुष्पगुणनामानि ॥
। २४३ । सर्वधूपनामानि ॥ ॥ २४४–२४५ ॥*
। २४६ । ग्रर्पनक्षविब्रलत्रघग्रवतनमकसूत्र-
त्रवित्तगणना (!) नामानि [2]) ॥
॥ २४७–२५५ ॥*

1) Читай पुष्पमूलादि° — 2) S. °वि-प्रत्रघग्रवतन्सक°

* Безъ скр. заглавія.

। २५६ । दिग्विदिग्नामानि [1]) ॥
॥ २५७–२६६ ॥*
। २६७ । त्रिशरणागमनं ॥ ॥ २६८ ॥*
। २६९ । चत्वारः श्रमणकारका धर्माः ॥
॥ २७०–२८३ ॥*
। २८४ । व्याधिनामानि ॥

1) D. U. धिगविधिगना°, S. डिग्वि-डिग्ना°

* Безъ скр. заглавія.

Всѣ рукописи сообщаютъ одинъ и тотъ же текстъ, но съ массою описокъ; часть ихъ помѣщена въ подстрочныхъ примѣчаніяхъ; болѣе значительный выборъ такого рода варіантовъ будетъ представленъ при переводѣ*), въ мѣстахъ, очевидно, дошедшихъ до насъ въ сильно искаженномъ видѣ, или же допускающихъ исправленія и возстановленія текста приблизительно первоначальнаго.

*) И. П. Минаевъ не успѣлъ довести до конца этого перевода. Н. М.

Предисловіе ко II изданію.

Въ 1905 году академикъ С. Ө. Ольденбургъ предложилъ намъ приготовить къ печати новое изданіе какъ текста Mahāvyutpatti[1]), такъ и указателя къ ней, составленнаго покойнымъ И. П. Минаевымъ. Мы охотно взялись за эту работу, но, къ сожалѣнію, различныя обстоятельства задерживали ходъ ея, такъ что лишь теперь она видитъ свѣтъ. Самое важное было уже сдѣлано Иваномъ Павловичемъ: въ его экземплярѣ оказалось множество помѣтокъ и поправокъ, которыя вездѣ и приняты нами во вниманіе. Сравнительно немного измѣненій противъ первоначальнаго текста дали рукописи L и S, неиспользованныя покойнымъ издателемъ, зато увеличилось число разночтеній въ подстрочныхъ примѣчаніяхъ.

Мы поставили своей задачей не дать новое изданіе этого труднаго текста, а лишь *переиздать* его, особенно вслѣдствіе того, что 1-е изданіе стало библіографической рѣдкостью. Мы позволяли себѣ вносить измѣненія въ текстъ только въ 2 случаяхъ: 1) когда эта измѣненія были намѣчены покойнымъ издателемъ и 2) когда это были исправленія явныхъ опечатокъ или описокъ. Съ перваго взгляда видно, что въ текстѣ Mahāvyutpatti множество испорченныхъ чтеній, грубыхъ грамматическихъ ошибокъ, которыя не трудно было бы исправить, но мы полагаемъ, что критическое изданіе должно дать лишь текстъ (при-

---

1) Первое изданіе составляетъ II вып. I тома труда И. П. Минаева «Буддизмъ. Изслѣдованія и матеріалы» въ Запискахъ И.-Ф. Фак. Имп. СПБ. Университета С.-ПБургъ. 1887.

близительно) въ томъ видѣ, какъ его представляли себѣ его авторы. Достаточно извѣстно, что языкъ сѣверныхъ буддійскихъ текстовъ довольно далекъ отъ классическаго санскрита. Авторы Mahāvyutpatti, лотсавы Кга Чжогъ[1]) и др., составлявшіе ее въ IX в. въ Тибетѣ, были конечно не классики!

Одно изъ наиболѣе существенныхъ нашихъ отступленій отъ текста 1-го изданія слѣдующее. Многіе §§ начинаются съ заглавія, которое часто удерживалось И. П. Минаевымъ въ текстѣ. Мы позволили себѣ выкинуть ихъ оттуда (читатель найдетъ ихъ въ спискѣ заглавій въ предисловіи) и соотвѣтственно измѣнить нумерацію, — особенно когда въ такомъ заглавіи встрѣчается числительное, соотвѣтствующее числу №№ даннаго § (напр. § 77 — चत्वारि धर्मसमादानानि, въ 1-мъ изд. 5 №№!). Такъ мы поступили въ слѣдующихъ §§: 60, 77, 81, 82, 100, 119, 120, 183, 208, 267 и 269. Можетъ быть, слѣдовало бы дѣйствовать рѣшительнѣе и выкинуть еще нѣсколько заглавій, напр. въ § 104.

---

1) См. тибетско-монгольскій словарь «Мергед гархуjін орон» (དག་ཡིག་མཁས་པའི་འབྱུང་གནས་ཞེས་བྱ་བ), отд. Pāramitā, f. 17b (Пекинскій ксилографъ XVIII в.). Здѣсь говорится, что Mahāvyutpatti составлена при тибетскомъ царѣ Ти Ралпбачжанѣ ཁྲི་རལ་པ་ཅན་ (по преданію р. въ 866 г., ум. въ 901 г. по Р. Х.). Жамьянъ шадпба (1648—1722) приписываетъ этотъ трудъ тремъ лотсавамъ Кга Чжогъ-Шжанъ-сумъ; это, вѣроятно, первые слоги трехъ именъ:

Крава Пбалцзегъ (ཀ་བ་དཔལ་བརྩེགས), Чжогро Лун гялцанъ (ཅོག་རོ་ཀླུ་ཡི་རྒྱལ་མཚན) и Шжанъ Гллнлнъ нявсзанъ (ཞང་རྒྱལ་ཉེན་ཉེ་བཟང་). (Мы обязаны этими данными любезности лектора монгольскаго языка въ С.-Петербургскомъ Университетѣ Б. Б. Барадійна).

При обработкѣ указателя, намъ пришлось внести сюда больше своего, такъ какъ И. П. Минаевъ оставилъ эту часть труда въ болѣе сыромъ видѣ: такъ глаголы приведены у насъ подъ корнемъ, въ какихъ бы формахъ и съ какими приставками они бы ни встрѣчались. Къ сожалѣнію, все же проскользнуло нѣсколько формъ, которыя приходится искать по алфавиту, напр. प्रेतते. Замѣтимъ, что заглавія введены въ указатель и обозначены цифрой § съ —, напр. इन्द्रियपञ्चमात्रता ६०. — Въ указателѣ мы приняли во вниманіе поправки Kern'a (K.) изъ его Manual of Indian Buddhism (Grundr. I.-A. Ph. Alt.) и Sanskrit Wörterbuch in kürzerer Fassung (особенно Nachträge, B.)[1].

Въ заключеніе мы считаемъ своимъ пріятнымъ долгомъ выразить нашу благодарность Императорской Академіи Наукъ, поддержавшей нашу работу крупнымъ пособіемъ изъ капитала А. М. Кожевникова, а особенно инициатору этого изданія академику С. Ѳ. Ольденбургу, безъ неоцѣнимаго содѣйствія котораго эта книга не увидѣла бы свѣта.

Просимъ читателей вмѣнить опечатки въ вину неопытному редактору, а отнюдь не образцовой академической типографіи.

Когда III выпускъ нашего изданія былъ уже почти законченъ печатаніемъ, вышло въ свѣтъ другое изданіе того же текста (Sanskrit-Tibetan-English Dictionary... by A. Csoma de Körös, ed. by E. Denison Ross and S. Ch. Vidyābhūsaṇa, Memoirs As. Soc. Bengal, Calcutta, 1910). Мы не рѣшаемся высказаться относительно значенія этого изданія до выхода II тома, долженствующаго заключать санскритскій и тибетскій указатели.

Н. Мироновъ.

СПБ. Декабрь 1910.

---

1) Оговариваемъ здѣсь принятую въ текстъ поправку Kern'a (Manual, p. 86, n. 4): पद्रूपासिकाप: вм. *पद्रूप: इशान्ताप: § 264. 4.

नमो भगवते शाक्यमुनये तथागतायार्हते सम्यक्संबुद्धाय ॥

॥ १ ॥

बुद्धः । १ भगवान् । २ तथागतः । ३ अर्हन् । ४ सम्यक्संबुद्धः । ५ विद्याचरणसंपन्नः । ६ सुगतः । ७ लोकवित् । ८ अनुत्तरः । ९ पुरुषदम्यसारथिः । १० शास्ता । ११ जिनः । १२ लोकज्येष्ठः । १३ सर्वज्ञः । १४ तायी । १५ देवातिदेवः । १६ महर्षिः । १७ धर्मस्वामी । १८ ऋषभः । १९ नायकः । २० परिणायकः । २१ विनायकः । २२ अद्वयवादी । २३ शौद्धोदनिः । २४ दशबलः । २५ मारजित् । २६ शाक्यपुंगवः । २७ गोप्ता । २८ महात्मा । २९ विजयी । ३० विभुः । ३१ विश्वंतरः[1] । ३२ सर्वधर्मेश्वरः । ३३ विराट् । ३४ धीरः । ३५ गुणसागरः । ३६ शरण्यः । ३७ शरणं[2] । ३८ वादिसिंहः । ३९ नरोत्तमः । ४० माराभिभूः । ४१ अप्रतिपुद्गलः । ४२ वान्तदोषः । ४३ हतविषः । ४४ अनङ्गजित् । ४५ षडभिज्ञः । ४६ भवान्तकृत् । ४७ अघहन्ता[3] । ४८ सिद्धार्थः । ४९ शाक्यसिंहः । ५० वरार्हः । ५१ वरदः । ५२ वीरः । ५३ शमिता । ५४ शान्तपापः । ५५ शीतीभूतः । ५६ शिवंकरः । ५७ निर्द्वन्द्वः[4] । ५८ निर्ममः । ५९ नेता । ६० निरवद्यः । ६१ निर्भयः[5] । ६२ वीततृष्णः । ६३ निरादानः । ६४ विमुक्तः । ६५ शुभधर्माकारः । ६६ धर्माकारः[6] । ६७ शुचिः । ६८ अनुपमः । ६९ त्रिकालज्ञः । ७० वादी । ७१ त्रिदोषापहः । ७२ त्रिप्रातिहार्यसंपन्नः । ७३ निर्मलः । ७४ त्रिस्कन्धपथदेशिकः । ७५ निर्ज्वरः । ७६ सूर्यवंशः । ७७ अङ्गिरसः । ७८ गौतमः । ७९ इक्ष्वाकुकुलनन्दनः[7] । ८० प्रभुः । ८१

---

1) P. *a*) विशान्त°; *b*); L. विशा°; P. *b*) Надъ строкой какъ въ текстѣ. — 2) P. поправка надъ строкой; *a*) и *b*) °ण्यः — 3) P. *b*) поправка, *a*) अघ° — 4) P. поправка надъ строкой *a*) и *b*) निर्द्वन्द्वः — 5) S. निर्णायः — 6) P. зачеркнуто и возстановлено °तपः. Такъ, слѣдуя тибетскому и китайскому текстамъ. — 7) P. *a*) इक्ष्वाकु°; *b*) поправка. L.: इक्षुकुल° —

॥ २ ॥

वैरोचनः[1]) । १ अक्षोभ्यः । २ अमिताभः । ३ रत्नसंभवः । ४ अमोघसिद्धिः । ५ विपश्यी । ६ शिखी । ७ विश्वभुक् । ८ क्रकुच्छन्दः[2]) । ९ कनकमुनिः । १० काश्यपः । ११ शाक्यमुनिः । १२ दीपंकरः । १३ पद्मनेत्रः । १४ प्रहसितनेत्रः । १५ रत्नशिखी । १६ मेघंकरः । १७ [illegible] । १८ [illegible] । १९

॥ ३ ॥

समन्तप्रभा बुद्धभूमिः । १

॥ ४ ॥

शीलस्कन्धः । १ समाधिस्कन्धः । २ प्रज्ञास्कन्धः । ३ विमुक्तिस्कन्धः । ४ विमुक्तिज्ञानदर्शनस्कन्धः । ५ धर्मधातुविशुद्धिः । ६

॥ ५ ॥

आदर्शज्ञानं । १ समताज्ञानं । २ कृत्यानुष्ठानज्ञानं । ३ प्रत्यवेक्षणाज्ञानं । ४

॥ ६ ॥

धर्मकायः । १ संभोगकायः । २ निर्माणकायः । ३

॥ ७ ॥

स्थानास्थानज्ञानबलं । १ कर्मविपाकज्ञानबलं । २ नानाधिमुक्तिज्ञानबलं[3]) । ३ नानाधातुज्ञानबलं । ४ इन्द्रियपरापरज्ञानबलं । ५ सर्वत्रगामिनीप्रतिपज्ज्ञानबलं[4]) । ६ सर्वध्यानविमोक्षसमाधिसमापत्तिसंक्लेशव्यवदानव्युत्थानज्ञानबलं । ७ पूर्वनिवासानुस्मृतिज्ञानबलं । ८ च्युत्युपपत्तिज्ञानबलं । ९ आस्रवक्षयज्ञानबलं । १०

॥ ८ ॥

सर्वधर्माभिसंबोधिवैशारद्यं । १ सर्वास्रवक्षयज्ञानवैशारद्यं । २ अन्तरायिकधर्मानन्यथात्वनिश्चितव्याकरणवैशारद्यं । ३ सर्वसंपदधिगमाय नैर्याणिकप्रतिपत्तथात्ववैशारद्यं । ४

---

1) L. विरा° — 2) P. еще: क्रकुत्सुन्दः и зачеркнуто; S. °च्छन्दः — 3) L. नानावि° — 4) S. °गामिनी. — Поправка надъ строкой: °प्रतिपन्थ° вм. °पज्ज्ञा° въ P. a) и b). —

॥ ९ ॥

नास्ति तथागतस्य स्खलितं । १ नास्ति रवितं । २ नास्ति मुषितस्मृतिता । ३ नास्त्यसमाहितचित्तं । ४ नास्ति नानात्वसंज्ञा । ५ नास्त्यप्रतिसंख्यायोपेक्षा । ६ नास्ति च्छन्दस्य हानिः । ७ नास्ति वीर्यस्य हानिः । ८ नास्ति स्मृतेर्हानिः । ९ नास्ति समाधेर्हानिः । १० नास्ति प्रज्ञाया हानिः १) । ११ नास्ति विमुक्तिहानिः । १२ सर्वकायकर्म ज्ञानपूर्वंगमं ज्ञानानुपरिवर्ति । १३ सर्ववाक्कर्म ज्ञानपूर्वंगमं ज्ञानानुपरिवर्ति । १४ सर्वमनस्कर्म ज्ञानपूर्वंगमं ज्ञानानुपरिवर्ति । १५ अतीतेऽध्वन्यसङ्गमप्रतिहतं ज्ञानदर्शनं प्रवर्तते । १६ अनागतेऽध्वन्यसङ्गमप्रतिहतं ज्ञानदर्शनं प्रवर्तते । १७ प्रत्युत्पन्नेऽध्वन्यसङ्गमप्रतिहतं ज्ञानदर्शनं प्रवर्तते । १८

॥ १० ॥

निरात्मानः सर्वधर्माः सत्त्वाश्च नैरात्म्यं नाधिमुच्यन्ते । अतस्तथागतस्य सत्त्वेषु महाकरुणोत्पद्यते । १ निःसत्त्वाः सर्वधर्माः । २ निर्जीवाः सर्वधर्माः । ३ निष्पुद्गलाः सर्वधर्माः । ४ अभावाः सर्वधर्माः २) । ५ अनिकेताः सर्वधर्माः । ६ अनालयाः सर्वधर्माः । ७ अममाः सर्वधर्माः । ८ अस्वामिकाः सर्वधर्माः ३) । ९ अवस्तुकाः सर्वधर्माः । १० अजाताः सर्वधर्माः । ११ अच्युता अनुत्पन्नाः सर्वधर्माः । १२ असंक्लिष्टाः सर्वधर्माः । १३ विगतरागाः सर्वधर्माः । १४ विगतद्वेषाः सर्वधर्माः । १५ विगतमोहाः सर्वधर्माः । १६ अनागतिकाः सर्वधर्माः । १७ अगतिकाः सर्वधर्माः । १८ अनभिसंस्काराः सर्वधर्माः । १९ अप्रपञ्चाः सर्वधर्माः । २० शून्याः सर्वधर्माः । २१ अनिमित्ताः सर्वधर्माः । २२ अप्रणिहिताः सर्वधर्माः । २३ अन्योन्यविग्रहसंगृहीतो बतायं लोकसंनिवेशो व्यापादखिलद्वेषप्रतिपन्न ४) इति संपश्यन् । २४ विपर्याससंप्रयुक्तो बतायं लोकसंनिवेशो विषममार्गप्रयात ५) उत्पथमार्गस्थायी । २५ लुब्धो लोभाभिभूतो बतायं लोकसंनिवेशोऽतृप्तः परवित्तापहारी । २६ धनधान्यगृहपुत्रभार्यातृष्णादासा बतेमे सत्त्वा असारे सारसंज्ञिनः । २७ विषमाजीवा बतेमे सत्त्वा अन्योन्यपरिवञ्चनोपस्थिताः ६) । २८ अतृप्ता बतेमे सत्त्वा लाभसत्कारश्लोकोपचरितास्तृप्ता स्म इति प्रतिज्ञा-

---

1) P. a) и b) °पार्ह्य° — 2) S. निष्प्रकताः° — 3) L. अग्रामि° — 4) Въ P. на верху поправка вм. °द्वेष° — 5) P. поправка подъ строкой; два другихъ чтенія: °प्रप्रातः, प्रपातः — 6) a) P. °परिवञ्चा°, b) °परिपञ्च°; S. °वञ्चनाव°.

नते। २९ नित्याभिरता वतेमे सत्त्वा एकान्ताक्लिष्टदुःखभाजने [1]) गृहावासे। ३० कारणोपगाः पुनः सर्वधर्मा विठपनप्रत्युपस्थानलक्षणाः। ३१ इदं पुनरग्र्यमसङ्गज्ञानमुत्सृज्य विशिष्टपरि-
निर्वाणार्थं [2]) सत्त्वा हीनयानं प्रार्थयन्ते यदिदं श्रावकप्रत्येकबुद्धयानं तेभ्य उदारमतिं रो-
चयिष्यामीति यदिदं बुद्धज्ञानाध्यालम्बनतायै [3]) इति तथागतस्य सत्त्वेषु [4]) महाकरुणोत्प-
द्यते। ३२

॥ ११ ॥

शुश्रूषमाणेषु समचित्तता। १ अशुश्रूषमाणेषु समचित्तता। २ शुश्रूषमाणाशुश्रूषमाणेषु समचित्तता। ३

॥ १२ ॥

परिशुद्धकायसमुदाचारस्तथागतः। १ नास्ति तथागतस्यापरिशुद्धकायसमुदाचारता। २
परिशुद्धवाक्समुदाचारस्तथागतः। ३ नास्ति तथागतस्यापरिशुद्धवाक्समुदाचारता। ४
परिशुद्धमनःसमुदाचारस्तथागतः। ५ नास्ति तथागतस्यापरिशुद्धमनःसमुदाचारता। ६
परिशुद्धजीवस्तथागतः। ७ नास्ति तथागतस्यापरिशुद्धजीवता। ८

॥ १३ ॥

धर्मप्रतिसंवित्। १ अर्थप्रतिसंवित्। २ निरुक्तिप्रतिसंवित्। ३ प्रतिभानप्रतिसंवित्। ४

॥ १४ ॥

दिव्यं चक्षुः। १ दिव्यं श्रोत्रं। २ परचित्तज्ञानं। ३ चेतःपर्यायज्ञानं [5])। ४ पूर्वनिवासानुस्मृतिज्ञानं। ५ ऋद्धिविधिज्ञानं। ६ आस्रवक्षयज्ञानं। ७

॥ १५ ॥

यथा समाहिते चित्ते स्वीय आसने ऽन्तर्हितः [6])। १ विहायसाभ्युद्गम्य चतुर्विधमीर्या-

---

1) P. a) अकान्तक्लि°; b) एकान्ता° — 2) P. b) поправка °णो ता हीनमवा и другая на верху: °णार्थं — 3) Поправка вм. °व्यालम्ब° въ P. a) и b) — 4) P. a) и b) त्वेषु — 5) P. зачеркнуто. — 6) P. a) चित्तस्विगे, b) चित्तस्वीय; S. चित्तस्वयम°. —

पथं[1] कल्पयति[2]। २ उपरिमः कायः प्रज्वलति। ३ अधः कायाच्छीतला वारिधाराः स्यन्दन्ते। ४ अनेकविधमृद्धिविषयं प्रत्यनुभवति। ५ एको भूत्वा बहुधा भवति। ६ बहुधा भूत्वा एको भवति। ७ आविर्भवति तिरोभावमपि प्रत्यनुभवति। ८ तिरःकुड्यं तिरःप्राकारं। ९ पर्वतमप्यसज्जमानो[3] गच्छति। १० आकाशे विक्रमते तद्यथा पक्षी शकुनिः। ११ पृथिव्यामुन्मज्जननिमज्जनं[4] करोति तद्यथापि नामोदके। १२ उदकेऽप्यभिद्यमानो गच्छति तद्यथापि नाम महापृथिव्यां। १३ धूमायत्यपि प्रज्वलत्यपि तद्यथापि नाम महानग्निस्कन्धः। १४ स्वकायादपि महावारिधारा उत्सृजति[5] तद्यथापि नाम महामेघः। १५ याभिर्वारिधाराभिरयं त्रिसाहस्रमहासाहस्रो लोकधातुरादीप्तः प्रदीप्तः संप्रज्वलितोऽग्निना एकज्वलीभूतो[6] निर्वाप्यते। १६ इमावपि चन्द्रसूर्यौ एवंमहर्द्धिकौ एवंमहानुभावौ एवंमहौजस्कौ पाणिना परामृषति[7] परिमार्जयति। १७ यावद्ब्रह्मलोकादपि सत्त्वां[7] कायेन वशे वर्तयति। १८ साकारं सोद्देशं सनिदानं पूर्वनिवासमनुस्मरति[8] स्म। ज्ञातिस्मरः। अमुत्राहमासमेवंनामा। एवंज्ञातिः। एवंगोत्रः। एवमाहारः। एवंसुखदुःखप्रतिसंवेदी। एवंचिरस्थितिकः। एवमायुष्पर्यन्तः। ततश्च्युतो ऽमुत्रोपपन्नः। ततश्च्युत इहाप्युपपन्नः। १९

॥ १६ ॥

ऋद्धिप्रातिहार्यं। १ आदेशनाप्रातिहार्यं। २ अनुशासनीप्रातिहार्यं। ३

॥ १७ ॥

उष्णीषशिरस्कता। १ प्रदक्षिणावर्तकेशः। २ समललाटः। ३ ऊर्णाकेशः। ४ अभिनीलनेत्रगोपक्ष्मा। ५ चत्वारिंशद्दन्तः। ६ समदन्तः। ७ अविरलदन्तः। ८ सुशुक्लदन्तः। ९ रसरसाग्रता। १० सिंहहनुः। ११ प्रभूततनुजिह्वः। १२ ब्रह्मस्वरः। १३ सुसंवृत्तस्कन्धः। १४ सप्तोत्सदः। १५ चितान्तरांसः। १६ सूक्ष्मसुवर्णच्छविः। १७ स्थितानवनतप्रलम्बबाहुता। १८ सिंहपूर्वार्धकायः। १९ न्यग्रोधपरिमण्डलः। २० एकैकरोमप्रदक्षिणावर्तः। २१

---

1) P. a) °भास्वापथं — 2) P. b). S. कल्पयन्ति — 3) P. a) °सङ्गमानो — 4) P. a) u b) °ज्ञान° — 5) P. a) u b) °ज्यति — 6) P. a) °भूत्वा, S. परि° — 7) P. a) u b); S. सत्वं — 8) P. a) °सानुस्म°; b) °सानुस्मरान्तिस्म —

ऊर्ध्वगरोमः। २२ कोशगतवस्तिगुह्यः। २३ सुवर्तितोरुः। २४ उच्छङ्खपादः। २५ मृदुतरुणहस्तपादतलः। २६ जालावनद्धहस्तपादः। २७ दीर्घाङ्गुलिः। २८ चक्राङ्कितहस्तपादतलः। २९ सुप्रतिष्ठितपादः। ३० आयतपादपार्ष्णिः। ३१ ऐणेयजङ्घः। ३२

॥ १८ ॥

आताम्रनखः। १ स्निग्धनखः। २ तुङ्गनखः। ३ वृत्ताङ्गुलिः। ४ चिताङ्गुलिः। ५ अनुपूर्वाङ्गुलिः। ६ निगूढशिरः। ७ निर्ग्रन्थिशिरः[1]। ८ गूढगुल्फः। ९ अविषमपादः। १० सिंहविक्रान्तगामी। ११ नागविक्रान्तगामी। १२ हंसविक्रान्तगामी। १३ वृषभविक्रान्तगामी। १४ प्रदक्षिणावर्तगामी। १५ चारुगामी। १६ अवक्रगामी। १७ वृत्तगात्रः। १८ मृष्टगात्रः। १९ अनुपूर्वगात्रः। २० शुचिगात्रः। २१ मृदुगात्रः। २२ विशुद्धगात्रः। २३ परिपूर्णव्यञ्जनः। २४ पृथुचारुमण्डलगात्रः। २५ समक्रमः[2]। २६ सुकुमारगात्रः। २७ अदीनगात्रः। २८ उत्सदगात्रः। २९ सुसंहतगात्रः। ३० सुविभक्ताङ्गप्रत्यङ्गः। ३१ वितिमिरविशुद्धालोकः। ३२ वृत्तकुक्षिः[3]। ३३ मृष्टकुक्षिः। ३४ अभुग्नकुक्षिः। ३५ क्षामोदरः। ३६ गम्भीरनाभिः। ३७ प्रदक्षिणावर्तनाभिः। ३८ समन्तप्रासादिकः। ३९ शुचिसमाचारः। ४० व्यपगततिलकालकगात्रः। ४१ तूलसदृशसुकुमारपाणिः। ४२ स्निग्धपाणिलेखः। ४३ गम्भीरपाणिलेखः। ४४ आयतपाणिलेखः। ४५ नात्यायतवदनः। ४६ विम्बप्रतिविम्बदर्शनवदनः। ४७ मृदुजिह्वः। ४८ तनुजिह्वः। ४९ रक्तजिह्वः। ५० गजगर्जितजीमूतघोषः। ५१ मधुरचारुमञ्जुस्वरः। ५२ वृत्तदंष्ट्रः। ५३ तीक्ष्णदंष्ट्रः। ५४ शुक्लदंष्ट्रः। ५५ समदंष्ट्रः। ५६ अनुपूर्वदंष्ट्रः। ५७ तुङ्गनासः। ५८ शुचिनासः। ५९ विशुद्धनेत्रः। ६० विशालनेत्रः। ६१ चितपक्ष्मः। ६२ सितासितकमलदलशकलनयनः। ६३ आयतभ्रूः। ६४ श्लक्ष्णभ्रूः। ६५ समरोमभ्रूः। ६६ स्निग्धभ्रूः। ६७ पीनायतकर्णः। ६८ समकर्णः। ६९ अनुपहतकर्णेन्द्रियः। ७० सुपरिणतललाटः। ७१ पृथुललाटः। ७२ सुपरिपूर्णोत्तमाङ्गः। ७३ भ्रमरसदृशकेशः। ७४ चितकेशः। ७५ श्लक्ष्णकेशः। ७६ असंलुलितकेशः[4]। ७७ अपरुषकेशः। ७८ सुरभिकेशः। ७९ श्रीवत्सस्वस्तिकनन्द्यावर्तललितपाणिपादः। ८० वर्धमानः। ८१

---

1) P. *a*) निग्रन्थि°; *b*) निर्ग्रान्थि° — 2) P. *a*) क्रामः — 3) P. поправка вм. वृत्त° — 4) P. поправка вм. *a*) असंलुडित°; *b*) असंलुञ्जित° —

॥ १६ ॥

सुविशुद्धबुद्धिः । १ अद्वयसमुदाचारः । २ अलक्षणधर्मपरायणः । ३ बुद्धविहारेण विहरणां[1]) । ४ सर्वबुद्धसमताप्राप्तः । ५ अनावरणगतिंगतः । ६ अप्रत्युदावर्त्यधर्मः । ७ असंहार्यगोचरः । ८ अचिन्त्यव्यवस्थानः । ९ त्र्यध्वसमतानिर्यातः । १० सर्वलोकधातुप्रसृतकायः[2]) । ११ सर्वधर्मनिःसंशयज्ञानः । १२ सर्वचर्यासमन्वागतबुद्धिः । १३ निष्काङ्क्षो धर्मज्ञानैः । १४ अविकल्पितशरीरः । १५ सर्वबोधिसत्त्वसंप्रतीच्छितज्ञानः । १६ अद्वयबुद्धविहारपरमपारमिप्राप्तः । १७ असंभिन्नतथागतविमोक्षज्ञाननिष्ठागतः । १८ अनन्तमध्यबुद्धभूमिसमताधिगतः । १९ धर्मधातुपरमः । २० आकाशधातुपर्यवसानः । २१ अपरान्तकोटिनिष्ठः । २२ निष्यन्दः स तथागतः पुण्यानां । २३ अविप्रणाशः कुशलमूलानां । २४ अलंकृतः क्षान्त्या । २५ आगमः[3]) पुण्यनिधानानां । २६ चित्रितोऽनुव्यञ्जनैः । २७ कुसुमितो लक्षणैः । २८ प्रतिरूपो गोचरेण । २९ अप्रतिकूलो दर्शनेन । ३० अभिरतिः शुद्धाधिमुक्तानां । ३१ अनभिभूतः प्रज्ञया । ३२ अनवमर्दनीयो बलैः[4]) । ३३ शास्ता सर्वसत्त्वानां । ३४ पिता बोधिसत्त्वानां । ३५ राजा आर्यपुद्गलानां । ३६ सार्थवाह आदिकर्मिकाणां । ३७ अप्रमेयो ज्ञानेन । ३८ अनन्तः प्रतिभानेन । ३९ विशुद्धः स्वरेण । ४० आस्वादनीयो घोषेण । ४१ असेचनको रूपेण । ४२ अप्रतिसमः कायेन । ४३ अलिप्तः कामैः । ४४ अनुपलिप्तो रूपैः । ४५ असंसृष्ट आरूप्यैः । ४६ विप्रमुक्तः स्कन्धेभ्यः । ४७ विसंप्रयुक्तो[5]) धातुभिः । ४८ संवृत आयतनैः । ४९ प्रच्छिन्नो ग्रन्थैः । ५० विमुक्तः परिदाघैः[6]) । ५१ परिमुक्तस्तृष्णया । ५२ ओघादुत्तीर्णः । ५३ परिपूर्णो ज्ञानेन । ५४ प्रतिष्ठितोऽतीतानागतप्रत्युत्पन्नानां बुद्धानां भगवतां ज्ञाने[7]) । ५५ अप्रतिष्ठितो निर्वाणे । ५६ स्थितो भूतकोट्यां । ५७ स्थितः सर्वसत्त्वालोकनीयायां भूमौ । ५८ अनन्ताशिष्यगणसुविनीतः । ५९ सर्वसत्त्वाशयसुविधिज्ञाः । ६० अनाभोगबुद्धकार्याप्रतिप्रस्रब्धः । ६१ मुक्तो मुक्तपरिवारः । ६२ पारगतः । ६३ स्थलगतः । ६४ तीर्णः[8]) । ६५ तारकः । ६६ आश्वस्तः । ६७ श्रोत्रियः । ६८ भिन्नक्लेशः । ६९ वाहितपापधर्मः । ७० वेदकः[9]) । ७१ विनीवरणः । ७२ विप्रसन्नमनाः । ७३ षडङ्गसमन्वागतः । ७४ अननुरोधविरोधविप्रमुक्तः । ७५

1) P. b) поправка °हरं; L. °हारः — 2) P. b) поправка °प्रभृत°; L. °प्रभुन — — 3) P. надъ строкой अलयः — 4) P. поправка надъ строкой вм. °मर्द्य° — 5) S. L. विसंयुक्तो — 6) P. b) поправка вм. दपैः — 7) D. U. ज्ञानेन; P. °नै — 8) P. a) लीलः — 9) P. b) поправка вм. भेदकः —

प्रणातप्रत्यकसत्यः [1]) । ७६ समुत्सृष्टैषणाः । ७७ एकारक्षः । ७८ स्मृतिदौवारिकसंपन्नः । ७९ चतुरपाश्रयणः [2]) । ८० पर्यवसितार्थः । ८१ भावितात्मा । ८२ अपगतशाखापत्त्रपलाशप्रपाटिकात्वक्फल्गुः । ८३ अनाविलसंकल्पः [3]) । ८४ प्रस्रब्धकायसंस्कारः । ८५ अप्रमाणागतबुद्धमाहात्म्यः । ८६ अप्रतिष्ठाध्यानवर्तनी । ८७ कालप्राप्तो बुद्धोत्पादः । ८८ मार्गपरिणायकः । ८९ मार्गज्ञः । ९० मार्गवित् । ९१ मार्गदेशिकः । ९२ मार्गाख्यायी । ९३

॥ २० ॥

स्निग्धा [4]) । १ मृदुका । २ मनोज्ञा । ३ मनोरमा । ४ शुद्धा । ५ विमला । ६ प्रभास्वरा । ७ वल्गुः । ८ श्रवणीया । ९ अनेला । १० कला [5]) । ११ विनीता । १२ अकर्कशा । १३ अपरुषा । १४ सुविनीता । १५ कर्णसुखा । १६ कायप्रह्लादनकरी । १७ चित्तोद्बिल्यकरी [6]) । १८ हृदयसंतुष्टिकरी । १९ प्रीतिसुखजननी । २० निष्परिदाहा । २१ आज्ञेया [7]) । २२ विज्ञेया । २३ विस्पष्टा । २४ प्रेमणीया । २५ अभिनन्दनीया । २६ आज्ञापनीया । २७ विज्ञापनीया । २८ युक्ता । २९ सहिता । ३० पुनरुक्तदोषजहा । ३१ सिंहस्वरवेगा । ३२ नागस्वरशब्दा । ३३ मेघस्वरघोषः । ३४ नगेन्द्ररुता । ३५ गन्धर्वसंगीतिघोषा । ३६ कलविङ्कस्वररुता । ३७ ब्रह्मस्वररुतारविता । ३८ जीवंजीवकस्वररुतारविता । ३९ देवेन्द्रमधुरनिर्घोषा । ४० दुन्दुभिस्वरा । ४१ अनुन्नता । ४२ अनवनता । ४३ सर्वशब्दानुप्रविष्टा । ४४ अपशब्दविगता । ४५ अविकला । ४६ अलीना । ४७ अदीना । ४८ प्रमुदिता । ४९ प्रसृता । ५० सखिला । ५१ सरिता । ५२ ललिता । ५३ सर्वस्वरपूरणी । ५४ सर्वेन्द्रियसंतोषणी । ५५ आनन्दिता । ५६ अचञ्चला । ५७ अचपला । ५८ सर्वपर्षदनुरविता । ५९ सर्वाकारवरोपेता । ६०

॥ २१ ॥

शूरंगमो नाम समाधिः । १ रत्नमुद्रो नाम समाधिः । २ सुचन्द्रो नाम समाधिः । ३ सिंहविक्रीडितो नाम समाधिः । ४ चन्द्रध्वजकेतुर्नाम समाधिः । ५ सर्वधर्मोद्गतो नाम समा-

---

1) P. a) и b) प्रणात्तप्रत्यक°; S. प्रणुत — 2) P. a) и b) °स्रयणः — 3) P. a) अनविल° — 4) P. приписка: तित्तोद्बिल्यकरी; L. прип. चित्तोब्लिल्याकारि — 5) P. b) поправка: काला — 6) P. b) °द्बिल्य° — 7) P. b) поправка вм. a) अज्ञे° —

धिः। ६ सर्वधर्ममुद्रो नाम समाधिः। ७ विलोकितमूर्धो नाम समाधिः। ८ धर्मधातुनियतो नाम समाधिः। ९ नियतध्वजकेतुर्नाम समाधिः। १० वज्रो[1]) नाम समाधिः। ११ सर्वधर्मप्रवेशमुद्रो नाम समाधिः। १२ समाधिराजसुप्रतिष्ठितो नाम समाधिः। १३ रश्मिप्रमुक्तो नाम समाधिः। १४ बलव्यूहो नाम समाधिः। १५ समुद्गतो नाम समाधिः। १६ निरुक्तिनियतप्रवेशो नाम समाधिः। १७ अधिवचनप्रवेशो नाम समाधिः। १८ दिग्विलोकितो नाम समाधिः। १९ आधारणमुद्रो[2]) नाम समाधिः। २० असंप्रमोषो नाम समाधिः। २१ सर्वधर्मसमवसरणसागरमुद्रो नाम समाधिः। २२ आकाशस्फरणो नाम समाधिः। २३ वज्रमण्डलो नाम समाधिः। २४ ध्वजाग्रकेयूरो नाम समाधिः। २५ इन्द्रकेतुर्नाम समाधिः। २६ स्रोतोऽनुगतो नाम समाधिः। २७ सिंहविजृम्भितो नाम समाधिः। २८ व्यत्यस्तो नाम समाधिः। २९ रणंजहो नाम समाधिः। ३० वैरोचनो नाम समाधिः। ३१ अनिमिषो नाम समाधिः। ३२ अनिकेतस्थितो नाम समाधिः। ३३ निश्चित्तो नाम समाधिः। ३४ विमलप्रदीपो नाम समाधिः। ३५ अनन्तप्रभो नाम समाधिः। ३६ प्रभाकरो नाम समाधिः। ३७ शुद्धसारो नाम समाधिः। ३८ विमलप्रभो नाम समाधिः। ३९ रतिकरो नाम समाधिः। ४० विद्युत्प्रदीपो नाम समाधिः। ४१ अक्षयो नाम समाधिः। ४२ अजेयो नाम समाधिः। ४३ तेजोवती नाम समाधिः। ४४ क्षयापगतो नाम समाधिः। ४५ चन्द्रविमलो नाम समाधिः। ४६ सूर्यप्रदीपो नाम समाधिः। ४७ अविवर्तो नाम समाधिः। ४८ अनिञ्ज्यो नाम समाधिः। ४९ प्रज्ञाप्रदीपो नाम समाधिः। ५० शुद्धप्रतिभासो[3]) नाम समाधिः। ५१ आलोककरो नाम समाधिः। ५२ काराकारो नाम समाधिः। ५३ ज्ञानकेतुर्नाम समाधिः। ५४ वज्रोपमो नाम समाधिः। ५५ चित्तस्थितिर्नाम[4]) समाधिः। ५६ समन्तालोको नाम समाधिः। ५७ सुप्रतिष्ठितो नाम समाधिः। ५८ रत्नकोटिर्नाम समाधिः। ५९ वरधर्ममुद्रो नाम समाधिः। ६० सर्वधर्मसमता नाम समाधिः। ६१ रतिजहो नाम समाधिः। ६२ धर्मोद्गतो नाम समाधिः। ६३ विकिरणो नाम समाधिः। ६४ सर्वधर्मपदप्रभेदो नाम समाधिः। ६५ समाक्षरावकारो नाम समाधिः। ६६ अक्षरापगतो नाम समाधिः। ६७ आरम्बणच्छेदनो[5]) नाम समाधिः। ६८ अप्रकारो नाम समाधिः। ६९ अविकारो नाम समाधिः। ७० नामनियतप्रवेशो नाम समाधिः। ७१ अनिकेत-

---

1) S. वज्रोपमो° — 2) P. b); L. поправка: आधार — 3) P. b) поправка: शुद्ध: — 4) поправка: °स्थितो — 5) P. a) °च्छेदगो; b) अलंबच्छेदनोगो; L. अलम्बनच्छेदननाम°

चारी नाम समाधिः । ७२ तिमिरापगतो नाम समाधिः । ७३ चारित्रवती नाम समाधिः । ७४ अचलो [1]) नाम समाधिः । ७५ विषयतीर्णो नाम समाधिः । ७६ सर्वगुणसंचयगतो नाम समाधिः । ७७ स्थितनिश्चित्तो नाम समाधिः । ७८ शुभपुष्पितशुद्धिर्नाम समाधिः । ७९ अनन्तप्रतिभानो नाम समाधिः । ८० बोध्यङ्गवती नाम समाधिः । ८१ असमसमो नाम समाधिः । ८२ सर्वधर्मातिक्रमणो नाम समाधिः । ८३ परिच्छेदकरो नाम समाधिः । ८४ विमतिविकिरणो नाम समाधिः । ८५ निरधिष्ठानो नाम समाधिः । ८६ एकव्यूहो नाम समाधिः । ८७ आकाराभिनिर्हारो नाम समाधिः । ८८ एकाकारो नाम समाधिः । ८९ आकारानपकारो [2]) नाम समाधिः । ९० निर्वेधिकसर्वभवतमोपगतो नाम समाधिः । ९१ संकेतरुतप्रवेशो नाम समाधिः । ९२ निर्घोषाक्षरविमुक्तो नाम समाधिः । ९३ ज्वलनोल्को नाम समाधिः । ९४ लक्षणपरिशोधनो नाम समाधिः । ९५ अनभिलक्षितो नाम समाधिः । ९६ सर्वाकारवरोपेतो नाम समाधिः । ९७ अक्षयकरण्डो नाम समाधिः । ९८ धारणीमतिर्नाम समाधिः । ९९ सम्यक्त्वमिथ्यात्वसर्वसंप्रशमनो नाम समाधिः । १०० सर्वरोधविरोधसंप्रशमनो [3]) नाम समाधिः । १०१ सर्वसुखदुःखनिरभिनन्दी नाम समाधिः । १०२ अनुरोधाप्रतिरोधो नाम समाधिः । १०३ विमलप्रभो नाम समाधिः । १०४ सारवती नाम समाधिः । १०५ परिपूर्णचन्द्रविमलप्रभो नाम समाधिः । १०६ विद्युत्प्रभो नाम समाधिः । १०७ महाव्यूहो नाम समाधिः । १०८ सर्वाकारप्रभाकरो नाम समाधिः । १०९ समाधिसमता नाम समाधिः । ११० अरजोविरजोनययुक्तो नाम समाधिः । १११ अरणासमवसरणो नाम समाधिः । ११२ अरणासरणासर्वसमवसरणो नाम समाधिः । ११३ अनिलम्भनिकेतनिरतो [4]) नाम समाधिः । ११४ तथतास्थितनिश्चित्तो नाम समाधिः । ११५ कायकलिसंप्रमथनो नाम समाधिः । ११६ वाक्कलिविध्वंसनगगनकल्पो [5]) नाम समाधिः । ११७ आकाशासङ्गविमुक्तिनिरुपलेपो नाम समाधिः । ११८

॥ २२ ॥

बोधिसत्त्वः । १ महासत्त्वः । २ धीमान् । ३ उत्तमद्युतिः । ४ जिनपुत्रः । ५ जिनाधारः । ६ विजेता । ७ जिनाङ्कुरः । ८ विक्रान्तः । ९ परमार्थः । १० सार्थवाहः । ११ महायशाः । १२

---

1) P. a) अचला — 2) D. U. -- P. a) एकारा° b) अकारानव° — 3) L. °निरोध° — 4) D. U. -- P. °निकरतो — 5) L. वाक्कलि° —

कृपालुः । १३ महापुण्यः । १४ ईश्वरः । १५ धार्मिकः । १६ जिनोरसः । १७ धर्मतो निर्गतः [1]) । १८ मुखतो जातः । १९

॥ २३ ॥

अवलोकितेश्वरः । १ मैत्रेयः । २ आकाशगर्भः । ३ समन्तभद्रः । ४ वज्रपाणिः । ५ मञ्जुश्रीकुमारभूतः । ६ सर्वणीवरणविष्कम्भी [2]) । ७ क्षितिगर्भः । ८ महास्थामप्राप्तः । ९ रत्नकेतुः । १० रत्नपाणिः । ११ रत्नमुद्राहस्तः । १२ रत्नमुकुटः । १३ रत्नचूडः [3]) । १४ रत्नकूटः [4]) । १५ रत्नाकरः । १६ रत्नशिखरः । १७ रत्नध्वजः । १८ वज्रगर्भः । १९ सुवर्णगर्भः । २० रत्नगर्भः । २१ श्रीगर्भः । २२ शुभगर्भः । २३ शुभविमलगर्भः । २४ तथागतगर्भः । २५ ज्ञानगर्भः । २६ सूर्यगर्भः । २७ समाधिगर्भः । २८ पद्मगर्भः । २९ विमुक्तिचन्द्रः । ३० समन्तनेत्रः । ३१ पद्मनेत्रः । ३२ विमलनेत्रः । ३३ विशालनेत्रः । ३४ समन्तेर्यापथः [5]) । ३५ समन्तप्रासादिकः [6]) । ३६ समन्तचारित्रमतिः । ३७ जयमतिः । ३८ सिंहविक्रीडितः । ३९ महाघोषस्वरराजा [7]) । ४० सिंहनादनादी । ४१ गम्भीरघोषस्वरनादितः । ४२ अनुपलिप्तः । ४३ सर्वमलापगतः । ४४ चन्द्रप्रभः । ४५ सूर्यप्रभः । ४६ ज्ञानप्रभः । ४७ भद्रपालः । ४८ मेरुशिखरधरः कुमारभूतः [8]) । ४९ वरुणमतिः कुमारभूतः । ५० सुमतिः कुमारभूतः । ५१ नित्योद्युक्तः । ५२ सुसार्थवाहः । ५३ ज्योतिष्मतिः कुमारभूतः । ५४ दुर्धर्षः कुमारभूतः । ५५ गगनगञ्जः । ५६ शूरंगमः । ५७ अतपमतिः । ५८ प्रतिभानकूटः । ५९ गन्धहस्तिः । ६० जालिनीप्रभः । ६१ वर्धमानमतिः । ६२ समन्तप्रभः । ६३ आदित्यगर्भः । ६४ सर्वविषयावभासालंकारप्रतिभानदर्शनगर्भः । ६५ अमलगर्भः । ६६ विमलगर्भः । ६७ ज्योतिर्ज्वलनार्चिश्रीगर्भः । ६८ वज्रसारः । ६९ आशुगन्धः । ७० नित्यप्रयुक्तः [9]) । ७१ गुह्यगुप्तः । ७२ अमोघदर्शी । ७३ सुसंप्रस्थितः । ७४ अनिक्षिप्तधुरः । ७५ अनुपहतमतिः । ७६ नित्योत्क्षिप्तहस्तः । ७७ नदीदत्तः [10]) । ७८ विजयविक्रामी । ७९ जयदत्तः [11]) । ८० विगतशोकः । ८१ भद्रकल्पिकबोधिसत्त्वः । ८२ अन्ये च महौजस्का बोधिसत्त्वाः । ८३ जगतीन्धरः [12]) । ८४ ज्योतिष्प्रभः । ८५ एककान्तराजा [13]) । ८६ भूमिबलवैशारद्य-

---

1) P. приписка: निर्ज्ञितः; L. निर्जितो — 2) P. поправка вм. सर्वणि° — 3) P. a) °चूतः — 4) P. a) °कुटाः — 5) P. a) समन्त ईर्या° — 6) L. приписка जयपतीः — 7) P. °जाः (a и b) — 8) S. L. मेरुशिखरः कूमारभूतः — 9) S. नित्यप्रभः; L. °प्रभः — 10) въ P. три чтенія a) दनदत्तः; b) поправка: दनिदत्तः; c) поправка: नदीदत्ता — 11) P. a) जाय° — 12) P. D. U. °तिन्ध° — 13) P. a) एकान्तराजाः —

धारी । ८७ सुचन्द्रः । ८८ अपराजिततेजाः । ८९ अचिन्तिकमध्यबुद्धिविक्रीडितः । ९० ज्ञानविभूतिगर्भः [1]) । ९१ बुद्धवज्रसंधारणासन्धिः । ९२

॥ २४ ॥

रत्नसमुद्गतः । १ सुप्रतिष्ठितः । २ आकम्प्यः [2]) । ३ अविनिवर्तनीयः । ४ रत्नाकरः । ५ सूर्यप्रभतेजः । ६ सर्वार्थसिद्धः । ७ ज्ञानोल्कः । ८ प्रत्युत्पन्नबुद्धसंमुखावस्थितः । ९

॥ २५ ॥

अभिषेचनी [3]) । १ ज्ञानवती । २ विशुद्धस्वरनिर्घोषा । ३ अल्पकरण्डा । ४ अनन्तावर्ता । ५ सागरमुद्रा । ६ पद्मव्यूहा । ७ असंगमुखप्रवेशा । ८ प्रतिसंविन्निश्चयावतारा । ९ बुद्धालंकाराधिष्ठिता । १० अनन्तवर्णा । ११ बुद्धकायवर्णपरिनिष्पत्त्यभिनिर्हारा [4]) । १२

॥ २६ ॥

आशयबलं । १ अध्याशयबलं । २ प्रयोगबलं । ३ प्रज्ञाबलं [5]) । ४ प्रणिधानबलं । ५ यानबलं । ६ चर्याबलं । ७ विकुर्वणबलं । ८ बोधिबलं । ९ धर्मचक्रप्रवर्तनबलं । १०

॥ २७ ॥

आयुर्वशिता । १ चित्तवशिता । २ परिष्कारवशिता । ३ कर्मवशिता । ४ उपपत्तिवशिता । ५ अधिमुक्तिवशिता । ६ धर्मवशिता । ७ प्रणिधानवशिता । ८ ऋद्धिवशिता । ९ ज्ञानवशिता । १०

॥ २८ ॥

धारणीश्रुतोद्ग्रहणार्थनिर्देशवैशारद्यं । १ नैरात्म्याधिगमात्परविहेठनानिमित्तसमुदाचारसकृज्ज्ञानधिगते[6])र्यापथत्रिकर्मपरिशुद्धसद्धारत्नसंपन्नवैशारद्यं [7]) । २ सदोद्गृहीतधर्माविस्मरणप्रज्ञोपायनिष्ठागतसत्त्वनिस्तारणप्रमादसंदर्शनशुभानुत्तरायिकवैशारद्यं [8]) । ३ सर्वज्ञा[9])ताचित्तासंप्रमोषान्ययानानिर्याणसंपूर्णवशितासर्वप्रकारसत्त्वार्थसंप्रापणवैशारद्यं । ४

---

1) S. ज्ञानभूति° — 2) L. S. अक्र° — 3) L. अभिषेचपतिः — 4) P. b) поправка °ष्पत्य° вм. °त्य°. L. निष्यिद्या° — 5) L. ज्ञान° — 6) P. a, b читаютъ सुमु°; a) सकृज्ज°; поправка °सकृज्ज्ञा°; надъ строкой सकृज्ज्ञानधिगि° вм. °वगी°. T. M. सकृज्ज्ञानाधिम° — 7) P. поправка: °रत्न° — 8) P. такъ b) поправка; a) सद्धो° — °सत्त्वा° поправка P. b) — 9) D. U. सर्वज्ञान° —

॥ २९ ॥

अनुपदिष्टदानाः[1]। १ अनुपदिष्टशीलाः। २ अनुपदिष्टक्षान्तयः[2]। ३ अनुपदिष्टवीर्याः। ४
अनुपदिष्टध्यानाः। ५ अनुपदिष्टप्रज्ञाः। ६ संग्रहवस्तुसर्वसत्त्वसंग्राहकाः। ७ परिणामन-
विधिज्ञाः। ८ उपायकौशल्यसर्वसत्त्वचरिताधिपत्य[3]परमयाननिर्याणसंदर्शकाः। ९ महा-
यानाच्युताः[4]। १० संसारनिर्वाणमुखसंदर्शकाः। ११ यमकव्यत्यस्ताहारकुशलाः। १२ ज्ञा-
नपूर्वंगमानभिसंस्कारनिरवद्यसर्वजन्माभिमुखप्रवृत्ताः। १३ दशकुशलोपेतकायवाग्मनस्क-
र्मान्ताः। १४ सर्वदुःखस्कन्धसहानात्मोपादानसर्वसत्त्वधातुपरित्यागिनः। १५ सर्वजगद-
भिरुचितसंदर्शकाः[5]। १६ किंपत्कृच्छ्रबालश्रावकमध्यशुभव्यूहरत्नकल्पवृक्षदृढसर्वज्ञा-
ताचित्तासंप्रमुषिताः। १७ सर्वधर्मपट्टाबद्धाभिषेकप्राप्तिबुद्धधर्मसंघपर्येष्टिसंदर्शनानिवृ-
त्ताः[6]। १८

॥ ३० ॥

एकजातिप्रतिबद्धः। १ सर्वज्ञाताभिमुखः। २ सर्वज्ञातानिम्नः। ३ सर्वज्ञाताप्रवणः। ४
सर्वज्ञाताप्राग्भारः। ५ असंगधारणीसमाधिप्रतिलब्धः। ६ शूरंगमसमाधिसमन्वागतः। ७
महाभिज्ञाविक्रीडितः। ८ सर्वावरणविवरणपर्युत्थानविगतः। ९ अप्रतिप्रस्रब्धमार्गः। १०
महामैत्रीमहाकरुणादशदिग्लोकधातुस्फरणः। ११ अनन्तबुद्धक्षेत्राक्रमणकुशलः। १२
शून्यतागोचरः। १३ आनिमित्तविहारी[7]। १४ सर्वप्रणिधाननिश्रयविगतः। १५ सर्वसत्त्व-
हिताभ्युद्यतः। १६ सर्वबुद्धविषयकुशलः। १७ अनन्तज्ञानः। १८ आकाशसमचित्तः। १९
सागरवद्गम्भीरचित्तः। २० सुमेरुपर्वतराजवदकम्प्यचित्तः। २१ पद्मवदनुपलिप्तचित्तः। २२
रत्नवत्सुपरिशुद्धचित्तः। २३ सुवर्णवत्सुपर्यवदातचित्तः। २४ अपरिमितज्ञानसंभारपर्येषण-
कुशलः[8]। २५ परप्रवाद्यनभिभूतः[9]। २६ सर्वधर्मानावरणज्ञानी। २७ सर्वसत्त्वसमचित्तः। २८
सर्वमारविषयसमतिक्रान्तः। २९ सर्वतथागतविषयावतारज्ञानकुशलः। ३० महामैत्रीम-
हाकरुणासमन्वागतः[10]। ३१ उपायज्ञानकुशलः। ३२ धारणीप्रतिलब्धः। ३३ प्रणिधाना-
कल्पितः। ३४ क्षान्तिसमताप्रतिलब्धः। ३५ अच्युताभिज्ञः। ३६ निरामिषधर्मदेशकः। ३७

---

1) L. 1—4, 7, 12, 17 — единств. число. — 2) P. b) °क्षान्तिपः — 3) P. поправка: वशित — 4) P. a) °नावतास्थिताः — 5) S. °रुचिसं° — 6) P. a) °पट्टीव° — S. °पर्यष्टि°. L. पर्यप्ति°. — 7) P. a) आनि° — 8) P. a) и b) कुलशः — 9) P. a) परा° — 10) S. °कारुण्य° —

गम्भीरधर्मक्षान्तिपारमिंगतः । ३८ मारकर्मसमतिक्रान्तः । ३९ कर्मावरणप्रतिप्रस्रब्धः । ४० धर्मप्रविचयविभक्तिनिर्देशकुशलः । ४१ असंख्येयकल्पप्रणिधानसुसमारब्धः । ४२ स्मितमुखपूर्वाभिलापी [1]) । ४३ गाथाभिर्गीताभिर्लापनः । ४४ अपगतलीनचित्तः । ४५ अनाच्छेद्यप्रतिभानः । ४६ अनन्तपरिषदभिभावनः । ४७ अनन्तकल्पकोटिनिःसरणकुशलः । ४८ मायामरीचिदकचन्द्रस्वप्नप्रतिश्रुत्काप्रतिभासप्रतिबिम्बनिर्माणोपमधर्माधिमुक्तः [2]) । ४९ अप्रतिहतचित्तः [3]) । ५० सत्त्वचित्तचरितसूक्ष्मज्ञानाधिमुक्त्यवतारकुशलः । ५१ अतिमात्रक्षान्तिसमन्वागतः [4]) । ५२ यथात्म्यवतारकुशलः । ५३ बुद्धक्षेत्रव्यूहानन्तप्रणिधानप्रस्थानपरिगृहीतः । ५४ असंख्येयलोकधातुबुद्धानुस्मृतिसमाधिसततसमितअभिमुखीभूतः । ५५ अपरिमितबुद्धाध्येषणाकुशलः । ५६ नानादृष्ट्यनुशयपर्यवस्थानक्लेशप्रशमनकुशलः । ५७ समाधिविक्रीडितः । ५८ शतसहस्रनिर्हारकुशलः । ५९ सर्वज्ञातानिर्यातः [5]) । ६० त्रैधातुकासक्तः [6]) । ६१ गतिंगतः । ६२ सर्वाशापरिपूरकः । ६३ अप्रमाणसमाधिसमापत्तिसमन्वागतः । ६४ अमोघकायवाग्मनस्कर्मान्ताभियुक्तः । ६५ अप्रमाणसमाधिचर्याधिष्ठितः । ६६ न पुनर्बोधिसत्त्वो [7]) महासत्त्वः कामगुणैर्लिप्तः [8]) । ६७ सर्वसमाधिवशितापारमिंगतः [9]) । ६८ अनुपलिप्तो लोकधर्मैः । ६९ युक्तप्रतिभानः । ७० मुक्तप्रतिभानः । ७१ मैत्र्यात्मकः । ७२ करुणात्मकः । ७३ मुदिताविहारी । ७४ उपेक्षाविहारी । ७५ अच्युतशीलः । ७६ अच्युतसमाधिः । ७७ अभिज्ञाविक्रीडितः । ७८ ते च बोधिसत्त्वमहासत्त्वा भूयस्तेन [10]) सर्वे कुमारभूताः । ७९ भद्रकल्पिकबोधिसत्त्वः । ८०

॥ ३१ ॥

प्रमुदिता । १ विमला । २ प्रभाकरी । ३ अर्चिष्मती । ४ सुदुर्जया । ५ अभिमुखी । ६ दूरंगमा । ७ अचला । ८ साधुमती । ९ धर्ममेघा । १०

---

1) P. *a*) °पीतः — P. *a*) поправка °रीचिकोदकच° *b*) поправка °रीचिउदक°; такъ же S. — 3) S. अप्रतिघ° — 4) S. L. अधिमात्र° — 5) P. *b*) поправка вм. निर्ज्ञातः — 6) L. त्रैधातुकामसंज्ञागतिगतः — 7) P. *a*) и *b*) читаетъ: °त्वा — 8) P. такъ поправка *a*) и *b*) °प्यत — 9) L. °विशित° — 10) такъ *b*); P. *a*) °स्वेन —

॥ ३२ ॥

अधिमुक्तिचर्याभूमिः । १ आलोकलब्धः । २ आलोकवृद्धिः । ३ तत्त्वार्थैकदेशानुप्रवेशः । ४ आनन्तर्यसमाधिः । ५

। ३३ ॥

लेखना । १ पूजना । २ दानं । ३ श्रवणं । ४ वाचनं । ५ उद्ग्रहणं । ६ प्रकाशना । ७ स्वाध्यायनं [1]) । ८ चिन्तना । ९ भावना । १०

॥ ३४ ॥

दानपारमिता । १ शीलपारमिता । २ क्षान्तिपारमिता । ३ वीर्यपारमिता । ४ ध्यानपारमिता । ५ प्रज्ञापारमिता । ६ उपायपारमिता [2]) । ७ प्रणिधानपारमिता । ८ बलपारमिता । ९ ज्ञानपारमिता । १०

॥ ३५ ॥

दानं । १ प्रियवादिता । २ अर्थचर्या । ३ समानार्थता । ४

॥ ३६ ॥

अधिशीलं । १ अधिचित्तं । २ अधिप्रज्ञा । ३

॥ ३७ ॥

अध्यात्मशून्यता । १ बहिर्धाशून्यता । २ अध्यात्मबहिर्धाशून्यता । ३ शून्यताशून्यता । ४ महाशून्यता । ५ परमार्थशून्यता । ६ संस्कृतशून्यता । ७ असंस्कृतशून्यता । ८ अत्यन्तशून्यता । ९ अनवराग्रशून्यता । १० अनवकारशून्यता । ११ प्रकृतिशून्यता । १२ सर्वधर्मशून्यता । १३ स्वलक्षणशून्यता । १४ अनुपलम्भशून्यता । १५ अभावशून्यता । १६ स्वभावशून्यता । १७ अभावस्वभावशून्यता । १८

---

1) Такъ поправка въ b). P. a). L. °यः — 2) L. अपाय° —

॥ ३८ ॥

कायस्मृत्युपस्थानं। १ वेदनास्मृत्युपस्थानं। २ चित्तस्मृत्युपस्थानं। ३ धर्मस्मृत्युपस्थानं। ४

॥ ३९ ॥

अनुत्पन्नानां पापकानामकुशलानां धर्माणामनुत्पादाय छन्दं जनयति। १ उत्पन्नानां पापकानामकुशलानां धर्माणां प्रहाणाय छन्दं जनयति। २ अनुत्पन्नानां कुशलानां धर्माणामुत्पादाय छन्दं जनयति। ३ उत्पन्नानां कुशलानां धर्माणां स्थितये भूयोभावताये[1]) असंप्रमोषाय परिपूरणाय[2]) छन्दं जनयति। व्यायच्छते। वीर्यमारभति। चित्तं प्रगृह्णाति। सम्यकप्रदधाति[3])। ४

॥ ४० ॥

छन्दसमाधिप्रहाणसंस्कारसमन्वागतो ऋद्धिपादः। १ चित्तसमाधिप्रहाणसंस्कारसमन्वागतो ऋद्धिपादः। २ वीर्यसमाधिप्रहाणसंस्कारसमन्वागतो ऋद्धिपादः। ३ मीमंसासमाधिप्रहाणसंस्कारसमन्वागतो ऋद्धिपादः। ४ अनुपलम्भयोगेन[4]) भवति। ५ विवेकनिश्रितं। ६ विरागनिश्रितं। ७ निरोधनिश्रितं। ८ व्यवसर्गपरिणतं। ९

॥ ४१ ॥

श्रद्धेन्द्रियं। १ वीर्येन्द्रियं। २ स्मृतीन्द्रियं। ३ समाधीन्द्रियं। ४ प्रज्ञेन्द्रियं। ५

॥ ४२ ॥

श्रद्धाबलं। १ वीर्यबलं। २ स्मृतिबलं। ३ समाधिबलं। ४ प्रज्ञाबलं ५

॥ ४३ ॥

स्मृतिसंबोध्यङ्गं। १ धर्मप्रविचयसंबोध्यङ्गं। २ वीर्यसंबोध्यङ्गं। ३ प्रीतिसंबोध्यङ्गं। ४ प्रस्रब्धिसंबोध्यङ्गं[5])। ५ समाधिसंबोध्यङ्गं। ६ उपेक्षासंबोध्यङ्गं। ७

---

1) P. *b*) поправка: भयूोभावतायै; L. °भावतायै; S. °भावतायो — 2) P. *b*) поправка: परिपूरये, такъ L. — 3) P. *b*) поправка; *a*) °सम्यकप्रदयाति — 4) P. *a*) °म्भयोगेन — 5) P. *a*) и *b*) °स्रभि —

॥ ४४ ॥

सम्यग्दृष्टिः । १ सम्यक्संकल्पः । २ सम्यग्वाक् । ३ सम्यक्कर्मान्तः । ४ सम्यगाजीवः । ५ सम्यग्व्यायामः । ६ सम्यक्स्मृतिः । ७ सम्यक्समाधिः । ८

॥ ४५ ॥

खड्गविषाणकल्पः । १ वर्गचारी । २

॥ ४६ ॥

स्रोतआपन्नः । १ सप्तकृद्भवपरमः । २ कुलंकुलः । ३ सकृदागामी । ४ एकवीचिकः । ५ अनागामी । ६ अन्तरापरिनिर्वायी[1]) । ७ उपपद्यपरिनिर्वायी । ८ साभिसंस्कारपरिनिर्वायी । ९ अनभिसंस्कारपरिनिर्वायी । १० ऊर्ध्वस्रोताः । ११ कायसाक्षी । १२ श्रद्धानुसारी । १३ धर्मानुसारी । १४ श्रद्धाधिमुक्तः । १५ दृष्टिप्राप्तः । १६ समयविमुक्तः । १७ असमयविमुक्तः । १८ प्रज्ञाविमुक्तः । १९ उभयतोभागविमुक्तः । २०

॥ ४७ ॥

आज्ञातकौण्डिन्यः । १ काश्यपः । २ शारिपुत्रः । ३ मौद्गल्यायनः[2]) । ४ महाकात्यायनः । ५ सुभूतिः । ६ पूर्णमैत्रायणीपुत्रः[3]) । ७ अश्वजित् । ८ अनिरुद्धः । ९ राहुलः । १० आनन्दः । ११ नन्दः । १२ नन्दकः । १३ नन्दिकः । १४ महानामः । १५ चुन्दः । १६ तिष्यः । १७ उपतिष्यः । १८ कोलितः । १९ उरुबिल्वाकाश्यपः । २० नदीकाश्यपः । २१ गवांपतिः[4]) । २२ बाष्पः । २३ उपसेनः । २४ चूडपन्थकः । २५ महापन्थकः । २६ श्रोणाकोटीविंशः । २७ उदयी । २८ सुन्दरनन्दः । २९ श्रोणाकोटीकर्णाः । ३० सुबाहुः । ३१ उद्रायणः । ३२ लवणभद्रिकः । ३३ उपालिः । ३४ महाकौष्ठिलः । ३५ गयाकाश्यपः । ३६ वक्कुलः । ३७ खदिरवनिकः । ३८ स्वागतः । ३९ महाप्रजापती गौतमी । ४० मायादेवी । ४१ यशोधरा । ४२ गोपा । ४३ उत्पलवर्णा । ४४ धर्मदिन्नः । ४५

॥ ४८ ॥

क्षीणास्रवः[5]) । १ निष्क्लेशः । २ वशीभूतः । ३ सुविमुक्तचित्तः । ४ सुविमुक्तप्रज्ञः । ५

---

1) S. L. अन्तरा. — 2) L. मौद्गल्यानः — 3) P. b) °निपुत्रः; a) °त्रीय° — 4) P. (на полѣ). L.: गयाकाश्यपः — 5) P. надъ строкой: °पयश्र° —

ग्राज्ञानेयः [1]। ६ महानागः। ७ कृतकृत्यः। ८ कृतकरणीयः। ९ ग्रपहृतभारः। १० परिक्षीणभवसंयोजनः। ११ ग्रनुप्राप्तस्वकार्थः। १२ सम्यगाज्ञासुविमुक्तचित्तः। १३ सर्वचेतोवशिपरमपारमिप्राप्तः। १४ धर्मधातुकुशलः। १५ धर्मराजपुत्रः। १६ ग्रपगतसर्वलाभसत्कारचित्तः। १७ सुप्रव्रजितः। १८ सूपसंपन्नः। १९ परिपूर्णसंकल्पः। २० निर्वाणमार्गावस्थितः। २१ बहुश्रुतः। २२ श्रुतधरः। २३ श्रुतसंनिचयः। २४ सुचिन्तितचिन्ती। २५ सुभाषितभाषी। २६ सुकृतकर्मकारी। २७ ग्राशुप्रज्ञः। २८ जवनप्रज्ञः। २९ तीक्ष्णप्रज्ञः। ३० निःसरणप्रज्ञः। ३१ नैर्वेधिकप्रज्ञः। ३२ महाप्रज्ञः। ३३ पृथुप्रज्ञः। ३४ गम्भीरप्रज्ञः। ३५ ग्रसमप्रज्ञः। ३६ प्रज्ञारत्नसमन्वागतः। ३७ परमदृष्टधर्मसुखविहारप्राप्तः। ३८ महादक्षिणापरिशोधकः। ३९ प्रशान्तेर्यापथसंपन्नः। ४० महाक्षान्तिसौरत्यसमन्वागतः। ४१ तथागताज्ञासुप्रतिपन्नः। ४२ परिपूर्णशुक्लधर्मः। ४३ दृष्टधर्मः। ४४ सुप्रतिपन्नो भगवतः श्रावकसंघः। ४५ न्यायप्रतिपन्नः। ४६ ऋजुप्रतिपन्नः। ४७ सामीचीप्रतिपन्नः। ४८ ग्रनुधर्मप्रतिचारी [2]। ४९ धर्मानुधर्मप्रतिपन्नः। ५० ग्ररणासमाधिः [3]। ५१ प्रणिधिज्ञानः। ५२

॥ ४९ ॥

पांसुकूलिकः। १ त्रैचीवरिकः। २ नामतिकः [4]। ३ पैण्डपातिकः। ४ एकासनिकः। ५ खलुपश्चाद्भक्तिकः। ६ ग्रारण्यकः। ७ वृक्षमूलिकः। ८ ग्राभ्यवकाशिकः। ९ श्माशानिकः। १० नैषद्यिकः। ११ याथासंस्तरिकः। १२

॥ ५० ॥

शुक्लविदर्शनाभूमिः। १ गोत्रभूमिः [5]। २ ग्रष्टमकभूमिः। ३ दर्शनभूमिः। ४ तनूभूमिः। ५ वीतरागभूमिः। ६ कृताविभूमिः। ७

॥ ५१ ॥

बुद्धानुस्मृतिः। १ धर्मानुस्मृतिः। २ संघानुस्मृतिः। ३ शीलानुस्मृतिः। ४ त्यागानुस्मृतिः। ५ देवतानुस्मृतिः। ६

---

1) P. b) ग्राज्ञानेय; L. ग्राज्ञानयः — 2) L. °धर्मचरिः — 3) D. U. °णय° — 4) P. поправка надъ строкой: नामंचिकः какъ въ M. T. — D. U. नामासिकः — 5) L. ग्रोत्र° —

॥ ५२ ॥

विनीलकसंज्ञा । १ विपूयकसंज्ञा । २ विपडुमकसंज्ञा[1]) । ३ व्याध्मातकसंज्ञा । ४ विलोहितकसंज्ञा । ५ विखादितकसंज्ञा । ६ विक्षिप्तकसंज्ञा । ७ विदग्धकसंज्ञा । ८ अस्थिसंज्ञा । ९

॥ ५३ ॥

आनापानस्मृतिः[2]) । १ गणना । २ अनुगमः । ३ स्थानं । ४ उपलक्षणा । ५ विवर्तना । ६ परिशुद्धिः । ७ ह्रस्वमाश्वसन् ह्रस्वमाश्वसामीति यथाभूतं प्रजानाति । ८ ह्रस्वं प्रश्वसन् ह्रस्वं प्रश्वसामीति यथाभूतं प्रजानाति । ९ दीर्घमाश्वसन्दीर्घमाश्वसामीति यथाभूतं प्रजानाति । १० दीर्घं प्रश्वसन्दीर्घं प्रश्वसामीति यथाभूतं प्रजानाति । ११ सर्वकायप्रतिसंवेद्याश्वसन् सर्वकायप्रतिसंवेद्याश्वसामीति यथाभूतं प्रजानाति । १२ सर्वकायप्रतिसंवेदी प्रश्वसन् सर्वकायप्रतिसंवेदी प्रश्वसामीति यथाभूतं प्रजानाति । १३ प्रश्रभ्य कायसंस्कारानाश्वसन्प्रश्रभ्य कायसंस्कारानाश्वसामीति यथाभूतं प्रजानाति । १४ प्रश्रभ्य कायसंस्कारां प्रश्वसन्प्रश्रभ्य कायसंस्कारां प्रश्वसामीति यथाभूतं प्रजानाति । १५ प्रीतिप्रतिसंवेद्याश्वसन्प्रीतिप्रतिसंवेद्याश्वसामीति यथाभूतं प्रजानाति । १६ प्रीतिप्रतिसंवेदी प्रश्वसन् प्रीतिप्रतिसंवेदी प्रश्वसामीति यथाभूतं प्रजानाति । १७ चित्तसंस्कारप्रतिसंवेद्याश्वसन् चित्तसंस्कारप्रतिसंवेद्याश्वसामीति यथाभूतं प्रजानाति । १८ चित्तसंस्कारप्रतिसंवेदी प्रश्वसन् चित्तसंस्कारप्रतिसंवेदी प्रश्वसामीति यथाभूतं प्रजानाति । १९ प्रश्रभ्य चित्तसंस्कारानाश्वसन् प्रश्रभ्य चित्तसंस्कारानाश्वसामीति यथाभूतं प्रजानाति । २० प्रश्रभ्य चित्तसंस्कारां प्रश्वसन् प्रश्रभ्य चित्तसंस्कारां प्रश्वसामीति यथाभूतं प्रजानाति । २१ चित्तप्रतिसंवेद्याश्वसन् चित्तप्रतिसंवेद्याश्वसामीति यथाभूतं प्रजानाति । २२ चित्तप्रतिसंवेदी प्रश्वसन् चित्तप्रतिसंवेदी प्रश्वसामीति यथाभूतं प्रजानाति । २३

॥ ५४ ॥

चत्वार्यार्यसत्यानि । १ दुःखं । २ अनित्यं । ३ शून्यं । ४ अनात्मकं । ५ समुदयः । ६ प्रभवः । ७ हेतुः । ८ प्रत्ययः । ९ निरोधः । १० शान्तः । ११ प्रणीतः । १२ निःसरणं । १३

1) P. L. поправка: विपडुमक° — S. °पत्र° — 2) P. b) поправка. a) आनास्वपा ननुस्मृतिः ।

मार्गः । १४ न्यायः । १५ प्रतिपत्तिः । १६ नैर्याणिकः । १७ आनन्तर्यमार्गः । १८ विमुक्तिमार्गः । १९ अभिसमयान्तिकं कुशलमूलं । २० क्षयज्ञानलाभिकं कुशलमूलं । २१

॥ ५५ ॥

निर्वेधभागीयः । १ उष्मगतः । २ मूर्धानं । ३ क्षान्तिः । ४ लौकिकाग्रधर्मः । ५

॥ ५६ ॥

दुःखे धर्मज्ञानक्षान्तिः । १ दुःखे धर्मज्ञानं । २ दुःखे ऽन्वयज्ञानक्षान्तिः । ३ दुःखे ऽन्वयज्ञानं । ४ समुदये धर्मज्ञानक्षान्तिः । ५ समुदये धर्मज्ञानं । ६ समुदयेऽन्वयज्ञानक्षान्तिः । ७ समुदयेऽन्वयज्ञानं । ८ निरोधे धर्मज्ञानक्षान्तिः । ९ निरोधे धर्मज्ञानं । १० निरोधेऽन्वयज्ञानक्षान्तिः । ११ निरोधेऽन्वयज्ञानं । १२ मार्गे धर्मज्ञानक्षान्तिः । १३ मार्गे धर्मज्ञानं । १४ मार्गेऽन्वयज्ञानक्षान्तिः । १५ मार्गेऽन्वयज्ञानं । १६

॥ ५७ ॥

धर्मज्ञानं । १ परचित्तज्ञानं । २ अन्वयज्ञानं । ३ संवृतिज्ञानं । ४ दुःखज्ञानं । ५ समुदयज्ञानं । ६ निरोधज्ञानं । ७ मार्गज्ञानं । ८ क्षयज्ञानं । ९ अनुत्पादज्ञानं । १०

॥ ५८ ॥

दुःखाप्रतिपद्धन्धाभिज्ञा[1]) । १ सुखाप्रतिपद्धन्धाभिज्ञा । २ दुःखाप्रतिपत्तिप्राभिज्ञा । ३ सुखाप्रतिपत्तिप्राभिज्ञा । ४

॥ ५९ ॥

महायानं । १ प्रत्येकबुद्धयानं । २ श्रावकयानं । ३ हीनयानं । ४ प्रादेशिकयानं । ५ एकयानं । ६

॥ ६० ॥

मृद्विन्द्रियः । १ मध्येन्द्रियः । २ तीक्ष्णेन्द्रियः । ३

---

1) P. поправка надъ строкой °द्धन्वा° вм. °पद्धन्वा. D. U. S. °पद्धन्दा°. L. °न्धा — M T. °पदन्धाभि° —

॥ ६१ ॥

श्रावकयानाभिसमयगोत्रः । १ प्रत्येकबुद्धयानाभिसमयगोत्रः । २ तथागतयानाभिसमयगोत्रः । ३ अनियतगोत्रः । ४ अगोत्रकः । ५

॥ ६२ ॥

सूत्रं । १ गेयं । २ व्याकरणं । ३ गाथा । ४ उदानं । ५ निदानं । ६ अवदानं । ७ इतिवृत्तकं । ८ जातकं । ९ वैपुल्यं । १० अद्भुतधर्मः । ११ उपदेशः । १२

॥ ६३ ॥

ब्रह्मचार्यं । १ आदौ कल्याणं । २ मध्ये कल्याणं । ३ पर्यवसाने कल्याणं । ४ स्वर्थं । ५ सुव्यञ्जनं । ६ केवलं । ७ परिपूर्णं । ८ परिशुद्धं । ९ पर्यवदातं । १० अभिवदमाना अभिवदन्ति । ११ स्वाख्यातो भगवतो धर्मः । १२ सांदृष्टिकः । १३ निर्ज्वरः । १४ आकालिकः । १५ औपनायिकः । १६ ऐहिपश्यिकः । १७ प्रत्यात्मवेदनीयो विज्ञैः । १८ स्वाख्यातो भगवतो धर्मविनयः सुप्रवेदितः । १९ नैर्याणिकः संबोधिगामी । २० अभिन्नः संस्तूपः । २१ अप्रतिशरणः[1]) । २२ शास्ता चास्य तथागतोऽर्हन् सम्यक्संबुद्धः । २३ स्वाख्यातो मे भिक्षवो धर्मः । २४ उत्तानः । २५ विवृतः । २६ छिन्नप्लोतिकः । २७ यावद्देवमनुष्येभ्यः सम्यक्सुप्रकाशितः । २८

॥ ६४ ॥

त्रिपरिवर्तद्वादशाकारधर्मचक्रप्रवर्तनं । १ आर्यसत्यानां प्रथमपरिवर्तो दर्शनमार्गः । २ इदं दुःखं । ३ अयं समुदयः । ४ अयं निरोधः । ५ इयं दुःखनिरोधगामिनी प्रतिपत् । ६

आर्यसत्यानां द्वितीयपरिवर्तो भावनामार्गः[2]) । ७ दुःखमार्यसत्यं परिज्ञायं । ८ दुःखसमुदयः प्रहातव्यः । ९ दुःखनिरोधः साक्षात्कर्तव्यः । १० दुःखनिरोधगामिनी प्रतिपद्भावयितव्या । ११

आर्यसत्यानां तृतीयः परिवर्तोऽशैक्षमार्गः । १२ दुःखं परिज्ञातं । १३ समुदयः प्रहीणः । १४ निरोधः साक्षात्कृतः । १५ दुःखनिरोधगामिनी प्रतिपद्भाविता । १६

॥ ६५ ॥

शतसाहस्रिकाप्रज्ञापारमिता । १ पञ्चविंशतिसाहस्रिका । २ अष्टसाहस्रिकाप्रज्ञापा-

---

1) L. सप्रति° — 2) D. U. भावन° —

रमिता । ३ बुद्धावतंसकं । ४ बोधिसत्त्वपिटकं । ५ ललितविस्तरः । ६ समाधिराजः । ७ पितापुत्रसमागमः । ८ लोकोत्तरपरिवर्तः । ९ सद्धर्मपुण्डरीकं । १० गगनगञ्जः । ११ रत्नमेघः । १२ लङ्कावतारं । १३ सुवर्णप्रभासोत्तमः । १४ विमलकीर्तिनिर्देशः । १५ गण्डव्यूहः । १६ घनव्यूहः । १७ आकाशगर्भः । १८ अक्षयमतिनिर्देशः । १९ उपायकौशल्यं । २० धर्मसंगीतिः । २१ सुविक्रान्तविक्रामी । २२ महाकरुणापुण्डरीकं । २३ रत्नकेतुः । २४ दशभूमिकं [1]) । २५ तथागतमहाकरुणानिर्देशः । २६ द्रुमकिन्नरराजपरिपृच्छा । २७ सूर्यगर्भः । २८ बुद्धभूमिः । २९ तथागताचिन्त्यगुह्यनिर्देशः । ३० शूरंगमसमाधिनिर्देशः । ३१ सागरनागराजपरिपृच्छा । ३२ अजातशत्रुकौकृत्यविनोदनं । ३३ संधिनिर्मोचनं । ३४ बुद्धसंगीतिः । ३५ राष्ट्रपालपरिपृच्छा । ३६ सर्वधर्माप्रवृत्तिनिर्देशः । ३७ रत्नचूडपरिपृच्छा । ३८ रत्नकूटः । ३९ महायानप्रसादप्रभावनं [2]) । ४० महायानोपदेशः । ४१ आर्यब्रह्मविशेषचित्तपरिपृच्छा [3]) । ४२ परमार्थसंवृतिसत्यनिर्देशः । ४३ मञ्जुश्रीविहारः । ४४ महापरिनिर्वाणं । ४५ अविवर्तचक्रं । ४६ कर्मविभङ्गः । ४७ प्रज्ञापारमिता पञ्चशतिका । ४८ त्रिशतिका प्रज्ञापारमिता । ४९ रत्नोल्का । ५० गोचरपरिशुद्धं । ५१ प्रशान्तविनिश्चयप्रातिहार्यनिर्देशः । ५२ तथागतोत्पत्तिसंभवनिर्देशः । ५३ भवसंक्रान्तिः । ५४ परमार्थधर्मविजयः । ५५ मञ्जुश्रीबुद्धक्षेत्रगुणव्यूहः । ५६ बोधिपक्षनिर्देशः । ५७ कर्मावरणप्रतिप्रस्रब्धिः । ५८ त्रिस्कन्धकं । ५९ सर्ववैदल्यसंग्रहः । ६० संघाटसूत्रं । ६१ तथागतज्ञानमुद्रासमाधिः [4]) । ६२ वज्रमेरुशिखरः । ६३ कूटागारधारणी । ६४ अनवतप्तनागराजपरिपृच्छा । ६५ सर्वबुद्धविषयावतारज्ञानालोकालंकारः । ६६ सप्तशतिकप्रज्ञापारमिता । ६७ व्यासपरिपृच्छा । ६८ सुबाहुपरिपृच्छा । ६९ सिंहपरिपृच्छा । ७० महासहस्रप्रमर्दनं । ७१ उग्रपरिपृच्छा । ७२ अद्वाबलाधानं । ७३ अङ्गुलिमालीयं । ७४ हस्तिकक्ष्यं [5]) । ७५ अक्षयमतिपरिपृच्छा । ७६ महास्मृत्युपस्थानं । ७७ शालिस्तम्भं [6]) । ७८ मैत्रीव्याकरणं । ७९ भैषज्यगुरुवैडूर्यप्रभः । ८० अर्थविनिश्चयः [7]) । ८१ महाबलसूत्रं । ८२ वीरदत्तगृहपतिपरिपृच्छा । ८३ रत्नकरण्डकं । ८४ विकुर्वाणरा-

---

1) P. поправка: °कः — 2) P. приписка: शालिस्तम्भवं — 3) P. a) и b); S. поправка चित्ति — 4) S. सर्वतथागत° — 5) P. a) °क्षम् — 6) Такъ D. U. — T. M. °स्तम्बकं. — P. °स्तमुम्भंवकभूत्रं — 7) P. a) °यम् —

ज्ञपरिपृच्छा[1]) । ८५ धन्नायकेयूरा । ८६ त्रिपिटकम् । ८७ सूत्रं । ८८ अभिधर्मः । ८९ विनयः । ९० प्रज्ञाप्तिशास्त्रं । ९१ संगीतिपर्यायः । ९२ धर्मस्कन्धः । ९३ धातुकायः । ९४ ज्ञानप्रस्थानं । ९५ प्रकरणपादः । ९६ एकोत्तरिकागमः । ९७ मध्यमागमः । ९८ दीर्घागमः । ९९ संयुक्तागमः । १०० विनयविभङ्गः । १०१ विनयवस्तु[2]) । १०२ विनयक्षुद्रकं । १०३ उत्तरग्रन्थः । १०४ राजाववादकं । १०५

॥ ६६ ॥

कण्ठोक्तः[3]) । १ आगमः । २ आर्षः । ३ प्रवचनं । ४ शासनं । ५ सूत्रान्ताः । ६ सूत्रं । ७ सिद्धान्तः । ८ समयः । ९ अनुशासना । १० अववादः । ११ दर्शनं । १२ मतं । १३ शास्त्रं । १४ प्रकरणं । १५ प्रक्रिया । १६ सूत्रं । १७ कारिका । १८ टिप्पिटकः[4]) । १९ वृत्तिः । २० विवरणं । २१ पञ्जिका । २२ भाष्यं । २३ व्याख्यानं । २४ वार्त्तिकं । २५ पद्धतिः । २६ मिश्रकं । २७ टीका । २८ टीकाटीका । २९ श्लोकः । ३० गाथा । ३१ गद्यं । ३२ पद्यं । ३३ वृत्तं । ३४ छन्दः । ३५ दण्डकं । ३६ ग्रन्थः । ३७ परिवर्तः । ३८ आश्वासकः । ३९ परिच्छेदः । ४० सर्गः । ४१ पटलः । ४२ अध्यायः । ४३ छन्दोविचितिः । ४४ पिण्डोद्दानं[5]) । ४५ अन्तरोद्दानं । ४६ उद्दानं । ४७

॥ ६७ ॥

विविक्तं कामैर्विविक्तं पापकैरकुशलैर्धर्मैः सवितर्कं सविचारं विवेकजं प्रीतिसुखं प्रथमं ध्यानमुपसंपद्य विहरति । १

स वितर्कविचाराणां व्युपशमादध्यात्मं संप्रसादाच्चेतस एकोतीभावादवितर्कमविचारं समाधिजं प्रीतिसुखं द्वितीयं ध्यानमुपसंपद्य विहरति । २

स प्रीतेर्विरागादुपेक्षको विहरति स्मृतः संप्रजानन्[6]) सुखं च कायेन प्रतिसंवेदयति यत्तदार्या आचक्षते[7]) उपेक्षकः स्मृतिमां सुखं विहारीति निष्प्रीतिकं तृतीयं ध्यानमुपसंपद्य विहरति । ३

---

1) P. b) поправка вм. विकुर्वणा° — 2) P. a) и b) ° °स्तुः — 3) P. a) कंपोक्तं. 4) P. a) टिप्पितकः — 5) P. поправка: °धानम् вм. °द्दनं — 6) P. b); L. स्मृतिस्सं°. S. स्मृतिमं — 7) D. и U. — P. आव° —

स सुखस्य च प्रहाणाद्दुःखस्य च प्रहाणात्पूर्वमेव च सौमनस्यदौर्मनस्ययोरस्तंगमाद-दुःखासुखमुपेक्षास्मृतिपरिशुद्धं चतुर्थं ध्यानमुपसंपद्य विहरति । ४

प्रान्तकोटिकं ध्यानं । ५ अनागम्यं । ६ ध्यानान्तरं । ७ सामन्तकं । ८ मौलं । ९ आस्फा-रणकसमाधिः[1] । १० प्रतिसंलयनः । ११ समाहितः । १२ सततसमितसमाहितचित्तः । १३

॥ ६८ ॥

स सर्वशो[2] रूपसंज्ञानां समतिक्रमात्प्रतिघसंज्ञानामस्तंगमान्नानात्वसंज्ञानाममनसि-कारादनन्तमाकाशमित्याकाशानन्त्यायतनमुपसंपद्य विहरति । १

स सर्वश आकाशानन्त्यायतनं समतिक्रम्यानन्तविज्ञानमिति विज्ञानानन्त्यायतनमुपसं-पद्य विहरति । २

स सर्वशो विज्ञानानन्त्यायतनं समतिक्रम्य नास्ति किंचिदित्याकिंचन्यायतनमुपसं-पद्य विहरति । ३

स सर्वश आकिंचन्यायातनं समतिक्रम्य नैवसंज्ञानासंज्ञायतनमुपसंपद्य विहरति । ४

व्युत्क्रान्तकसमापत्तिः । ५ व्यस्कन्धकसमापत्तिः । ६ नवानुपूर्वाविहारसमापत्तिः । ७

निरोधसमापत्तिः । ८ महाभूतसमतापादानं । ९ असंज्ञासमापत्तिः । १०

॥ ६९ ॥

मैत्री । १ करुणा । २ मुदिता । ३ उपेक्षा । ४

स मैत्रीसहगतेन चित्तेनावैरेणासंपन्नेनाव्याबाधेन विपुलेन महद्गतेनाप्रमाणेनाद्वयेन सुभावितेनैकां दिशमधिमुच्य स्फारित्वोपसंपद्य विहरति । ५

तथा द्वितीयं तथा तृतीयं तथा चतुर्थमित्यूर्ध्वमधस्तिर्यक्सर्वशः सर्वावन्तमिमं लोकं[3] । ६

॥ ७० ॥

रूपी रूपाणि पश्यत्ययं प्रथमो विमोक्षः । १ अध्यात्ममरूपसंज्ञी बहिर्धा रूपाणि पश्यत्ययं द्वितीयो विमोक्षः । २ शुभं विमोक्षं कायेन साक्षात्कृत्वोपसंपद्य विहरत्ययं तृती-यो विमोक्षः । ३

---

1) P. a) अस्यनक° — 2) P. a) u b) सो — 3) D. U. — P. सर्वव° —

स सर्वशो रूपसंज्ञानां समतिक्रमात्प्रतिघसंज्ञानामस्तंगमान्नानात्वसंज्ञानाममनसिकारादनन्तमाकाशमित्याकाशानन्त्यायतनमुपसंपद्य विहरत्ययं चतुर्थो विमोक्षः। ४

स सर्वश आकाशानन्त्यायतनं समतिक्रम्यानन्तं विज्ञानमिति विज्ञानानन्त्यायतनमुपसंपद्य विहरत्ययं पञ्चमो विमोक्षः। ५

स सर्वशो विज्ञानानन्त्यायतनं समतिक्रम्य नास्ति किंचिदित्याकिंचन्यायतनमुपसंपद्य विहरत्ययं षष्ठो विमोक्षः। ६

स सर्वश आकिंचन्यायतनं समतिक्रम्य नैवसंज्ञानासंज्ञायतनमुपसंपद्य[1]) विहरत्ययं सप्तमो विमोक्षः। ७

स सर्वशो नैवसंज्ञानासंज्ञायतनं समतिक्रम्य संज्ञावेदितनिरोधं कायेन साक्षात्कृत्वोपसंपद्य विहरत्ययमष्टमो विमोक्षः। ८

॥ ७१ ॥

अध्यात्मरूपसंज्ञी बहिर्धा रूपाणि पश्यति परीत्तानि सुवर्णदुर्वर्णानि तानि खलु रूपाण्यभिभूय जानात्यभिभूय पश्यति एवंसंज्ञी च भवति इदं प्रथममभिभ्वायतनम्। १

अध्यात्मरूपसंज्ञी बहिर्धा रूपाणि पश्यति महद्गतानि सुवर्णदुर्वर्णानि तानि खलु रूपाण्यभिभूय जानात्यभिभूय पश्यति एवंसंज्ञी च भवति इदं द्वितीयमभिभ्वायतनम्। २

अध्यात्ममरूपसंज्ञी बहिर्धा रूपाणि पश्यति नीलानि नीलवर्णानि नीलनिदर्शनानि नीलनिर्भासानि तद्यथा उमकपुष्पं संपन्नं वा वाराणसेयं वस्त्रं नीलं नीलवर्णं नीलनिदर्शनं नीलनिर्भासं एवमेवाध्यात्ममरूपसंज्ञी बहिर्धा रूपाणि पश्यति नीलानि नीलवर्णानि नीलनिदर्शनानि नीलनिर्भासानि इदं तृतीयमभिभ्वायतनम्। ३

अध्यात्ममरूपसंज्ञी बहिर्धा रूपाणि पश्यति पीतानि पीतवर्णानि पीतनिदर्शनानि पीतनिर्भासानि तद्यथा कर्णिकारपुष्पं संपन्नं वा वाराणसेयं वस्त्रं पीतं पीतवर्णं पीतनिदर्शनं पीतनिर्भासं एवमेवाध्यात्ममरूपसंज्ञी बहिर्धा रूपाणि पश्यति पीतवर्णानि पीतनिदर्शनानि पीतनिर्भासानि इदं चतुर्थमभिभ्वायतनम्। ४

---

1) P. *a*) u *b*). °संपद्य —

अध्यात्ममरूपसंज्ञी बहिर्धा रूपाणि पश्यति लोहितानि लोहितवर्णानि लोहितनिदर्शनानि लोहितनिर्भासानि तद्यथा बन्धुजीवकपुष्पं संपन्नं वा वाराणसेयं वस्त्रं लोहितं लोहितवर्णं लोहितनिदर्शनं लोहितनिर्भासं एवमेवाध्यात्ममरूपसंज्ञी बहिर्धा रूपाणि पश्यति लोहितानि लोहितवर्णानि लोहितनिदर्शनानि लोहितनिर्भासानि इदं पञ्चममभिभ्वायतनं। ५

अध्यात्ममरूपसंज्ञी बहिर्धा रूपाणि पश्यति अवदातानि अवदातवर्णानि अवदातनिदर्शनानि अवदातनिर्भासानि तद्यथा उशनस्तारकापवर्णा[1]) अवदात अवदातवर्णा अवदातनिदर्शन अवदातनिर्भासः एवमेवाध्यात्ममरूपसंज्ञी बहिर्धा रूपाणि पश्यति अवदातानि अवदातवर्णानि अवदातनिदर्शनानि अवदातनिर्भासानि इदं षष्ठमभिभ्वायतनम्। ६

स सर्वशो रूपसंज्ञानां समतिक्रमात्प्रतिघसंज्ञानामस्तंगमान्नानात्वसंज्ञानाममनसिकारादनन्तमाकाशमित्याकाशानन्त्यायतनमुपसंपद्य विहरति इदं सप्तममभिभ्वायतनम्। ७

स सर्वश आकाशानन्त्यायतनं समतिक्रम्यानन्तं विज्ञानमिति विज्ञानानन्त्यायतनमुपसंपद्य विहरति इदमष्टममभिभ्वायतनं। ८

॥ ७२ ॥

नीलकृत्स्नायतनं। १ पीतकृत्स्नायतनं। २ लोहितकृत्स्नायतनं। ३ अवदातकृत्स्नायतनं। ४ पृथिवीकृत्स्नायतनं। ५ अप्कृत्स्नायतनं। ६ तेजस्कृत्स्नायतनं। ७ वायुकृत्स्नायतनं। ८ आकाशकृत्स्नायतनं। ९ विज्ञानकृत्स्नायतनं। १० पृथिवीकृत्स्नामित्येके संजानते इत्यूर्ध्वमधस्तिर्यगद्वयमप्रमाणं। ११ अप्तेजोवायुनीलपीतलोहितावदातकृत्स्नामित्येके संजानते इत्यूर्ध्वमधस्तिर्यगद्वयमप्रमाणं। १२

॥ ७३ ॥

शून्यता। १ अनिमित्तं। २ अप्रणिहितं। ३

॥ ७४ ॥

अर्थप्रतिसरणेन भवितव्यं न व्यञ्जनप्रतिसरणेन। १ धर्मप्रतिसरणेन भवितव्यं न पुद्गलप्रतिसरणेन। २ ज्ञानप्रतिसरणेन भवितव्यं न विज्ञानप्रतिसरणेन। ३ नीतार्थसूत्रप्रतिसरणेन भवितव्यं न नेयार्थसूत्रप्रतिसरणेन। ४

---

1) S. उशसिस्तारकापावर्णा —

॥ ७५ ॥

श्रुतमयी प्रज्ञा । १ चिन्तामयी प्रज्ञा । २ भावनामयी प्रज्ञा । ३

॥ ७६ ॥

शब्दविद्या । १ हेतुविद्या । २ अध्यात्मविद्या । ३ चिकित्साविद्या । ४ शिल्पकर्मस्थानविद्या [1]) । ५

॥ ७७ ॥

प्रत्युत्पन्नसुखमायत्यां दुःखविपाकं । १ प्रत्युत्पन्नदुःखमायत्यां सुखविपाकं । २ प्रत्युत्पन्नदुःखमायत्यां दुःखविपाकं । ३ प्रत्युत्पन्नसुखमायत्यां सुखविपाकं । ४

॥ ७८ ॥

श्रद्धाधनं । १ शीलधनं । २ ह्रीधनं । ३ अपत्राप्यधनं । ४ श्रुतधनं । ५ त्यागधनं । ६ प्रज्ञाधनं । ७

॥ ७९ ॥

दर्शनानुत्तर्यं [2]) । १ श्रवणानुत्तर्यं [2]) । २ लाभानुत्तर्यं [2]) । ३ शितानुत्तर्यं [2]) । ४ परिचर्यानुत्तर्यं [2]) ५ अनुस्मृत्यनुत्तर्यं [2]) । ६

॥ ८० ॥

सत्याधिष्ठानं । १ त्यागाधिष्ठानं । २ उपशमाधिष्ठानं । ३ प्रज्ञाधिष्ठानं । ४

॥ ८१ ॥

प्रमुदितस्य प्रीतिर्जायते । १ प्रीतिमनसः कायः प्रस्रभ्यते [3]) । २ प्रस्रब्धकायः [4]) सुखं वेदयति । ३ सुखितस्य चित्तं समाधीयते । ४ समाहितचित्तो यथाभूतं प्रजानाति

---

1) P. поправка вм. शिल्पकर्मस्था°; S. शिल्पस्थान° — 2) P. поправка вм. °र्यं — 3) P. поправка надъ строкой °ब्धयते — 4) P. a) प्रस्रभं —

यथाभूतं पश्यति। ५ यथाभूतदर्शी निर्विद्यते। ६ निर्विण्णो विरज्यते। ७ विरक्तो विमुच्यते। ८ विमुक्तस्य विमुक्तोऽस्मीति ज्ञानदर्शनं भवति। ९

॥ ८२ ॥

व्यापादस्याव्यापदो निःसरणं मैत्री। १ विहिंसानिःसरणं करुणा। २ अरतिनिःसरणं मुदिता। ३ कामनिःसरणमुपेक्षा। ४ विचिकित्सानिःसरणमस्मिमानसमुद्घातः [1]) ५ निमित्तनिःसरणमनिमित्तं [2])। ६

॥ ८३ ॥

प्रतिरूपदेशवासः। १ सत्पुरुषापाश्रयं। २ आत्मनः सम्यक्प्रणिधानं। ३ पूर्वे च कृतपुण्यता। ४

॥ ८४ ॥

एकदेशकारी। १ प्रदेशकारी। २ यद्भूयस्कारी। ३ अपरिपूर्णकारी। ४ परिपूर्णकारी। ५ संयमः। ६ दमः। ७ सुविनीतः। ८ तपस्वी। ९ व्रती। १० यतिः। ११ अच्छिद्रं। १२ अखण्डं। १३ अशबलं। १४ अकल्माषं। १५ भुजिष्यं। १६ अपरामृष्टं [3])। १७ सुसमाप्तं। १८ सुसमारब्धः। १९ आर्यकान्तं। २० उपवासमुपवसन्ति। २१ चारित्रसंपन्नः। २२ वारित्रसंपन्नः। २३ आपत्त्यां संवरमापद्यते। २४ समादाय वर्तते। २५ साधु दमः। २६ साधु शमः। २७। साधु संयमः। २८

॥ ८५ ॥

योगाचारः। १ योगी। २ योगः। ३ योनिशो मनसिकारः। ४ प्रतिसंलयनं। ५ दृष्टधर्मसुखविहारः। ६ आस्वादनसंप्रयुक्तध्यानं। ७ भावनारामता [4])। ८ अभिष्यन्दयति। ९ परिष्यन्दयति। १० परिप्रीणयति। ११ परिस्फरयति। १२ एकाकिनो रहोगताः। १३ स्थूलभित्तिकता। १४ औदारिकता। १५ दुःखिलता। १६ अमोघः। १७ अवन्ध्यः। १८ सफलः [5]) १९ एकोतीभावः [6])। २०

---

1) P. *a*) и *b*) °द्घत्यत — 2) P. *a*) и *b*), S. °मानिमित्तं — 3) M. T. — D. U. अपरमिष्ट. P. надъ строкой आवरा° *a*) и *b*) आधरा — 4) P. поправка रामाता вм. *a*) °गता — 5) P. поправка °लं — 6) P. *a*) °तिभावः —

॥ ८६ ॥

एकांशव्याकरणं । १ विभज्यव्याकरणं । २ परिपृच्छाव्याकरणं । ३ स्थापनीयव्याकरणं । ४

॥ ८७ ॥

परिकल्पितलक्षणं । १ परतंत्रलक्षणं । २ परिनिष्पन्नलक्षणं । ३

॥ ८८ ॥

समताभिप्रायः । १ कालान्तराभिप्रायः । २ अर्थान्तराभिप्रायः । ३ पुद्गलान्तराभिप्रायः । ४

॥ ८९ ॥

अवतारणाभिसंधिः । १ लक्षणाभिसंधिः । २ प्रतिपक्षाभिसंधिः । ३ परिणामनाभिसंधिः । ४

॥ ९० ॥

शमथः । १ विपश्यना । २ योगः । ३ योनिशो मनस्कारः । ४

॥ ९१ ॥

त्रीणि कायदुश्चरितानि । १ चत्वारि वाग्दुश्चरितानि । २ त्रीणि मनोदुश्चरितानि । ३

॥ ९२ ॥

कायसुचरितं । १ प्राणातिपाताद्विरतिः । २ अदत्तादानाद्विरतिः । ३ काममिथ्याचाराद्विरतिः । ४

वाकसुचरितं । ५ मृषावादात्प्रतिविरतिः । ६ पारुष्यात्प्रतिविरतिः । ७ पैशुन्यात्प्रतिविरतिः । ८ संभिन्नप्रलापात्प्रतिविरतिः । ९

मनः सुचरितं । १० अभिध्यायाः प्रतिविरतिः । ११ व्यापादात्प्रतिविरतिः । १२ मिथ्यादृष्टेः प्रतिविरतिः । १३

॥ ९३ ॥

पुण्यक्रियावस्तु । १ दानमयं पुण्यक्रियावस्तु । २ शीलमयं पुण्यक्रियावस्तु । ३ भावनामयं पुण्यक्रियावस्तु । ४ औपधिकं पुण्यक्रियावस्तु । ५ गुणवं । ६

॥ ६४ ॥

परमार्थः । १ तत्त्वं । २ भूतकोटिः । ३ तथाता । ४ अवितथाता । ५ अनन्यतथाता । ६ शून्यता । ७ धर्मधातुः । ८ धर्मनियामता । ९ अचिन्त्यधातुः । १० अविपर्यासतथाता । ११ अद्वयं । १२ अद्वैधीकारं । १३ धर्मस्थितिता । १४ स्थितैव धर्मधातुस्थितिता । १५ एकैवैषा तथाता । १६ धर्मधातुसंभेदः । १७ अद्वयमेतदद्वैधीकारमभिन्नमच्छिन्नं । १८

॥ ६५ ॥

निर्वाणं । १ सोपधिशेषनिर्वाणं । २ निरुपधिशेषनिर्वाणं । ३ अप्रतिष्ठितनिर्वाणं । ४ निःश्रेयसः । ५ अपवर्गः । ६ अभिसमयः । ७ शैक्षः । ८ अशैक्षः । ९ नैवशैक्षनाशैक्षः । १० सम्यक्त्वनियतराशिः । ११ मिथ्यात्वनियतराशिः । १२ अनियतराशिः । १३

॥ ६६ ॥

शरणं । १ नाथः । २ परायणं । ३ त्राणं । ४ परित्राणं । ५ तायी । ६ लयनं । ७ गतिः । ८ द्वीपः । ९ तारकः । १० उत्तरणं [1] । ११ परित्राता । १२

॥ ६७ ॥

वन्दनं । १ पूजना । २ मानना । ३ अर्चना । ४ अपचायना । ५ चित्रीकारः [2] । ६ सत्कारः । ७ गुरुकारः । ८ उपस्थानं । ९ पर्युपासनं । १० आदरः । ११ गौरवं । १२ अञ्जलिकर्म । १३ प्रत्युत्थानं । १४ सामीची । १५ प्रणामः [3] । १६ अभिनमनं । १७ सामीचीकरणीयः । १८ आह्वनीयः । १९ प्राह्वनीयः । २० भक्तिः । २१ गुरुशुश्रूषा । २२ सप्रतीशः । २३ सगौरवः । २४ सेवनं । २५ भजनं । २६ पर्युपासनं । २७ उपासनं । २८ संसेवनं । २९ उपसेवनं । ३० बहुमानः । ३१ प्रणिपत्याभिवादनं । ३२ पूर्वाभिलापी । ३३

॥ ६८ ॥

*उत्मूढिः [4] । १ उत्साहः । २ आरम्भः । ३ अतन्द्रितः । ४ सत्कृत्यकारी । ५ सातत्यकारी [5] । ६ *नियकः । ७ प्रतिज्ञोत्तरकः [6] । ८ आस्थितिक्रियः । ९ अभियोगः । १०

---

1) S. उत्ता° — 2) D. U. — P. चित्ती° — 3) P. поправка °म्यं — 4) P. поправка b) °धिः; a) °ढ़ि; D. U. °टिः. S. °डः — P. на верху: उत्सृचितः (M. T. также). L. उत्मृचित्तः — 5) P. поправка: °त्य° — 6) P. такъ поправка; a) и b) प्रतिज्ञातरकः

उद्योगः । ११ योगमापत्तव्यं [1]) । १२ धर्मानुप्रतिपत्तिः । १३ आदीप्तशिरश्चैलोपमः [2]) । १४ श्रोत्सुक्यं । १५ पराक्रमः । १६ आतापी । १७ आतप्तकारी । १८ उद्यतः । १९ निरतः । २० अस्थीकृत्य । २१ प्रतिपत्तिसारः [3]) । २२ न व्याहारहतवाक्परमः [4]) । २३ व्यवसायः [5]) । २४ अभ्युत्साहः । २५ संनाहसंनद्धः । २६ दृढनारं । २७ उत्तप्तः । २८ उद्यमः । २९

॥ ९९ ॥

अभीरुः [6]) । १ विशारदः । २ अच्छम्भी [7]) । ३ निर्भयः । ४ अविषादः । ५ नोत्त्रसति । ६ न संत्रसति । ७ न संत्रासमापद्यते । ८ न लीयते । ९ न संलीयते । १० न विल्लीयते । ११ नार्तीयते [8]) । १२

॥ १०० ॥

रूपस्कन्धः । १ वेदनास्कन्धः । २ संज्ञास्कन्धः । ३ संस्कारस्कन्धः । ४ विज्ञानस्कन्धः । ५

॥ १०१ ॥

चत्वारि महाभूतानि । १ पृथिवीधातुः । २ अब्धातुः । ३ तेजोधातुः । ४ वायुधातुः । ५ खक्खटत्वं [9]) । ६ द्रवत्वं । ७ उष्णत्वं । ८ लघुसमुदीरणत्वं । ९ उपादायरूपं । १० भौतिकरूपं । ११ ज्ञाननं । १२ निश्रयः । १३ स्थानं । १४ उपस्तम्भः । १५ उपबृंहणं [10]) । १६ चक्षुरिन्द्रियं । १७ श्रोत्रेन्द्रियं । १८ घ्राणेन्द्रियं । १९ जिह्वेन्द्रियं । २० कायेन्द्रियं । २१ रूपप्रसादः । २२ रूपं । २३ शब्दः । २४ गन्धः । २५ रसः । २६ स्प्रष्टव्यं । २७ वर्णरूपं । २८ नीलं । २९ पीतं । ३० लोहितं । ३१ अवदातं । ३२ अभ्रं । ३३ धूमः । ३४ रजः । ३५ महिका [11]) । ३६ छाया । ३७ आतपः । ३८ आलोकः । ३९ अन्धकारः [12]) । ४० संस्थानरूपं । ४१ दीर्घं । ४२ ह्रस्वं । ४३ वृत्तं । ४४ परिमण्डलं । ४५ शातं । ४६ विशातं । ४७ उन्नतं । ४८ अवनतं । ४९ चतुरश्रं । ५० विज्ञप्तिः [13]) । ५१ सनिदर्शनं । ५२ अनिदर्शनं । ५३ सप्र-

---

1) D. U. — P. a) °मपत्तव्यं b) °पत्त°; L. मापत्तव्यं — 2) Такъ поправка. P. a) и b) °शिरश्चेलोपमः; L. °श्चलोपमः — 3) P. поправка надъ строкой вм. शारः — 4) P. поправка b); a) °वाखरमः; еще поправка: °वाकपरमः — 5) P. a) व्यपस्यपः; поправка b) व्यवसायः — 6) P. a) и b) अभिरुः; поправка अभिरुता — 7) S. अनुच्छम्भो — 8) P. a) नार्त्तायते b) नर्ती°; — 9) P. поправка कक्ख°; a) खक्कट — 10) P. b) поправка प्रिंहणं; a) उपव्यंहणं — 11) P. a) महिका — 12) P. a) и b) आन्ध° — 13) P. b) °ज्ञाप्तिः —

तिघः । ५४ अप्रतिघः । ५५ अनुपात्तमहाभूतहेतुकः सत्त्वाख्यो ऽसत्त्वाख्यो[1]) मनोज्ञामनोज्ञाश्च । ५६ उपात्तमहाभूतहेतुकः सत्त्वाख्यो ऽसत्त्वाख्यो[1]) मनोज्ञामनोज्ञाश्च । ५७ सुगन्धः । ५८ दुर्गन्धः । ५९ समगन्धः । ६० विषमगन्धः । ६१ मधुरः । ६२ अम्लः । ६३ लवणः । ६४ कटुकः । ६५ तिक्तः । ६६ कषायः । ६७ श्लक्ष्णत्वं । ६८ कर्कशत्वं । ६९ गुरुत्वं । ७० लघुत्वं । ७१ शीतं । ७२ बुभुक्षा । ७३ जिघत्सा । ७४ पिपासा । ७५ अविज्ञप्तिः । ७६

॥ १०२ ॥

सुखाः । १ दुःखाः । २ अदुःखासुखाः । ३

॥ १०३ ॥

परीत्ता । १ महाद्गता । २ अप्रमाणा । ३

॥ १०४ ॥

चैतसिका धर्माः । १ स्पर्शः । २ संज्ञा । ३ वेदना । ४ मनस्कारः । ५ चेतना । ६ छन्दः । ७ अधिमोक्षः । ८ स्मृतिः । ९ प्रज्ञा । १० समाधिः । ११ श्रद्धा । १२ ह्रीः । १३ अपत्राप्यं । १४ अलोभः कुशलमूलं । १५ अद्वेषः कुशलमूलं । १६ अमोहः कुशलमूलं । १७ वीर्यं । १८ प्रश्रब्धिः । १९ अप्रमादः । २० उपेक्षा । २१ अविहिंसा । २२ रागः । २३ प्रतिघः । २४ मानः । २५ अधिमानः । २६ मानातिमानाः । २७ अस्मिमानः । २८ अभिमानः । २९ ऊनमानः । ३० मिथ्यामानः । ३१ अविद्या । ३२ दृष्टिः । ३३ सत्कायदृष्टिः । ३४ अन्तर्ग्राहदृष्टिः । ३५ मिथ्यादृष्टिः । ३६ दृष्टिपरामर्शः । ३७ शीलव्रतपरामर्शः । ३८ विचिकित्सा । ३९ क्रोधः । ४० उपनाहः । ४१ म्रक्षः । ४२ *प्रदासः[2]) । ४३ ईर्ष्या । ४४ मात्सर्यं । ४५ माया । ४६ शाठ्यं[3]) । ४७ मदः । ४८ विहिंसा । ४९ आह्रीक्यं । ५० अनपत्राप्यं । ५१ अश्रद्ध्यं[4]) । ५२ कौसीद्यं । ५३ प्रमादः । ५४ मुषितस्मृतिता । ५५ विक्षेपः । ५६ असंप्रजन्यं । ५७ औद्धत्यं । ५८ कौकृत्यं । ५९ स्त्यानं । ६० मिद्धं । ६१ वितर्कः । ६२ विचारः । ६३ प्राप्तिः । ६४ अप्राप्तिः । ६५ असंज्ञिसमापत्तिः । ६६ निरोधसमापत्तिः । ६७ आसं-

---

1) P. *a*) °ख्योः — 2) P. поправка вм.: °शः. — D. U. S. °दृशा — 3) P. поправка *b*) शाध्यं: *a*) °ध्यं; L. शात्य — 4) P. श्रा° —

ज्ञिकं। ६८ जीवितेन्द्रियं। ६९ निकायसभागः। ७० जातिः। ७१ जरा। ७२ स्थितिः। ७३ अनित्यता। ७४ नामकायः। ७५ पदकायः। ७६ व्यञ्जनकायः। ७७ पृथग्भागीयाः। ७८ प्रवृत्तिः। ७९ प्रतिनियमः। ८० योगः। ८१ *जावः। ८२ अनुक्रमः। ८३ कालः। ८४ देशः। ८५ संख्या। ८६ भेदः। ८७ सामग्री [1])। ८८ प्रबन्धः। ८९ अन्यथात्वं। ९० प्रबन्धोपरमः। ९१ व्यञ्जनं। ९२ अत्तरं। ९३ वर्णाः। ९४

॥ १०५ ॥

आलयविज्ञानं। १ आदानविज्ञानं। २ क्लिष्टमनः [2])। ३ चक्षुर्विज्ञानं। ४ श्रोत्रविज्ञानं। ५ घ्राणविज्ञानं। ६ जिह्वाविज्ञानं। ७ कायविज्ञानं। ८ मनोविज्ञानं [3])। ९

॥ १०६ ॥

चक्षुरायतनं। १ रूपायतनं। २ श्रोत्रायतनं। ३ शब्दायतनं। ४ घ्राणायतनं। ५ गन्धायतनं। ६ जिह्वायतनं। ७ रसायतनं। ८ कायायतनं। ९ स्प्रष्टव्यायतनं। १० मनआयतनं। ११ धर्मायतनं। १२

॥ १०७ ॥

चक्षुर्धातुः। १ रूपधातुः। २ चक्षुर्विज्ञानधातुः। ३ श्रोत्रधातुः। ४ शब्दधातुः। ५ श्रोत्रविज्ञानधातुः। ६ घ्राणधातुः। ७ गन्धधातुः। ८ घ्राणविज्ञानधातुः। ९ जिह्वाधातुः। १० रसधातुः। ११ जिह्वाविज्ञानधातुः। १२ कायधातुः। १३ स्प्रष्टव्यधातुः। १४ कायविज्ञानधातुः। १५ मनोधातुः। १६ धर्मधातुः। १७ मनोविज्ञानधातुः। १८

॥ १०८ ॥

चक्षुरिन्द्रियं। १ श्रोत्रेन्द्रियं। २ घ्राणेन्द्रियं। ३ जिह्वेन्द्रियं। ४ कायेन्द्रियं। ५ मनेन्द्रियं। ६ पुरुषेन्द्रियं। ७ स्त्रीन्द्रियं। ८ दुःखेन्द्रियं। ९ सुखेन्द्रियं। १० सौमनस्येन्द्रियं। ११ दौर्मनस्येन्द्रियं। १२ उपेक्षेन्द्रियं। १३ श्रद्धेन्द्रियं। १४ वीर्येन्द्रियं। १५ स्मृतीन्द्रियं। १६ समाधीन्द्रियं। १७ प्रज्ञेन्द्रियं। १८ अनाज्ञातमाज्ञास्यामीन्द्रियं। १९ आज्ञेन्द्रियं। २० आज्ञातावीन्द्रियं [4])। २१ जीवितेन्द्रियं। २२

---

1) Такъ всѣ рук. вм. °श्री въ P. — 2) Приписка: S. अक्लिष्टमनं. — 3) Приписка — 4) P. °विन्द्रियं. —

॥ १०६ ॥

अवधारणं । १ आश्रयभूतद्रूपणात् [1] । २ सुवर्णाः । ३ दुर्वर्णाः । ४ पाण्डुरं [2] । ५ श्यामं । ६ शबलं । ७ पिङ्गलं । ८ चतुःपार्श्वं [3] । ९ आभोगः । १० अभिलाषः । ११ संस्तुतं । १२ असंप्रमोषः । १३ विह्हितं । १४ अभिसंप्रत्ययः । १५ लज्जा । १६ संप्रतिपत्तिः । १७ उत्साहः । १८ प्रशठता । १९ दौष्टुल्यं । २० कर्मण्यता । २१ आघातः [4] । २२ अयः । २३ बहुत्तरविशिष्टः । २४ अपकारः । २५ वैरानुबन्धः । २६ चण्डवचोदाशिता [5] । २७ व्यारोषः । २८ आग्रहः । २९ वञ्चना । ३० पर्यादानं । ३१ विहेठना । ३२ विप्रतिसारः [6] । ३३ मनोजल्पः । ३४ महाभूमिकः । ३५ सहगः । ३६ परिकल्पितं । ३७ आत्ममोहः । ३८ आत्मदृष्टिः । ३९ आत्ममानः । ४० आत्मस्नेहः । ४१ संतानानुवृत्तिः । ४२ एकजातीयविज्ञानं । ४३ सभागः । ४४ तत्सभागः । ४५ निर्वित् । ४६ काङ्क्षा । ४७ विमतिः । ४८ अनुनयः । ४९ कामरागः । ५० भवरागः । ५१ संयोजनं । ५२ बन्धनं । ५३ अनुशयः । ५४ पर्युत्थानं । ५५ उपक्लेशः । ५६ पर्यवस्थानं । ५७ पर्यवनद्धं । ५८ आस्रवः । ५९ ओघः । ६० योगः । ६१ उपादानं । ६२ ग्रन्थः । ६३ निवारणं । ६४ कामप्रतिसंयुक्तः । ६५ रूपप्रतिसंयुक्तः । ६६ आरूप्यप्रतिसंयुक्तः । ६७ दर्शनप्रहातव्यः । ६८ भावनाप्रहातव्यः । ६९ कामाप्तः । ७० कामधातुपर्यापन्नः । ७१ कामावचरः । ७२ ऊर्ध्वभागीयः । ७३ अवरभागीयः । ७४ अङ्गणं [7] । ७५ सरणं । ७६ अहंकारः । ७७ ममकारः । ७८ दीर्घानुपरिवर्ती । ७९ सदानुबद्धो भवति । ८० प्रतिसंधिः । ८१ संसारः । ८२ संधिमवाप्नोति । ८३ समनुबन्धः । ८४ चित्तानुपरिवर्ती । ८५ अनुसहितः । ८६ समयसमयी [8] । ८७ प्रतिसंदधाति [9] । ८८ अप्रतिसंधिः । ८९ अनुवर्तनं । ९० संतानवर्ती । ९१ अनुच्छविकः [10] । ९२ अनुसंधिः । ९३ सानुचरः । ९४ प्रवाहः । ९५ अनुबन्धः । ९६ अजस्रं । ९७ अनुगतः । ९८ अभूत्वाभावः । ९९ यथायोगं । १०० असंस्कृतः । १०१ प्रतिसंख्यानिरोधः । १०२ अप्रतिसंख्यानिरोधः । १०३ संस्कृतं । १०४ सास्रवः । १०५ अनास्रवः । १०६

---

1) P. °पाद्.— D.U.S. °ण्यं — 2) P. поправка: पण्डुरं — 3) P. поправка: °पर्श्वं — 4) P. अघता. Такъ D. U. — 5) Такъ D. U. — P. °दाशिता — 6) P. такъ *b*) поправка; *a*) °सात्यः — 7) P. *a*) अगणं — 8) Такъ *b*) поправка; P. *a*) समयामग्. S. °साम° — 9) Поправка प्रतिसंवधाति — 10) P. आनु° —

॥ ११० ॥

रक्तः । १ सक्तः । २ गृद्धः । ३ ग्रन्थितं । ४ मूर्छितः । ५ ग्रध्यवसितः । ६ ग्रध्यवसानमापन्नः । ७ ग्रध्यवसानं 1) । ८ विनिबन्धः । ९ परिग्रेधः । १० संरागः 2) । ११ लोलुपः । १२ घस्मरः । १३ लम्पटः । १४ लुब्धः । १५ संरक्तः । १६ रञ्जनीयः । १७ भूयस्कामता । १८ यादृच्छिकः । १९ इच्छान्तिकः । २० भूयश्छन्दिकः । २१ भूयोऽभिचिता । २२ भूयोऽभिप्रयः । २३ स्वादुकामता । २४ विचित्राहारता 3) । २५ नेतरेतरेण संतुष्टिः । २६ नन्दीरागः । २७ कामच्छन्दः । २८ ग्रभिनिवेशः । २९ ग्रास्था । ३० स्पृहा । ३१ रोचते । ३२ एच्छान्तिकः 4) । ३३ तीव्रेण छन्देन । ३४ ग्राहारे गृद्धिर्भवति । ३५ गार्ध्यं । ३६

॥ १११ ॥

दुःखदुःखता । १ संस्कारदुःखता । २ विपरिणामदुःखता । ३

॥ ११२ ॥

जातिर्दुःखं । १ जरादुःखं । २ व्याधिदुःखं । ३ मरणदुःखं । ४ प्रियविप्रयोगे दुःखं । ५ ग्रप्रियसंप्रयोगे दुःखं । ६ यदपीच्छया पर्येषमाणो 5) न लभते तदपि दुःखं । ७ संक्षेपेण पञ्चोपादानस्कन्धदुःखं । ८

॥ ११३ ॥

ग्रविद्या । १ संस्कारः । २ विज्ञानं । ३ नामरूपं । ४ षडायतनं । ५ स्पर्शः । ६ वेदना । ७ तृष्णा । ८ उपादानं । ९ भवः । १० जातिः । ११ जरामरणं । १२ शोकः । १३ परिदेवः । १४ दुःखं । १५ दौर्मनस्यं । १६ उपायासः । १७

॥ ११४ ॥

कारणहेतुः । १ सहभूहेतुः । २ विपाकहेतुः । ३ संप्रयुक्तकहेतुः । ४ सर्वत्रगहेतुः । ५ सभागहेतुः 6) । ६

---

1) P. поправка: ग्रध्यव° — 2) P. b) приписка: संरक्त — 3) Такъ D. U. — P. विचिता° — 4) S. उच्छादिकः; в. L. P. еще разъ यादृच्छकः — 5) P. °पा — 6) P. b) समभाग° —

॥ ११५ ॥

हेतुप्रत्ययः। १ समनन्तरप्रत्ययः। २ आलम्बनप्रत्ययः। ३ अधिपतिप्रत्ययः। ४

॥ ११६ ॥

निष्यन्दफलं। १ अधिपतिफलं। २ पुरुषकारफलं। ३ विपाकफलं। ४ विसंयोगफलं। ५

॥ ११७ ॥

जरायुजाः। १ अण्डजाः। २ संस्वेदजाः। ३ उपपादुकाः। ४

॥ ११८ ॥

कवडिंकाराहारः[1)]। १ स्पर्शाहारः। २ मनःसंचेतनाहारः। ३ विज्ञानाहारः[2)]। ४

॥ ११९ ॥

नानात्वकाया नानात्वसंज्ञिनः। तद्यथा मनुष्या एकत्याश्च देवाः। १ नानात्वकाया एकत्वसंज्ञिनः। तद्यथा देवा ब्रह्मकायिकाः प्रथमाभिनिर्वृत्ताः। २
एकत्वकाया नानात्वसंज्ञिनः। तद्यथा आभास्वराः। ३
एकत्वकाया एकत्वसंज्ञिनः। तद्यथा देवाः शुभकृत्स्नाः। ४ आकाशानन्त्यायतनं। ५ विज्ञानानन्त्यायतनं। ६ आकिंचन्यायतनं। ७ नैवसंज्ञानासंज्ञायतनं। ८ असंज्ञिसत्त्वाः[3)]। ९

॥ १२० ॥

नरकाः। १ तिर्यञ्चः। २ प्रेताः। ३ दीर्घायुषो देवाः। ४ प्रत्यन्तजनपदं। ५ इन्द्रियवैकल्यं। ६ मिथ्यादर्शनं। ७ तथागतानामनुत्पादः। ८

॥ १२१ ॥

दृष्टधर्मवेदनीयं। १ उपपद्य वेदनीयं। २ अपरपर्यायवेदनीयं। ३ नियतवेदनीयं। ४

---

1) P. L. कवतिकाहारः — D. कवडिङ्गरा° U. कवटिङ्करा° — 2) P. a) विज्ञानानम° — 3) L. असं. P. b) °ज्ञी° —

अनियतवेदनीयं । ५ कर्मस्वकः । ६ कर्मदायादः । ७ कर्मयोनिः । ८ कर्मप्रतिसरणं । ९ प्रयोगः । १० मौलं । ११ पृष्ठं । १२ आसेवितं । १३ भावितं । १४ बहुलीकृतं । १५

॥ १२२ ॥

मातृघातः । १ अर्हद्वधः । २ पितृघातः । ३ संघभेदः । ४ तथागतस्यान्तिके दुष्टचित्तरुधिरोत्पादनं । ५

॥ १२३ ॥

मातुरर्हत्या[1]) दूषणं । १ नियतभूमिस्थितस्य बोधिसत्त्वस्य मारणं । २ शैक्षस्य मारणं । ३ संघाय द्वारहरणं । ४ स्तूपभेदनं । ५

॥ १२४ ॥

आयुष्कषायः । १ दृष्टिकषायः । २ क्लेशकषायः । ३ सत्त्वकषायः । ४ कल्पकषायः । ५

॥ १२५ ॥

लाभः । १ अलाभः । २ यशः । ३ अयशः । ४ निन्दा । ५ प्रशंसा । ६ सुखं । ७ दुःखं । ८

॥ १२६ ॥

धर्मार्थिकः । १ बोधिचित्तासंप्रमोषः । २ अनिश्रितः । ३ उदाराधिमुक्तिकः । ४ आचारशीलः । ५ आचारस्थः । ६ कृतवेदी । ७ कृतज्ञः । ८ आज्ञाकरः । ९ सुखसंवासः । १० सूरतः । ११ पेशलः । १२ ऋजुचित्तः । १३ आर्जवः । १४ मार्दवः । १५ प्रदक्षिणग्राही । १६ सुवचाः । १७ प्रतिच्छन्दकल्याणाः[2]) । १८ अल्पकरणीयः । १९ अल्पकृत्यः । २० अल्पेच्छः । २१ आर्यवंशसंतुष्टः । २२ धर्मलाभसंतुष्टः । २३ चीवरसंतुष्टः । २४ पिण्डपातसंतुष्टः । २५ शयनासनसंतुष्टः । २६ सुपोषता । २७ सुभरता । २८ मन्दभाष्यो भवति । २९ न च परेषां दोषान्तरस्खलितगवेषी । ३० कल्याणमित्रपरिगृहीतः । ३१ बहुश्रुतः । ३२ इङ्गितज्ञाः । ३३ सुप्रबुद्धः । ३४ उद्घटितज्ञाः । ३५ विपञ्चितज्ञाः[3]) । ३६ सुश्रुतः । ३७ देशज्ञाः । ३८ लोकज्ञाः । ३९ आत्मज्ञाः । ४० कालज्ञाः । ४१ वेलाज्ञाः[4]) । ४२ समयज्ञाः । ४३ मात्रज्ञाः । ४४ आगमपति । ४५

---

1) Такъ D. U. — P. °हत्यां; L. °हत्य° — 2) S. अप्रतिच्छन्द° — 3) D. U. विपञ्चि° — M. T. विपश्चि — 4) Рукописи: वेलज्ञाः —

न विरागयति। ४६ ग्रपरप्रत्ययः[1])। ४७ ग्रपराधीनः। ४८ ग्रपरप्रणेयः। ४९ ग्रनन्यनेयः। ५० विक्रमी। ५१ वीरः। ५२ शूरः। ५३ विह्लायसगामी। ५४ प्रासादिकः। ५५ ग्रपगतभ्रूकुटिकः[2])। ५६ ग्रच्छिक्रोपचारः। ५७ ग्रमायावी। ५८ यथावादी तथाकारी। ५९ दृढसमादानः। ६० भयदर्शी। ६१ वचसा परिज्ञेता। ६२ परिज्ञितः। ६३ सुसमाप्तः। ६४ सुसमारब्धः। ६५ मनसान्वीक्षिता[3])। ६६ दृष्ट्या सुप्रतिविद्धः। ६७ वीततृष्णो[4]) भवाभवे। ६८ यानीकृतः। ६९ वस्तुकृतः। ७० ग्रनुष्ठितः। ७१ समवहृत्ति। ७२ ग्राधुनाति। ७३ सर्वं कष्टं[5]) शाउपति। ७४ शुश्रूषमाणः। ७५ ग्रनुविधीयमानः। ७६ ग्रननुसूया। ७७ ग्रनुपालम्भप्रेतिणः। ७८ ग्रवहितश्रोत्रः। ७९ ग्रावर्जितमानसः। ८० धर्मोपधर्मलब्धः। ८१ निकामलाभी। ८२ ग्रकृच्छ्रलाभी। ८३ ग्रकिसरलाभी। ८४ कुले ज्येष्ठोपचायकः। ८५ शास्तुः शासनकरः। ८६ ग्रनिराकृतो ध्यायी। ८७ बृंहयिता शून्यागाराणां[6])। ८८ स्वकार्थयोगमनुयुक्तः[7])। ८९ ग्रमोघं राष्ट्रपिण्डं परिभुङ्क्ते। ९० उपरोधशीलः। ९१

॥ १२७ ॥

विषमलोभः। १ मिथ्याधर्मपरीतः। २ ग्रात्मोत्कर्षः। ३ परपंसकः। ४ ग्रभिमानिकः। ५ कुटिलचित्तः। ६ हीनाधिमुक्तिकः। ७ म्रक्षिकः। ८ खटुकः[8])। ९ उद्धतः। १० उन्नतः। ११ कर्कशः। १२ परुषः। १३ नीचवृत्तिः। १४ लाभेन लाभनिश्चिकीर्षा। १५ ग्रभाजनभूतसत्त्वः। १६ ग्रल्पश्रुतः। १७ ग्रब्राह्मण्यं। १८ ग्रश्रामण्यं। १९ ग्रपितृज्ञाः। २० ग्रमातृज्ञाः। २१ ग्रधर्मकामः। २२ पापधर्मः। २३ ज्ञानकामः[9])। २४ बक्कृत्यः। २५ बक्करणीयः। २६ प्रज्ञादौर्बल्यः। २७ दुःशीलः। २८ दुष्प्रज्ञाः। २९ मन्दप्रज्ञाः। ३० दुष्पोषता। ३१ दुर्भरता[10])। ३२ संकीर्णो विहरति। ३३ ग्रामिषकिञ्चित्कहेतोः। ३४ दुःश्रुतं। ३५ पदपरमः। ३६ ग्रसंप्रख्यानं। ३७ ग्रभावितकायः। ३८ *प्रगल्भधार्ष्ट्य[11])। ३९ मुखरः। ४० ग्रत-

---

1) P. b) прибавлено: ग्रपरप्रणेय — 2) Такъ D. U. — P. ग्रप्रगत° — 3) P. такъ b) поправка; P. a) ग्रन्धाक्षिता; на верху прибавлено: न — 4) P. a) и b) °ष्णाम्भवाभवे — 5) P. a) कशट्टं; b) कषट्टं. D. U. कुश्रमं — 6) P. поправка на верху: °भाराणां — 7) Такъ U. — P. स्वकार्या° — 8) P. Такъ D. U.; L. P. a) °टुकः b) खटुटूः; поправка на верху: °त्कः — 9) Такъ D. U. — P. ज्ञात्र° — 10) P. a) दुर्करता; S. °भवता — 11) D. U. °धाष्यः P. a) °ष्टु; P. b) °ष्ट —

धूर्तः । ४१ घस्मरः । ४२ मत्सरः । ४३ कदर्यः । ४४ खलः । ४५ शठः । ४६ धूर्तः । ४७ विटः । ४८ मायावी । ४९ *कुहकुचिः[1]) । ५० दम्भः । ५१ कुहना । ५२ लपना । ५३ नैमित्तिकत्वं । ५४ नैष्पेशिकत्वं[2]) । ५५ लाभेन लाभनिष्पादनं[3]) । ५६ सत्वविक्रयः । ५७ शस्त्रविक्रयः । ५८ विषविक्रयः । ५९ मांसविक्रयः । ६० मद्यविक्रयः । ६१ डुर्मङ्कुः[4]) । ६२ षड् भोगानामपायस्थानानि[5]) । ६३ मद्यपानं । ६४ द्यूतं । ६५ विकालचर्या । ६६ पापमित्रता । ६७ समाजदर्शनं । ६८ आलस्यं । ६९

॥ १२८ ॥

अनुत्तरः । १ निरुत्तरः । २ अनुत्तमः । ३ उत्तरः । ४ उत्तमः । ५ ज्येष्ठः । ६ श्रेष्ठः । ७ वरः । ८ प्रवरः । ९ अग्रः । १० विशिष्टः । ११ प्रधानं । १२ परमः । १३ उत्कृष्टः[6]) । १४ प्रकृष्टः । १५ प्रणीतः । १६ असमः । १७ असमसमः । १८ अप्रतिसमः । १९ सुष्ठु । २० अत्यन्तं । २१ सर्वाकारवरोपेतं । २२ प्रष्ठः । २३

॥ १२९ ॥

सुपरिशुद्धं । १ त्रिमण्डलपरिशुद्धं । २ अनुपादाय आस्रवेभ्यश्चित्तानि विमुक्तानि । ३ परिमोचयितव्यं । ४ विमुच्यते । ५ शीतोभवति । ६ कृतपरिकर्म । ७ निर्याणं । ८ निर्यातः । ९ निर्याति । १०

॥ १३० ॥

प्रतिनिसृष्टं । १ वान्तीकृतं । २ सर्वोपधिप्रतिनिसर्गः । ३ व्यतिकृतं[7]) । ४ विष्कम्भणं । ५ रिञ्चति । ६ छोरिता । ७ वाहितपापः । ८ व्यतिवृत्तः । ९ प्रतिनिसृजति[8]) । १० प्रतिविनिसृजति[9]) । ११ उत्सृज्यति[9]) । १२ परित्यागः । १३ जहाति । १४ प्रतितपः । १५ अपकर्षणं । १६ प्रतिक्रान्तः । १७ अपकर्षः । १८ ऊनत्वं । १९ अपोगः । २० वियोगः । २१

---

1) L. कुहकचिः; S. कुहकु и चिदम्भः — 2) P. на верху поправка: नैष्पे°; L. नैष्प्य° — 3) P. a) °दता. Такъ D. U., поправка; b) निष्पदना — 4) P. a) и b) еще डुमङ्कुः зачеркнуто. S. °मङ्कु — 5) P. b) संभो°; L. सम्भो° — 6) S. उत्तरकृष्टः — 7) L. S. व्यन्तो° — 8) P. a) и b) два раза 11. Поправка согласно съ D. — 9) P. b) поправка; a) °दयति —

विसंयोगः । २२ विश्लेषः । २३ विगच्छेत् । २४ विभूतं । २५ अन्तर्धानं । २६ अपक्रान्तः । २७ विपरिणातं । २८ आश्रयपरावृत्तं । २९ परिणातं । ३० परिणामः । ३१ जीविताद्व्यपरोपयेत् । ३२ पर्यादानं गच्छति । ३३ विलीनं । ३४ परिभुक्तं । ३५ अस्तं गच्छति । ३६ विधमति । ३७ अपविद्धं । ३८ रागनिसूदनं । ३९ पर्युदस्तः[1] । ४० स्थितेरन्यथात्वं । ४१ नाशोभावः । ४२ प्रभङ्गुरं । ४३ पृष्ठीभवति । ४४ कोलापितव्यं[2] । ४५ उच्छेत्स्यति । ४६ वितिमिरकरः । ४७ अनुनयाऽसंपृक्तपाता[3] । ४८ निर्लिम्बितं[4] । ४९ उत्सृष्टं हन्ति[5] । ५० सुप्रक्षालितं । ५१ सुधौतं[6] । ५२ निर्धान्तं । ५३ वान्तीभावः । ५४ परित्यक्तं । ५५ उत्सृष्टं । ५६ प्रत्याख्यातं[7] । ५७ उत्सर्जनं । ५८ शोकविनोदनं । ५९ प्रविजह्यं । ६० अनङ्गणं । ६१ निकृतः । ६२

॥ १३१ ॥

कीर्तिः । १ प्रशंसा । २ यशः । ३ स्तुतिः । ४ स्तोमितः[8] । ५ प्रशंसितः । ६ वर्णितः । ७ शब्दः । ८ श्लोकः । ९ वर्णः[9] । १० अभिनन्दितयशः । ११ भूतवर्णां निश्चरयति । १२ प्रसिद्धः । १३ प्रथितः । १४ प्रतीतः । १५ अनुशंसा । १६

॥ १३२ ॥

अवर्णः । १ दोषः । २ भण्डनं । ३ पंसनं । ४ निन्दा । ५ जुगुप्सा । ६ विगर्हः । ७ कुत्सनं । ८ अवसादः । ९ अवमंस्यति । १० विमानयति । ११ पराभावः । १२ कुत्सनीयं । १३ अवध्यायति । १४ क्षिपति । १५ विवाचयति[10] । १६ परिभाषः । १७

---

1) P. *a)* и *b)* °दस्मः — 2) P. на верху поправка: को° — 3) Такъ D. U. — P. *a)* и *b)* °सघुत° Двѣ поправки °सम्बुत° и °सन्धत° (такъ L.) — M. T. °सभुत° — 4) P. на верху поправка: निर्पि° — 5) P. *b)*, L. приписка: समवहन्ति; S. समवदन्ति (*s.* °हन्ति) — 6) P. *a)* सुधांत — 7) Такъ поправка; P. *a)* и *b)* °तिं — 8) На верху поправка: स्तोषितं; такъ L. — 9) P. L. приписка: पन्नितः т. е. वर्णि° Въ другихъ рукописяхъ нѣтъ, а также нѣтъ подъ словомъ китайскаго перевода. — 10) P. *a)* विवेच° —

॥ १३३ ॥

अनुकूलः । १ प्रतिकूलः । २ प्रतिलोमं । ३ अनुलोमं । ४ अनुस्रोतोगामी । ५ प्रतिस्रोतोगामी । ६ व्यस्तं । ७ समस्तं । ८ आपः । ९ दुर्लभः । १० सुलभः । ११ अधिमात्रं । १२ मध्यं । १३ मृदुः । १४ सुसाध्यं । १५ दुःसाध्यं । १६ आरं । १७ पारं । १८ प्रवर्तनं । १९ विवर्तनं । २० अवबद्धं । २१ अमुक्तं । २२ निमिञ्जितं[1] । २३ उन्मिञ्जितं[2] । २४ संप्रख्यानं । २५ असंप्रख्यानं । २६ अनुगुण्यं । २७ अनुवातः । २८ प्रतिवातः । २९ समनुपश्यति । ३० न समनुपश्यति । ३१ आनुलोमिकी । ३२

॥ १३४ ॥

आयामः[3] । १ विष्कम्भेण । २ विस्तारः । ३ दैर्घ्यं । ४ आरोहपरिणाहसंपन्नः । ५ आरोहः । ६ परिणाहः[4] । ७ विस्तीर्णा । ८ उदारः । ९ विशालं । १० विपुलं । ११ औदारिकं । १२ पृथुः । १३ अल्पतरं । १४ अल्पतमं । १५ बहुतरं । १६ भूयिष्ठं । १७ महत्तमं । १८ इत्वरः[5] । १९ लूहः[6] । २० अववरकं[7] । २१ पौर्वापर्यं । २२ अपूर्वमचरमं । २३ सूक्ष्मं । २४ स्थूलं । २५ दक्षं । २६ अदक्षं । २७ उत्कूलं । २८ निकूलं । २९

॥ १३५ ॥

आलप्तकः । १ संलप्तकः । २ संस्तुतकः । ३ सप्रेमकः । ४ प्रेमः । ५ आप्तः । ६ विश्वस्तमानसः । ७ सहायीभावं[8] गच्छति । ८ कान्तः । ९ प्रियः । १० प्रणयः । ११ परममनोज्ञः । १२ मित्रं । १३ सुहृत् । १४ हृद्यं । १५

॥ १३६ ॥

अमित्रं । १ प्रत्यमित्रः । २ कुमित्रः । ३ परप्रवादी । ४ प्रत्यर्थिकः । ५ प्रत्यनीकः । ६ परचक्रं । ७ वैरी । ८ शत्रुः । ९ कुसहायः । १०

---

1) P. (поправка), L. °ञ्चितं — 2) P. *a*) उत्सिं° — 3) P. *a*) и *b*) 1. आपत्ता зачеркнуто; передъ 2. приписка *b*): आपात' — 4) P. *a*) и *b*) S. L. еще разъ: आरोहपरिणाहसंपन्नः — 5) P. *a*) अत्वरः — 6) P. *b*) S. L. लुहः — 7) D. U. अपचरकं — 8) P. *b*) संहायी° —

॥ १३७ ॥

ग्राशीर्वादः । १ *ग्राशिशः[1]) । २ वर्णवादी । ३ श्रीः । ४ लक्ष्मीः । ५ मङ्गलं । ६ कुतूहलं । ७ प्रशस्तः । ८ स्वस्ति । ९ स्वस्त्यापनं[2]) । १० सौवस्तिकं । ११ कल्याणं । १२ ग्राध्यः । १३ कुशलं । १४ श्रेयान् । १५ ज्यायान् । १६ स्वधा । १७ वषट् । १८ ग्रों । १९ स्वाहा । २०

॥ १३८ ॥

प्रणेता । १ ग्रविपरीतमार्गदेशिकः । २ संगीतिकारः । ३ धर्मकथिकः[3]) । ४ धर्मगाथकः । ५ दर्शयिता । ६ श्रोता । ७ भाषते । ८ जल्पति । ९ लपति । १० देशयति । ११ उत्तानीकरिष्यति । १२ सूक्तं । १३ सुभाषितं । १४ सुव्याख्यातं । १५ व्यवहारः । १६ संकेतः । १७ उद्दिशति । १८ उपदिशति । १९ उदीरयति । २० संप्रकाशयति । २१ प्रतिमन्त्रयितव्यं । २२ उद्दिष्टं । २३ ग्राचष्टे । २४ प्रत्वेडनं[4]) । २५ स्वरेणाभिविज्ञापयति । २६ कलकलः । २७ किलिकिलायितव्यं[5]) । २८ ग्रश्लीलं । २९ स्फोटं । ३० कोलाहलः । ३१ कलकलस्वरः । ३२ एकवचनोदाहारेण । ३३ ग्रलमनेन विवादेन । ३४ विषमोऽप्यमुपन्यासः । ३५ ग्रभिलपनता । ३६ प्रत्युदीरयति । ३७ प्रत्युच्चारणं[6]) । ३८ प्रत्युच्चारः । ३९ उत्कासनशब्दः[7]) । ४० हाहाकारकिलिकिलाप्रत्वेडितशब्दः । ४१ ग्रच्छटाशब्दः । ४२ ग्राविष्करणं । ४३ प्रत्याख्यातं । ४४ व्यपदेशः । ४५ वाचोयुक्तिः । ४६ चोदयति । ४७ पौरी । ४८ सत्कथ्यं । ४९ ग्रादेयवाक्यं । ५० मधुरस्वरः । ५१

॥ १३९ ॥

माया । १ निर्मितः । २ उदकचन्द्रः[8]) । ३ ग्रक्षिपुरुषः । ४ मरीचि । ५ मृगतृष्णिका । ६ मरुमरीचिका । ७ गन्धर्वनगरं । ८ प्रतिबिम्बं । ९ प्रतिभासः । १० स्वप्नः । ११ प्रतिश्रुत्का । १२ प्रतिशब्दः । १३ बुद्बुदः[9]) । १४ कदलीस्कन्धः । १५ ग्रवश्यायबिन्दुः । १६ इन्द्र-

---

1) L. S. ग्राशीशः — 2) такъ P. b); поправка: स्वस्त्ययन — 3) P. a) धार्माकथिकः; b) धर्माकाथिकः — 4) P. a) поправка: प्रताभनं (какъ въ M. T.) вм. प्रक्षेडनं; L. प्रत्वाभनं; P. b) поправка प्रत्वेभनं вм. °त्वेड° — D. U. S. प्रत्वेतनं — 5) P. b) °पितं — 6) D. U. — P. प्रत्युद्वा° — 7) P. надъ строкой: उत्काश°; L. उत्खाश°; P. a) и b) °सना° D. U. उत्कसन° — 8) P. b) поправка: вм. दकचन्द्रः — 9) L. P. b) बुद्बुदः; поправка наверху: बुद्बुदः —

ज्ञालं । १७ वन्ध्यासुतः[1] । १८ खपुष्पं । १९ रिक्तमुष्टिः । २० अलातचक्रं । २१ *अर्द्धहटीचक्रं । २२ खेटपिण्डः । २३ फेनपिण्डः[2] । २४ केशोण्डुकः[3] । २५ नटरङ्गः । २६ तूलपिचुः । २७ उदाहरणं । २८ प्रत्युदाहरणं । २९ दृष्टान्तः । ३० उपमा । ३१

॥ १४० ॥

मुक्तत्यागः । १ प्रततपाणिः । २ व्यवसर्गरतः । ३ यायजूकः । ४ दानसंविभागरतः[4] । ५ विभजते । ६ संविभजते । ७ यष्टः । ८ सुयष्टः । ९ हुतं । १० सुहुतं । ११ यागमयं । १२ यावदन्यतरान्यतरं परिष्कारं ददाति । १३ पानं पानार्थिभ्यः । १४ अन्नमन्नार्थिभ्यः । १५ प्रतिसंस्तरं[5] । १६ देयं । १७ दायकः । १८ दानपतिः । १९ दाता । २० प्रतियाहकः । २१ प्रादात् । २२ क्रतुः । २३ निरर्गडयज्ञाः । २४ आढमनुप्रदास्यन्ति । २५ प्रयच्छति । २६

॥ १४१ ॥

हितं । १ आत्महितं । २ परहितं । ३ उपकारः[6] । ४ उपयुज्यति । ५ प्रत्युपकारकाङ्क्षः । ६ अप्रत्युपकारः । ७

॥ १४२ ॥

बुद्धिः । १ मतिः । २ गतिः । ३ मतं । ४ दृष्टं । ५ अभिसमिताबी । ६ सम्यगवबोधः । ७ सुप्रतिविद्धः । ८ अभिलक्षितः । ९ गतिंगतः । १० अवबोधः । ११ प्रत्यभिज्ञा । १२ मेनिरे[7] । १३

॥ १४३ ॥

पण्डितः । १ विचक्षणः । २ पण्डितजातीयः । ३ प्रवीणः[8] । ४ निष्णातः[9] । ५ व्यक्तः । ६ मेधावी । ७ बुद्धः । ८ बुद्धिमान् । ९ प्राज्ञः । १० बोद्धा[10] । ११ प्रज्ञावान् । १२ विद्वान् । १३ निपुणः । १४ विज्ञः । १५ आकृष्टिमान् । १६ पटुः । १७ चतुरः[11] । १८ दक्षः । १९

---

1) P. *b*) поправка: °पुत्रः — 2) P. поправка: फन° вм. फेन° — 3) D. U. — P. *b*) — °कं; надъ строкой कशोण्डकं вм. *a*) केशोण्डाकं — 4) P. поправка надъ строкой दाने — 5) D. U. S. °स्कारः — 6) P. *a*) и *b*) उपागरः — 7) P. *b*) поправка: °रेः — 8) P. на верху: प्रवि° — 9) P. *b*) निष्ठा° — 10) Поправка на верху. P. *a*) °धः и *b*) बोधाः — 11) D. U. — P. L. °त्र —

॥ १४४ ॥

गम्भीरो गम्भीरावभासः । १ दुर्दशः । २ दुरवबोधः । ३ दुरनुबोधः । ४ सूक्ष्मः । ५ निपुणः । ६ पण्डितः । ७ विज्ञावेदनीयः । ८ अतर्क्यः । ९ अतर्कावचरः । १० अनिदर्शनः । ११ दुरवगाहः । १२ शिवः । १३ अप्रपञ्चः । १४ निष्प्रपञ्चः [1] । १५ अविप्रपञ्चः । १६ दुर्विगाह्यं [2] । १७

॥ १४५ ॥

तुष्टः । १ उदग्रः । २ आत्तमनाः । ३ प्रमुदितः । ४ प्रीतिसौमनस्यजातः । ५ हर्षजातः । ६ हृषितचित्तः । ७ प्रामोद्यं । ८ संतुष्टः । ९ परितोषः । १० औद्बिल्यकरी [3] । ११ बहुजनप्रियः । १२ संरञ्जनीयः । १३ संमोदनीयः । १४ आराधनः । १५ अभिराधनः । १६ अभिनन्दयिष्यति । १७

॥ १४६ ॥

रौद्रः । १ चण्डः । २ उग्रः । ३ क्रूरः । ४ दुष्टचित्तः । ५ रौद्रचित्तः । ६ प्रतिहतचित्तः । ७ खरः । ८ निष्ठुरः । ९ दारुणः । १० तीव्रः । ११ चण्डमृगः । १२ उपद्रोतारः [4] । १३ अनर्थोपसंहितं । १४ विहेठकः । १५ कुपितः । १६ प्रकोपः । १७ कटुकः । १८ अभिषक्तः । १९ रभसः । २० साहसिकः । २१

॥ १४७ ॥

तमस्तमःपरायणः । १ तमोऽज्योतिष्परायणः । २ ज्योतिस्तमःपरायणः । ३ ज्योतिर्ज्योतिष्परायणः । ४

॥ १४८ ॥

दृष्टधर्मः । १ इहत्रः । २ अमुत्रः । ३ इहजन्मः । ४ आपत्यां [5] । ५ पारजन्मिकः । ६ ज्ञातिव्यतिवृत्तं । ७ सांपरायिकः । ८ संपरायः । ९ ज्ञातिपरिवर्तः । १० च्युतिः । ११ च्यावनं [6] । १२ च्युतिसंक्रमः [7] । १३

---

1) S. विप्र° — 2) Поправка вм. P. *a*) °गाघं — 3) P. *a*) अंद्दि°; *b*) S. औद्बिल्य° D. U. °कारीः — 4) D. U. S. उपद्रो° — 5) P. आप° — D. U. आपतं — 6) L. S. च्यवनं — 7) L. P. *a*) (поправка) °सक्रमं —

॥ १४९ ॥

प्रान्तं शय्यासनं[1]। १ प्रान्तवनप्रस्था। २ प्रान्तः। ३ अरण्यं। ४ कान्तारं। ५ वनं। ६ उपवनं। ७

॥ १५० ॥

गार्हस्थः। १ ब्रह्मचार्याश्रमः। २ वानप्रस्थः। ३ भिक्षुकः। ४

॥ १५१ ॥

कम्पितः। १ प्रकम्पितः। २ संप्रकम्पितः। ३ चलितः। ४ प्रचलितः। ५ संप्रचलितः। ६ वेधितः। ७ प्रवेधितः। ८ संप्रवेधितः। ९ क्षुभितः। १० प्रक्षुभितः। ११ संप्रक्षुभितः। १२ रणितः। १३ प्ररणितः। १४ संप्ररणितः। १५ गर्जितः। १६ प्रगर्जितः। १७ संप्रगर्जितः। १८ पूर्वा दिगवनमति पश्चिमा दिगुन्नमति। १९ पश्चिमा दिगवनमति पूर्वा दिगुन्नमति। २० दक्षिणा दिगवनमति उत्तरा दिगुन्नमति। २१ उत्तरा दिगवनमति दक्षिणा दिगुन्नमति। २२ अन्तादवनमति मध्यादुन्नमति। २३ मध्यादवनमति अन्तादुन्नमति। २४ अप्रकम्प्यः। २५

॥ १५२ ॥

प्रभाः। १ रश्मिः। २ आलोकः। ३ मरीचिः। ४ अंशुः। ५ तेजः। ६ ज्वालः। ७ द्युतिः। ८

॥ १५३ ॥

साहस्रचूडिको[2] लोकधातुः। १ द्विसाहस्रो मध्यमो लोकधातुः। २ त्रिसाहस्रमहासाहस्रो लोकधातुः। ३

॥ १५४ ॥

चातुर्द्वीपको लोकधातुः। १ पूर्वविदेहः। २ देहः। ३ विदेहः। ४ जम्बुद्वीपः। ५ जम्बुखण्डः। ६ चामरः। ७ अवरचामरः। ८ अवरगोदानीयः। ९ शाठा[3]। १० उत्तरमन्त्रिणः। ११ उत्तरकुरुः। १२ कुरवः। १३ कौरवः। १४ लोकधातुः। १५ लुप्यत इति

---

1) S. приписка: विवेकादय — 2) P. a) °चूडिलो° — 3) P. a) °ठा —

लोकः । १६ लोकान्तरिकाः । १७ सर्वलोकधातुप्रसरः । १८ बुद्धविषयः । १९ बुद्धक्षेत्रं । २०
महालोकधातुः । २१ सुखवती । २२ *अवमूर्धः । २३ व्यत्यस्तः[1]) । २४ तिर्यग्लोकधातुः । २५

॥ १५५ ॥

कामधातुः । १ रूपधातुः । २ अरूप्यधातुः[2]) । ३

॥ १५६ ॥

भौमाः । १ अन्तरिक्षवासिनः । २ चातुर्महाराजकायिकाः । ३ त्रायस्त्रिंशाः । ४ यामाः । ५
तुषिताः । ६ निर्माणरतयः । ७ परनिर्मितवशवर्तिनः । ८

॥ १५७ ॥

ब्रह्मकायिकाः । १ ब्रह्मपारिषद्याः । २ ब्रह्मपुरोहिताः । ३ महाब्रह्माणः । ४

॥ १५८ ॥

परीत्ताभाः । १ अप्रमाणाभाः । २ आभास्वराः । ३

॥ १५९ ॥

परीत्तशुभाः । १ अप्रमाणशुभाः । २ शुभकृत्स्नाः । ३

॥ १६० ॥

अनभ्रकाः । १ पुण्यप्रसवाः । २ बृहत्फलाः । ३

॥ १६१ ॥

अवृहाः । १ अतपाः । २ सुदृशाः । ३ सुदर्शनाः । ४ अकनिष्ठाः । ५ अघनिष्ठाः । ६
महामहेश्वरायतनं । ७

॥ १६२ ॥

आकाशानन्त्यायतनं । १ विज्ञानानन्त्यायतनं । २ आकिञ्चन्यायतनं । ३ नैवसंज्ञानासं-
ज्ञायतनं । ४

---

1) L. P. (на верху) व्यवतस्तः — 2) P. на верху: अरूप° —

॥ १६३ ॥

ब्रह्मा हिरण्यगर्भः। १ ब्रह्मा सहाम्पतिः। २ अश्विनी कुमारौ। ३ महेश्वरः। ४ महादेवः। ५ शम्भुः। ६ पशुपतिः। ७ त्रिपुरविध्वंसकः। ८ शूलपाणिः। ९ त्र्यम्बकः। १० शंकरः। ११ स्मरशत्रुः। १२ शर्वः। १३ रुद्रः। १४ ईश्वरः। १५ विष्णुः। १६ कृष्णः। १७ वासुदेवः। १८ कामदेवः। १९ मारः। २० सुनिर्माणरतिदेवपुत्रः। २१ सुसीमदेवपुत्रः[1]। २२ संतुषितदेवपुत्रः। २३ सुयामदेवपुत्रः। २४ शक्रो देवेन्द्रः। २५ दशशतनयनः। २६ शक्रः। २७ कौशिकः। २८ शतक्रतुः। २९ पुरंदरः। ३० लोकपालः। ३१ वैश्रवणः। ३२ धृतराष्ट्रः। ३३ विरूढकः। ३४ विरूपाक्षः। ३५ करोटपाणयो[2] देवाः। ३६ मालाधाराः। ३७ सदामादा[3]। ३८ ईशानः। ३९ इन्द्रः। ४० यमः। ४१ नैर्ऋतिः। ४२ वरुणः। ४३ वायुः। ४४ कुवेरः। ४५ वैश्वानरः। ४६ कार्त्तिकेयः। ४७ महाकालः। ४८ नन्दिकेश्वरः। ४९ भृङ्गिरिटिः। ५० विनायकः। ५१ धनदः। ५२ देवी। ५३ सुरवधूः। ५४ अप्सरा। ५५ देवकन्या। ५६ दुर्गादेवी। ५७ उमा। ५८ गिरिसुता। ५९ शची। ६० विघ्नः। ६१

॥ १६४ ॥

आदित्यः। १ सोमः। २ अङ्गारकः। ३ बुधः। ४ बृहस्पतिः। ५ शुक्रः। ६ शनैश्चरः। ७ राहुः। ८ केतुः। ९

॥ १६५ ॥

कृत्तिका। १ रोहिणी। २ मृगशिराः। ३ आर्द्रा। ४ पुनर्वसुः। ५ पुष्यः। ६ अश्लेषा। ७ मघा। ८ पूर्वफल्गुनी। ९ उत्तरफल्गुनी। १० हस्ता। ११ चित्रा। १२ स्वाती। १३ विशाखा। १४ अनुराधा। १५ ज्येष्ठा। १६ मूलं। १७ पूर्वाषाढा। १८ उत्तराषाढा। १९ श्रवणः। २० अभिजित्। २१ शतभिषा। २२ धनिष्ठा। २३ पूर्वभाद्रपदा। २४ उत्तरभाद्रपदा। २५ रेवती। २६ अश्विनी। २७ भरणी। २८

॥ १६६ ॥

देवः। १ नागः। २ यक्षः। ३ गन्धर्वः। ४ असुरः। ५ दैत्यः। ६ गरुडः। ७ किंनरः। ८ महोरगः। ९ कुम्भाण्डः। १०

---

1) P. *b*) поправка вм. सुयाम° — 2) P. *a* °पाणो — 3) Поправка на верху. P. *a*) и *b*) मदाम —

॥ १६७ ॥

शङ्खपालो नागराजा। १ कर्कोटको नागराजा। २ कुलिको नागराजा। ३ पद्मो नागराजा। ४ महापद्मो नागराजा। ५ वासुकिर्नागराजा। ६ अनन्तो नागराजा। ७ तक्षको नागराजा। ८ वरुणो नागराजा। ९ मकरो नागराजा। १० सागरो नागराजा[1])। ११ अनवतप्तो नागराजा। १२ पिङ्गलो नागराजा। १३ नन्दो नागराजा। १४ सुबाहुर्नागराजा। १५ नन्दनो नागराजा। १६ चित्राक्षो नागराजा। १७ रावणो नागराजा। १८ पाण्डुर्नागराजा[2])। १९ लम्बुको[3]) नागराजा। २० कृमिर्नागराजा। २१ शङ्खो नागराजा। २२ पाण्डरको नागराजा। २३ कालो नागराजा। २४ उपकालो नागराजा। २५ गिरिको नागराजा। २६ अवलो नागराजा। २७ शंकारो नागराजा। २८ भाण्डी नागराजा। २९ पञ्चालो[4]) नागराजा। ३० कालिको नागराजा। ३१ किञ्चनको नागराजा। ३२ बलिको नागराजा। ३३ उत्तरो नागराजा। ३४ मातङ्गो नागराजा। ३५ एडो नागराजा[5])। ३६ सागरो नागराजा। ३७ उपेन्द्रो नागराजा। ३८ उपनरो नागराजा। ३९ एडवर्णो[6]) नागराजा। ४० विचित्रो[7]) नागराजा। ४१ राघवो[8]) नागराजा। ४२ हस्तिकच्छो नागराजा। ४३ एलपत्रो नागराजा। ४४ आम्रतीर्थो[9]) नागराजा। ४५ अपलालो नागराजा। ४६ चाम्पेयो नागराजा। ४७ अलिको नागराजा। ४८ प्रमोतको नागराजा। ४९ स्फोटनो नागराजा। ५० नन्दोपनन्दो नागराजा। ५१ कुलुण्डो[10]) नागराजा। ५२ उलुको[11]) नागराजा। ५३ पण्डरो नागराजा। ५४ चिच्चको[12]) नागराजा। ५५ अरवाडो[13]) नागराजा। ५६ परवाडो नागराजा[14])। ५७ मनस्वी

---

1) P. *a*), *b*) еще: लमपुरो नागराजा; L. लम्बुको ना° — 2) P. поправка на верху: पण्डुर्ना°. P. *a*) и *b*) पूण्डुर्ना° — 3) P. поправка вм. °रो; S. लम्बरो° — 4) P. поправка вм. °ञ्चलो — 5) S. एलो° — 6) S. एल°; P. *a*) °वणो — 7) P. *a*) °चित्तो — 8) P. поправка; *a*) и *b*) रागवो — 9) D. U. आम्रतीर्थिको — P. *a*) и *b*) आम्ब्र° — P. *a*) °तीर्षा; L. अम्ब्रतीर्थो° — 10) P. *a*) कुलुडो; на верху °लुडो; S. °लुरो° — L. कुलुंड्रो° — 11) P. на верху поправка: उलु° — 12) Поправка вм. चिच्चत्रो въ P. *a*) и *b*); D. U. शीर्षको — 13) P. *a*) °वातो; L. °ड्रो° — 14) P. надъ строкой; *a*) и *b*) पर्व्ना" — D. U. पर्वता —

नागराज्ञा । ५८ शैवलो [1]) नागराज्ञा । ५९ उत्पलको नागराज्ञा । ६० वर्धमानको नागराज्ञा । ६१ बुद्धिको नागराज्ञा । ६२ नखको नागराज्ञा । ६३ एडमेडो नागराज्ञा [2]) । ६४ ग्रच्युतो नागराज्ञा । ६५ कम्बलाश्वतरौ नागराज्ञानौ । ६६ महासुदर्शनो नागराज्ञा । ६७ परिकूटो [3]) नागराज्ञा । ६८ सुमुखो नागराज्ञा । ६९ ग्रादर्शमुखो नागराज्ञा । ७० गन्धारो नागराज्ञा । ७१ द्रमिडो नागराज्ञा । ७२ बलदेवो नागराज्ञा । ७३ कम्बलो नागराज्ञा । ७४ शैलबाहु- [4]) र्नागराज्ञा । ७५ विभीषणो नागराज्ञा । ७६ गङ्गा नागराज्ञा । ७७ सिन्धुर्नागराज्ञा । ७८ सीता नागराज्ञा । ७९ पत्नुर्नागराज्ञा [5]) । ८० मङ्गलो नागराज्ञा । ८१

॥ १६८ ॥

इन्द्रसेनः । १ नडः । २ सुन्दरः । ३ हस्तिकर्णः । ४ तीक्ष्णः । ५ पिङ्गलः । ६ विद्युज्ज्वालः । ७ महाविद्युत्प्रभः । ८ भद्रकच्छः । ९ ग्रमृतः । १० तीर्थकः [6]) । ११ वैडूर्यप्रभः । १२ सुवर्णकेशः । १३ सूर्यप्रभः । १४ उदयनः । १५ गजशीर्षः [7]) । १६ श्वेतकः । १७ कालकः । १८ यमः । १९ श्रमणः । २० मण्डुकः । २१ मणिचूडः । २२ ग्रमोघदर्शनः । २३ *ईशाधारः । २४ चित्रसेनः । २५ महापाशः । २६ तेमंकरः । २७ महाफणकः । २८ गम्भीरनिर्घोषः । २९ महानिर्नादी । ३० विनर्दितः । ३१ महाविक्रमः । ३२ भुजंगमः । ३३ महाबलः । ३४ विस्फूर्जितः [8]) । ३५ विस्फोटकः [9]) । ३६ प्रस्फोटकः [9]) । ३७ मेघसंभवः । ३८ सुस्तिकः । ३९ वर्षधारः । ४० मणिकण्ठः । ४१ सुप्रतिष्ठितः । ४२ ग्रभिद्रः । ४३ महामणिचूडः । ४४ ऐरावणः । ४५ महामण्डलिकः । ४६ इन्द्रायुधशिखी । ४७ ग्रचभाननशिखी । ४८ इन्द्रयष्टिः । ४९ जम्बुध्वजः । ५० ग्रग्नितेजाः । ५१ शशितेजाः । ५२ चूडामणिधरः । ५३ इन्द्रध्वजः । ५४ ज्योतीरसः । ५५ सोमदर्शनः । ५६

॥ १६९ ॥

वैश्रवणः । १ महाघोषेश्वरः । २ धरणिसुरेन्द्रायुधः । ३ महामतिः । ४ ग्रर्चिनेत्राधि-

---

1) P. на верху: शो° — 2) S. एलमेलौ नागराज्ञानौ — 3) Такъ на верху. P. a) °कूटो, b) поправка: °कुटो — 4) P. a) °वाद्युर्ना° — 5) P. b) поправка, вм. °नुन्° въ P. a) — 6) P. на верху, вм. तीर्थंकरः; L. तीर्थिकः — 7) P. b) 8 गजा° — 8) P. на верху, вм. °स्फा°; L. त्रिर्फा° — 9) P. на верху: °स्फा° —

पतिः । ५ अप्रदृढनेत्रः । ६ अप्रवीरबाहुः । ७ महासेनाव्यूहपराक्रमः । ८ मेरुबलप्रमर्दी । ९ धरणीशुभस्रावः । १० अटवकपतनः । ११ रावणः । १२ पाद्मिकः । १३

॥ १७० ॥

धृतराष्ट्रः । १ द्रुमकिंनरप्रभः । २ शुचिनेत्ररतिसंभवः । ३ पुष्पद्रुमकुसुमितमकुटः । ४ रतिचरणसमन्तस्वरः । ५ प्रमुदितप्रलम्बसुनयनः । ६ मनोज्ञाहृतसिंहध्वजः । ७ समन्तरत्नकिरणमुक्तप्रभः । ८ वज्रद्रुमकेसरध्वजः । ९ सर्वव्यूहरतिस्वभावनयसंदर्शनः । १०

॥ १७१ ॥

राहुः । १ वेमचित्रः । २ शम्बरः[1]) । ३ बन्धिः । ४ वैरोचनः । ५ दृढवज्रः । ६ चित्राङ्गः[2]) । ७ बृहद्दारः । ८ बलविपुलहेतुमतिः । ९ वत्सश्रीसंभवः । १० सुव्रतस्वरः । ११

॥ १७२ ॥

महावेगलब्धस्थमा । १ अभेद्यरत्नचूडः । २ विमलवेगश्रीः । ३ अनिवर्तनीयचित्तभूषणः[3]) । ४ महासागरप्रभागम्भीरधरः[4]) । ५ धर्मदृढाभेद्यसुनिलम्भः । ६ विचित्रमौलिश्रीचूडः । ७ समन्तस्फरणमुखदर्शनः । ८ समन्तव्यूहसागरचर्याव्यवलोकनः । ९

॥ १७३ ॥

द्रुमकिंनरराजा । १ देवमतिप्रभः । २ कुसुमकेतुमण्डली । ३ विचित्रभूषणः । ४ मनोज्ञानिर्नादस्वरः । ५ द्रुमरत्नशाखाप्रभः । ६ सुदर्शनप्रीतिकरः । ७ भूषणेन्द्रप्रभः । ८ सुरेणुपुष्पध्वजः । ९ धरणीतलश्रीः । १० उरगाधिपतिः[5]) । ११

॥ १७४ ॥

सुमतिरेणुः । १ विरजस्तेजःस्वरः । २ अप्रमतिचित्रचूडः । ३ सुनेत्राधिपतिः । ४ प्रदीपशरणध्वजः । ५ आलोकसुवेगध्वजः । ६ सिंहवत्सः । ७ विचित्रालंकारस्वरः । ८ सुमेरुवत्सः । ९ रुचिरप्रभाससंभवः । १०

---

1) P. поправка, вм. संभरः — 2) L. सुचित्राङ्गः — 3) Поправка на верху, вм. अति° въ P. a) и b) — 4) P. поправка a) °गति° — 5) S. перенесено въ слѣдующую главу.

॥ १७५ ॥

विद्रूढकः । १ नागाधिपतिः । २ सुचोर्णधनः[1]) । ३ क्षितचरणासंक्रमः । ४ भीमोत्तरः । ५ शालसुचित्तः[2]) । ६ मेरुसुसंभवः । ७ वीरबाकुः । ८ अनन्तशुभनयनकेसरी । ९ अनन्तसुखरेवासुरनेत्रासुरः । १०

॥ १७६ ॥

सुश्रुतः । १ क्षारीतः । २ हरिश्चन्द्रः । ३ भृगुः । ४ धन्वन्तरिः । ५ जातूकर्णः[3]) । ६ भेडः । ७ काश्यपः[4]) । ८ कश्यपः । ९ अगस्तिः । १० सनातनः । ११ सनत्कुमारः । १२ क्षारनादिः[5]) । १३ आत्रेयः । १४ प्रजापतिः । १५ पराशरः । १६ कपिलमहर्षिः । १७ कणादमहर्षिः । १८ अक्षपादः[6]) । १९ व्यासः । २० भारद्वाजः[7]) । २१ वसिष्ठः । २२ नारदः । २३ अग्निवेशः । २४ अरनेमिः । २५

॥ १७७ ॥

नागार्जुनः । १ नागाह्वयः । २ आर्यदेवः । ३ आर्यासङ्गः । ४ वसुबन्धुः । ५ आर्यशूरः[8]) । ६ अश्वघोषः । ७ दिग्नागः । ८ धर्मपालः । ९ धर्मकीर्तिः । १० स्थिरमतिः । ११ संघभद्रः । १२ गुणप्रभः । १३ वसुमित्रः । १४ गुणमतिः । १५ शाक्यबुद्धिः । १६ देवेन्द्रबुद्धिः । १७ ज्ञानगर्भः । १८ शान्तरक्षितः । १९ चन्द्रगोमी । २० बुद्धपालितः । २१ भव्यः । २२ वररुचिः । २३ पाणिनिः । २४ पातञ्जलिः । २५ चन्द्रकीर्तिः । २६ विनीतदेवः । २७ नन्दः । २८ धर्मोत्तरः । २९ शाक्यमित्रः । ३० ज्ञानदत्तः । ३१ प्रभाकरसिद्धिः । ३२ शीलभद्रः । ३३ दंष्ट्रसेनः । ३४ धर्मत्रातः । ३५ विशेषमित्रः । ३६ रविगुप्तः । ३७ भावभटः[9]) । ३८

॥ १७८ ॥

तीर्थ्यकरः । १ तीर्थिकः । २ आराडकालामः । ३ उद्रको रामपुत्रः । ४ मीमांसकः । ५ वैशेषिकः । ६ सांख्यः । ७ लोकायतः । ८ काणादः । ९ परिव्राजकः । १० वैद्यः । ११ पाप-

---

1) P. a) सुवोची° — 2) P. a) शल°. На верху поправка: °न्तः — 3) P. поправка на верху: जातृ°, вм. जातु въ a) и b). S. जातु — 4) P. a) и b) еще разъ тоже. D. U. क° — 5) P. D. U. S. °नदो — 6) S. अति° — 7) P. на верху поправка: 'धनः — 8) P. b) поправка, вм. °सूरः — 9) P. b) поправка: वाभटः D. U. L. S. वाभट —

पिटकः । १२ शैवः । १३ पाशुपतः[1]) । १४ कापाली । १५ अचेलकः । १६ निर्ग्रन्थः । १७ तपणाः । १८ आर्हतः । १९ महाव्रती । २० रामव्रती । २१ मृगशृङ्गव्रती । २२ कृष्णमुखः । २३ मायूरव्रती । २४ पाण्डरभिक्षुः । २५ त्रिदण्डी । २६ एकदण्डी । २७ द्विदण्डी । २८ गोशृङ्गव्रती । २९ केशोल्लुञ्चनं । ३०

॥ १७९ ॥

पूरणः काश्यपः । १ मस्करी गोशलीपुत्रः । २ सञ्जयी वैरटीपुत्रः । ३ अजितकेशकम्बलः । ४ ककुदः कात्यायनः । ५ निर्ग्रन्थो ज्ञातिपुत्रः । ६

॥ १८० ॥

महासंमतः । १ रोचः । २ कल्याणः । ३ वरकल्याणः । ४ उपोषधः[2]) । ५ मूर्धगतः[3]) । ६ मान्धातः । ७ चारुः । ८ उपचारुः । ९ चारुमत्तः । १० मुचिः । ११ मुचिलिन्दः । १२ शकुनिः । १३ महाशकुनिः । १४ कुशः । १५ उपकुशः । १६ महाकुशः । १७ सुदर्शनः । १८ महासुदर्शनः । १९ वामकः । २० अङ्गिराः । २१ भृगुः । २२ मेरुः[4]) । २३ न्यङ्कुः । २४ प्रणादः । २५ महाप्रणादः । २६ शंकरः । २७ विशांपतिः । २८ सुरेणुः[5]) । २९ भरतः । ३० महादेवः । ३१ नेमिः । ३२ भीमः । ३३ भीमरथः । ३४ शतरथः । ३५ दशरथः । ३६ पाञ्चालराजा । ३७ कलिङ्गराजा । ३८ अश्मकराजा । ३९ कौरवराजा । ४० कपालराजा । ४१ गेपराजा[6]) । ४२ मगधराजा । ४३ तामलिप्तकराजा । ४४ इक्ष्वाकुर्नाम राजा । ४५ विरूढकः । ४६ सिंहहनुः । ४७ शुद्धोदनः । ४८ शुक्लोदनः । ४९ द्रोणोदनः । ५० अमृतोदनः । ५१ सिद्धार्थः । ५२ नन्दः । ५३ तिष्यः । ५४ भद्रिकः । ५५ महानामः ; ५६ अनिरुद्धः । ५७ आनन्दः । ५८ देवदत्तः । ५९ राहुलः । ६०

॥ १८१ ॥

सूर्यपानं । १ प्रत्युद्यानं[7]) । २ कलहजितः । ३ अस्त्रजितः[8]) । ४ चतुरत्तो विजेता[9]) । ५

---

1) P. *a*) и *b*); L. поправка: °तिः — 2) P. *a*) °दः; L. उप्तो° — 3) P. *a*) मूधातः; *b*) मूर्धातः. Такъ D. U. L. मुधातः — 4) P. *a*) मेराः — 5) S. L. रेणुः — 6) Поправка на верху и P. *b*); P. *a*) मेप°; S. गोम° — 7) P. *a*) °दानं. — 8) S. L. शस्त्र° — 9) P. *a*) и *b*) चतुरत्तो°, °जेतः D. U. °जोता. M. T. °जेता —

धर्मिको धर्मराजा। ६ मर्दितकण्टकः[1]। ७ विजितविजयः[2]। ८ सप्तरत्नसमन्वागतः। ९ चक्ररत्नं। १० हस्तिरत्नं। ११ अश्वरत्नं। १२ मणिरत्नं। १३ स्त्रीरत्नं। १४ गृहपतिरत्नं। १५ परिणायकरत्नं। १६

॥ १८२ ॥

शूरः। १ वीरः। २ वराङ्गरूपी। ३ परसैन्यप्रमर्दी। ४ अजितं जयति। ५ जितमध्यावसति। ६ स इमामेव समुद्रपर्यन्तां महापृथिवीमखिलामकण्टकामनुत्पातामदण्डेनाशस्त्रेण[3] धर्मेण समेनाभिनिर्जित्याध्यावसति। ७

॥ १८३ ॥

हस्तिकायः। १ अश्वकायः। २ रथकायः। ३ पत्तिकायः। ४

॥ १८४ ॥

राजा सहस्रानीकः। १ राजा शतानीकः। २ राजा ब्रह्मदत्तः। ३ राजा अनन्तनेमिः। ४ राजा बिम्बिसारः। ५ राजा प्रद्योतः। ६ राजा प्रसेनजित्। ७ उदयनवत्सराजा। ८ कृकी राजा। ९ श्रेणिकः श्रेण्यः[4]। १० अशोकः। ११ सातवाहनः[5]। १२ कनिष्कः। १३

॥ १८५ ॥

पाण्डवाः। १ युधिष्ठिरः। २ भीमसेनः। ३ नकुलः। ४ सहदेवः। ५ अर्जुनः। ६ करकर्णी। ७ हस्तिनिषंसः। ८ प्रकृतिर्मातङ्गदारिका। ९ त्रिशङ्कुः। १० स्थपतिः। ११ मृगारमाता[6]। १२

॥ १८६ ॥

राजा। १ पार्थिवः। २ राजा क्षत्रियो मूर्धाभिषिक्तः। ३ युवराजा। ४ माण्डलिकराजा। ५ सामन्तः। ६ राजामात्यः। ७ कोट्टराजा। ८ मन्त्रिपर्षदध्यतं[7]। ९ महामात्रः। १० मन्त्री। ११ अमात्यः। १२ पुरोहितः। १३ राजानकः। १४ दण्डमुख्यः। १५ दण्डनायकः। १६

---

1) P. a) मर्जित°; L. मर्हित°; P. a) и b) S. कण्ठकः — 2) Такъ L. Остальн. рук. °विजापः — 3) P. °त्पीता°; D. U. °त्पातं — 4) S. L. श्रेण्यः — 5) На верху सात्त°. P. b) поправка: सात्त°; L. सात्ति° — 6) На верху मृगाधार°. Такъ L. — 7) P. a) °पर्वदधृतं; b) поправка: °पर्षदधृतं; на верху: °ध्यतं —

सेनापतिः । १७ विनिपाधिपतिः 1) । १८ अध्यक्षः । १९ आटविकः 2) । २० अन्तर्वंशिकः । २१ संधिविग्रहिकः 3) । २२ गणनापतिः । २३ गणकमहामात्रः । २४ अक्षपटलिकः । २५ प्रतिहारः । २६ धर्माधिकरणः । २७ प्रदेष्टा । २८ नायकः । २९ अश्वपतिः ३० पीलुपतिः । ३१ गजपतिः 4) । ३२ *अम्भीरपतिः 5) । ३३ नरपतिः । ३४ कोट्टपालः । ३५ अन्तपालः । ३६ दुर्गपालः । ३७ श्रेष्ठी । ३८ विषयपतिः । ३९ नगरपतिः । ४० ग्रामपतिः । ४१ पौरव्यवहारिकः । ४२ नियुक्तकः 6) । ४३ *भटबलाग्रः । ४४ समाहर्तृ 7) । ४५ प्रशास्ता । ४६ संनिधाता । ४७ भाण्डागारिकः । ४८ राजद्वारिकः 8) । ४९ गणकः । ५० ज्योतिषः । ५१ भिषक् । ५२ वैद्यः । ५३ *तलवर्गः 9) । ५४ पारिधानिकः । ५५ छत्रधरः । ५६ चिह्नधरः । ५७ चामरिकः । ५८ *कारवालिकः । ५९ खड्गिकः । ६० प्रासिकः । ६१ पार्श्वधिकः 10) । ६२ चाक्रिकः । ६३ स्फारिकः । ६४ वैत्रदण्डिकः । ६५ पाष्टोकः । ६६ द्वारपालः । ६७ दौवारिकः । ६८ शेषपतिः । ६९ सूचकः 11) । ७० दण्डवासिकः । ७१ सेवकः । ७२ भटः । ७३ इषुशस्त्राचार्यः 12) । ७४ नासीरः 13) । ७५ नैगमः । ७६ जानपदः । ७७ देवकुलिकः । ७८ मायाकारः । ७९ अर्पः । ८० मन्त्रवादी । ८१ क्रियावादी 14) । ८२ *अन्यवादी । ८३ *धानुवादी 15) । ८४ लुब्धकः । ८५ मात्सिकः । ८६ शाकुनिकः । ८७ औरभ्रिकः । ८८ *खटिकः । ८९ सौकरिकः 16) । ९० गोघातकः । ९१ वागुरिकः । ९२ कौक्कुटिकः । ९३ नागबन्धकः । ९४ नागमण्डलिकः 17) । ९५ आहितुण्डिकः । ९६ भैङ्गरिकः । ९७ सूपकारः । ९८ रजकः । ९९ स्थपतिः । १०० तक्षकः 18) । १०१ *पलगण्डः । १०२ वर्धकः 19) । १०३ सूत्रधारः । १०४ पात्रसिकः । १०५ काष्ठहारकः । १०६ मालाकारः । १०७ शौण्डिकः 20) । १०८ *कल्लवालः । १०९ आयुधजीवी । ११० गान्धिकः । १११ चित्रकारः । ११२ शिलाकुट्टः । ११३ तन्त्रवायः । ११४ सुवर्ण-

---

1) Такъ поправка P. *b*), вм. °वति; P. *a*) चित्तपाधिवति — 2) P. *b*) поправка: अट° — 3) L. संधि° — 4) L. गज° — 5) L. खंभार° — 6) P. *a*) विगुक्त° — 7) P. *a*) समाहृत् — 8) P. *b*) °धारिकः; на верху: °द्वारिकः — 9) L. कूल° — 10) P. на верху поправка, вм. पाश्व° — 11) P. *a*) शु°; *b*), L. शू°; P. поправка на верху — 12) P. *a*) и *b*) इश्वस्त्राचर्यः — 13) D. U. नाशी°, P. °सि° — 14) Поправка, вм. *a*) °द्वा — 15) P. *b*) поправка, вм. धातु°. — D. U. также — 16) Еще приписка खाट्टिक — 17) P. *a*) °निकः — 18) P. приписка: पर्धक — 19) P. D. U. पर्धकः. Такъ T. — 20) P. надъ строкой: सौ°

कारः । ११५ सौवर्णिकः । ११६ लोहकारः । ११७ कंसकारः 1) । ११८ मणिकारः । ११९
शौल्विकः 2) । १२० सूचिकः । १२१ पत्त्रच्छेदकः । १२२ नैमित्तिकः । १२३ वैराञ्चिक 3) । १२४
चर्मकारः । १२५ मोचिकः । १२६ रथकारः । १२७ वेणुकारः । १२८ जातरूपकारः । १२९
कुम्भकारः । १३० वणिक् । १३१ शौल्किकः 4) । १३२ गौल्मिकः 5) । १३३ तारपण्यिकः । १३४
चेटिः । १३५ चरः 6) । १३६ अवचारकः । १३७ मौष्टिकः । १३८ विदूषः । १३९ मौद्गिकः । १४०
कायस्थः । १४१ अचोर्णदण्डता । १४२ दूतः । १४३ *कथ्यापित्तः 7) । १४४ *काष्ठिक-
वित्तः 8) । १४५ *लोहारिः 9) । १४६ लेखहारिकः । १४७ कुटुम्बिकः । १४८ कुटुम्बः । १४९
कञ्चुकी 10) । १५० अन्तःपुर । १५१ महल्लः । १५२ कर्मान्तिकः । १५३ कार्षिकः । १५४
कृषीवलः । १५५ आभीरः । १५६ गोपालः । १५७ शरीररक्षकः । १५८ परिवारः । १५९
दासः । १६० दासी । १६१ कर्मकरः । १६२ पौरुषेयः । १६३ भृत्यः । १६४ बन्धनपालकः । १६५
वध्यघातकः । १६६ *कारण्यकारकः । १६७ वधकः । १६८ *कृमनं 11) । १६९ *कालिप-
कारः । १७० *कथ्यारिः । १७१ उद्यानपालः । १७२ आरामिकः । १७३ गृही । १७४ गृह-
स्थः । १७५ माणवकः । १७६ नगरघातकः । १७७ ग्रामघातकः । १७८ जनपदघातकः । १७९
नाविकः 12) । १८० आहारकः । १८१ निर्हारकः । १८२ कर्णधारः । १८३ रणधरः । १८४
कैवर्तः । १८५

॥ १८७ ॥

चत्वारो वर्णाः । १ ब्राह्मणः । २ क्षत्रियः । ३ वैश्यः । ४ शूद्रः । ५ क्षत्रियमहाशाल-
कुलं 13) । ६ ब्राह्मणमहाशालकुलं । ७ गृहपतिमहाशालकुलं । ८ उच्चकुलं । ९ अभि-
ज्ञातः । १० नीचकुलं । ११ चण्डालः । १२ मातङ्गः । १३ शबरः । १४ पुलिन्दः । १५
पुक्कसः । १६ डोम्बः । १७ म्लेच्छः । १८ प्रत्यन्तजनपदं । १९

---

1) D. U. L. — P. कांस° — 2) P. приписка. — 122. P. *a*) पत्त्र° — 3) P. такъ на верху, вм. °ञ्चिकः — 4) P. *a*) शौलिक — 5) P. на верху कौ° — 6) Поправка P. *b*); *a*) वारः — 7) D. U. कथ्य° — 8) D. U. °चित्तः — P. *b*) काष्ठि° — 9) Такъ на верху. P. *a*) लहारि; *b*) लेहारि; L. लेहारि. S. लेहारिक — 10) P. на верху: °लि — 11) D. U. कृनं — 12) Поправка въ P. *b*); *a*) नाविक — 13) P. прибавлено: निर्हारकः зачеркнуто. Такъ D. U. — P. °माल° —

॥ १८८ ॥

पिता । १ माता । २ जनयित्री । ३ पितामहः । ४ प्रपितामहः । ५ पितामही । ६ प्रपितामही । ७ पुत्रः । ८ तनयः । ९ दुहिता । १० ज्येष्ठभ्राता । ११ कनीयां भ्राता । १२ भ्राता । १३ भगिनी । १४ नप्ता । १५ नप्त्री । १६ श्वशुरः । १७ स्वसा । १८ मातुलः । १९ भार्या । २० पत्नी । २१ दाराः[1] । २२ कलत्रं । २३ मातृष्वसा । २४ पितृष्वसा । २५ सपत्नी । २६ अन्तःपुरं । २७ वधूः । २८ जंपती । २९ दंपती । ३० दारकः । ३१ दारिका । ३२ यमलकः । ३३ ज्ञातिः । ३४ स्वजनः । ३५ बन्धुः । ३६ सालोहितः । ३७ मित्रं । ३८ सखा । ३९ अन्तर्जनः । ४० तनयः । ४१ अग्रमहिषी । ४२ नववधूः । ४३ नरः । ४४ नारी । ४५ मातृग्रामः । ४६ पुमान् । ४७ तातः । ४८ अम्बा । ४९ धात्री । ५० स्त्री गुर्विणी । ५१ ऋतुमती स्त्री । ५२

॥ १८९ ॥

कायः । १ शरीरं । २ गात्रं । ३ कडेवरं । ४ शिरः । ५ मस्तकः । ६ मस्तकलुङ्गं[2] । ७ मूर्धा । ८ केशः । ९ शिरोरुहः । १० मुखमण्डलं । ११ वक्त्रं । १२ ललाटं । १३ भ्रूः । १४ पक्ष्म । १५ तारकः । १६ मुखं । १७ सृक्वा[3] । १८ चिबुकं । १९ ग्रीवः । २० कपोलं । २१ गण्डः । २२ हनुः । २३ शङ्खः । २४ *जम्भिः । २५ दन्तः । २६ तालुः । २७ ओष्ठः । २८ दंष्ट्रा । २९ श्मश्रु । ३० कण्ठः । ३१ कण्ठनालिका । ३२ कण्ठमणिः । ३३ हृदयं । ३४ कृकाटिका । ३५ हस्तः । ३६ अंशः । ३७ स्कन्धः । ३८ पृष्ठं । ३९ जत्रुः[4] । ४० बाहुशिखरं । ४१ कक्षः । ४२ बाहुः । ४३ कूर्परकं[5] । ४४ मणिबन्धः । ४५ हस्तपृष्ठं । ४६ अङ्गुलिः । ४७ अङ्गुष्ठं । ४८ तर्जनी । ४९ मध्याङ्गुलिः । ५० अनामिका । ५१ कनीनिका । ५२ कनिष्ठका । ५३ मुष्टिः । ५४ खटकः । ५५ चपेटः[6] । ५६ नखः । ५७ हस्ततलं । ५८ संधिः । ५९ नहरुः[7] । ६० स्नायुः । ६१ सिरा । ६२ उरः । ६३ स्तनः । ६४ पयोधरः । ६५ हृदयप्रदेशः । ६६ उदरं । ६७ नाभिः । ६८ नाभिमण्डलं । ६९ वस्तिः । ७० मातिः । ७१ जघनं । ७२

---

1) S. दाराः — 2) На верху, вм. P. *a*) и *b*) °ङ्गं — 3) L. P. *a*) सृफ्कः; *b*) सृक्कः. P. На верху: सृक्कणी — 4) P. *a*) जत्रु — 5) Такъ D. U. — P. कु° — 6) P. *a*) चपेच — 7) Поправка на верху, вм. महरुः въ P. *a*) и *b*) —

श्रोणिः । ७३ पेलः । ७४ *त्रिका । ७५ पृष्ठवंशः । ७६ *पार्श्विकः । ७७ पार्श्वः [1]) । ७८ कटिः । ७९ चुलिः । ८० स्फिक् । ८१ पादः । ८२ ऊरुः । ८३ जानुः । ८४ जानुमण्डलं । ८५ जङ्घा । ८६ गुल्फः [2]) । ८७ पार्ष्णी । ८८ पादतलं । ८९ क्लोमकः । ९० फुफुसः [3]) । ९१ यकृत् । ९२ *प्लीहः । ९३ *पित्तः । ९४ वृक्का । ९५ अन्त्रं । ९६ अन्त्रगुणः । ९७ आमाशयः [4]) । ९८ पक्वाशयः [5]) । ९९ *औदर्यकं [6]) । १०० मांसं । १०१ कुक्षिः । १०२ त्वक् । १०३ अस्थि । १०४ रुधिरं । १०५ मज्जा । १०६ दन्तमांसं । १०७ अङ्गं । १०८ प्रत्यङ्गं । १०९ गर्भः । ११० वसा । १११ मेदः । ११२ पूयं । ११३ शिङ्घाणकं [7]) । ११४ खेटः । ११५ श्लेष्मा । ११६ दन्तमलं । ११७ नासापुटः [8]) । ११८ ललोका । ११९ अश्रु । १२० चक्षुर्मलं । १२१ चमसः । १२२ रोम । १२३ रोमकूपः । १२४ कर्णमलं । १२५ उद्गारः । १२६ स्वेदः । १२७ मांसकीलः । १२८ चिक्कातुन् । १२९ हिक्का । १३० विजृम्भा [9]) । १३१ मलं । १३२ तिलकः । १३३ मूत्रं । १३४ गूथं [10]) । १३५ विट् [11]) । १३६

॥ १९० ॥

कललं । १ अर्बुदं । २ पेशी । ३ घनः । ४ प्रशाखा । ५

॥ १९१ ॥

वयः । १ गर्भरूपः । २ बालः । ३ लाडिकः । ४ कुमारः । ५ तरुणः । ६ यौवनं । ७ युवा । ८ दह्रः [12]) । ९ युवतिः । १० कुमारी । ११

॥ १९२ ॥

कुब्जः । १ जीर्णता । २ वलीप्रचुरता । ३ पालित्यं । ४ दण्ड अवष्टम्भनता । ५ खालित्यं । ६ कासः । ७ खुरखुरावसक्तकण्ठः । ८ प्राग्भारेण कायेन दण्डमवष्टब्धः । ९

---

1) D. U. — P. a) पार्श्वः и b), L. पर्श्वः — 2) P. a) शुल्फः — — 3) P. a) छ्वक्फुः b) छ्वक्फुस; T. C. फुस्फुसः — D. U. — 4) На верху °साम; P. a) и b) °पाम — 5) На верху: पत्खा°; L. पत्का°; P. a) и b) पत्तपयः — 6) Такъ поправка на верху; P. a) и b) °पकं — 7) P. b) поправка: °णाकं; L. °निकं — 8) P. a) °टां; S. °टा; P. a) и b) नास° — 9) P. a) विकम्भा, b); L. विद्य° — 10) P. a) शूथं; L. गु° — 11) P. приписка — 12) P. a) दहुः; L. हृह्रः —

धमनीसंततगात्रः[1]। १० जीर्णः। ११ वृद्धः। १२ महल्लकः। १३ गतयौवनः। १४ वलीनिचितकायः। १५ विभुग्नः। १६ आतुरः। १७

॥ १६३ ॥

देवावतारः। १ वाराणसी। २ वैशाली। ३ परिनिर्वाणं। ४ राजगृहं। ५ वेणुवनं। ६ कौशाम्बी। ७ श्रावस्ती। ८ अनाथपिण्डदस्यारामः। ९ जेतवनं। १० पुण्ड्रवर्धनं। ११ बोधिमण्डं[2]। १२ गृध्रकूटपर्वतः। १३ गयाशीर्षः। १४ स्थूणोपस्थूणौ ग्रामौ। १५ कपिलवस्तुनगरं। १६ मथुरा। १७ श्रीनालन्दः। १८ मगधा। १९ शरावती। २० लुम्बिनी। २१ *इन्द्रशैलगुहा। २२ कुशनगरं[3]। २३ उशीरगिरिः। २४ उज्जयनी नगरी। २५ कलिङ्गः। २६ मृगदावः। २७ ऋषिपतनं। २८ ऋषिपत्तनं[4]। २९ कोसला। ३० साकेतं[5]। ३१ अवन्तिः। ३२ चम्पा। ३३ पञ्चालः। ३४ घटकावटी। ३५ कलन्दकनिवापः[6]। ३६

॥ १६४ ॥

निमिंधरः। १ अश्वकर्णः। २ सुदर्शनः। ३ खदिरकः। ४ *ईशाधरः[7]। ५ युगंधरः। ६ विनतकः। ७ मेरुः। ८ सुमेरुः। ९ पर्वतराजा। १० चक्रवाडः। ११ महाचक्रवाडः। १२ गन्धमादनः। १३ हिमवान्। १४ कैलासः। १५ पोतलकः। १६ मलयः। १७ विन्ध्यः। १८ विपुलपार्श्वः। १९ वैदेहकपर्वतः। २० सुमेरुपारिषण्डः। २१

॥ १६५ ॥

समुद्रः। १ सागरः। २ जलधिः। ३ महार्णवः। ४ जलनिधिः। ५ लवणोदकः। ६ ओघः। ७ नदी। ८ कुनदी। ९ सरः। १० तडागः[8]। ११ *विल्वं। १२ उत्सः। १३ ह्रदः। १४ कुल्यः। १५ उद्भिदः। १६ आलिः। १७ पुष्करिणी। १८ उष्मोदकं। १९ कूपः[9]। २०

---

1) S. धर्म° — 2) D. U. — P. °मण्डानं — 3) P. a) कुशी° — 4) S. °पदनं — 5) Такъ D. U. — P. संकेता — 6) P. b) поправка: °वासः; L. °वावः — 7) Такъ D. U. — P. L. इषाधारः — 8) P. поправка: °कः — 9) S. приписка उदपनं; L. прип. उदपानाम्—

ऊर्मिः । २१ मन्दाकिनी । २२ पारं वा । २३ अपारं वा । २४ निःसरधाराः । २५ उदकधाराः । २६ काञ्चनवालुकास्तीर्णाः । २७ तीरं । २८ पुलिनं । २९ नैरञ्जना नदी । ३० नदी वैतरणी । ३१

॥ १६६ ॥

नन्दनवनं । १ मिश्रकावनं । २ *पारुषकावनं [1]) । ३ चैत्ररथवनं । ४ पारियात्रः । ५ पुष्पवृक्षः । ६ फलवृक्षः । ७ गन्धवृक्षः । ८ गुल्मः । ९ पद्मकः । १० देवदारुः । ११ दारुहरिद्रा । १२ तालीशः । १३ पालित्रतवृक्षः [2]) । १४ चन्दनं । १५ खदिरः । १६ दाडिमवृक्षः । १७ पिण्डखर्जूरवृक्षः । १८ वनस्पतिः । १९ वनखण्डः । २० वंशवेणुः । २१ पिण्डवेणुः । २२ वेत्रं । २३ न्यग्रोधः । २४ इक्षुवनं । २५ शालिवनं । २६ वेतसः । २७ नडवनं । २८ सालवृक्षः । २९ नागवृक्षः । ३० वृक्षः । ३१ चम्पः [3]) । ३२ जातिः । ३३ पाण्डुपलाशः [4]) । ३४ शीर्णपलाशः । ३५ कण्टकः । ३६ तालः । ३७ लतावल्ली । ३८ करीरः । ३९

॥ १६७ ॥

तन्त्रं । १ उत्तरतन्त्रं । २ मन्त्रः [5]) । ३ विद्या । ४ धारणी । ५ मण्डलं । ६ शान्तिकं [6]) । ७ पौष्टिकं । ८ *आभिचारुकं । ९ वशीकरणं । १० होमः । ११ उपचारः । १२ विधिः । १३ विधानं [7]) । १४ कल्पः । १५ जापः । १६ होमोपकरणं । १७ होता । १८ आहुतिद्रव्यं । १९ हवनं । २० जुहुयात् । २१ अभिषेकः । २२ अभिषिक्तः । २३ आवाहनं । २४ आकर्षणं । २५ विसर्जनं । २६ बन्धनं । २७ उच्चाटनं । २८ गर्वः । २९ अधिष्ठानं । ३० मन्त्रचर्या । ३१ आलीढं । ३२ प्रत्यालीढं । ३३ प्रसेनं । ३४ सिद्धिः । ३५ मन्त्री । ३६ विद्याधरः । ३७ साध्यं । ३८ साधकः । ३९ उत्तरसाधकः [8]) । ४० मामकी । ४१ मूर्धटकः [9]) । ४२ एकजटी । ४३ बुद्धलोचना । ४४ पाण्डरवासिनी । ४५ तारा । ४६ वज्रभृकुटी । ४७ आर्यभृकुटी । ४८ वज्राम्बुजा । ४९ वज्राङ्कुशी । ५० *योगाप्रत्यहारिणी [10]) । ५१ हामवती । ५२ रत्नोल्का । ५३

---

1) L. पुरुष°; S. परु° — 2) P. b) поправка вм. पारा° — 3) D. U. — P. a) चंपधु; b) поправка: चंद्दय; на верху: चव्व्यः — 4) P. a) पाण्डपमलशः — 5) P. на верху °न्त्रं — 6) P. приписка: आकर्षणं — 7) P. приписка. — 8) P. приписка: एगजटी — 9) P. на верху: माह्न° — 10) Такъ, слѣдуя тиб. переводу. P. a) अंगा°, b) अंगाः° L. अग्र° — D. U. S. उग्र° —

अाधारणी । ५४ समन्तभद्रा । ५५ रतिरागा । ५६ वज्रधात्वीश्वरी । ५७ सर्वचक्रा । ५८ रत्नोत्तमा । ५९ मकृद्धावर्ता । ६० साधुमती । ६१ सिद्धोत्तमा । ६२ धारणीमुद्रा । ६३ वज्रसत्त्वज्ञानमुद्रा । ६४ मकृातुष्टिज्ञानमुद्रा । ६५ मकृाप्रभामण्डलव्यूकृज्ञानमुद्रा । ६६ सर्वधर्मसमताज्ञानमुद्रा । ६७ सर्वतथागतानुरागणाज्ञानमुद्रा । ६८ मकृाप्रीतिवेगसंभवज्ञानमुद्रा । ६९ सर्वतथागताशापरिपूरणाज्ञानमुद्रा । ७० सर्वतथागतसमाज्ञाधिष्ठानज्ञानमुद्रा1) । ७१ सर्वतथागतवज्राभिषेकज्ञानमुद्रा । ७२ सर्वतथागतप्रज्ञाज्ञानमुद्रा । ७३ सर्वतथागतधर्मवाग्निष्प्रपञ्चज्ञानमुद्रा2) । ७४ मकृाचक्रप्रवेशज्ञानमुद्रा । ७५ सर्वतथागतविश्वकर्मज्ञानमुद्रा । ७६ दुर्योधनवीर्यज्ञानमुद्रा । ७७ सर्वमारमण्डलविधंसनज्ञानमुद्रा । ७८ सर्वतथागतबन्धनज्ञानमुद्रा । ७९ सर्वतथागतसुरतसुखाः । ८० सर्वतथागताकर्षणी । ८१ सर्वतथागतानुरागणी । ८२ सर्वतथागतसंतोषणी । ८३ मकृाधिपतिः । ८४ मकृाद्योता3) । ८५ मकृारत्नवर्षा । ८६ मकृाप्रीतिकृर्षा4) । ८७ मकृाज्ञानगीता । ८८ मकृाघोषानुगा5) । ८९ गन्धवती । ९० मकृाबोध्यङ्गवती । ९१ चतुष्मती । ९२ सत्त्ववती । ९३ सुम्भः । ९४ निसुम्भः । ९५ अमृतकुण्डली । ९६ जम्भलः । ९७ उच्छुष्मः6) । ९८ आर्यपमात्तकः । ९९ शंकारः । १०० पिनाकी । १०१ वैवस्वती । १०२ गुह्यकाधिपतिः । १०३ मकृापत्तसेनापतिः । १०४ यज्ञोपवीतं । १०५ कुशपवित्रधारकः । १०६ त्रिपुण्ड्रकचिह्नितं7) । १०७ शृङ्गाटकचिह्नितं । १०८ जटावलम्बितं । १०९ समिधः । ११० इन्धनं8) । १११ अग्निकुण्डः । ११२ पूर्णाकृतिः । ११३ *स्रुवकं9) । ११४ *पाती10) । ११५ चोदनं । ११६ विदर्भणं । ११७ अर्घः । ११८ नैवेद्यं । ११९ बलिः । १२० उपस्पृश्यः । १२१ आचमनं । १२२ प्रोक्षणं । १२३ वेदिका । १२४ *उपांशुः11) । १२५ निर्यूकृः । १२६ प्रदक्षिणपट्टिका । १२७ अभ्यन्तरपट्टिका12) । १२८ बहिष्पट्टिका । १२९ आप्यायनं13) । १३० प्रत्यायनं । १३१ पाली । १३२ *पट्टिसं । १३३ स्तम्भनं । १३४ जम्भनं । १३५

---

1) P. *a*) и *b*). Надъ строкой: समाया. — M. T. L. समया° — 2) P. *a*) °धर्मपद्धष्प्र° *b*) поправка: °धर्मवाग्निष्प्र° D. U. °धर्मभग. — Такъ M. T. — 3) Поправка на верху. P. *a*) и *b*) मकृोद्यता — 4) S. °वर्ष — 5) Поправка надъ строкой; P. *a*) и *b*) °पाना; L. °षन° — 6) На верху: दसं. P. *a*) S. L. उच्छुष्मः — 7) P. *a*) и *b*) °पुण्डग°; S. पिण्डक° — 8) P. *a*) इत्वनं — 9) L. स्रवकं — 10) D. U. S. पात्रि — 11) L. आपांशु — 12) P. *a*) и *b*) पयट्टिका. Зачеркнуто и приписка къ предъидущему: पट्टिका — 13) S. साध्य° —

मोदनं । १३६ *ग्रोदनं 1) । १३७ कृत्या । १३८ कार्म । १३९ किरणाः । १४० काखोर्दः । १४१ वेताडः । १४२ *चिच्चः 2) । १४३ प्रेषकः । १४४ डुश्छर्दितं । १४५ डुर्भुक्तं 3) । १४६ डुर्लङ्गितं । १४७ डुर्लिखितं । १४८ डुष्प्रेनितं । १४९ डुश्छायः 4) । १५० विकरालविकृतदंष्ट्रः 5) । १५१ विकृतवदनः । १५२ कोलः । १५३

॥ १६८ ॥

निर्घातः । १ उल्कापातः । २ इन्द्रचापं 6) । ३ सूर्यपरिवेशः । ४ शकुनं । ५ ज्योतिषं । ६ स्वप्नाध्यायः । ७ शकुनरुतं । ८ विष्टिः । ९ व्यतिपातः । १० उत्पातः 7) । ११ ग्ररिष्टं 8) । १२ लग्नः । १३ योगः १४ दण्डभातः 9) । १५

॥ १६९ ॥

तत्प्रत्यत्तोपलब्धिलक्षणं । १ तदाश्रित्यप्रत्यत्तोपलब्धिलक्षणं । २ स्वजातीयदृष्टान्तोपसंहारलक्षणं । ३ परिनिष्पन्नलक्षणं । ४ सुविशुद्धागमोपदेशलक्षणं । ५ तदन्यसारूप्योपलब्धिलक्षणं । ६ तदन्यवैरूप्योपलब्धिलक्षणं । ७ सर्वसारूप्योपलब्धिलक्षणं । ८ सर्ववैरूप्योपलब्धिलक्षणं । ९ ग्रन्यजातीयदृष्टान्तोपसंहारलक्षणं । १० ग्रपरिनिष्पन्नलक्षणं । ११ ग्रविशुद्धागमोपदेशलक्षणं । १२ तर्कः । १३ तार्किकः । १४ प्रत्यक्षं । १५ ग्रनुमानं । १६ ग्रागमः । १७ उपपत्तिः । १८ हेतुः । १९ ग्रन्वयः । २० व्यतिरेकः । २१ ग्रसिद्धः । २२ विरुद्धः । २३ ग्रनैकान्तिकः । २४ दृष्टान्तः । २५ साधर्म्यवत् 10) । २६ वैधर्म्यवत् 10) । २७ हेत्वाभासः । २८ दृष्टान्ताभासः । २९ साधनं 11) । ३० दूषणं । ३१ स्वपक्षः । ३२ परपक्षः । ३३ वादी । ३४ प्रतिवादी । ३५ त्रिरूपलिङ्गं । ३६ स्वलक्षणं । ३७ सामान्यं । ३८ पूर्वपक्षः । ३९ उत्तरपक्षः । ४० चोद्यं । ४१ परिहारः । ४२ समाधानं । ४३ ग्रनुमेये सत्त्वं । ४४ सपक्षे सत्त्वं । ४५ ग्रसपक्षे चा-

---

1) P. *a*) и *b*) ग्रद्नं. D. U. S. ग्रोदनं — 2) P. *a*) и *b*) चिच्चः; на верху: °च्क्र: D. U. также. L. °िच्क्रः. Поправка въ *b*). — 3) Такъ D. U. — P. °क्तं — 4) P. *a*) и *b*) डुश्चापः — Такъ на верху. — 5) P. на верху °रािल° — 6) P. *a*) °रापं — 7) P. °दः. — Такъ D. U. — 8) Поправка P. *b*); *a*) ग्रचिष्टं — 9) P. *a*) °नासः — 10) Такъ D. U. — P. °धर्मा° — 11) L. приписка साध्या —

सत्त्वं । ४६ संभवत्प्रमाणं । ४७ आधेयातिशयः । ४८ अनाधेयातिशयः । ४९ निगमनं । ५० उपनयः । ५१ उपसंहारः । ५२ स्वभावहेतुः । ५३ कार्यहेतुः । ५४ ज्ञापकहेतुः । ५५ अनुपलब्धिहेतुः [1] । ५६ व्यञ्जकहेतुः । ५७ कारकहेतुः । ५८ प्रतिज्ञा । ५९ अर्थसामान्यं । ६० अभिलाप्यसामान्यं । ६१ कल्पनापोढलक्षणं [2] । ६२ अभ्रान्तलक्षणं । ६३ सम्यग्ज्ञानं । ६४ मिथ्याज्ञानं । ६५ सविकल्पकं । ६६ निर्विकल्पकं । ६७ साकारं । ६८ निराकारं । ६९ अन्याकारं । ७० सत्ता [3] । ७१ वाच्यं । ७२ वाचकः । ७३ अविनाभावसंबन्धः । ७४ स्वतः प्रमाणं । ७५ परतः प्रमाणं । ७६ तादात्म्यलक्षणसंबन्धः । ७७ तदुत्पत्तिलक्षणसंबन्धः । ७८ दृष्टो हि संबन्धः । ७९ पिपीलिकोत्सरणं [4] । ८० मत्स्यविकारः । ८१ महानसं । ८२ नीहारः । ८३ वाष्पः । ८४ तुषारः । ८५ सहकारिप्रत्ययः [5] । ८६ प्रयत्नानन्तरीयकः । ८७ अन्यतरासिद्धः । ८८ स्वतो ऽसिद्धः । ८९ परतो ऽसिद्धः । ९० उभयासिद्धः । ९१ आश्रयासिद्धः । ९२ स्वयंवाद्यसिद्धः । ९३ प्रतिवाद्यसिद्धः । ९४ उपादानकारणं । ९५ स्वजातीयः । ९६ विजातीयः । ९७ शब्दब्रह्म [6] । ९८ व्यावृत्तिः । ९९ अपोहः । १०० अन्यापोहः । १०१ शब्दार्थः । १०२ संकेतः । १०३ प्रसज्यप्रतिषेधः । १०४ पर्युदासप्रतिषेधः । १०५ अलौकिकार्थोत्पत्तिः । १०६ स्वप्राप्तिरूपं । १०७ विप्रकर्षः । १०८ स्वसंवेदनं । १०९ पक्षधर्मत्वं । ११० क्रमयौगपद्यं । १११ मातुलुङ्गं । ११२ कदली । ११३ कन्दः [7] । ११४ असमञ्जसः । ११५ प्रसङ्गः [8] । ११६ चित्रपतंगः । ११७ शालूकः । ११८

॥ २०० ॥

षोडश पदार्थाः । १ प्रमाणं । २ प्रमेयं । ३ संशयः । ४ प्रयोजनं । ५ दृष्टान्तः । ६ सिद्धान्तः । ७ अवयवः । ८ तर्कः । ९ निर्णयः । १० वादः । ११ जल्पः । १२ वितण्डा । १३ हेत्वाभासः । १४ छलः । १५ जातिः । १६ जात्युत्तरः । १७ निग्रहस्थानं । १८ इन्द्रियार्थसंनिकर्षोत्पन्नं ज्ञानं प्रत्यक्षं । १९ अव्यपदेश्यं । २० अव्यभिचारि । २१ व्यवसायात्मकं । २२

---

1) P. *a*); L. अनुपलब्धिः — 2) P. *b*) поправка: °पोढ — 3) Такъ D. U. — P. सात्तः — 4) P. *a*) पिपीलो° — 5) L. приписка: उपादानकारणं — 6) Такъ D. U. — P. *b*) поправка: вм. ब्रह्मशब्दः — 7) D. U. S. स्कन्धः — 8) D. U. нѣтъ.

॥ २०१ ॥

चैतन्यं । १ प्रधानं । २ सत्त्वं । ३ रजः । ४ तमः । ५ महान् । ६ अहंकारः । ७ पञ्च बुद्धीन्द्रियाणि । ८ पञ्च तन्मात्राणि । ९ अणिमा । १० लघिमा । ११ महिमा । १२ ईशित्वं । १३ वशित्वं । १४ प्राप्तिः १५ प्राकाम्यं । १६ यत्रकामावसायित्वं । १७ अभिव्यक्तिः । १८ आविर्भावः । १९ तिरोभावः । २० परिणामः । २१ लयः । २२ वाक् । २३ पाणिः । २४ पादः । २५ पायुः । २६ उपस्थं । २७ संनिकृष्टः । २८ विप्रकृष्टः । २९ वीतः । ३० आवीतः । ३१ सहचरसंबन्धः । ३२ घात्यघातकसंबन्धः । ३३ स्वस्वामिलक्षणसंबन्धः । ३४ आधाराधेयलक्षणसंबन्धः । ३५ कार्यकारणलक्षणसंबन्धः । ३६ अवयवावयविलक्षणसंबन्धः । ३७

॥ २०२ ॥

सत्संप्रयोगे पुरुषस्येन्द्रियाणां बुद्धिजन्म प्रत्यक्षं । १ अर्थालोचनज्ञानं । २ प्रागभावः । ३ प्रध्वंसाभावः । ४ इतरेतराभावः । ५ अत्यन्ताभावः । ६ शब्दं । ७ उपमानं । ८ अर्थापत्तिः । ९ अभावः । १० स्मृतिः । ११ श्रुतिः । १२ अपौरुषेयः । १३ दुर्भणत्वं । १४

॥ २०३ ॥

द्रव्यं । १ गुणः । २ कर्म । ३ विशेषः । ४ सामान्यं । ५ समवायः । ६ परिमाणं । ७ संख्या । ८ संयोगः । ९ विभागः । १० पृथक्त्वं । ११ परत्वं । १२ अपरत्वं[1] । १३ इच्छा । १४ द्रवत्वं । १५ स्नेहः । १६ अधर्मः । १७ संस्कारः । १८ प्रयत्नः । १९ उत्क्षेपणं । २० अवक्षेपणं । २१ आकुञ्चनं । २२ प्रसारणं । २३ गमनं । २४ द्वीन्द्रियग्राह्यं । २५ पार्थिवपरमाणुः[2] । २६ महासत्ता[3] । २७ अवान्तरसामान्यं । २८ महासामान्यं । २९ सत्कार्यं । ३० असत्कार्यं । ३१ आत्मेन्द्रियार्थाग्न्युत्पन्नं ज्ञानं प्रत्यक्षं । ३२ लम्बाम्बुदर्शनाद्वर्षानुमानं । ३३ नदीपूरदर्शनाद्वुपरिवृष्ट्यनुमानं । ३४ मेघोन्नतिदर्शनात् । ३५

॥ २०४ ॥

ऐतिह्यं । १ प्रातिभं । २

---

1) D. U. вм. °पं въ P. a) — 2) P. a) प्रार्थिवः — 3) Поправка надъ строкой вм. °त्ता: (такъ S.) —

॥ २०५ ॥

आत्मग्राहः । १ एकत्वग्राहः । २ कर्तृत्वग्राहः । ३ पिण्डग्राहः । ४ *दृष्टिप्रस्कान्तः । ५ दृष्टिगहनं । ६ दृष्टिकान्तारं । ७ विषमदृष्टिः । ८ कुदृष्टिः । ९ दृष्टिसंकटः । १० दृष्टिकृतं । ११ दृष्टिगतं । १२

॥ २०६ ॥

शाश्वतो लोकः । १ अशाश्वतो लोकः । २ शाश्वतश्चाशाश्वतश्च । ३ नैव शाश्वतो नाशाश्वतश्च । ४ अन्तवां लोकः । ५ अनन्तवां लोकः । ६ अन्तवांश्चानन्तवांश्च । ७ नैवान्तवां नानन्तवां । ८ भवति तथागतः परं मरणात् । ९ न भवति तथागतः परं मरणात् । १० भवति च न भवति च तथागतः परं मरणात् । ११ नैव भवति न न भवति तथागतः परं मरणात् । १२ स जीवस्तच्छरीरं । १३ अन्यो जीवो ऽन्यच्छरीरं । १४

॥ २०७ ॥

आत्मा । १ सत्त्वः । २ जीवः । ३ जन्तुः । ४ पोषः । ५ पुरुषः । ६ पुद्गलः । ७ मनुजः । ८ मानवः । ९ कारकः । १० कारापकः । ११ वेदकः । १२ जानकः [1]) । १३ पश्यकः । १४ उत्थापकः । १५ समुत्थापकः । १६

॥ २०८ ॥

रूपमात्मा स्वामिवत् । १ रूपवानात्मा अलंकारवत् । २ आत्मीयं रूपं भृत्यवत् । ३ रूपे आत्मा भाजनवत् । ४ वेदनात्मा । ५ वेदनावानात्मा । ६ आत्मीया वेदना । ७ वेदनायामात्मा । ८ संज्ञात्मा । ९ संज्ञावानात्मा । १० आत्मीया संज्ञा । ११ संज्ञायामात्मा । १२ संस्कारा आत्मा । १३ संस्कारवानात्मा । १४ आत्मीयाः संस्काराः । १५ संस्कारेष्वात्मा । १६ विज्ञानमात्मा । १७ विज्ञानवानात्मा । १८ आत्मीयं विज्ञानं । १९ विज्ञाने आत्मा । २०

॥ २०९ ॥

सूत्रं । १ धातुः । २ निपातः । ३ अन्वाख्यानं । ४ उपसर्गः । ५ वाक्योपन्यासः [2]) । ६ उपसंख्यानं । ७ समासः । ८ समस्तः [3]) । ९ कर्म । १० भावः । ११ संस्कृतं । १२ प्राकृतं । १३

---

1) L. ज्ञानकः — 2) Такъ T. — D. U. वक्यो° — P. वाक्यो° — 3) P. a) °स्तुः —

अपभ्रंशः । १४ पैशाचिकः । १५ क्रियापदं । १६ अनवस्थाप्रसङ्गः । १७ अतिप्रसङ्गः । १८ प्रसङ्गः प्रसज्यते[1]) । १९ विग्रहः । २० द्वन्द्वः । २१ द्विगुः । २२ तत्पुरुषः । २३ बहुव्रीहिः । २४ अव्ययीभावः । २५ कर्मधारयः । २६ समानाधिकरणं । २७ कारकः । २८ प्रथमपुरुषः । २९ मध्यमपुरुषः । ३० उत्तमपुरुषः । ३१

॥ २१० ॥

वृत्तः वृत्तौ वृत्ताः
वृत्तं वृत्तौ वृत्तां
वृत्तेण वृत्ताभ्यां वृत्तैः
वृत्ताय वृत्ताभ्यां वृत्तेभ्यः
वृत्तात् वृत्ताभ्यां वृत्तेभ्यः
वृत्तस्य वृत्तयोः वृत्ताणां
वृत्ते वृत्तयोः वृत्तेषु

॥ २११ ॥

दुर्गतिः । १ अपायः । २ विनिपातः । ३ नरकः । ४ यमलोकः । ५ पितृविषयः । ६ तिर्यग्योनिगतः । ७

॥ २१२ ॥

प्रेतः । १ कुम्भाण्डः । २ पिशाचः । ३ भूतः । ४ पूतनः । ५ कटपूतनः । ६ उन्मदः[2]) । ७ स्कन्दः । ८ अपस्मारः । ९ छाया । १० राक्षसः । ११ रेवतीग्रहः । १२ शकुनिग्रहः । १३ ब्रह्मराक्षसः । १४

॥ २१३ ॥

सिंहासनेयः । १ ऐरावणहस्ती । २ हस्त्यासनेयः । ३ कन्थकः । ४ अश्वासनेयः । ५ बलाहकाश्वराजा । ६ श्वापदः । ७ सिंहः । ८ शार्दूलः । ९ व्याघ्रः । १० द्वीपी । ११

---

1) P. b) प्रसज्यते зачеркнуто и написано у 20. — 2) L. S. उन्मादः. —

ऋतः । १२ भल्लुकः । १३ तरक्षुः [1] । १४ वृकः । १५ सृगालः । १६ भेरुण्डकः [2] । १७ लोमाशो [3] । १८ *क्रोष्टकः [4] । १९ बिडालः [5] । २० मार्जारः [6] । २१ नकुलः । २२ मृगः । २३ गण्डः । २४ वराहः । २५ ग्रारण्यवराहः । २६ हरिणः । २७ गौरखरः । २८ घोटकमृगः । २९ शरभः । ३० शशः । ३१ पशुः । ३२ हस्ती । ३३ कुञ्जरः । ३४ करिणी । ३५ करेणुः । ३६ ग्रश्वः । ३७ हयः । ३८ तुरंगः । ३९ वडवा । ४० उष्ट्रः । ४१ चमरः । ४२ गौः । ४३ बलीवर्दः । ४४ महिषः । ४५ वेगसरः । ४६ ग्रश्वतरी । ४७ गर्दभः । ४८ करभः । ४९ किशोरः । ५० कलभः । ५१ गजपोतः [7] । ५२ मूकरः । ५३ एडकः । ५४ उरभ्रः । ५५ छगलः । ५६ ग्रजः । ५७ प्राणकः । ५८ वानरः । ५९ मर्कटः । ६० कपिः [8] । ६१ मूषः । ६२ शिशुमारः । ६३ मकरः । ६४ ग्राहः । ६५ कुम्भीरः । ६६ नक्रः । ६७ कूर्मः । ६८ उद्रः । ६९ मत्स्यः । ७० सर्पः । ७१ व्याडः । ७२ उरगः । ७३ पन्नगः । ७४ वृश्चिकः । ७५ कृकलासः । ७६ कृमिः । ७७ मशकः । ७८ सरीसृपः [9] । ७९ दंशः । ८० कोशकारकीटः । ८१ कुन्तः । ८२ पिपीलिका । ८३ भ्रमरः । ८४ मण्डूकः । ८५ *जलूकः [10] । ८६ खद्योतकः । ८७ पतंगः । ८८ उत्पातकः [11] । ८९ त्रैलाटा [12] । ९० त्र्यम्बुकः । ९१ धाङ्कः [13] । ९२ कोकः । ९३ यूका । ९४ लिता । ९५ इन्द्रगोपः । ९६ कलविङ्कः । ९७ पत्ती । ९८ विहगः । ९९ चटकः । १०० सुपर्णिः । १०१ बर्ही । १०२ शिखी: । १०३ मयूरः । १०४ जीवंजीवकः । १०५ गृध्रः । १०६ चाषः । १०७ शुकः । १०८ कुणालः । १०९ राजहंसः । ११० धार्तराष्ट्रः । १११ हंसः । ११२ क्रौञ्चः । ११३ चक्रवाकः । ११४ सारसः । ११५ शारिकः । ११६ कोकिलः । ११७ बकः । ११८ बलाका [14] । ११९ तित्तिरिः । १२० कपिञ्जलः । १२१ कृकरः । १२२ *कट्टारः [15] । १२३ चकोरः । १२४ उलूकः । १२५ द्रोणकाकः । १२६ काकः । १२७ वायसः । १२८ कपोतः । १२९ पदेक [16] । १३० पारापतः । १३१ श्येनः [17] । १३२ कुक्कुटः । १३३ चिल्लः । १३४ चातकः । १३५ पत्तगुप्तः । १३६ *प्राणाक-

---

1) P. *a*) °त्तः — 2) P. на верху: °पाकः — 3) P. *a*) и *b*). — D. U. °मासी — 4) P. *a*) и *b*) еще разъ सृगालः; зачеркнуто. — 5) P. *b*) поправка вм. *a*) बिजालः. 6) L. S. मार्जारः — 7) P. *a*) и *b*) जग° — 8) P. *b*) поправка: कपिर — 9) P. приписка. — 10) D. U. तलुक — 11) P. поправка: उत्पात; L. उत्पतकः — 12) P. *b*) поправка вм. °टाकः — 13) P. *b*) धङ्क — 14) P. *a*) कालाकाः — 15) P. *b*) поправка вм. कुट्टारः; L. कट्टरः; D. U. S. कंकार — 16) P. приписка. — 17) P. приписка: सेनः; L. सेनः —

व्रातः। १३७ कुक्कुरः। १३८ श्वानः। १३९ *खञ्जाह्वः[1])। १४० कारण्डवः। १४१ तितीलः। १४२ चर्मचटकः। १४३ चीरी। १४४ *सिलिः[2])। १४५ प्राणिभूतः। १४६ *द्वीपिकः। १४७

॥ २१४ ॥

संजीवः। १ कालसूत्रः। २ संघातः। ३ रौरवः। ४ महारौरवः। ५ तपनः। ६ प्रतापनः। ७ अवीचिः। ८

॥ २१५ ॥

अर्बुदः। १ निरर्बुदः। २ अटटः। ३ हहवः। ४ हुहुवः। ५ उत्पलः। ६ पद्मः। ७ महापद्मः। ८ कुकूलं। ९ कुणपं। १० क्षुरधारः। ११ असिधारः। १२ अयःशाल्मलीवनं। १३ असिपत्त्रवनं। १४ अयोगुडः। १५ प्रत्येकनरकः। १६ संक्लिश्यते। १७ भिन्दन्ति। १८ विशीर्यते। १९ *न्यङ्कुटा नाम प्राणी[3])। २० अयस्तुण्डनामानो वायसाः[4])। २१ मस्तकं निर्लिखन्ति। २२ आर्तस्वरं क्रन्दति। २३ धावति[5])। २४

॥ २१६ ॥

गन्धर्वः। १ वैशिकं। २ वार्ता। ३ सांख्या। ४ शब्दः। ५ चिकित्सितं[6])। ६ नीतिः। ७ शिल्पं। ८ धनुर्वेदः। ९ हेतुः। १० योगः। ११ श्रुतिः। १२ स्मृतिः। १३ ज्योतिषं। १४ गणितं। १५ माया। १६ पुराणं। १७ इतिहासकं। १८

॥ २१७ ॥

कला। १ लिपिः। २ मुद्राः। ३ संख्या। ४ गणना। ५ मुष्टिबन्धः। ६ शिखाबन्धः[7])। ७ पादबन्धः। ८ अङ्कुशग्रहः। ९ *सारी[8])। १० पाशग्रहः[9])। ११ तोमरग्रहः। १२ इषस्त्रा-

---

1) P. на верху: °त्कः — 2) L. सिलोः — 3) P. a) न्यङ्कटा ना° D. U. S. न्यङ्कुट — 4) P. a) и b) °से — 5) P. a) и b) °ती — 6) P. a) °ति — 7) D. U. — P. a) и b) सिखर्ब° — 8) D. U. S. शिरो M. असेरी. T. L. सरो — 9) Такъ D. U. — P. प्राश° —

चार्यः[1])। १३ निर्याणं। १४ अपयानं। १५ छेद्यं। १६ भेद्यं। १७ *वेत्यं[2])। १८ दूरवेधः। १९ शब्दवेधः।२० मर्मवेधः।२१ *अनूणावेधः[3])।२२ दृढप्रहारिता।२३ पञ्चसु स्थानेषु कृतावी संवृत्तः। २४ लङ्घितं। २५ सालम्भः। २६ ज्ञावितं। २७ प्लवितं। २८ तरणं। २९ हस्तिग्रीवः। ३० अश्वपृष्ठः। ३१ रथः। ३२ धनुष्कलापकः[4])। ३३ बाहुव्यायामः[5])। ३४

॥ २१८ ॥

नर्तकः। १ नटः। २ भेरी। ३ मृदङ्गः। ४ दुन्दुभिः। ५ मुरजा। ६ पणवः। ७ *तुणवः। ८ कर्करी[6])। ९ कछरी[7])। १० शम्या। ११ वल्लरी। १२ मुकुन्दः। १३ तूर्यं। १४ संगीतिः। १५ *तालावचरः[8])। १६ वाद्यं। १७ वीणा[9])। १८ वंशः। १९

॥ २१९ ॥

मध्यमः। १ ऋषभः। २ गन्धारः। ३ षड्जः। ४ पञ्चमः। ५ धैवतः। ६ निषादः। ७

॥ २२० ॥

शृङ्गारः। १ वीरः। २ बीभत्सः। ३ रौद्रं। ४ हास्यं। ५ भयानकः। ६ करुणा। ७ अद्भुतः[10])। ८ शान्तः। ९ ताण्डवः। १०

॥ २२१ ॥

ऋग्वेदः। १ यजुर्वेदः। २ सामवेदः। ३ अथर्ववेदः। ४ निर्घण्टुः। ५ कैटभः। ६ आयुर्वेदः। ७ वस्तुविद्या। ८ *अङ्गमणिविद्या[11])। ९ शिल्पाध्यायः[12])। १० वायसविद्या। ११ शकुनविद्या। १२ ज्योतिर्विद्या। १३ सामुद्रलक्षणं। १४ अश्वमेधयज्ञः। १५ पुरुषमेधयज्ञः। १६ याज्ञा इष्टिः। १७

---

1) P. *a*) इष्टस्ता° — 2) L. S. वेद्यं — 3) D. U. अतनु°; S. °न°; M. T. L. अनुणा° — 4) P. *a*) °ष्कालपकः — 5) P. *a*) °व्याम; *b*) व्यायम. Такъ D. U. — 6) Такъ на верху; P. *a*) सर्सरी; P. *b*) поправка: झर्झरी; S. झर्झरी — 7) Такъ на верху. P. *a*) शल्लरी; *b*) поправка झल्लरी; S. приписка ज्ञ° — 8) Такъ D. U. — P. तालव° — 9) S. वेणुः — 10) D. U. — P. आद्भुतं — 11) P. *a*) लुङ्गमणि°. D. U. S. अङ्ग°; L. उङ्गम° — 12) Такъ P. *a*) D. U. L. S. पिल्या°; M. T. विल्या° —

॥ २२२ ॥

यजनं । १ याजनं । २ अध्ययनं । ३ *अध्यापनं । ४ दानं । ५ प्रतिग्रहः । ६

॥ २२३ ॥

अनेकं । १ वर्ग । २ निचयः । ३ सैन्यं । ४ सेना । ५ पूगः । ६ गणाः । ७ संघः । ८ वृन्दः । ९ भूयिष्ठः । १० संख्यामपि । ११ कलामपि । १२ गणनामपि । १३ उपमामपि । १४ उपनिषदमपि । १५ नोपैति । १६ न क्षमते । १७ लक्ष्यं । १८ सेनाकथा[1]) । १९ काण्डमूर्धमुखं क्षिप्तं । २० स्वर्गोपगः । २१ गच्छति । २२ आगच्छति । २३ आगमनिर्गमौ । २४ प्रतिक्रमति । २५ अतिक्रमति[2]) । २६ अप्रत्युदावर्तनीयः । २७ अपक्रमितव्यं । २८ संनिकृष्टः । २९ विप्रकृष्टः । ३० संचरति । ३१ उपसर्पति । ३२ अनुयात्रिकाः । ३३ प्रत्युदावृत्तः । ३४ पारायणं । ३५ आमपत्ति । ३६ आसन्नीभूतः । ३७ अप्रतिनिर्याति । ३८ उपरतः । ३९ नातिदूरं । ४० नात्यासन्नं । ४१ परिभ्रमते । ४२ प्रत्यागमनं । ४३ अन्वाहिण्ड्य । ४४ प्रयाणं । ४५ अन्वेति । ४६ संकोचः । ४७ प्रसारः । ४८ उत्क्षेपः । ४९ प्रक्षेपः । ५० प्रस्थः । ५१ प्रपातः । ५२ गर्तः । ५३ परिखा । ५४ मार्गजिनः । ५५ मार्गदेशिकः । ५६ मार्गजीवी । ५७ मार्गदूषी । ५८ स्रोतआपत्तिप्रतिपन्नकः । ५९ स्रोतआपन्नः । ६० सकृदागामिप्रतिपन्नकः । ६१ सकृदागामी । ६२ अनागामिप्रतिपन्नकः । ६३ अनागामी । ६४ अर्हत्प्रतिपन्नकः । ६५ अर्हत् । ६६ आर्यसंघः । ६७ आर्यगणः । ६८ सूत्रधरः[3]) । ६९ विनयधरः । ७० मातृकाधरः । ७१ माध्यमिकः । ७२ विज्ञानवादी । ७३ बाह्यार्थवादी[4]) । ७४ सौत्रान्तिकः । ७५ वैभाषिकः । ७६ निकायान्तरीयाः । ७७ वैयाकरणाः । ७८ बलं । ७९ स्थाम[5]) । ८० अनुभावः । ८१ प्रभावः । ८२ शक्तिः । ८३ कृपा । ८४ दया । ८५ अनुकम्पामुपादाय । ८६ गर्भः । ८७ सारः । ८८ मण्डः । ८९ प्रवणः[6]) । ९० निम्नः । ९१ प्राग्भारः[7]) । ९२ समवसरणं[8]) । ९३ योग्यः । ९४ चित्रयोगः । ९५

---

1) P. a) सेनिककथा — 2) S. L. अभि° — 3) D. U. — P. °धारः — 4) D. U. वह्यर्थवादी — P. a) वाह्यर्था° — 5) P. a) स्थाप — 6) D. U. — P. प्रबधे зачеркнуто. 7) P. a) и b) प्राम्भारः — 8) P. поправка вм. °णाः — D. U. S. °सारणा —

व्यवच्छेदः । ९६ व्यवस्थापयति । ९७ विद्यमानः । ९८ प्रभावितः । ९९ भेदः । १०० विचिनोति । १०१ विभजनं । १०२ व्यवस्थापनं । १०३ निक्षिपति । १०४ विस्तृणवत्ति[1] । १०५ *प्रत्यास्तृतं[2] । १०६ छादयामास । १०७ विच्छिन्नं । १०८ प्रतिच्छादयति । १०९ छिद्यते । ११० भिद्यते । १११ दह्यते । ११२ हन्यते । ११३ पच्यते । ११४ रोधः । ११५ बन्धः । ११६ संसृष्टः[3] । ११७ संभेदः । ११८ असंभेदः । ११९ उद्धननं[4] । १२० समुद्धननं । १२१ विक्षिपति । १२२ विक्षिप्तचित्तः । १२३ दुर्धर्षः । १२४ अकम्प्यचित्तः । १२५ अङ्गप्रत्यङ्गानि छिन्देयुरनवमर्दनीयाः[5] । १२६ निह्नोकृतः । १२७ असंहार्यः । १२८ न लुभ्यते । १२९ कवचितः । १३० वर्मितः । १३१ *अविवार्य । १३२ *चापोदनी । १३३ चारुदर्शनः । १३४ नवनलिनपत्त्रसुविशुद्धनयना । १३५ बिम्बोष्ठी । १३६ मायाकृतमिव बिम्बं । १३७ आज्ञते । १३८ आकृतिः । १३९ आलेख्यचित्रितेव दर्शनीयः । १४० बन्धुरं । १४१ प्रासादिकः । १४२ अभिरूपः । १४३ दर्शनीयः । १४४ परमया शुभवर्णपुष्कलतया समन्वागतः । १४५ महाभागः । १४६ भव्यं । १४७ योग्यं । १४८ दृष्टिविषः । १४९ आशीविषः । १५० आसविषः । १५१ *उच्छरघनं । १५२ उच्छापनं[6] । १५३ कालहृयति[7] । १५४ कलिकलहविग्रहविवादः । १५५ दोषमुत्पादयति । १५६ चित्तमाघातयति । १५७ *प्रतिनिम्नलति । १५८ अभ्याख्यानं । १५९ आलेख्यो विलेख्यो[8] । १६० विप्रतिसारः । १६१ कौकृत्यं । १६२ शैलाभिनिकुञ्जितं[9] । १६३ *प्रतिवानि । १६४ प्रतिकूलता । १६५ हन्यात् । १६६ बध्नीयात्[10] । १६७ प्रवासयेत्[11] । १६८ सदण्डः । १६९ अनुसरणं । १७० संवरः । १७१ अभिनिर्ज्ञितः । १७२ धूमायति । १७३ आदीप्तः । १७४ प्रदीप्तः । १७५ संप्रदीप्तः । १७६ संप्रज्वलितः । १७७ एकज्वालीभूतो ध्यायति । १७८ मशिरपि[12] न प्रज्ञायते । १७९ क्षयिक्रमपि न प्रज्ञायते । १८० गिरिः । १८१ शैली । १८२ पर्वतः । १८३ प्राग्भारः । १८४ दरी । १८५ अभ्रं । १८६ कुभ्रभं । १८७ महाभ्रभं । १८८

---

1) P. *a*) и *b*) विस्तृणत्ति. — Такъ D. U. — 2) P. पस्यास्त्रितं D. U. S. प्रणाम्रितं — 3) P. приписка मिश्राष्ट D. U. S. मिश्रीभूतः. L. मिशाभूतः — 4) Такъ D. U. — P. उद्धा° — 5) D. U. — P. °यः, अनमर्द° — 6) P. *b*) поправка; *a*) अच्छा° — 7) D. U. — P. कलि° — 8) P. *b*) поправка вм. लेखो विलेखो — P. *b*) °सार — 9) P. *b*) °लभिनि; P. *a*) °विनितञ्जितं. — D. U. °लभिनिकू° — M. T. °लाभिनिञ्ज° — 10) P. *b*) बन्धी° — 11) D. U. — P. प्रव° — 12) D. U. L. मशिरमपि —

प्रपातः । १८६ देशः । १९० अटवी । १९१ कान्तारं । १९२ प्रत्यन्तः । १९३ शिखरं । १९४ सानुः । १९५ पर्वतकन्दरः । १९६ द्रोणी । १९७ हिमवान्पर्वतः । १९८ दुर्गः । १९९ उन्नतं । २०० निम्नं । २०१ स्थाली । २०२ मरुः । २०३ शैलगुहा । २०४ गिरिगह्वरः । २०५ नितम्बः । २०६ उपत्यका [1]। २०७ *कर्वडप्रदेशः [2]। २०८ गिरिकुञ्जाः । २०९ उत्कटो नाम द्रोणमुखं । २१० पृथिवीरसः । २११ पृथिवीपर्पटकः [3] । २१२ वनलता । २१३ पृथिवीमण्डः । २१४ पृथिवीप्रोजः । २१५ क्षेत्रं । २१६ सुक्षेत्रं । २१७ कुक्षेत्रं । २१८ नदीमातृका [4]। २१९ अनूपः । २२० देवमातृका । २२१ अदेवमातृका । २२२ ऊषरः [5]। २२३ जाङ्गला । २२४ प्रतिक्रुष्टा [6]। २२५ पापभूमिः । २२६ पाषाणं । २२७ शर्करा । २२८ कठल्लः । २२९ लोष्टः । २३० शिलातलं । २३१ उपलं । २३२ मेदिनी । २३३ पाषी [7]। २३४ अकृष्टोप्ता तण्डुलफलशालीः । २३५ सुवृष्टिः । २३६ दुर्वृष्टिः । २३७ सायं लूनकाल्यं विवर्धते । २३८ *अवलपश्च न प्रज्ञायते [8]। २३९ क्षेत्राणि [9] सापपत्ति । २४० मर्यादा व्यवस्थापपत्ति । २४१ सामुद्रिकनावः । २४२ समयः । २४३ व्ययः । २४४ वल्कलं । २४५ विवाहः । २४६ आवाहः । २४७ *पोतकं । २४८ अतिथिः । २४९ शिवहृतं [10]। २५० मातङ्गः । २५१ सास्ना । २५२ ककुदं । २५३ खुरः [11]। २५४ शृङ्गं । २५५ विषाणं । २५६ लाङ्गुलं । २५७ पन्था [12]। २५८ अध्वा [13]। २५९ पद्धतिः । २६० अनुगन्तव्यं । २६१ वर्तनिः । २६२ प्रोत्खतं [14]। २६३ विरोलितः । २६४ अन्तर्धानं गतं । २६५ वर्तते । २६६ विधूतपापः । २६७ संकार्यं । २६८ मरणान्तिकं । २६९ उपपत्त्यंशिकं । २७० धनुरारोपणं । २७१ इषुक्षेपः । २७२ उत्थापनं । २७३ चौरः [15]। २७४ परिपन्थं तिष्ठति । २७५ स्तेये संख्यातः [16]। २७६ हृतः । २७७ पोडयति । २७८ कुदण्डः । २७९ उपालम्भाभिप्रायः । २८० अवतारप्रेक्षिणः [17]। २८१ निग्र-

---

1) P. на верху उत्त्यका (такъ S.) вм. उपत्य° — 2) S. पर्वड° — 3) D. U. — P. a) °पर्व°; b) °पर्प° — 4) P. a) नद्यो° — 5) P. на верху: ऊषारः. s. ज्ञखरा — 6) На верху: °कुष्टा P. a) °क्रष्टा — 7) P. на верху вм. °षी — 8) M. T. — P. °अन °ती. — D अपलसूत्र. — U. अवलसूत्र — 9) P. a) и b) क्षेत्रणी — 10) P. a) °हृणं — 11) D. U. — P. °रं — 12) P. पन्थानि приписка: अर्द्धावहति и еще वर्तनि — 13) P. приписка: पद्याति — 14) M. T. — D. U. प्रोतखा°. P. प्रोडखा° — 15) P. a) चौरव — 16) P. на верху вм. संहृतः; a) °पहृतः — 17) P. a) अवतारक्षिणा —

हीतव्यः । २८२ समभिद्रुतः । २८३ विहेठना । २८४ संधिच्छेदकः । २८५ ग्रन्थिमोचकः । २८६ निर्लोपाहारकः [1]) । २८७ परिपन्थकः । २८८ हरणं । २८९ निर्लोपं हरति [2]) । २९० द्विष्टः [3]) । २९१ विद्वेषः [4]) । २९२

॥ २२४ ॥

दिवि । १ स्वर्गः । २ सुगतिः । ३ सद्गतिः । ४ देवलोकः । ५ भुवि । ६ मानुष्यलोकः । ७ अभ्युदयः । ८ पञ्च कामगुणाः । ९ बधकाः कामाः । १० आदीप्ताः कामा । ११ धिक्कामाः । १२ कामालयः । १३ कामनिपत्ति । १४ दुर्गन्धाः कामाः । १५ पूतिकामाः । १६ अग्निज्वालोपमाः । १७ सर्पशीर्षोपमाः । १८ असिधारोपमाः । १९ शूलोपमाः । २० तृणोल्का-ज्ञाताः [5]) । २१ गुडागुञ्जिकभूताः [6]) । २२ गुञ्जबल्वजजाताः । २३ आपायिक नयसमापन्नाः [7]) । २४

॥ २२५ ॥

करणं । १ एवंरूपं । २ अत एतस्मात्कारणात् । ३ अत्र । ४ तत्र । ५ इह । ६ अस्मिन् । ७ तथा । ८ यथा । ९ वा । १० च । ११ एव । १२ यस्मात् । १३ किं तर्हि । १४ तत् । १५ यत् । १६ किं । १७ ननु । १८ किञ्च । १९ अन्यच्च [8]) । २० अपि तु । २१ किन्तु । २२ तद्यथा । २३ अथ । २४ इमे । २५ अमी । २६ एवं । २७ भूयोऽपि । २८ भूयः । २९ तदा । ३० कदातु । ३१ यदा [9]) । ३२ कथं । ३३ एवं हि । ३४ ततोऽपि । ३५ तथा हि । ३६ एवमेव । ३७ सचेत् । ३८ यदि । ३९ पेयालं । ४० पूर्ववत् । ४१ उताहो । ४२ अथ वा । ४३ स्याद्यो स्वित् । ४४ नाम । ४५ वत । ४६ अहो । ४७ हा । ४८ ध्रुवं । ४९ अवश्यं [10]) । ५० नूनं । ५१ अपि । ५२ सहसा [11]) । ५३ साकं । ५४ सार्धं । ५५ हन्त । ५६ अन्यत्र । ५७ तथापि । ५८ यदिदं । ५९ अथ वा । ६० अथ च । ६१ किल । ६२ स्थापयित्वा । ६३ हित्वा । ६४ किञ्चातः । ६५ येषां कृतशः । ६६ तत्र तावत् । ६७ यावत् । ६८ अपि च । ६९ काचित् । ७० यथापि नाम । ७१ केचित् । ७२

---

1) P. °हीरकः. D. U. L. S. निलोपहारक. M. T. °हारकः — 2) P. a) हरितं — 3) P. a) दिष्टः — 4) P. a) विद्विष्टः — 5) P. поправка на верху: तत्ता° P. a) и b) तत्त° — 6) P. b) поправка вм. गुड° — 7) D. U. आजवज्ञ° — 8) P. a) °त्र — 9) L. приписка: कदा — 10) P. a) अपत्यं, b) अपश्यं. — 11) P. सहास. — D. U. सहम —

ये केचित् । ७३ यः कश्चित् । ७४ क्वचन । ७५ केचन । ७६ अयं । ७७ इदं । ७८ इयं । ७९ कस्य । ८० केनचित् । ८१ केन । ८२ येन । ८३ तया । ८४ अनेन । ८५ अनया । ८६ कति । ८७ येषां । ८८ तेषां । ८९ यस्य । ९० तस्य । ९१ अस्य । ९२ कस्यचित् । ९३ क्वचित् । ९४ कुत्र । ९५ कुतः । ९६ कथंचित् । ९७

॥ २२६ ॥

कोट्टः [1]) । १ दुर्गः । २ पूर्वजिनाध्युषितं । ३ वैजयन्तः प्रासादः । ४ देवसभा । ५ असुरसभा । ६ सुधर्मा [2]) । ७ लिपिशाला [3]) । ८ कूटागारं । ९ आवासः । १० ग्रामः । ११ ग्रामोपविचारः । १२ नगरं । १३ निगमः । १४ जनपदं । १५ राष्ट्रं । १६ राजधानी । १७ पुरं । १८ प्रासादः । १९ वेश्म । २० गृहं । २१ आगारं । २२ गेहं । २३ भवनं । २४ पुरं । २५ लयनं । २६ हर्म्यं । २७ हर्म्यशिखरं । २८ *अटः । २९ अट्टालः [4]) । ३० *अोविध्यनखा [5]) । ३१ निर्यूहः । ३२ वातायनं । ३३ गवाक्षं । ३४ तोरणं । ३५ *खोटकः [6]) । ३६ परिखा । ३७ पत्तनं । ३८ कूटः । ३९ माल्यापणः । ४० पण्यापणः । ४१ गृहावासः । ४२ *मण्डलमडः । ४३ कोशः । ४४ कोष्ठागारं । ४५ भित्तिः । ४६ प्राकारः । ४७ प्रतिप्राकारः । ४८ खरगृहं । ४९ पटकुटी [7]) । ५० यवनिका । ५१ तृणकुटी । ५२ कायमानं । ५३ रङ्गशाला । ५४ *माटाः [8]) । ५५ *वातदत्तिका [9]) । ५६ वातायपेटिका [10]) । ५७ दण्डचक्करनं । ५८ *फलकचक्करनं [11]) । ५९ भूमिगुहा । ६० शैलगुहा । ६१ गिरिगुहा । ६२ पर्णकुटिका । ६३ कृतचङ्क्रमणं । ६४ कृतप्राग्भारः । ६५ कुतूहलशाला । ६६ सभामण्डपः । ६७ आस्थानमण्डपः । ६८ मण्डपः । ६९ संगीतिप्रासादः । ७० निलयः । ७१ उपस्थानशाला । ७२ द्वारं । ७३ द्वारकपाटं । ७४ कपाटपुटं । ७५ *द्वारशाखी । ७६ *अवषङ्गः । ७७ न्यासः [12]) । ७८ स्थूणा । ७९ स्तम्भः । ८० कुम्भकः । ८१ कृकाटकं [13]) । ८२ शीर्षकं । ८३ *गोसारकः [14]) । ८४ धरणी । ८५ कूटः । ८६

---

1) P. b) (поправка) S. L. °ट्टः — 2) P. b) (поправка) S. L. सुधना — 3) P. a) लिषि° — 4) P. поправка на верху: अष्टलः — 5) P. a) अविध्यनखा D. U. S. ओवि° — 6) P. a) खा° — S. खोढक — 7) P. a) षटकुटी — 8) P. a) मटाः — 9) D. U. वातदतिका. P. L. वाड° — 10) D. U. — P. L. °पेतिका — 11) D. U. °क्केरन — P. फलक° — 12) P. a) भासः — 13) P. a) u b) L. कृक° — 14) D. U. S. °शलक —

गोपानसी । ८७ अर्गडः । ८८ इन्द्रकीलः [1]) । ८९ वेदिकाजालं । ९० स्तम्भकः । ९१ संक्रमपाकानि । ९२ वेदिका । ९३ सूचकः । ९४ शङ्कुः [2]) । ९५ आरम्बणकं । ९६ सूचिका । ९७ अधिष्ठानं । ९८ सोपानं । ९९ वितर्दिः । १०० आरामः । १०१ *वाडी । १०२ शाखावाटिका [3]) । १०३ फलारामः । १०४ सुसिक्तं । १०५ सुशोधितं [4]) । १०६ सुशोभितं । १०७ चतुर्षु कोणेषु । १०८ सिंहासनं प्रज्ञप्तं । १०९ अर्धयोजनपरिसामन्तकः । ११० योजनमुच्चं । १११ समपाणितलजातः । ११२ रत्नमयः संस्थितोऽभूत् । ११३ *चलत्था [5]) । ११४ *लालापिण्डः [6]) । ११५ हस्तिशाला । ११६ अश्वशाला । ११७ खरशाला । ११८ गोशाला । ११९ अजशाला । १२० उद्यानं । १२१ अन्तरापणं । १२२ वीथी । १२३ रथ्या । १२४ वत्सशाला । १२५ पन्था [7]) । १२६ चत्वरः । १२७ शृङ्गाटकं । १२८ आस्पदं । १२९ निकेतं । १३० निश्रयः । १३१ ग्रैष्मिकवासः । १३२ वार्षिकवासः । १३३ शरत्कवासः । १३४ हैमन्तिकावासः । १३५

॥ २२७ ॥

रथः । १ शकटः । २ अक्षः । ३ चक्रं । ४ नाभिः । ५ अरः । ६ नेमिः । ७ ईषा [8]) । ८ रश्मिः । ९ युगः । १० हलः । ११ हलदण्डः । १२ हलवंशः । १३ स्फालः । १४ लाङ्गलं । १५ कृषति [9]) । १६

॥ २२८ ॥

राजमाषः । १ मुद्गः । २ मसूरः । ३ माषः । ४ मकुष्टः । ५ *कलावः । ६ *वर्तुलिः । ७ चणकः [10]) । ८ तिलः । ९ शालिः । १० अणुफलः । ११ सर्षपः । १२ यवः । १३ गोधूमः । १४ प्रियङ्गुः । १५ कङ्गुः । १६ तण्डुलः । १७ राजिका । १८ अतसी । १९ हरण्डः । २० श्यामाकं । २१ वल्लः । २२ कारण्डवः । २३ कोद्रवः । २४

---

1) P. поправка на верху: °कील: — 2) P. सङ्कु: M. T. शङ्कु D. U. शक्त — 3) P. *a*) साक° *b*) साखा; на верху поправка какъ въ текстѣ. — 4) Поправка вм. P. *a*) и *b*) °चितं — 5) D. U. संचलन्धा — 6) D. U. शालपण्डिः — 7) D. U. — P. पान्थां (поправка) и पार्थं, पान्थ — 8) D. U. अंशा. P. इशा — 9) D. U. — P. कृशतिः — 10) P. *b*) поправка: चणाः; S. L. चणाः —

॥ २२९ ॥

महामहः । १ ज्ञातिमहः । २ ब्रटामहः । ३ चूडामहः । ४ पञ्चवार्षिकमहः । ५ षड्वार्षिकमहः । ६ कुटिमहः [1]) । ७ उत्सवः । ८ पर्व । ९

॥ २३० ॥

घृतं [2]) । १ सर्पिर्मण्डः । २ नवनीतं । ३ क्षीरं । ४ दधि । ५ घोलं । ६ ग्रन्नं । ७ पानं । ८ *किलाडः [3]) । ९ पीयूषं [4]) । १० दधिमण्डः । ११ ग्रार्द्रकं । १२ इक्षुः । १३ गुडः । १४ सक्तुः [5]) । १५ फाणिका । १६ लड्डुकं [6]) । १७ मण्डः । १८ पेयः । १९ पेज्ञाः । २० तेमनं । २१ व्यञ्जनं । २२ सूपः । २३ कृसरः । २४ परिव्ययः । २५ वेशवारः । २६ लवणं । २७ शुण्ठी [7]) । २८ ग्रम्लः । २९ *शुलुकः [8]) । ३० चुक्रं [9]) । ३१ दाडिमं । ३२ द्राक्षा । ३३ पक्वरसः । ३४ द्राक्षापानकं । ३५ मृद्वीका [10]) । ३६ सुरा । ३७ मैरेयं । ३८ शीधुः । ३९ कञ्जिका । ४० *किण्ठं [11]) । ४१ स्निग्धः [12]) ४२ माक्षिकं । ४३ मधु । ४४ भ्रामरं । ४५ क्षौद्रं [13]) मधु । ४६ *ग्रनेडकं [14]) । ४७ ग्रालुः । ४८ लशुनः । ४९ लतार्कः । ५० गृञ्जनकं । ५१ पलाण्डुः । ५२ राजिका [15]) । ५३ गुग्गुलः । ५४ *वक्तरि । ५५ *चानाः [16]) । ५६ *लाङ्गाः [17]) । ५७ कणा । ५८ तुषः । ५९ बुसः । ६० किंशारुः । ६१ शूकः । ६२ मञ्जरी । ६३ ग्रपूपः । ६४ कुल्माषः । ६५ त्रपुसं । ६६ कर्कारिका । ६७ ग्रालाबूः । ६८ ग्रोदनः । ६९ भक्तं । ७० तर्पणं । ७१ यवागूः । ७२ मन्था । ७३ पायसं । ७४ पाञ्चमिकं । ७५ ग्रष्टमिकं । ७६ चातुर्दशिकं । ७७ पाञ्चदशिकं । ७८ ग्राटामवं [16]) । ७९ नैत्यकं । ८० निमल्लपात्रं । ८१ *ग्रौत्पत्तिकं [19]) । ८२ उत्पिण्डं । ८३ ग्रालोपः । ८४ बालमूलं । ८५ महामूलं । ८६ पिण्डलुः । ८७ मण्डः [20]) । ८८

---

1) P. *a*) कुटी° — 2) S. приписка: मथितं — 3) D. U. S. किलाल — 4) P. *a*) त्रिपूषं; *b*) विपूषं D. U. पीयूषि — 5) P. *b*) поправка: सतु — 6) D. U. लडुकं — P. लतुकं — 7) S. P. (поправка на верху) शुण्डी — 8) D. U. सुलुकः — 9) D. U. — P. चुक्कु и *b*) поправка: चक्रं (такъ L.) — 10) P. поправка на верху: मृद्वीया — 11) D. U. किचं. M. T. किषं. — 12) P. *a*) и *b*) °ग्धः — Такъ поправка на верху. — 13) P. поправка на верху: °ड़ं — 14) D. U. ग्रनेत° M. T. ग्रन° — 15) P. *a*) राजका — 16) D. U. S. L. धाला. M. T. °ला — 17) D. U. लाज्ञाः — 18) P. приписка. — D. U. нѣтъ. M. T. ग्रटसव. — 19) D. U. ग्रौत्पेति°; S. ग्रौपे°, P. ग्रोत्प° — 20) P. зачеркнуто. —

॥ २३१ ॥

औषधिः । १ भैषज्यं । २ अमृतं [1] । ३ रसायनं । ४ सूक्ष्मैला [2] । ५ स्रोताञ्जनं [3] । ६ *गन्धमांसी [4] । ७ अम्लवेतसः । ८ अगस्तिः । ९ हरीतकी । १० गोक्षुरकः । ११ अपस्कान्तः [5] । १२ शैलाटकं [6] । १३ तैलं । १४ कटुकतैलं । १५ तालीशः । १६ शर्करा । १७ गोरोचना । १८ वंशरोचना । १९ तगरं । २० नागरं । २१ शुण्ठी । २२ पिप्पली । २३ मरिचं । २४ *वहेडः [7] । २५ विभीतकं [8] । २६ हारीतकी । २७ आमलकं । २८ अजाजी । २९ जीरकः । ३० यष्टीमधु । ३१ कुष्ठं । ३२ *पोप्फलं [9] । ३३ पूगफलं । ३४ त्वक् । ३५ त्वचः । ३६ नागरङ्गः । ३७ जम्बीरः । ३८ बदरफलं । ३९ मातुलुङ्गं । ४० जातिफलं । ४१ वचा । ४२ लवङ्गं [10] । ४३ *जडुवार [11] । ४४ हिङ्गुः । ४५ चिरतिक्तं [12] । ४६ मुस्तः । ४७ भद्रमुस्तः । ४८ विषं । ४९ निर्विषी [13] । ५० अतिविषं । ५१ प्रतिविषं । ५२ इन्द्रहस्तः [14] । ५३ *वलो मोट [15] । ५४ शिलाजतु । ५५ आरग्वधः । ५६ कर्णिकारः [16] । ५७ राजवृक्षः । ५८ पुष्पकासीसं । ५९ *कापुशं [17] । ६० रोहिणी । ६१ मृगमदः । ६२ कस्तुरिकाण्डं । ६३ कर्पूरं । ६४ सर्पिः । ६५ मधु । ६६ फाणितं । ६७ खण्डं । ६८ गण्डभैषज्यं । ६९

॥ २३२ ॥

चोलं [18] । १ शिरोवेष्टनं । २ चेलं । ३ चर्मचोलः । ४ चोलः । ५ वस्त्रं । ६ अर्धचोलः । ७ लम्बनं । ८ *सुन्थणा [19] । ९ कौपीनं । १० कच्छाटिका । ११ बद्धकक्ष्यः । १२ चलनिकः । १३ *कच्छाहार [20] । १४ कायबन्धनं । १५ उपानत् । १६ पादुका । १७ शयनासनं । १८

---

1) P. еще приписка: सुधा; такъ L. — 2) P. на верху: °या; такъ D. U. M. T. — P. L. °क्ष्मा° — 3) P. *b*) поправка स्रो° — 4) P. (и S.) поправка на верху: °मांसी — 5) P. *a*) अपस्तल्लः; на верху: °स्कान्त — 6) D. U. — P. L. शैलोद° — 7) D. U. महेड — 8) Поправка въ P. *b*); P. *a*) विजीतकं — 9) P. на верху: पिफलं. D. U. फफलं M. T. L. पोह्फलं S. फो° — 10) Такъ на верху. P. *a*) и *b*) पलङ्ग — 11) M. T. °पार — 12) P. *a*) चिरततिक्तं. D. U. M. T. S. L. चिरा° — 13) P. на верху °शी, (*a*) и *b*) षा) D. U. M. T. также — 14) P. *a*) °भा — 15) D. U. S. °मोढः; L. °टः — 16) P. °कर्णि° D. U. कलिकार M. T. कुर्णिकार — 17) D. U. कापू°. S. कापूसं — M. T. कापु° P. *a*) कापु° — 18) P. поправка: °ला D. U. S. L. тожс. — 19) D. U. S. सुन्ध्र° — 20) D. U. S. कचाहार T. M. कच्छो° —

कम्बलः । १९ स्थूलकम्बलः । २० *कोचव । २१ नमत । २२ *कषायिका [1]) । २३ पटः । २४ नेत्रं । २५ *पृङ्ग [2]) । २६ पट्टः । २७ चित्रपटः । २८ *स्तवर । २९ कचः । ३० वक्कलि [3]) । ३१ शाटकं । ३२ पटी । ३३ तूलपटिका [4]) । ३४ वेष्टकं [5]) । ३५ *दुष्यं । ३६ सूत्रं । ३७ वानं [6]) । ३८ काचलिन्दिकं [7]) । ३९ घवशयापटः । ४० पट्टांशु । ४१ भाङ्गकं । ४२ *कल्पदुष्यं । ४३ तुपिड-चेलं । ४४ घतुल्यानि वासांसि । ४५

॥ २३३ ॥

परिष्कारः । १ उपकरणं । २ सुखोपधानं । ३ मुसलः [8]) । ४ करण्डकः । ५ समुद्गः । ६ ग्लानप्रत्ययभैषज्यं । ७ *स्फरित्रं [9]) । ८ शशवागुरः । ९ रत्नपेटकं । १० खट्वा । ११ पीठि-का । १२ लेखनी । १३ कलामं । १४ सूत्रं । १५ कीलकं । १६ टङ्गपातारः । १७ शलाका । १८ तालकं । १९ प्रतितालकं । २० निश्रेणिः । २१ आदर्शः । २२ आरा । २३ टङ्कः [10]) । २४ चञ्चः [11]) । २५ पिंठरी । २६ पञ्जरा । २७

॥ २३४ ॥

रङ्गः । १ लाता । २ मञ्जिष्ठः । ३ पत्तङ्गः । ४ कुसुम्भः [12]) । ५ नोली । ६ राजपट्टं । ७ हरिद्रा । ८ हरितालं । ९ मनःशिला । १० तुत्थकं । ११ सिन्दूरं । १२ हिङ्गुलं । १३ रङ्ग-स्तम्भनं [13]) । १४ गव्यदृढः । १५ सुवर्णाद्रवः । १६ रसकर्म । १७ पारदं । १८ गैरिका । १९ मक्कोलं । २० मषी । २१ सर्जरसः । २२ *कपुषं [14]) । २३ सुधा । २४ कक्कटी [15]) । २५ कपित्थः । २६

॥ २३५ ॥

वैडूर्यं [16]) । १ इन्द्रनीलं । २ मरकतं । ३ पद्मरागः । ४ प्रवाडः । ५ विद्रुमः । ६ कर्के-तनं । ७ हीरं । ८ वज्रं । ९ मुक्तिका । १० लोहितमुक्तिका । ११ मुक्तावली । १२ शिला । १३

---

1) D. U. — P. L. कपायिका надъ строкой: °पि° — M. T. °विका — 2) D. प्रिङ्गु U. प्रिङ्गा M. T. व्रङ्गाः — 3) D. U. — P. पक्कले. M. T. °लि L. °लः — 4) D. U. — P. L. a) तुलवतिका; b) तूलवटिका — 5) D. U. — P. M. T. L. वेङ्गकं — 6) Поправка въ P. b; P. a) वालं; L. थानं — 7) P. a) °न्द्रिकं — 8) P. b) поправка вм. °षल — 9) D. U. S. स्पा°. M. T. स्पारितां L. स्प° — 10) P. b) टङ्गः — 11) Еще въ P. a) и b) सुमङ्गः — 12) P. a) и b) °म्भा. Приписка लेवर्गणा — 13) M. T. — P. रङ्गु°. — D. U. रङ्गा — 14) P. a) कपुष. D. U. S. कापूषं — 15) P. a) कर्कटी —
16) Такъ P. (a) и b) надъ строкой: तु°). —

मुसारगल्वः । १४ अश्मगर्भ । १५ अनर्घ मणिरत्नं । १६ हिरण्यं । १७ शक्राभिलग्नरत्नं । १८ अग्निगर्भरत्नं । १९ अग्निवर्णरत्नं । २० ज्योतिष्प्रभारत्नं । २१ ज्योतीरसमणिः । २२ मेचकं । २३ महानीलं । २४ अनन्तवर्णरत्नं । २५ जाम्बूनदरत्नं । २६ मयूराङ्की[1]) । २७ पुष्परागः[2]) । २८ काचकः । २९ तृणाकुब्जकं । ३० स्फटिकं । ३१ जाम्बूनदसुवर्णं । ३२ सुवर्णं । ३३ हेमं । ३४ चानकं । ३५ जातरूपं । ३६ रूप्यं । ३७ रजतं । ३८ कुरुविन्दः । ३९ वैराजः । ४० लोहः । ४१ ताम्रं । ४२ त्रपु । ४३ सीसं । ४४ रैत्यं[3]) । ४५ कंसं[4]) । ४६ रत्नसंगतं[5]) । ४७

॥ २३६ ॥

दक्षिणावर्तशङ्खः[6]) । १ शङ्ख । २ शुक्तिका[7]) । ३ कपर्दिका । ४ *वोणडः[8]) । ५ अभ्रकं । ६ खटिका[9]) । ७ प्रलेपकः । ८

॥ २३७ ॥

अलंकारः । १ आभरणं । २ व्यूहः । ३ विभूषणं । ४ मण्डनं । ५ हेमनिष्कः । ६ मणिः । ७ कटकं । ८ वलयं । ९ केयूरं । १० अङ्गदः । ११ हारः । १२ अर्धहारः[10]) । १३ नूपुरं । १४ कुण्डलं । १५ मुकुटं । १६ किरीटि । १७ मौलिः । १८ पटः । १९ हर्षः । २० परिहाटकं । २१ तिलकं । २२ कर्णिकं । २३ चन्द्रकं । २४ नकुलकः । २५ मुद्रिका । २६ अङ्गुलीयकं । २७* वलकं । २८ परिहारकं । २९ तालकं । ३० पार्श्वसूत्रकं । ३१ वलितकः । ३२ निष्कः । ३३ मेखला । ३४ रशना । ३५ काञ्ची । ३६ सुवर्णसूत्रं । ३७ *गोणासिकं[11]) । ३८ सुवर्णदाम । ३९ हस्ताभरणं । ४० पादाभरणं । ४१ मूर्धाभरणं । ४२ कण्ठाभरणं । ४३ उरश्छदः । ४४ चितविस्तर । ४५ त्रैकुत्तकं । ४६ शेखरं । ४७ अवतंसकं । ४८ मुखफुल्लकं । ४९ मुखपुष्पकं । ५० हस्तोपगः । ५१ पादोपगः । ५२ व्योमकं । ५३ रत्नमयविषाणं । ५४ प्रत्युप्तं । ५५ खचितं । ५६ अर्चितं । ५७ रचितं । ५८ अवसक्तपट्टदामकलापः । ५९ पुष्पा-

---

1) P. приписка: °रम्कि — 2) Поправка на верху. P. a) и b) पुष्य° — 3) D. U. S. रेत्यं — 4) D. U. — P. L. कांसं — 5) P. a) °संघतं — 6) P. a) °र्तण° — 7) P. a) и b) °सुक्तिका — 8) D. U. वैणड — 9) D. U. T. M. — P. °खा — 10) P. a) S. अव° — 11) D. U. M. T. S. L. °सीकं —

भिकीर्णकल्पवृक्षैर्नानालंकारपुष्पफलावनताग्रविटपैरुपशोभितः । ६० *ग्रापीडकजातं[1]। ६१ *ग्रष्टापदनिबद्धा[2]। ६२ पङ्क्तिः। ६३ *समुच्छ्रितं[3]। ६४ प्रकीर्णा। ६५ *संस्त्रितं। ६६ सुविभक्तं। ६७ समन्तात्परिक्षिप्तं। ६८ पुष्पाभ्यवकीर्णा। ६९ वैजयन्ती पताका। ७०

॥ २३८ ॥

कवचं। १ वर्मसंनाहः। २ वलिकासंनाहः। ३ पट्टिकसंनाहः। ४ शीर्षकः। ५ *कच्चति[4]। ६ *कवचिका[5]। ७ *कवाप। ८ फारं। ९ प्रासः। १० कुन्तः। ११ कणायः। १२ तुरप्रः। १३ खेटकः[6]। १४ शूलं। १५ त्रिशूलं। १६ परशुः। १७ तोमरः। १८ शक्तिः। १९ खड्गः। २० छूरिका। २१ करवालः। २२ *कडित्तल[7]। २३ धनुः। २४ शरः। २५ नाराचः। २६ ग्रर्धनाराचः। २७ वत्सदन्तकः। २८ *तिलकोचवकं। २९ भल्लः। ३० मूर्खलिका। ३१ *डम्भा[8]। ३२ *भिण्डिपालः। ३३ ग्रायुधं। ३४ प्रहरणं। ३५ शस्त्रं। ३६

॥ २३९ ॥

छत्त्रं। १ ध्वजः। २ पताका। ३ चूर्णः। ४ पुष्पपुटं। ५ गन्धः। ६ विलेपनं। ७ उपलेपनं। ८ माल्यं। ९ दीपः। १० वितानं। ११ वितानविततं। १२ समुच्छ्रितछत्त्रध्वजपताका। १३ किङ्किणीजालं। १४ *मुखरा। १५ हेमदाम। १६ मुक्तादाम। १७ मणिदाम। १८ हेमजालं। १९ पट्टदाम। २० प्रलम्बितं। २१ लम्बते। २२ प्रलम्बते। २३ ग्रभिप्रलम्बते। २४ गन्धमाल्येन महीयते। २५ ग्रभ्यर्चितं। २६ धूपनिर्धूपितं। २७ संपूजितं। २८ पूज्यपूजितं। २९ महितं। ३० ग्रभिप्रकिरन्ति स्म। ३१ जीवितोपकरणं। ३१ ग्लानप्रत्ययभैषज्यं। ३३ सुखोपधानं। ३४

---

1) P. a) ग्रापीर° — 2) D. U. S. °निबद्ध M. T. निबन्धं — 3) D. U. °च्छ्रतं — 4) D. U. कच्छति — 5) D. U. कावाचिका — 6) P. a) पेटकः — 7) D. U. कतत्तल — 8) P. a) S. ताभा D. U. ताम्भा. M. T. डाम्भाः —

॥ २४० ॥

ज्ञलज्ञं । १ शतपत्रं । २ उत्पलं । ३ पद्मं । ४ कुमुदं । ५ पुण्डरीकं । ६ सौगन्धिकं । ७ मृडुगन्धिकं । ८ स्थलज्ञं । ९ चम्पकः । १० कुरवकः । ११ वार्षिकी । १२ महावार्षिकी । १३ मल्लिका । १४ नवमालिका । १५ ज्ञातिकुसुमं । १६ सुमनाः । १७ यूथिका । १८ *धानुष्कारी । १९ कुन्दं । २० पारुषकं । २१ महापारुषकं । २२ मञ्जुषकं । २३ महामञ्जुषकं । २४ अशोकं । २५ मुचिलिन्दं । २६ महामुचिलिन्दं । २७ मुचुकुन्दं । २८ बकुलः । २९ असनः । ३० प्रियङ्गुः । ३१ पुंनागः । ३२ कदम्बः । ३३ *धनुष्केतकी । ३४ कर्णिकारपुष्पं । ३५ एडातिपुष्पं 1) । ३६ तगरं । ३७ केसरं । ३८ तमालपत्रं । ३९ लाङ्गलीपुष्पं । ४० स्तम्बकं । ४१ रोचः । ४२ महारोचः । ४३ स्थालं । ४४ महास्थालं । ४५ चक्रविमलं । ४६ चक्रशतपत्रं । ४७ सहस्रपत्रं । ४८ शतसहस्रपत्रं । ४९ समन्तप्रभः । ५० समन्तगन्धं । ५१ समन्तस्थूलावलोकननयनाभिराम । ५२ मुक्ताफलकं । ५३ ज्योतिष्प्रभः 2) । ५४ ज्योतिष्करः । ५५ अतिमुक्तकं । ५६ पाटलं । ५७ महापाटलं । ५८ चित्रपाटलं । ५९ महाचित्रपाटलं । ६० मन्दारवः । ६१ महामन्दारवः । ६२ कर्करवः । ६३ महाकर्करवः । ६४ देवसुमनाः । ६५ तरणिः । ६६ गोतरणिः । ६७ वलिः । ६८ तिन्दुकः । ६९ किंशुकः । ७० वल्लः । ७१ बकपुष्पं 3) । ७२ कदम्बकपुष्पं 4) । ७३ कुवलयपुष्पं 5) । ७४ अज्ञाज्ञोपुष्पं । ७५ अर्कपुष्पं । ७६

॥ २४१ ॥

बिसं । १ वृत्तं । २ मृणालं । ३ नालं । ४ दण्डः । ५ पत्रं । ६ विटपः । ७ ज्ञालकज्ञातं । ८ क्षारकज्ञातं । ९ कालिकाज्ञातं । १० *तरिकज्ञातं । ११ *मुङ्गीभूतं । १२ कुड्मलकज्ञातं । १३ मुकुलज्ञातं । १४ काकास्यकं । १५ सर्वपरिफुल्लं । १६ फुल्लितं । १७ विकासितं । १८ पुष्पं । १९ केसरं । २० किञ्जल्कं । २१ कर्णिका । २२ कर्कटिका । २३ परागः । २४

---

1) P. a) एडात्ति° — 2) P. надъ строкой вм. °ष्प्र: — 3) P. a) वुक° -- 4) P. a) कुन्लप; такъ b) поправка; B. °पं — 5) P. b) поправка; a) कुपलं -

॥ २४२ ॥

शकटचक्रप्रमाणं। १ वैडूर्यदण्डः। २ इन्द्रनीलकर्कटिका। ३ अश्मगर्भकेसरं। ४ गुग्गुलः[1])। ५ शालूकं। ६

॥ २४३ ॥

वपनं। १ तगरं[2])। २ चन्दनं। ३ अगरुः। ४ तुरुष्कः। ५ कृष्णागरुः। ६ तमालपत्त्रं। ७ उरगसारचन्दनं[3])। ८ कालानुसारिचन्दनं[4])। ९ कर्पूरं। १० कुङ्कुमं। ११ कुन्दुरुः[5])। १२ सर्जरसः। १३

॥ २४४ ॥

धर्मपर्यायः। १ अर्धत्रयोदशशतानि। २ नानाबुद्धक्षेत्रसंनिपतिता। ३ महता च बोधिसत्त्वगणेन सार्धं। ४ संबहुलाः। ५ एवंप्रमुखाः। ६ गणप्रमुखः। ७ पूर्वंगमः। ८ सार्धं। ९ विविधसंमोदनकथामुपसंस्कृत्य[6])। १० परिवृतः। ११ पुरस्कृतः। १२ त्रिःप्रदक्षिणीकृत्य। १३ एकांशमुत्तरासङ्गं कृत्वा। १४ दक्षिणं जानुमण्डलं पृथिव्यां प्रतिष्ठाप्य। १५ येन भगवांस्तेनाञ्जलिं प्रणाम्य। १६ तस्मिन्पर्षत्संनिपाते संनिषण्णः। १७ न्यषीदत्। १८ तेन खलु पुनः समयेन। १९ सिंहासनं प्रज्ञापयन्ति। २० न्यसीदत्पर्यङ्कमाभुज्य। २१ अल्पाबाधता। २२ अल्पातङ्कता। २३ यात्रा। २४ लघूत्थानता। २५ बलं सुखस्पर्शविहारता च। २६ गमति। २७ तर्पति। २८ विरोचते। २९ पुनरेव स्मितमकरोत्। ३० उष्णीषविवरात्तद्रश्मिं निश्चरति। ३१ स रश्मिं निश्चार्य। ३२ आभया परिस्फुटोऽभूत्। ३३ अवभासितः। ३४ तेन रश्म्यवभासेन स्पृष्टः। ३५ यत्र सूर्यचन्द्रमसौ प्रभाया गतिर्नास्ति। ३६ को हेतुः कः प्रत्ययः। ३७ पुनरप्यागत्य। ३८ उष्णीषविवरेषु प्रविशति[7])। ३९ मुखद्वारेणानुप्रविशति स्म। ४० न च भगवतो मुखद्वारस्योन्मिञ्जितं वा निमिञ्जितं वा प्रज्ञायते स्म। ४१ अवभासः। ४२ समन्तावभासः। ४३ जिघत्सिताः[8]) पूर्णगात्रा भवन्ति स्म। ४४ तृषिता[9]) विग-

1) P. a) и b) गुगगुल — 2) P. приписка. — 3) P. b) поправка: अहरु° — 4) P. приписка: गुग्गुल S. тоже (послѣ 1) L. послѣ 12. — 5) P. a) и b) कुन्दरुः L. कुन्दरुः — 6) P. a) °संस्कृत्य — 7) S. °विष्टः — 8) Надъ строкой P. a) и b) जिघन्सि° 9) P. b) поправка им. a) तृषित°

तपिपासा भवन्ति स्म । ४५ रोगस्पृष्टा विगतरोगा भवन्ति स्म । ४६ विकलेन्द्रियाः परिपूर्णेन्द्रिया भवन्ति स्म । ४७ स चेत्पृष्टः प्रश्नव्याकरणाय अवकाशं कुर्यात् । ४८ कच्चिदेव प्रदेशं । ४९ आमन्त्रयते स्म । ५० साधुकारमदात् । ५१ साधु साधु । ५२ तेन हि शृणु साधु च सुष्ठु च मनसिकुरु । ५३ भाषिष्येऽहं ते । ५४ भगवतः[1]) प्रतिश्रुत्य । ५५ चित्तमाराधयिष्ये । ५६ तिष्ठति । ५७ ध्रियति । ५८ यापयति । ५९ धर्मञ्च देशयति । ६० यस्येदानीं कालं मन्यसे । ६१ यद्भुत । ६२ बुद्धनेत्री । ६३ तत्किं मन्यसे । ६४ नो हीदं । ६५ सर्वावन्तं पर्षन्मण्डलं । ६६ अभेद्यपरिवारः । ६७ भगवतानुज्ञातः । ६८ अन्तशो हास्यप्रेक्षिणापि जीवितहेतोरपि । ६९ अधिवचनं । ७० मनोरथाशापरिपूरि[2]) । ७१ विनयति निवेशयति । ७२ प्रतिष्ठापयति । ७३ प्रस्थापयति । ७४ औपयिकं । ७५ अव्यतिक्रमणं । ७६ आगतफलं । ७७ संगूहयन्[3]) । ७८ गुप्तः । ७९ प्रविवेकज्ञः । ८० जुषितुकामः । ८१ उष्णीषविवरमूर्ध्नः संधिप्रवेशः । ८२ अवतारः । ८३ प्रगुणीकरणं । ८४ प्रगुणः । ८५ एकामपि चतुष्पदिकां गाथामुद्गृह्य । ८६ महायानपरिग्राहकः । ८७ सद्धर्मपरिग्राहकः । ८८ सद्धर्मवृष्टिः । ८९ सद्धर्मश्च चिरस्थितिको भवति । ९० अनुत्तरायां सम्यक्संबोधावभिसंबुद्धः[4]) । ९१ चूडिकावबद्धः[5]) । ९२ अनुत्तेपाप्रतेपः । ९३ नातिशीतं । ९४ नात्युष्णं । ९५ विभावना । ९६ गतां । ९७ उपलब्धिः । ९८ उपलम्भः । ९९ निष्ठागतः । १०० अधिष्ठानं[6]) । १०१ असंसनं[7]) । १०२ अपोगरणविहारिणां[8]) । १०३ रत्नावरणगुप्तिं[9]) संविधास्यामहे । १०४ महापृथिवीनिम्नायवसामग्रीवशेन सर्वबीजानि विरोहन्ति । १०५ चीलसमुदाचारः । १०६ अल्पकृच्छ्रेण । १०७ नागविलोकितेनालोक्य[10]) । १०८ भगवानिममेवार्थं भूयस्या मात्रया अभिद्योतयमानो गाथाभिगीतेन संप्रकाशयति स्म । १०९ यथा श्रुतं । ११० यथा प्रत्यर्हं । १११ विस्तरेण संप्रकाशितं । ११२ विस्तरेण संप्रकाशयिष्यति । ११३ अध्यापयामास । ११४ यदि भगवानाज्ञासीत्सदेवकं लोकं संनिपतितं । ११५ असमसमः । ११६ तस्यायमीदृशोऽनुभावः । ११७ प्रभाव्यते[11]) । ११८ प्रतिकाङ्क्षितव्यः । ११९ तृष्णा पौनर्भविकी । १२० नन्दी-

---

1) D. U. M. T. — P. °त्य — 2) P. *a*) °गापरि° — 3) P. *a*) संगू° — 4) P. °व्बोधिमभि. D. U. °बोधावाभि°. M. T. °धाभि° — 5) P. *b*) поправка: °बुद्धः — 6) D. U. — P. L. अवि° — 7) D. U. आस्र° — 8) D. U. S. आप्र P. L. अप्रः अर° — 9) P. *a*) °प्तये — 10) S. L. नागावलो° — 11) P. на верху: °ष्यते —

रागसहगता । १२१ पुण्योपगः । १२२ अपुण्योपगः । १२३ आनिञ्ज्यं 1) । १२४ अभ्युद्गतः । १२५ समुद्गतः । १२६ षष्ट्यङ्गसहस्रोपेतस्वरः 2) । १२७ वता मार्षा 3) । १२८ वता । १२९ वता हा 4) । १३० हा कष्टं । १३१ अनुन्नतोऽनवनतः । १३२ उपसंहारः । १३३ मारधर्षणं । १३४ तस्यैवं भवति । १३५ महतो जनकायस्य । १३६ हितं । १३७ सुखं । १३८ योगक्षेमं । १३९ अन्तरीक्षप्रदेशः । १४० न प्रज्ञायते । १४१

॥ २४५ ॥

विक्रीडितं । १ सर्वेण सर्वं । २ सर्वथा सर्वं । ३ सर्वथा । ४ प्रस्थापनं । ५ श्रोद्धः । ६ महौजस्कमहौजस्कः । ७ महेशाख्यमहेशाख्यः । ८ अल्पेशाख्यः । ९ ऋद्धः । १० स्फीतः । ११ क्षेमः । १२ सुभिक्षः । १३ आकीर्णबहुजनमनुष्यः । १४ एकायानं 5) । १५ आज्ञाव्याकरणं । १६ उदाहरणयोगेन । १७ कविः । १८ काव्यं । १९ समारकं । २० सब्रह्मकं । २१ * सश्रमणब्राह्मणिकाः प्रजाः । २२ अभिभूय निर्यास्यति । २३ व्यवसायः । २४ आबद्धः परिकरः 6) । २५ धर्मधातुपरमः । २६ आकाशधातुपर्यवसानः । २७ अस्थानमेतत् । २८ * उत्थापनं 7) । २९ सभामध्यगतो वा । ३० राजकुलमध्यगतो वा । ३१ पर्षन्मध्यगतो वा । ३२ युक्तकुलमध्यगतो वा । ३३ ज्ञातिमध्यगतो वा । ३४ अतीतांशगता 8) । ३५ न केनचिद्विधोयते । ३६ अवकाशः । ३७ प्रस्तवः । ३८ अवसरः । ३९ वनाद्विर्वणमागतः 9) । ४० कामेषु नैष्क्रम्यं । ४१ शैलमुक्तमिव काञ्चनं 10) । ४२ निषेवितं 11) । ४३ जिह्वेन्द्रियं निर्नामयामास 12) । ४४ अभयवशवर्तिता । ४५ सर्वसत्त्वानां किंकरणीयता 13) । ४६ बहुजन्यं 14) । ४७ परंपरया । ४८ तूष्णींभावेनाधिवासयति 15) । ४९ समुल्लोकितमुखः । ५० सम्यक्प्रत्यात्मं ज्ञानदर्शनं प्रवर्तते । ५१ आयुःसंस्कारानुत्सृजति । ५२ उष्महानिः । ५३ मनुष्याणां सभागताया

---

1) Такъ на верху. P. *a*) и *b*) °ञ्जं — 2) D. U. M. T. P. *b*) — P. *a*) °सहस्रो° — 3) P. *a*) वतासार्षा — 4) Только P. *b*) — 5) P. надъ строкой: °याम:. D. U. S. एकायं — 6) P. *a*) करिकरः — 7) P. на верху: °पुनं — D: U. उत्थपनं — 8) P. *a*) °शंगता — 9) M. T. L. P. *a*) धनाद्विधन° *b*) поправка: °द्विर्वन° D. U. S. पनाद्वि° — 10) D. U. °शैल° P. °वाका° — 11) P. निसे° — 12) D. U. — P. L. निनामयमासः — 13) D. U. °कारणियता — 14) D. U. °ज्ञान्यं — 15) P. поправка вм. °यता —

मुपपन्नः । ५४ वित्तोभणावातमण्डली । ५५ परमनुविधाय । ५६ न श्रवणपथमागमिष्यति । ५७ कायिकं बलं । ५८ कायिकं दौर्बल्यं । ५९ कायिकः क्लमः । ६० *अनूपाव्याकरणं । ६१ मुनिश्चितं । ६२ विवृतं । ६३ अपावृतं । ६४ स्यात् । ६५ संबाधः । ६६ विभवः । ६७ संचिन्त्यं । ६८ अमुकः । ६९ तुलना । ७० मापयति । ७१ निर्माता । ७२ स्रष्टा [1] । ७३ रत्नं । ७४ रत्नमयः । ७५ सिंहविक्रमः । ७६ शुचिः । ७७ अनन्तापर्यन्तः । ७८ अन्यतमान्यतमः । ७९ समादानं । ८० नोपगच्छति । ८१ सद्गतं । ८२ प्रतिपन्नः । ८३ लोकयात्रा । ८४ ज्ञातीयः । ८५ वालाग्रः [2] । ८६ वालाग्रकोटिः [2] । ८७ वालपथः [2] । ८८ स्फरणं । ८९ स्फुटं । ९० परिसमन्तः [3] । ९१ समन्ततः । ९२ प्रज्ञापनं । ९३ प्रज्ञप्तिः । ९४ भूयस्या मात्रया । ९५ क्रमः । ९६ उपधिः । ९७ नियमः । ९८ नियामः । ९९ न्यामः । १०० न्यामावक्रान्तिः । १०१ प्रतिबद्धः । १०२ विबन्धः [4] । १०३ प्रतिबन्धः । १०४ प्रत्यवस्थानं । १०५ अंशः । १०६ प्रत्यंशः । १०७ भगः । १०८ निवारणं । १०९ आवरणं । ११० सेतुः । १११ कीलः । ११२ नौः [5] । ११३ नाव । ११४ गतिः [6] । ११५ अलं । ११६ निर्झरः । ११७ *आरोगः । ११८ दोह्नि । ११९ स्वापतेयं । १२० समुत्थानं । १२१ *पलिगोधः [7] । १२२ आचार्यमुष्टिः । १२३ धर्मान्तरायः । १२४ विच्छन्दयति । १२५ विचतुष्करणाय । १२६ प्रेषिता । १२७ प्रकीर्णः । १२८ विप्रकीर्णः । १२९ परिव्रयः । १३० अभिमुखं । १३१ अत्रवादः । १३२ संसर्गः । १३३ दाह्नो विगच्छति । १३४ भस्मितं कुर्यात् । १३५ राज्यं । १३६ राज्यैश्वर्याधिपत्यं कारयति । १३७ साम्राज्यं । १३८ सार्वभौमः [8] । १३९ चातुरन्तं विजितवान् । १४० *अध्यावस्यति । १४१ परमार्थसत्यं । १४२ संवृतिसत्यं । १४३ व्यवहारः । १४४ सांकेतिकः । १४५ माहात्म्यं । १४६ पूर्विकाः । १४७ मध्यपदलोपं कृत्वा । १४८ एकत्र समेत्य संभूय । १४९ एकीभूत्वा । १५० तज्जातीयः । १५१ तद्विधेयत्वात् [9] । १५२ अन्वर्थः [10] । १५३ युगं । १५४ युगपत् । १५५ लोकसंज्ञा । १५६ आशुतरवृत्तिः [11] । १५७ इतरेतरान्तर्भावः । १५८ *कादाचित्क-

---

1) P. b) поправка: स्रष्टः вм. श्रेष्टः D. U. S. स्रिष्टः — 2) D. U. S. व° — 3) D. U. M. T. S. परिसामन्तः — P. पारिस° — 4) P. b). — D. U. P. a) नि°; на верху: वंवन्धः — 5) P. a) कौः — 6) P. a) एतिः — 7) L. °गोधः — 8) D. U. — P. सर्वभौमः — 9) P. a) तद्विख°; b) तद्विपत्वात् D. U. तद्विधपत्वार — M. T. तद्विधेयत्वः — 10) P. a) अन्ध° — 11) P. a) आश्म° —

त्वात्[1]। १५६ प्रतिपाद्य। १६० संप्रवार्य[2]। १६१ यथायोगं। १६२ अघः। १६३ अवधारणं। १६४ निर्धारणं। १६५ अविनिर्भागवर्ति। १६६ संकाशः[3]। १६७ आनुलोमिकी क्षान्तिः। १६८ पृष्ठलब्धः। १६९ अवगाह्य[4]। १७० दुष्प्रसहः। १७१ दुरासदः। १७२ इष्टः। १७३ अनिष्टः। १७४ आकारः। १७५ प्रकारः। १७६ नैकशः। १७७ भागिनो भवन्ति। १७८ कथं नीयते। १७९ अभिसंबुध्यते[5]। १८० अभिष्यन्दितः। १८१ विसदृशपाको विपाकः। १८२ उदारविपाकः। १८३ अङ्गातीत्। १८४ प्रैतत्ते स्म। १८५ परिहारः। १८६ विसर्जयति। १८७ विसर्जनं। १८८ विसर्जितः। १८९ प्रतिविधानं। १९० वासना। १९१ परिवासितः। १९२ निर्गतः। १९३ सौरत्यं[6]। १९४ नाबाधयति स्म। १९५ संचार्य। १९६ संचारयति स्म। १९७ निर्विकारः। १९८ उपगूढः। १९९ प्रतिवेदयम्। २०० शल्योद्धरणं। २०१ प्रमथनं। २०२ प्रतिहन्ति। २०३ प्रतिवहनं। २०४ निर्घातितः। २०५ कुणपप्रतापनः। २०६ ज्योतिर्गणः। २०७ चित्तमात्रिसं। २०८ आगमयम्। २०९ आगमयमानस्तिष्ठति। २१० प्रतीक्षमानस्तिष्ठति। २११ उपजगाम। २१२ अभिमुखमुपगतं। २१३ प्रतीक्षते। २१४ उपविवेश। २१५ प्रतिष्ठन्। २१६ समनुज्ञा। २१७ आश्लेषः। २१८ अग्निखदा[7]। २१९ वेषः। २२० ध्यामीकरणं। २२१ ध्यामीकृतं। २२२ भवकान्तारः। २२३ भवचारकः। २२४ संसरित्वा। २२५ अघट्टिता। २२६ प्राकृता। २२७ धिक्। २२८ संध्यां गच्छति। २२९ आलोकितः। २३० विलोकितः। २३१ उल्लोकितः। २३२ उत्तरोत्तरं। २३३ अभोत्पणं। २३४ निरुद्धं। २३५ अपस्थापनं। २३६ मूर्ध्नान्तरगतं। २३७ उत्तिष्ठः[8]। २३८ उत्तिष्ठति। २३९ उत्थास्यति। २४० उत्थितः। २४१ उत्थाय। २४२ एत पूर्वं। २४३ गच्छ। २४४ आगच्छ। २४५ आनीयतां। २४६ किलासः। २४७ तन्द्री। २४८ प्रस्थानं। २४९ उदीर्णः। २५० अनाभासः। २५१ निराभासः। २५२ अनिमिषः। २५३ उद्दिशति स्म। २५४ न च परिप्रापयति। २५५ अपूर्वाचरमः। २५६ असंमूढः। २५७ अवरः। २५८ संधमः। २५९

---

1) Такъ P. — D. U. M. T. कदा° — 2) P. b) поправка: °गर्यं. D. U. °धायं M. T. S. L. °धार्यम — 3) D. U. — L. सङ्कशः; P. b) поправка: संगाशः вм. संकार्शः — 4) P. a) °ह्यं — 5) D. U. P. a) °सम्बध्यते b) °समव्यते M. T. °सम्बध्यते — 6) D. U. — P. सो° — 7) P. आग्नि°. D. U. अग्निखदी. M. T. L. °दा. S. °दां — 8) Такъ P. —

ऋषानयन। २६० यथार्तुकं। २६१ ग्राहरणं। २६२ सहसा। २६३ ग्रकस्मात्। २६४ विकृतः। २६५ विसंस्थितः। २६६ बीभत्सः। २६७ लेपः। २६८ निरुपलेपः। २६९ एकतः पिण्डीकृत्य। २७० संत्तिप्य[1]) पिण्डपित्वा। २७१ द्वयोश्चित्तयोः समवधानं नास्ति। २७२ निर्विशेषः। २७३ व्यसनं। २७४ दुष्करकारकः। २७५ दुष्करचर्या। २७६ किपचिरचरितं। २७७ न चिरापितकायः। २७८ ग्रगारमध्यवासः। २७९ नामोपदेशेन। २८० नामधेयमनुवितर्कितं। २८१ इममर्थवशं[2]) संपश्यमानः। २८२ ग्रकिंचित्समर्थः। २८३ प्रज्ञापारमिताप्रतिवर्णकः। २८४ श्रमणप्रतिरूपकः। २८५ मार्गप्रतिरूपकः। २८६ रोमहर्षः। २८७ निरवयवः। २८८ चित्तान्तरं। २८९ ग्रदेशस्थः। २९० ग्रप्रदेशस्थः[3])। २९१ ग्रपटुप्रचारः। २९२ कारणाम्नोतः। २९३ निरन्तरं। २९४ कारित्रं। २९५ ग्रविनाभावः। २९६ पुष्कलं। २९७ बिम्बं। २९८ शकलिकः। २९९ परोत्तशकलिकाग्निः। ३०० उत्प्लुत्य। ३०१ संज्ञागतः। ३०२ नाम्नापते। ३०३ ग्रालिङ्गितः। ३०४ ग्रवलम्बनं। ३०५ उत्कुटुकासनं। ३०६ मेध्यः। ३०७ पतति। ३०८ विशति। ३०९ मूढः। ३१० परिभावितः। ३११ तरुणास्रपाः। ३१२ त्रिकाण्डकः। ३१३ साहचर्यं। ३१४ ग्राभिप्रायिकः। ३१५ ग्राविलं। ३१६ शाब्दिकः। ३१७ भिन्नक्रमः। ३१८ कृतावधिः। ३१९ प्रपतितः। ३२० मभिष्टं। ३२१ ग्रविकलः। ३२२ पारंपर्येण। ३२३ दमथः। ३२४ पर्यापन्नः। ३२५ पलमेकं। ३२६ ग्रर्धपलं। ३२७ संमिश्र्यमाणः। ३२८ पादोनक्रोशः। ३२९ एकत्यः। ३३० सप्ताङ्गसुप्रतिष्ठितः। ३३१ ग्रन्तर्मुखप्रवृत्तं। ३३२ प्रसारितं। ३३३ संकुचनं[4])। ३३४ धातुशतं। ३३५ इदं तवेदं ममेति। ३३६ भो। ३३७ हे। ३३८ रे। ३३९ ग्ररे। ३४० नमम्[5])। ३४१ मा[6]) भूय एवं करिष्यथ। ३४२ एकध्यमभिसंत्तिप्य। ३४३ ग्राकर्षयति। ३४४ पराकर्षयति। ३४५ सुतुष्टः। ३४६ ग्रचेतवान्। ३४७ सद्भव्यता[7])। ३४८ सामिषा। ३४९ निरामिषः। ३५० ग्रामिषा। ३५१ उपयाति[8])। ३५२ नैष्क्रम्याश्रितः। ३५३ तीरं स्यन्दते। ३५४ उत्सङ्गः। ३५५ संग्रामः। ३५६ विग्रहः। ३५७

1) P. a) ग्रत्तिप्यः; b) поправка: संत्तिप्यः; a) पिण्डपित्वा; b) वेण्डपित्वा — 2) P. на верху: इममर्त्रं° — 3) P. a) ग्रप्रदेस्थः; b) ग्रप्रदेशस्थः — 4) D. U. M. T. — P. °कुञ्च° — 5) P. приписка. — 6) P. a) या — 7) P. поправка вм. a) и b) सद्भाभव्यतः — 8) P. a) L. °याति —

परिषण्डः। ३५८ मर्कटजालं [1])। ३५९ *एचकः [2])। ३६० उच्छुष्यते। ३६१ *अवदीर्यन्त। ३६२
संनिधिकारः। ३६३ कर्षः। ३६४ द्रोणः। ३६५ निक्षिप्ते पादेऽवनमति। ३६६ उत्क्षिप्ते पादे
उन्नमति। ३६७ इष्टकः। ३६८ मन्दमन्द [3]) एवाभूत्। ३६९ परमः। ३७० गुरुकः। ३७१ *अत्य-
र्थतयं [4])। ३७२ भृशं। ३७३ बाढं [5])। ३७४ द्युतिः। ३७५ धारि। ३७६ परिमर्दनसंवाहनं। ३७७
स्नापनं। ३७८ *उत्सदनं। ३७९ पदं। ३८० संवाहनं। ३८१ निरामगन्धः [6])। ३८२ संमा-
र्जनं। ३८३ प्रत्युद्गमनं। ३८४ प्रत्युद्गम्य द्विजः। ३८५ वर्गः। ३८६ गुह्यं। ३८७ रहस्यं। ३८८
समयोऽस्य निवेशनधर्म [7]) कर्तुं [8])। ३८९ वत्सलः। ३९० प्रतिद्वपः। ३९१ गृहाङ्गणं। ३९२
वडवामुखः। ३९३ कुलशुल्कं [9])। ३९४ रश्मिप्रग्रहः। ३९५ अवमूर्धकः। ३९६ पातकी। ३९७
वृषली। ३९८ लिपिफलकः। ३९९ निमित्तं। ४०० तपस्वी। ४०१ दुःसमतिक्रमः। ४०२
बडिशः। ४०३ उद्विग्नमानसः। ४०४ संवेगः। ४०५ निर्वित्। ४०६ उद्वेगः। ४०७ परि-
खेदः। ४०८ न *परितस्यति। ४०९ क्षेपणः। ४१० *प्रस्यन्धः। ४११ संस्तुतः। ४१२
लुब्धः। ४१३ लुडितः। ४१४ ऋतुपरिवर्तः। ४१५ *न विक्षिरति [10])। ४१६ अवरमात्रकप्र-
सादः। ४१७ *अवेत्यप्रसादः। ४१८ अभेद्यप्रसादः। ४१९ सीमाबन्धः। ४२० मनोनुकूलं। ४२१
मनआपः [11])। ४२२ कल्याणमित्रारागणा [12])। ४२३ दक्षिणीयः। ४२४ मिथ्यात्वनियतः। ४२५
संप्रहर्षणं। ४२६ संतोषयति। ४२७ समादापयति। ४२८ समुत्तेजनं। ४२९ संचोदनं। ४३०
रोमकूपः। ४३१ मञ्जरी। ४३२ त्रिचितः। ४३३ निश्चितः। ४३४ प्रसारितः। ४३५ विघुष्टः। ४३६
विख्यातः। ४३७ समुदागमः। ४३८ समुदागतः। ४३९ लोकविभवः। ४४० लोकसंभवः। ४४१
हव्यं। ४४२ कव्यं। ४४३ *संकुटृका [13])। ४४४ क्षिप्रतरं। ४४५ वेगः। ४४६ तरसा [14])। ४४७
आशु। ४४८ शीघ्रं। ४४९ जव [15])। ४५० आक्षिपः। ४५१ आविधः। ४५२ प्रजभः। ४५३
*आम्नात [16])। ४५४ गोष्ठी। ४५५ परिचयः। ४५६ सन्धः। ४५७ ललामः [17])। ४५८ अक्षि-

---

1) P. a) и b) °ज्ञालं — 2) D. U. — P. a) — P. b) अोचकः — 3) D. U. — P. a) и b) मन्द° — 4) P. a) अर्थत्यं — 5) Такъ S. — 6) P. a) निरासम° — 7) D. U. S. परिवे° — 8) D. U. — P. °तुः — 9) P. a) и b) °अल्कं — 10) P. b) поправка: °हति D. U. विप्रष्टि भवति S. °ष्टीभवति M. T. L. विक्षिरणाति — 11) P. a) °आपः — 12) Такъ P. a) и b) — 13) P. a) संक° — D. U. संकुरक — 14) P. a) तरासा; b) तरास — 15) P. a) еще: भव — 16) P. a) आसन्नता — 17) P. a) ललीम; L. ललीमः —

ममात्मग्राभावः। ४५९ ग्राणिप्रत्याणीनिर्हारयोगेन। ४६० शूरः। ४६१ परिस्फुटाः। ४६२ ग्रावर्तनं। ४६३ परिवर्तनं। ४६४ विचरणं। ४६५ भूम्याक्रमणं। ४६६ भूमेर्भूम्यान्तरसंक्रमणं। ४६७ वासं कल्पयति। ४६८ ग्रसंभिन्नः। ४६९ संभिन्नः। ४७० तलं। ४७१ समाधिमण्डलं। ४७२ करतलं। ४७३ वृत्ततलं। ४७४ क्रमतलं। ४७५ भूमितलं। ४७६ ग्राकाशतलं। ४७७ समन्ततलं। ४७८ उत्सर्गः। ४७९ ग्रपवादः 1)। ४८० समुदायार्थः। ४८१ चातुष्कोटिकः। ४८२ प्रश्ननिर्णयः। ४८३ निवृताव्याकृताः। ४८४ ग्रनिवृताव्याकृताः। ४८५ ग्रभिसमयान्तिकः। ४८६ किं नानाकरणं। ४८७ ग्रसंप्रज्ञानं। ४८८ निराम्बादः। ४८९ कामावचरः। ४९० रूपावचरः। ४९१ ग्रोमित्याह। ४९२ दीपः। ४९३ उल्का। ४९४ उल्कामुखं। ४९५ प्रदीपः। ४९६ समुदितः। ४९७ श्लेषोक्तिः। ४९८ प्रवृद्धः। ४९९ ग्रभिसंभोत्स्यते। ५०० बोधिमभिसंबुद्धः। ५०१ ग्रभिसंबुध्यति। ५०२ बुद्धत्वमवाप्नोति। ५०३ विद्योतितः। ५०४ परिज्ञा 2)। ५०५ संभवति। ५०६ ग्रसंभवः। ५०७ ग्राक्रमणं। ५०८ ग्राक्रमयति। ५०९ ग्रवक्रमति। ५१० ग्रायतः। ५११ प्रभावना। ५१२ व्यवस्थानं। ५१३ वीप्सा 3)। ५१४ लपिकः। ५१५ ग्रालम्बते। ५१६ ग्रव्यालम्बते 4)। ५१७ ग्रभिप्रलम्बते। ५१८ कृत्रिमं। ५१९ मुक्तः। ५२० प्रतोदनं। ५२१ ग्रधरः। ५२२ शय्या। ५२३ ग्रासन्दी। ५२४ ग्रपाश्रयः। ५२५ खट्वाङ्गः। ५२६ मुद्गरः 5)। ५२७ प्रतोदः 6)। ५२८ प्रत्ययः 7)। ५२९ पूतिबीजं। ५३० ग्रागन्तुकः। ५३१ लुच्यते। ५३२ कृशः। ५३३ समवधानं। ५३४ विश्वकर्मा। ५३५ ग्रन्वाहिण्डपिता 8)। ५३६ ग्रकर्मारकृत्। ५३७ पाटनं। ५३८ कुट्टयति 9)। ५३९ विततवल्लिका। ५४० *प्रतिकुब्जितः 10)। ५४१ ग्रभिरूढः। ५४२ परिष्यन्दः। ५४३ प्रमादस्थानं। ५४४ क्षिप्तचित्ता। ५४५ उन्मुखजातः। ५४६ उन्मादः। ५४७ विह्वलीभूतः। ५४८ संकरः। ५४९ धर्मव्यसनसंवर्तनीयः। ५५० विषमापरिहारः। ५५१ ग्रवमाननं। ५५२ ग्रतिमाननं 11)। ५५३ जिज्ञासा। ५५४ विडम्बना। ५५५ व्याडः। ५५६

---

1) P. *a*) ग्रप°; S. ग्रव°. — 2) P. *a*) प्रारि° — 3) P. *a*) वीन्सा — 4) P. *a*) ग्रव्या° — 5) P. *b*) поправка: °ल: — 6) D. U. प्रदोद — P. *a*) प्रतोरः *b*) °उः — 7) P. *a*) प्रतयर्प — 8) P. *a*) ग्रन्धादिण्डपिता; *b*) °पिता. — D. U. ग्रवन्वाहिण्डपत्र; S. ग्रत्वण्त्रा° — 9) P. *a*) कुत्त° — 10) P. *a*) и *b*) °वुञ्जि°; на верху: °ब्जि° — D. U. °कुब्जिरः — 11) P. (на верху) L. वि° —

अविद्याण्डकोषपटलं । ५५७ दुःखां तीव्रां खरां कटुकां । ५५८ नदति[1]) । ५५९ मीढः[2]) । ५६० *प्रग्घरति । ५६१ कियत्तः । ५६२ लूनः । ५६३ खाणुः । ५६४ जम्बूसाह्वयः[3]) । ५६५ उद्दापादः[4]) । ५६६ धर्मालोकमुखं[5]) । ५६७ ब्रह्मपथकोविदः । ५६८ लक्ष्यं । ५६९ लक्षणं । ५७० कारणे कार्योपचारः । ५७१ कार्ये कारणोपचारः । ५७२ उपपत्तिप्रातिलम्भिकः । ५७३ धर्मताप्रतिलम्भः । ५७४ धर्मताप्रतिलब्धः । ५७५ धर्मताप्रतिलाभिकं । ५७६ विधानं । ५७७ *साखिल्यं । ५७८ प्रत्ययितः । ५७९ अप्रव्याहारः । ५८० स्थलं । ५८१ धन्वनि[6]) । ५८२ रणशोण्डः । ५८३ दिनकरः । ५८४ अध्यालम्बनं । ५८५ *साक्षिव्यपदिष्टा । ५८६ *साक्षि पृष्टमानं[7]) । ५८७ अजिनं । ५८८ अनाशूस्तां सत्त्वानाशूसयेम[8]) । ५८९ पृथिव्यामपतनाय । ५९० आगाढीकरिष्यति । ५९१ नवयानसंप्रस्थितः । ५९२ स्तूपः । ५९३ चैत्यं । ५९४ चैत्याङ्गणः । ५९५ वसु । ५९६ चरमभविकः । ५९७ निकायसभागस्याविधः । ५९८ उपवासः । ५९९ आहारे प्रतिकूलसंज्ञा । ६०० सर्वलोकेऽनभिरतिसंज्ञा । ६०१ शिक्षापदं । ६०२ शीलं । ६०३ संवरः । ६०४ धूतगुणाः । ६०५ संलेखः । ६०६ संयमः । ६०७ अयस्प्रपाटीका[9]) । ६०८ श्यामिका । ६०९ युक्तिः[10]) पदव्यञ्जनैः । ६१० सङ्कीतिः । ६११ आनुलोमिकैः[11]) । ६१२ आनुच्छविकैः[11]) । ६१३ औपयिकैः[12]) । ६१४ प्रतिरूपैः । ६१५ प्रदक्षिणैः । ६१६ निपकस्याङ्गसंभेरैः । ६१७ नातिजल्पेत् । ६१८ नातिसरेत् । ६१९ एवमार्याणां मन्त्रणा । ६२० लभ्या मिथ्यादृष्टिः प्रहातुं । ६२१ मा पुद्गलः पुद्गलं प्रमिणोतु । ६२२ पुद्गले वा मा प्रमाणमुद्गृह्णातु । ६२३ क्षणुते । ६२४ परामृष्टः । ६२५ अपरामृष्टः । ६२६ अभ्यवहारः । ६२७ कवलः । ६२८ अताषीच्चतुः समुद्रं । ६२९ सोर्मिकं । ६३० सावर्तं । ६३१ सग्राहं । ६३२ समयापाचन्या प्रज्ञया समन्वागतः । ६३३ अशितपीतखादितास्वादितानि सम्यक्सुखेन परिपाकं गच्छन्ति । ६३४ नाधिवासयति । ६३५ व्यन्तीभवति । ६३६ अव्यन्तीकृतः । ६३७ न व्यन्तीकरोति । ६३८ न देशयति । ६३९ काय-

1) D. U. — P. L. ना° — 2) P. приписка: विटः — 3) P. a) °त्कय — D. U. जाम्बु° — 4) P. a) उद्दामादः D. U. S. श्रोदापादः — 5) D. U. — P. धार्मा° — 6) D. U. M. T. — P. b) поправка: धन्वानि, a) धन्धनि — 7) P. a) повторяется 586, b) पृष्टास्मान्; L. पृष्ट° — D. U. S. प्रिष्ठमनं — 8) P. a) °सत्वां ना° — 9) P. a) и b) °प्रप्रा°: на верху: फ्रपा D. U. S. अयप्रपटिक — 10) P. a) मुक्तेः; b) युक्तेः. На верху: क्ते — 11) Такъ L. — 12) D. U. उप°. P. औप° —

स्य भेदात्। ६४० वन्ध्यः [1])। ६४१ इषिका मापिता भवन्ति। ६४२ नुनिखाता। ६४३ ग्रारात्। ६४४ दवीयां। ६४५ मुखस्याधारः। ६४६ ग्रत्ययः। ६४७ स्वबाङ्कबलोपार्ज्जितं। ६४८ स्वेदमलावलिप्तः। ६४९ धृतिः। ६५० भट्टारकः। ६५१ धर्मपट्टावबद्धः। ६५३ समुत्कर्षिकः [2])। ६५४ कामधेनुः। ६५५ रुचिरः। ६५६ बक्ककरः। ६५७ कल्यता। ६५८ यष्टिः। ६५९ यूपः। ६६० उपादानहेतुः। ६६१ प्रधानहेतुः। ६६२ सहकारिप्रत्ययः। ६६३ *ग्रपतालः [3])। ६६४ दौष्प्रज्ञाः। ६६५ दौःशील्यं। ६६६ *मुमुत्तिका। ६६७ साद्रूप्यं। ६६८ ग्रन्यत्र। ६६९ चारित्रं। ६७० ग्राचरः। ६७१ सपत्नी: [4])। ६७२ चित्तचरितं। ६७३ तृप्तः। ६७४ चिरतृषार्तः। ६७५ पराक्रमः। ६७६ मन्यना। ६७७ शल्यं। ६७८ पठन्ति। ६७९ विधुरः [5])। ६८० मुख्यः। ६८१ गौणः। ६८२ ग्रौपचारिकः। ६८३ ग्रौपचायिकः। ६८४ परिभाषा। ६८५ प्रतिकृतिः। ६८६ पुत्तलिः। ६८७ वल्मीकः। ६८८ समावर्त्तनं। ६८९ धर्मशास्त्रं। ६९० ग्रप्येकत्यः। ६९१ ग्राविद्धः। ६९२ ग्रालिप्तः। ६९३ बालज्ञातीयः। ६९४ मन्युः। ६९५ गन्धयुक्तिः। ६९६ कृषिकर्मान्तः। ६९७ सूचीकर्म। ६९८ मृतगृहं। ६९९ कटसी। ७०० गर्तः। ७०१ छिद्रं। ७०२ हरितशाद्वलं [6])। ७०३ पुलिनं। ७०४ उच्छिष्टः। ७०५ स्थावरः। ७०६ जङ्गमः। ७०७ यथाक्रमं। ७०८ मधूच्छिष्टं। ७०९ सिक्थकं [7])। ७१० ग्रध्याशयः। ७११ ग्राशयः। ७१२ ग्राशा। ७१३ ग्राशयतः। ७१४ ग्रभिप्रेतं [8])। ७१५ ग्रार्षभं [9]) स्थानं प्रतिज्ञानीते। ७१६ मङ्कुभूतः [10])। ७१७ म्नस्तस्कन्धः। ७१८ निष्प्रतिभानं। ७१९ ग्रधोमुखः। ७२० प्रध्यानपरः [11])। ७२१ पाण्डुकम्बलशिलातलं। ७२२ ग्राख्यानं। ७२३ पुराणं। ७२४ इतिहासः। ७२५ हास्यं। ७२६ लास्यं। ७२७ विकत्थनं [12])। ७२८ वार्णवाशी [13])। ७२९ मण्डनं। ७३० लाडितं। ७३१ उपोषधं। ७३२ निकूजयति। ७३३ धातुपतितः। ७३४ *सुपरिभुज्जिता [14])। ७३५ उद्धृतं। ७३६ परिहाणिः। ७३७ संवृतं। ७३८ बीजं वापयति। ७३९ विषं। ७४० हालाहलं। ७४१ प्रत्यापनार्थः [15])। ७४२ गणानामतिक्रान्तः [16])। ७४३ समुद्र-

---

1) P. *a*) वध्यः; L. वत्यः — 2) P. *b*) °द्धर्षिकः — 3) D. U. S. ग्रवत्तप — 4) P. °त्नीः; L. °त्नी D. U. सवन्नी — 5) P. *a*) विपुरः — 6) P. *a*) हरितमशाद्वलं; *b*) L. °शाद्वलं; на верху °द्व° — 7) P. *a*) °कार्पम् *b*) सिक्थकाम्; S. सिक्तकं — 8) P. *a*) ग्रति° — 9) P. *a*) и *b*) ग्रार्थभं — 10) P. S. L. मङ्गु° — 11) D. U. S. °धर — 12) P. °कन्थ°; L. °कन्था°. D. U. °कटु°; S. °कठ° — 13) D. रणावासी U. °पासी — 14) M. T. °भूज्जि°. — P. *a*) °भुजिता — 15) P. на верху: °वरार्थः — 16) P. на верху: रुनो° —

तीरीयकानां। ७४४ उपलं। ७४५ अक्षमात्राभिर्धाराभिः [1]। ७४६ पृथग्जनः। ७४७ गर्भावक्रान्तिः। ७४८ सुखसंस्पर्शः। ७४९ नानाव्याधिपरिगतः। ७५० नाकछोलो [2] भवति। ७५१ दण्डः। ७५२ मक्षिकानीकारः। ७५३ जलं [3] विगाह्य। ७५४ क्वथितं [4]। ७५५ क्वाथयित्वा। ७५६ अतिविस्मयः [5]। ७५७ अद्भुतं। ७५८ आश्चर्यं। ७५९ अपकृष्टः। ७६० अनवकृष्टः। ७६१ कल्प्यमेव [6]। ७६२ अरणिः। ७६३ मथनं। ७६४ आत्मोपक्रमः [7]। ७६५ *प्रस्कन्धः [8]। ७६६ मुखल्लिका। ७६७ उद्योतितः। ७६८ कदातः। ७६९ निकृन्तन्ति [9]। ७७० भैरवं। ७७१ भोगः। ७७२ फणा। ७७३ कोटरा। ७७४ यवसः। ७७५ पथ्योदनं। ७७६ निर्भात्सितं [10]। ७७७ विजृम्भणाः [11]। ७७८ कापण्डन [12] मक्षो [13] विलिखति। ७७९ दुर्दिनं। ७८० पण्यं। ७८१ दोहनं। ७८२ विहायसा। ७८३ अर्वाक्। ७८४ आविलं। ७८५ आधिपतेयः [14]। ७८६ सभ्यः। ७८७ असभ्यः। ७८८ समासतः। ७८९ संक्षेपतः। ७९० पर्यनुयोगः। ७९१ कार्यं। ७९२ कारणं। ७९३ हेयोपादेयं। ७९४ उन्मेषः। ७९५ निमेषः। ७९६ कितवः [15]। ७९७ कैतवं। ७९८ करणीयं। ७९९ अकरणीयं। ८०० वर्धते। ८०१ वैमात्रं। ८०२ निस्तारः [16]। ८०३ दुरभिसंभवः [17]। ८०४ समुदानयनं। ८०५ अर्जनं। ८०६ धुरः। ८०७ अनिकेतः। ८०८ उपरोधवासः। ८०९ *आब्रोढशल्यं [18]। ८१० संधुक्षणं। ८११ इङ्गितं। ८१२ स्पन्दितं। ८१३ समुच्छ्रयः। ८१४ समुच्छ्रितः। ८१५ निक्षेपः। ८१६ लुप्तः। ८१७ प्राप्तः। ८१८ वेदमध्यापयति [19]। ८१९ संनिश्रितं। ८२० प्रह्लादः [20]। ८२१ बलाधानं। ८२२ आकाङ्क्षमाणं। ८२३ उच्चलितः [21]। ८२४ व्ययः। ८२५ विनिबद्धः। ८२६ विठपनप्रत्युपस्थानलक्षणं। ८२७ म्लानं। ८२८ शीर्णं। ८२९ अव्यवकीर्णः। ८३० सावद्यं। ८३१ अनवद्यं। ८३२ निर्गतः। ८३३ प्रभ्रष्टः। ८३४ प्रध्यापन्नः। ८३५ दक्षो माया-

---

1) P. *a*) °पाराभि; *b*) °धाराभि — 2) D. U. — P. *a*) и *b*) L. °लछो — 3) D. U. — P. ज्ञा° — 4) P. на верху: क° — 5) P. *b*), L. अभि° — 6) P. *a*) °सेव — 7) P. *a*) आसपक्रम् — 8) P. на верху: स्कन्नः D. U. S. प्रस्कन्द् — 9) P. *a*) и *b*) °कृत° на верху: क्कं. D. U. निकित्तति — 10) P. *a*) निर्भासितं — 11) P. *a*) विज्ञुरुणाः, *b*) विज्ञु°, надъ строкой ज्ञा. D. U. विज्ञिम्भ° — 12) P. *a*) и *b*) कपडेन; на верху काएट — 13) P. на верху: न्धि — 14) D. U. अधि° — 15) D. U. — P. के° — 16) D. U. — P. L. निस्तरः — 17) P. *b*). D. U. — P. *a*) डुरति° — 18) L. आवृट° — 19) Всѣ рук. वेदना° — 20) P. *a*) प्रह्लादयः на верху: °ह्ला° — 21) L. P. (на верху): च्छ —

कारो मायाकारान्तेवासी वा। ८३६ प्रवर्तकं। ८३७ अनुवर्तकं। ८३८ संरोधः। ८३९ विकत्थितं [1])। ८४० लिङ्गं। ८४१ प्रतिनिपणमावद्यः। ८४२ निराकरणं। ८४३ कारित्रं। ८४४ चेष्टितं। ८४५ दृग्घेयं। ८४६ भावनाह्येयं। ८४७ अस्यां। ८४८ आस्यं। ८४९ पटुः। ८५० प्राप्त्यनुषङ्गः। ८५१ पुण्याभिष्यन्दः [2])। ८५२ आज्ञाचित्तेन। ८५३ सर्वचेतसा समन्वाहृत्य [3])। ८५४ पतिव्रता। ८५५ सततसमितं। ८५६ क्लेशबकुलः। ८५७ तीव्ररागः। ८५८ तीव्रद्वेषः। ८५९ तीव्रमोहः। ८६० दीनः। ८६१ क्षीनः। ८६२ लीनः। ८६३ विषादः। ८६४ अवसादमापद्यते। ८६५ विषणमानसः। ८६६ चित्तं नावलीयते न संलीयते। ८६७ न विपिष्ठीभवति [4]) अस्य मानसं। ८६८ एषणा। ८६९ पर्येषणा। ८७० अन्वेषणा। ८७१ समन्वेषणा। ८७२ मृगयते। ८७३ प्रत्यनुभवति। ८७४ वेदयते। ८७५ संवेदयति। ८७६ प्रतिसंवेदयति। ८७७ नित्यः [5])। ८७८ ध्रुवः। ८७९ शाश्वतः। ८८० अविपरिणामधर्मा। ८८१ कूटस्थः। ८८२ अवकल्पना। ८८३ संभावना। ८८४ चेतसः प्रसादः। ८८५ अच्छः। ८८६ विप्रसन्नः। ८८७ सूच्छः। ८८८ प्रसन्नः। ८८९ अनाविलः। ८९० अनारताः। ८९१ अविरताः। ८९२ अप्रतिविरताः। ८९३ अनुपरताः। ८९४ कुत्तं। ८९५ प्रत्यायः। ८९६ आकरः। ८९७ निधानं। ८९८ धनं। ८९९ द्रव्यं। ९०० धार्मिकीतिनमनुप्रदास्याम। ९०१ निघः। ९०२ आदीनवः। ९०३ किल्बिषं। ९०४ अपराधः। ९०५ बालोह्लापनं [6])। ९०६ मृषा। ९०७ मोषधर्मिणः। ९०८ विपरिणतं। ९०९ रिक्तः। ९१० तुच्छः। ९११ वशिकः। ९१२ असारः। ९१३ निरीहः। ९१४ निश्चेष्टः [7])। ९१५ वङ्कः। ९१६ वक्रः [8])। ९१७ जिह्मः। ९१८ कुटिलः। ९१९ *चक्रिका [9])। ९२० कुसृतिः। ९२१ जिघांसितः [10])। ९२२ पिपासितः। ९२३ कुप्रावरणः। ९२४ कुचेलः। ९२५ कृपणः [11])। ९२६ वनोपकः। ९२७ आर्तः। ९२८ धनिकभयभीतयः। ९२९ क्लमथः। ९३० क्लमः। ९३१ गर्वितः। ९३२ स्तम्भः [12])। ९३३ विस्पर्धा [13])। ९३४ विक्रीडमानः। ९३५ सलीलं। ९३६

---

1) P. надъ строкой вм. नि°; L. S. °न्यि° — 2) D. U. — P. °वि° — 3) Такъ S. L. — 4) D. U. विप्रिष्ठो. P. L. °पृष्ठी° — 5) P. a) и b) °त्यं — 6) P. बह्लाह्ला°. — D. U. S. L. बाह्लोपनं M. T. बालोह्लोपनं — 7) Поправка на верху. P. a) и b) निसृष्टः — 8) Поправка; P. a) वक्त — 9) D. U. — L. P. (на верху): क्कि; P. a) वक्रका b) °क्क्रि° — 10) Такъ на верху. P. a) तिघद्धितः; b) L. जिघद्धितः. D. U. S. जिघात्सि° — 11) P. a) कृपणः — 12) P. a) स्तंचः, b) स्तब्ध. Въ текстѣ поправка на верху. — 13) P. a) °र्धः —

दर्पितः। ९३७ मत्तः। ९३८ ग्रत्तक्रीडः। ९३९ *रिरंसः[1])। ९४० क्रीडति। ९४१ रमति। ९४२ परिचारयति। ९४३ कन्डुः। ९४४ प्रह्लेलिका। ९४५ गह्लनं। ९४६ घनं। ९४७ ग्रनुपकृतं। ९४८ ग्रततं। ९४९ ग्रतृप्तं। ९५० उद्धुरः। ९५१ सत्पुरुषः। ९५२ पुरुषवृषभः। ९५३ पुरुषपुंगवः। ९५४ महापुरुषः। ९५५ सार्थवाहः। ९५६ न कुण्डो भवति। ९५७ न लङ्गो भवति। ९५८ न पतहतो भवति। ९५९ न विकलेन्द्रियो भवति। ९६० भोगः। ९६१ उपभोगः। ९६२ परिभोगः। ९६३ ग्राढ्यः। ९६४ महाधनः। ९६५ प्रभूतधनः। ९६६ पञ्चभिः कामगुणैः समर्पितः[2]) समन्वङ्गीभूतः। ९६७ सर्वसुखसमार्पितः। ९६८ समर्पितः। ९६९ युक्तं। ९७० समन्वागतः। ९७१ उपेतः। ९७२ दुःखस्यान्तकरः। ९७३ पर्यवरोधः। ९७४ ईर्यापथः। ९७५ गोचरः। ९७६ मारचमूः। ९७७ कृष्णबन्धुः। ९७८ ग्रनुपरिपालयति। ९७९ सास्रवज्ञानं। ९८० ग्रनास्रवज्ञानं। ९८१ विपत्तिः। ९८२ प्रदलितः। ९८३ विकिरणं। ९८४ विगतः। ९८५ विध्वंसनधर्मा। ९८६ भेदनं। ९८७ मारुतः। ९८८ तिथिः। ९८९ हुताशनः[3])। ९९० हुतभुक्। ९९१ ग्राकाशं। ९९२ गगनं। ९९३ खं। ९९४ ग्रनलः। ९९५ भूतधात्री। ९९६ ग्रनिलः। ९९७ सुस्नातः। ९९८ सुपरिणातः। ९९९ ग्रनुस्नातः। १००० प्रसूतः। १००१ ग्रानुषङ्गिकः। १००२ सुसंस्थितः। १००३ हेतुकः। १००४ प्रयोगिकः। १००५ सूरसनिरोध। १००६ न निवर्तयति। १००७ निर्हारः[4])। १००८ ग्रभिनिर्वर्तकः। १००९ ग्रवरोपितकुशलमूलः। १०१० प्रतिपत्तिसंपत्। १०११ कटसी वर्धिता। १०१२ संहननं। १०१३ *समुदानयं[5])। १०१४ भावी। १०१५ परिकल्पसमुत्थितः[6])। १०१६ वर्तते। १०१७ ग्रासदनं। १०१८ ग्रासाद्य। १०१९ प्राप्तः। १०२० ग्रर्पणा। १०२१ व्यर्पणा[7])। १०२२ प्रभावयति। १०२३ समुदाचारः। १०२४ प्रतिपादयति। १०२५ प्रतिलब्धः। १०२६ उपनामयति। १०२७ वृद्धिं विरूढिविपुलतामापद्यते। १०२८ ग्राचयः। १०२९ उपचयः। १०३० ग्राचितः। १०३१ पूर्णत्वं। १०३२ ग्रनुशेरते। १०३३ उत्कर्षः। १०३४ उपबृंहयति। १०३५ विवर्धनं। १०३६ संचितं। १०३७ वृद्धिप्रसर्पणं। १०३८ विसर्पणं। १०३९ उपचिततरं। १०४० चयः। १०४१ ग्रपचयः। १०४२ निरूपणा। १०४३ निर्विकल्पं। १०४४ ग्रविकल्पं। १०४५

---

1) S. रिरङ्गा; L. रिरंपा — 2) P. a) समंपितः. — 3) Такъ L. Ост. рук. °नं — 4) P. a) निहारः; L. निधारः — 5) D. U. S. °नायं — P. L. °ननाय M. T. °मापः — 6) P. a) °समुस्थितः — 7) S. तर्पणा —

सविकल्पं । १०४६ योनिश उपपरीक्षितव्यं । १०४७ प्रव्रूपणा । १०४८ उपपरीक्षणं । १०४९ अभिनिव्रूपणा । १०५० व्यवचारयितव्यः । १०५१ उपनिध्यातव्यः । १०५२ *निध्यप्तिः । १०५३ प्रत्यवेक्षयितव्यं । १०५४ निध्यापति । १०५५ अनुगन्तव्यं । १०५६ आज्ञापयेत् । १०५७ संज्ञापयेत् । १०५८ निध्यापयेत् । १०५९ *ऊहाना । १०६० ऊहापोहसमर्थः । १०६१ उपलक्षणं । १०६२ प्रेक्षते । १०६३ नितीरणं । १०६४ विचारणं । १०६५ *समोदहनः [1] । १०६६ *अन्वोदहनं [2] । १०६७ पञ्चस्कन्धकप्रकरणं । १०६८ आभिसंक्षेपिकं [3] । १०६९ आभ्यवकाशिकं । १०७० समादानिकं । १०७१ परिकल्पितं । १०७२ वैभूतिकं [4] । १०७३ सांव्यवहारिकं । १०७४ शास्त्रीयः । १०७५ सार्द्ध । १०७६ साध्यं । १०७७ अनुभूतिः । १०७८ अनुभवति । १०७९ विधानं । १०८० आद्रियते । १०८१ खरः । १०८२ क्रूरः । १०८३ खक्तः । १०८४ परुषं । १०८५ रूक्षं । १०८६ व्यापृतः । १०८७ व्युत्पन्नं । १०८८ व्युत्पत्तिः । १०८९ प्रकृतिः । १०९० स्वभावः । १०९१ स्वरूपं । १०९२ अनुविधानं । १०९३ पुरःसरः । १०९४ *विनस्वरं । १०९५ स्वतन्त्रः । १०९६ अनुस्यूतिः [5] । १०९७ अस्मिं सतीदं भवति । १०९८ अस्योत्पादादिदमुत्पद्यते । १०९९ जयकरः । ११०० मधुकरः । ११०१ सर्वार्थसाधकः । ११०२ परिगणः । ११०३ अध्यासितः । ११०४ आचामः । ११०५ मण्डः । ११०६ निशादाशिला । ११०७ निशादापुत्रः । ११०८ शिलापुत्रः । ११०९ घरट्टः । १११० आतानं । ११११ वितानं । १११२ नालिः । १११३ वेम । १११४ तुरिः । १११५ स्याद्वादः [6] । १११६ समारूढं । १११७ अकुथितं । १११८ घाकस्मिकं । १११९ रणः । ११२० अकृताभ्यागमः । ११२१ कृतविप्रणाशः । ११२२ अनन्तरजन्म । ११२३ कृष्णशुक्लं । ११२४ गुरुतरं भवति । ११२५ वसनः । ११२६ आवेधः । ११२७ परज्ञाप्तिसंचेतनीयता । ११२८ परसंज्ञाप्तिसंचेतनीयता । ११२९ फलविपाकसंमोहः । ११३० तत्त्वार्थसंमोहः । ११३१ *व्यासेकः । ११३२ विधिः । ११३३ दैवं । ११३४ विमलना [7] । ११३५ व्यवकिरणा [8] । ११३६ स्पर्शरूपणा । ११३७ कृत्याधिपत्तिः । ११३८ देशनिरूपणा [9] । ११३९ चक्षुःसंस्पर्शजा वेदना सुखापि दुःखाप्यदुः-

---

1) P. a) समोप° — D. U. S. समोदाहानं — 2) P. a) अन्वेदनंह — D. U. S. अन्वे° — 3) Такъ L. Ост. рук. अभि° — 4) M. T. L. P. a) भैतुविकं b) वैभु° D. U. S. विभुविकं — 5) P. a) и b) °स्पू° — На верху: स्यु — 6) D. U. — P. a) ष्पाद्दारः, b) स्याद्दारः; на верху: द्दा — M. T. स्याद्दाउ — 7) P. a) °नना. b) S. L. विमाल° — 8) Такъ L.; D. U. S. व्यवकीर्णः — 9) P. a) °निरापणारूपणं —

खासुखापि। ११४० श्रोत्रघ्राणजिह्वाकायमनःसंस्पर्शजा वेदना सुखापि दुःखाप्यदुःखासुखापि। ११४१ सुखापि कायिकी दुःखाप्यदुःखासुखापि कायिकी। ११४२ सुखापि चैतसिकी दुःखाप्यदुःखासुखापि चैतसिकी। ११४३ सुखापि सामिषा दुःखाप्यदुःखासुखापि सामिषा। ११४४ सुखापि ग्रेधाश्रिता दुःखाप्यदुःखासुखापि ग्रेधाश्रिता। ११४५ सुखापि नैष्क्रम्याश्रिता दुःखाप्यदुःखासुखापि नैष्क्रम्याश्रिता। ११४६ वाक्यशेषः। ११४७ वीप्सा। ११४८ उपनिबन्धनं। ११४९ विवत्ता। ११५० *वल्गना[1])। ११५१ अवस्फोटनं। ११५२ रूपणात्[2])। ११५३ रूप्यते। ११५४ चित्रीकारः। ११५५ विज्ञाननालतणं[3])। ११५६ संज्ञाननालतणं[3])। ११५७ धर्मापतनिकं। ११५८ वर्णानिभं। ११५९ विभाषा[4])। ११६० उपदेशः। ११६१ आम्नायः। ११६२ सिद्धोपनीतः। ११६३ पारिणामिकः[5])। ११६४ सांयोगिकः। ११६५ *ग्लथश्लथः। ११६६ ऊर्जा। ११६७ श्रमः। ११६८ विश्रामः। ११६९ मूर्च्छा। ११७० तृप्तिः। ११७१ बलं। ११७२ दौर्बल्यं। ११७३ आवस्थिकः। ११७४ उचितं। ११७५ अनुचितं। ११७६ प्रयुक्तः। ११७७ आत्यन्तिकः[6])। ११७८ ऐकान्तिकः। ११७९ अवस्था। ११८० वादः। ११८१ वादाधिकरणं। ११८२ वादाधिष्ठानं। ११८३ वादालंकारः। ११८४ वादनिग्रहः। ११८५ वादनिःसरणं। ११८६ वादे बहुकराः धर्माः। ११८७ प्रवादः। ११८८ विवादः। ११८९ अपवादः। ११९० अनुवादः। ११९१ अववादः। ११९२ व्यपकर्षितं। ११९३ आज्ञामारागयति। ११९४ समवसर्गः। ११९५ प्रातिलेपिकं। ११९६ *विक्रान्त्या। ११९७ संकलनप्रव्हाणं। ११९८ प्रामाणिका सहायकाः। ११९९ वादविधिष्ठानभवितव्यं। १२०० आत्मकामः। १२०१ नो[7]) तु विगृह्य वादः। १२०२ राजकुलं। १२०३ युक्तकुलं। १२०४ सभा। १२०५ दृष्टान्तेन अदृष्टस्यात्मसमीकरणमाख्यानं। १२०६ एकावचारकः। १२०७ पूर्वपादकः। १२०८ पश्चात्पादकः। १२०९ उत्कारिकः। १२१० कापदेशः। १२११ पापदेशः। १२१२ सुसत्प्रकाशाभ्रान्तो[8]) ऽर्थः। १२१३ मुष्टियोगः। १२१४ *दिष्ट्ये। १२१५ हेतुः। १२१६ कारणं। १२१७ निमित्तं। १२१८ कंसवधः। १२१९ रत्नाहरणं। १२२० सीताहरणं। १२२१ जनपदकल्याणं। १२२२ रुक्मिणीहरणं। १२२३ *उप-

---

1) L. वल्गीना — 2) P. *a*) °णय — 3) P. на верху: °ज्ञा° вм. °ज्ञा° — 4) P. *a* विषाभागता — 5) Такъ S. L. — 6) M. T. P. *b*) — *a*) आत्य°; S. अभ्य° — 7) P. *a*) मा — 8) P. на верху вм. सू°; такъ L. —

धनोपरागः। १२२४ अधिकारः। १२२५ *प्रत्यासत्तिः [1])। १२२६ निष्फलं [2])। १२२७ अपगतफल्गुः। १२२८ *किट्टाः। १२२९ *कषट्टाः। १२३० प्रगम्यते [3])। १२३१ व्यतिरेचयत। १२३२ लेपः। १२३३ व्याहृतं। १२३४ *व्यवसीयन्ते। १२३५ वेद्यं। १२३६ वेदकं। १२३७ वित्तिः। १२३८ अभिद्रुग्धं। १२३९ अपलापं। १२४० अप्रतिवाणि। १२४१ काञ्चनगर्भा मृत्तिका। १२४२ असंसनं [4])। १२४३ यानपति। १२४४ अभिज्ञाज्ञानं। १२४५ प्रतिभु। १२४६ श्लाघमानेन। १२४७ ईर्यावृद्धौ। १२४८ मङ्गलाः। १२४९ अघगतः। १२५० वयोऽनुप्राप्तः। १२५१ लोभपत् [5])। १२५२ उभयतो लोहितकृतोपधानं। १२५३ आस्फालनं। १२५४ सौर्योदयिका [6])। १२५५ प्रत्यनुयुक्तः। १२५६ अनुयुक्तः। १२५७ प्रतिनिसर्गः। १२५८ व्यन्तीभावः। १२५९ व्युपशमः। १२६० बाह्लीकः [7])। १२६१ प्रणीतधातुकं। १२६२ मध्यधातुकं। १२६३ हीनधातुकं। १२६४ मूलग्रन्थ। १२६५ कथावस्तु। १२६६ संकालनं। १२६७ संकथ्यविनिश्चयः। १२६८ उपोद्घलं [8])। १२६९ स्थितिः। १२७० मरणाभवः। १२७१ अन्तराभवः। १२७२ उपपत्तिभवः। १२७३ पूर्वकालभवः। १२७४ *उत्मूढिः। १२७५ एडमूकः। १२७६ *हस्तसंवाचकः [9])। १२७७ *डुतरामा [10])। १२७८ रसिकः। १२७९ पदस्थानः। १२८० अवदीर्णाः। १२८१ अभिधेयः। १२८२ *पुटर्थावः [11])। १२८३ परतो घोषान्वयः [12])। १२८४ *उत्यवः [13])। १२८५ वयस्यः। १२८६ प्रतिसंधिबन्ध। १२८७ *अनुप [14])। १२८८

॥ २४६ ॥

शतं। १ सहस्रं। २ कोटिः। ३ अयुतं। ४ नियुतं। ५ बिम्बरं। ६ कंकरं [15])। ७ अगारं। ८ प्रवरः। ९ मवरः [16])। १० अवरः। ११ तवरः। १२ सीमा। १३ डुमं [17])। १४ नेमं। १५ अवगं। १६ मीवगं। १७ विरगं। १८ विगवं। १९ संक्रमः। २० विसरः। २१ विज्ञम्भः। २२ विज्ञागः। २३ विस्रोतः। २४ विवाहः। २५ विभक्तिः। २६ विष्यातः। २७ तुलनं। २८

---

1) P. на верху a) и b) °त्तिः D. U. S. °धि — 2) S. P. b) поправка: निष्पुलं; L. निष्पु — 3) P. b) поправка: प्रपद्यते; на верху: प्रत्यते — 4) P. a) असतानः; b) असांसनं на верху °स्र — 5) P. a) लाभापम b) लोभापत् — D. U. S. °भपं — 6) P. a) и b) सोयो° — 7) S. बह्लीकः; въ S. и L. здѣсь оканчивается глава. — 8) P. a). — b) °द्व° — 9) P. a) °सत्तुचकः — b) поправка: °सम्वासूच° — 10) P. a) डुरामे — 11) P. a) पटथः — 12) P. b) घोषान्भयो: — 13) P. b) उत्य (वः зачеркнуто, прибавлено: लव) — 14) P. a) अनुत्रप — 15) L. P. (на верху): ककरः; S. अंकरं — 16) S. सवरं — 17) P. a) हूमं —

धरणं । २९ विपथः । ३० विपर्यः । ३१ समर्य । ३२ वितुर्णं । ३३ ह्वेवरः । ३४ विचारः । ३५ विचस्तः । ३६ अत्युद्गतः । ३७ विशिष्टः । ३८ नेत्रलः । ३९ हरिवः । ४० वितोभः । ४१ हलिभुः । ४२ हरिस । ४३ हेलुगः । ४४ ह्रबुद्धः [1] । ४५ हरुणाः । ४६ मलुदः । ४७ तमुदः । ४८ एहलुदः [2] । ४९ मलुमः । ५० सदमः । ५१ विमुदः । ५२ वैमात्रः [3] । ५३ प्रमात्रः । ५४ सुमात्रः । ५५ अमात्रः । ५६ गमात्रः । ५७ नमात्रः । ५८ हेमात्रः । ५९ धेमात्रः । ६० परमात्रः । ६१ शिवमात्रः । ६२ एलः । ६३ वेलः । ६४ तेलः । ६५ गेलः । ६६ स्वेलः । ६७ नेलः । ६८ केलः । ६९ सेलः । ७० फेलः [4] । ७१ मेलः । ७२ सरतः [5] । ७३ मेलुदः [6] । ७४ खेलुदः । ७५ मातुलः । ७६ समुलः । ७७ अपवः । ७८ कमलं । ७९ मगधः [7] । ८० अतरः । ८१ हेलुपः । ८२ वेलुवः । ८३ कलापः । ८४ हवचः [8] । ८५ विवरः । ८६ नवरः । ८७ मलरः । ८८ सवरः । ८९ मेरुदुः । ९० चमरः । ९१ धमरः । ९२ प्रमादः । ९३ विगमः । ९४ उपवर्तः । ९५ निर्देशः । ९६ अक्षेपः [9] । ९७ संभूतः [10] । ९८ अममः । ९९ अवान्तः । १०० उत्पलः । १०१ पद्मः । १०२ संख्या । १०३ गतिः । १०४ उपगमः । १०५ असंख्येयं । १०६ असंख्येयपरिवर्तः । १०७ अपरिमाणः । १०८ अपरिमाणपरिवर्तः । १०९ अपर्यन्तः । ११० अपर्यन्तपरिवर्तः । १११ असमन्तः । ११२ असमन्तपरिवर्तः । ११३ अगणेयं । ११४ अगणेयपरिवर्तः । ११५ अतुल्यं । ११६ अतुल्यपरिवर्तः । ११७ अचिन्त्यं । ११८ अचिन्त्यपरिवर्तः । ११९ अमेयं । १२० अमेयपरिवर्तः । १२१ अनभिलाप्यं । १२२ अनभिलाप्यपरिवर्तः । १२३ अनभिलाप्यानभिलाप्यपरिवर्तनिर्देशः । १२४

॥ २४७ ॥

एकं । १ दश । २ शतं । ३ सहस्रं । ४ कोटिः । ५ अयुतं । ६ नियुतं । ७ बिम्बरः । ८ कंकरः । ९ आगारः । १० प्रवरं । ११ सवरं [11] । १२ अवरं । १३ तवरं । १४ सीमं । १५ पोमं । १६ नेमं । १७ अरावं [12] । १८ मृगवं । १९ विनागं । २० विगवं । २१ संक्रमं । २२ विसरं । २३ विभजं । २४ विजघं । २५ विसोदं । २६ विवाहं [13] । २७ विभक्तं । २८ विखतं [14] । २९ तुलनं । ३०

1) P. на верху: बुद — 2) S. L. P. *b*) एलदः — 3) P. *a*) चै° — 4) P. *a*) हेलः — 5) S. °उः; L. P. (на верху) °व — 6) P. *a*) मेलुहः — 7) P. *b*) S. L. °वः — 8) L. P. (на верху) °व — 9) P. *a*) पतपः, надъ строкой: त्त; S. अतप — 10) P. на верху: °म्भा° — 11) L. म°; S. सद° — 12) L. अगवं; S. अरवं — 13) P. *a*) विवदं; L. विभक्त — 14) P. *a*) विध्यतं —

वरणं। ३१ विवरं। ३२ अवनं। ३३ थवनं। ३४ विवर्यं। ३५ समर्यं। ३६ वितुर्णं। ३७ हेवरं। ३८ विचारं। ३९ व्यत्यस्तं। ४० अत्युद्गतं[1]। ४१ विशिष्टं। ४२ निवलं। ४३ हरिभं। ४४ वितोभं। ४५ हलिभं। ४६ हरिः। ४७ अलोकः। ४८ दृष्टान्तः। ४९ हतुनं। ५० एलं। ५१ डुमेलं। ५२ क्षेपु। ५३ एलदं। ५४ मालुदं। ५५ समता। ५६ विमदं। ५७ प्रमात्रं। ५८ अमन्त्रं। ५९ भ्रमन्त्रं। ६० गमन्त्रं। ६१ नमन्त्रं। ६२ नहिमन्त्रं। ६३ विमन्त्रं। ६४ परमन्त्रं। ६५ शिवन्त्रं। ६६ एलुः। ६७ वेलुः। ६८ गेलुः। ६९ श्वेलुः। ७० नेलुः। ७१ भेलुः। ७२ केलुः। ७३ सेलुः। ७४ पेलुः। ७५ मेलुः। ७६ सरलं। ७७ मेरुडुः। ७८ खेलुडुः। ७९ मालुडुः। ८० सम्बलं। ८१ अपवः। ८२ कमलं। ८३ मगवं। ८४ अतरुः। ८५ हेलुवुः। ८६ काषवं। ८७ हवनः। ८८ हवलं। ८९ विवरं। ९० बिम्बं। ९१ मिरफः[2]। ९२ चरणं। ९३ चरमं। ९४ धवरं। ९५ धमनं। ९६ प्रमादः। ९७ निगमं। ९८ उपवर्तं। ९९ निर्देशः। १०० अक्षयं। १०१ संभूतं। १०२ अममं। १०३ अवदं[3]। १०४ उत्पलं। १०५ पद्मं। १०६ संख्यं। १०७ उपगमं। १०८ गतिः। १०९ उपम्य। ११० असंख्येयं। १११ असंख्येयपरिवर्तः। ११२ अप्रमाणं। ११३ अप्रमाणपरिवर्तः। ११४ अपरिमाणं। ११५ अपरिमाणपरिवर्तः। ११६ अपर्यन्तः। ११७ अपर्यन्तपरिवर्तः। ११८ असमन्तः। ११९ असमन्तपरिवर्तः। १२० अगणेयं। १२१ अगणेयपरिवर्तः। १२२ अतुल्यं। १२३ अतुल्यपरिवर्तः। १२४ अचिन्त्यं। १२५ अचिन्त्यपरिवर्तः। १२६ अमाप्यं। १२७ अमाप्यपरिवर्तः। १२८ अनभिलाप्य। १२९ अनभिलाप्यपरिवर्तः। १३० अनभिलाप्यानभिलाप्यं। १३१ अनभिलाप्यानभिलाप्यपरिवर्तः। १३२

॥ २४८ ॥

शतं कोटीनामयुतं नामोच्यते। १ शतमयुतानां नयुतं नामोच्यते। २ शतं नयुतानां कंकरं नामोच्यते। ३ शतं कंकराणां बिम्बरं नामोच्यते। ४ शतं बिम्बराणामक्षोभ्यं नामोच्यते। ५ शतमक्षोभ्याणां विवाहो नामोच्यते। ६ शतं विवाहानामुत्सङ्गं नामोच्यते। ७ शतमुत्सङ्गानां बकुलं[4] नामोच्यते। ८ शतं बकुलानां नागबलं नामोच्यते। ९ शतं ना-

---

1) P. a) अत्युन्नतं — 2) S. L. P. (на верху) °ष — 3) P. a) अवदं; S. उवदं —
4) P. a) बहुलं —

गबलानां टिटिलं नामोच्यते । १० शतं टिटिलानां व्यवस्थानप्रज्ञाप्तिर्नामोच्यते । ११ शतं
व्यवस्थानप्रज्ञाप्तीनां हेतुहिलं नामोच्यते । १२ शतं हेतुहिलानां करफुर्नामोच्यते । १३
शतं करफूणां हेविन्द्रियं नामोच्यते¹) । १४ शतं हेविन्द्रियाणां समाप्तलम्भो नामोच्यते । १५
शतं समाप्तलम्भानां गणनागतिर्नामोच्यते । १६ शतं गणनागतीनां नीवरणं नामोच्यते । १७
शतं नीवरणानां मुद्राबलं नामोच्यते । १८ शतं मुद्राबलानां सर्वबलं नामोच्यते । १९ शतं
सर्वबलानां विसंज्ञावतिर्नामोच्यते । २० शतं विसंज्ञावतीनां सर्वसंज्ञा नामोच्यते । २१
शतं सर्वसंज्ञानां विभूतिगमं नामोच्यते । २२ शतं विभूतिगमानां तल्लक्षणं नामोच्यते । २३
इति हि तल्लक्षणगणनया सुमेरुपर्वतराजो लक्षनिक्षेपक्रियया परिक्षयं गच्छेत् । २४ अतो
ऽप्युत्तरि ध्वजाग्रमणिर्नाम गणना । २५ ध्वजाग्रनिशामणि नाम गणना । २६ वाहनप्र-
ज्ञाप्तिः । २७ इङ्गा । २८ कुरुट्ठा । २९ कुरुट्ठाविता । ३० सर्वनिक्षेपता । ३१ अग्रसारा । ३२ ततो-
ऽप्युत्तरि परमाणुरजःप्रवेशो नाम गणना²) । ३३

॥ २४९ ॥

एकं । १ दश । २ शतं । ३ सहस्रं । ४ प्रभेदः³) । ५ लक्षं । ६ अतिलक्षः । ७ कोटिः । ८
मध्यः । ९ अयुतः । १० महायुतः । ११ नयुतः । १२ महानयुतः । १३ प्रयुतः । १४ महाप्र-
युतः । १५ कंकरः । १६ महाकंकरः । १७ बिम्बरः । १८ महाबिम्बरः । १९ अक्षोभ्यः । २०
महाक्षोभ्यः । २१ विवाहः । २२ महाविवाहः । २३ उत्सङ्गः । २४ महोत्सङ्गः । २५ वा-
हनः । २६ महावाहनः । २७ तिटिभः । २८ महातिटिभः । २९ हेतुः । ३० महाहेतुः । ३१
करभः । ३२ महाकरभः । ३३ इन्द्रः । ३४ महेन्द्रः । ३५ समाप्तः । ३६ महासमाप्तः । ३७
गतिः । ३८ महागतिः । ३९ निम्बरजः । ४० महानिम्बरजः । ४१ मुद्रा । ४२ महामुद्रा । ४३
बलं । ४४ महाबलं । ४५ संज्ञा । ४६ महासंज्ञा । ४७ विभूतः । ४८ महाविभूतः⁴) । ४९
बलाक्षं । ५० महाबलाक्षं । ५१ असंख्येयं । ५२ अप्रमाणं । ५३ अप्रमेयं । ५४ अपरिमितं । ५५
अपरिमाणं । ५६ अतुल्यं । ५७ अमाप्यं । ५८ अचिन्त्यं । ५९ अनभिलाप्यं⁵) । ६०

---

1) D. U. — P. a) и b) °क्षी° — 2) P. a) и b) еще: महानयुतः въ b) зачеркнуто —
3) P. a) प्रसदः — 4) S. °विकृतः — 5) S. нѣтъ —

॥ २५० ॥

एकं । १ दश । २ शतं । ३ सहस्रं । ४ अयुतं । ५ लक्षं । ६ नियुतं । ७ कोटी । ८ अर्बदं । ९ न्यर्बुदं । १० पद्मं । ११ खर्वं । १२ निखर्वं । १३ महापद्मं । १४ शङ्कु । १५ समुद्रं । १६ मध्यं[1] । १७ *अन्तः । १८ परार्धः । १९ एक । २० द्वि[2] । २१ त्रीणि । २२ चत्वारि । २३ पञ्च । २४ षट् । २५ सप्त । २६ अष्टौ । २७ नव । २८ दश । २९ एकादश । ३० द्वादश । ३१ त्रयोदश । ३२ चतुर्दश । ३३ पञ्चदश । ३४ षोडश । ३५ सप्तदश । ३६ अष्टादश । ३७ एकोनविंशति । ३८ विंशति । ३९ एकविंशति । ४० द्वाविंशति । ४१ त्रयोविंशति । ४२ चतुर्विंशति । ४३ पञ्चविंशति । ४४ षड्विंशति । ४५ सप्तविंशति । ४६ अष्टाविंशति । ४७ एकोनत्रिंशत् । ४८ त्रिंशत् । ४९ एकत्रिंशत् । ५० द्वात्रिंशत् । ५१ त्रयस्त्रिंशत् । ५२ चतुस्त्रिंशत् । ५३ पञ्चत्रिंशत् । ५४ षट्त्रिंशत् । ५५ सप्तत्रिंशत् । ५६ अष्टात्रिंशत् । ५७ एकोनचत्वारिंशत् । ५८ चत्वारिंशत् । ५९ एकचत्वारिंशत् । ६० द्वाचत्वारिंशत् । ६१ त्रयश्चत्वारिंशत् । ६२ चतुश्चत्वारिंशत् । ६३ पञ्चचत्वारिंशत् । ६४ षट्चत्वारिंशत् । ६५ सप्तचत्वारिंशत् । ६६ अष्टाचत्वारिंशत् । ६७ एकोनपञ्चाशत् । ६८ पञ्चाशत् । ६९ एकपञ्चाशत् । ७० द्वापञ्चाशत् । ७१ त्रिपञ्चाशत् । ७२ चतुःपञ्चाशत् । ७३ पञ्चपञ्चाशत् । ७४ षट्पञ्चाशत् । ७५ सप्तपञ्चाशत् । ७६ अष्टापञ्चाशत् । ७७ एकोनषष्टिः । ७८ षष्टिः । ७९ एकषष्टिः । ८० द्वाषष्टिः । ८१ त्रिषष्टिः । ८२ चतुःषष्टिः । ८३ पञ्चषष्टिः । ८४ षट्षष्टिः । ८५ सप्तषष्टिः । ८६ अष्टाषष्टिः । ८७ एकोनसप्ततिः । ८८ सप्ततिः । ८९ एकसप्ततिः । ९० द्वासप्ततिः । ९१ त्रिसप्ततिः । ९२ चतुःसप्ततिः । ९३ पञ्चसप्ततिः । ९४ षट्सप्ततिः । ९५ सप्तसप्ततिः । ९६ अष्टासप्ततिः । ९७ एकोनाशीतिः । ९८ अशीतिः । ९९ एकाशीतिः । १०० द्व्यशीतिः । १०१ त्र्यशीतिः । १०२ चतुरशीतिः । १०३ पञ्चाशीतिः । १०४ षडशीतिः । १०५ सप्ताशीतिः । १०६ अष्टाशीतिः । १०७ एकोननवतिः । १०८ नवतिः । १०९ एकनवतिः । ११० द्विनवतिः । १११ त्रिनवतिः । ११२ चतुर्नवतिः । ११३ पञ्चनवतिः । ११४ षण्णवतिः । ११५ सप्तनवतिः । ११६ अष्टानवतिः । ११७ एकोनशतं । ११८ शतं । ११९ अर्धं । १२० अध्यर्धं । १२१ अर्धतृतीयं । १२२ अर्धचतुर्थं । १२३

---

1) Такъ L. S. मध्यं — 2) P. на верху: द्वौ —

तृतीयभाग । १२४ तृतीयांश । १२५ चतुर्थभाग । १२६ चतुर्थांश । १२७ पञ्चमभाग । १२८ पञ्चमांश । १२९ प्रथमं । १३० द्वितीयं । १३१ तृतीयं । १३२ चतुर्थं । १३३ पञ्चमं । १३४ षष्ठं । १३५ सप्तमं । १३६ अष्टमं । १३७ नवमं । १३८ दशमं । १३९

॥ २५१ ॥

परमाणुः । १ अणुः । २ लोहरजः । ३ अब्रजः । ४ शशरजः । ५ अविरजः । ६ गोरजः । ७ वातायनच्छिद्ररजः । ८ लिता[1]) । ९ यूकः[2]) । १० यवः । ११ अङ्गुलिपर्व । १२ चतुर्विंशतिगुणः । १३ हस्तः । १४ धनुःपञ्चशतानि । १५ क्रोशः । १६ योजनं । १७

॥ २५२ ॥

प्राकृतहस्तिबलं । १ गन्धहस्तिबलं । २ महानग्नबलं । ३ वराङ्गबलं । ४ प्रस्कन्दिबलं । ५ चाणूरबलं[4]) । ६ नारायणबलं । ७

॥ २५३ ॥

कालः । १ वेला । २ समयः । ३ क्षणं । ४ लवः । ५ मुहूर्तः । ६ अगिति । ७ अटिति[4]) । ८ समनन्तरं । ९ अच्छटासंघातमात्रं[5]) । १० रजनी[6]) । ११ प्रशान्तारात्रिः । १२ पूर्वरात्रः[7]) । १३ अपररात्रः । १४ प्रथमे यामे । १५ मध्यमे यामे । १६ पश्चिमे यामे । १७ प्रहरः[8]) । १८ तस्या एव रात्र्या अत्ययेन । १९ चन्द्र उदागच्छत् । २० अरुणोद्गतं । २१ घटिका । २२ नाडो[9]) । २३ प्रथमप्रहरः । २४ द्वितीयप्रहरः । २५ तृतीयः प्रहरः । २६ चतुर्थः प्रहरः । २७ पञ्चमप्रहरः । २८ सूर्योदयः । २९ दिवसः । ३० पूर्वाह्णः । ३१ मध्याह्नः । ३२ अपराह्णः । ३३ सायाह्नः । ३४ अहोरात्रं । ३५ वसन्तः । ३६ ग्रीष्मः । ३७ वर्षा । ३८ शरत् । ३९ हेमन्तः । ४० शिशिरः । ४१ निदाघः । ४२ ग्रीष्माणां पश्चिमे मासे । ४३ फाल्गुनः । ४४ चैत्रः । ४५ वैशाखः । ४६ ज्येष्ठः । ४७ आषाढः । ४८ श्रावणः । ४९ भाद्रपदः । ५० अश्विनिः[10]) । ५१

---

1) Надъ строкой P. *a*) и *b*) लिखा — 2) P. надъ строкой вм. यु°; L. युका — 3) L. P. *a*) चणु° — 4) P. на верху: कि — 5) P. *a*) и *b*) °संगा° — 6) P. на верху: ज्ञा — 7) P. *a*) и *b*) पुर्वा. Такъ на верху. — 8) P. на верху: °हा — 9) P. *a*) नाति; L. नड़ी — 10) D. U. S. °नी — P. на верху: °शीन —

कार्त्तिकः । ५२ मृगशीर्षः[1] । ५३ पौषः । ५४ माघः । ५५ मासः । ५६ एकपक्षः । ५७ शुक्लपक्षः । ५८ कृष्णपक्षः । ५९ वर्ष । ६० संवत्सरः । ६१ संवर्तकल्पः । ६२ विवर्तकल्पः । ६३ ग्रन्तरकल्पः । ६४ शस्त्रान्तरकल्पः । ६५ रोगान्तरकल्पः । ६६ दुर्भिक्षान्तरकल्पः । ६७ तेजःसंवर्तनी । ६८ ग्रप्संवर्तनी । ६९ वायुसंवर्तनी । ७० उत्कर्षः । ७१ ग्रपकर्षः । ७२ कल्पः । ७३ महाकल्पः । ७४ भद्रकल्पः । ७५ कृतयुगं । ७६ त्रेतायुगं । ७७ द्वापरयुगं । ७८ कलियुगं । ७९ ग्रधुना । ८० सांप्रतं । ८१ इदानीं । ८२ एतर्हि । ८३ सद्यः । ८४ भूतपूर्व । ८५ ग्रतिक्रान्तः । ८६ ग्रतीतः । ८७ पूर्वान्तः । ८८ पूर्वकोटिः । ८९ ग्रपरान्तः । ९० पूर्वकालः । ९१ ग्रभूत् । ९२ ग्रासीत् । ९३ तेन कालेन । ९४ तेन समयेन । ९५ वर्तमानः । ९६ प्रत्युत्पन्नः । ९७ ग्रनागतकालः । ९८ पश्चिमकालः । ९९ ग्रागामी । १०० भविष्यत् । १०१ दीर्घरात्रं । १०२ चिरकालं । १०३ ग्रद्य । १०४ *त्रिष्कालः । १०५ संध्याकालः । १०६ त्रिसंधिः । १०७ पर्व । १०८

॥ २५४ ॥

दिक् । १ पूर्वा । २ दक्षिणा । ३ पश्चिमः । ४ उत्तरः । ५ पूर्वदक्षिणा । ६ दक्षिणपश्चिमा । ७ पश्चिमोत्तरा । ८ उत्तरपूर्वा । ९ ग्रधः । १० ऊर्ध्व । ११ ऐशानी । १२ ग्राग्नेयी । १३ नैरृती । १४ वायवी । १५ ऐन्द्री । १६ याम्या[2] । १७ वारुणी । १८ कौबेरी । १९

॥ २५५ ॥

संघसंग्रहाय । १ संघसुष्टुतायै । २ संघस्य स्पर्शविहाराय । ३ दुर्मङ्कूनां[3] पुद्गलानां निग्रहाय । ४ लज्जिनां स्पर्शविहाराय । ५ ग्रनभिप्रसन्नानामभिप्रसादाय । ६ ग्रभिप्रसन्नानां भूयोभावाय । ७ दृष्टधर्मिकाणामास्रवाणां संवराय । ८ सांपरायिकाणां सेतुसमुद्घाताय । ९ ब्रह्मचर्यञ्च मे चिरस्थितिकं भविष्यति । १०

---

1) P. на верху: मा° — 2) P. a) и b) °न्या — 3) S. L. °मङ्कु° —

॥ २५६ ॥

चत्वारः पाराजिका धर्माः। १ त्रयोदश संघावशेषाः। २ *पायत्तिकाः[1])। ३ चत्वारः प्रातिदेशनीयाः। ४ संबहुलाः शैक्षधर्माः। ५

॥ २५७ ॥

अब्रह्मचर्यं। १ अदत्तादानं। २ बधः। ३ उत्तरमनुष्यधर्मप्रलापः। ४

॥ २५८ ॥

शुक्रविसृष्टिः। १ कायसंसर्गः। २ मैथुनाभाषणं। ३ परिचर्यासंवर्णनं। ४ संचरित्रं। ५ कुटिका। ६ महल्लकः। ७ अमूलकं। ८ लैशिकं। ९ संघभेदः। १० तदनुवर्तकः। ११ कुलदूषकः। १२ दौर्वचस्यं[2])। १३

॥ २५९ ॥

द्वावनियतौ। १

॥ २६० ॥

नैसर्गिकाः *पायत्तिकाः[3])। १ प्रथमं दशकं। २ धारणं। ३ विप्रवासः। ४ निक्षेपः। ५ धावनं। ६ प्रतिग्रहः। ७ याञ्चा। ८ सान्तरोत्तरं। ९ चैतनकानि। १० प्रत्येकं। ११ प्रेषणं। १२ द्वितीयं दशकं। १३ कौशेयं। १४ शुद्धकालकानां। १५ द्विभगः। १६ षड्वर्षाणि। १७ वितस्तिः। १८ अधोर्णोढिः[4])। १९ ऊर्णापरिकर्मणाः। २० जातरूपरजतस्पर्शनं। २१ रूपिकव्यवहारः। २२ क्रयविक्रयः। २३

तृतीयं दशकं। २४ पात्रधारणं। २५ पात्रपरीष्टिः। २६ वयनं[5])। २७ उपमानवर्धनं। २८ दत्वादानं। २९ कार्त्तिकात्ययिकं[6])। ३० सप्तरात्रविप्रवासः। ३१ वर्षाशाट्यकालपरीष्टिधारणं। ३२ परिणामनं। ३३ संनिधिकारः[7])। ३४

---

1) Такъ P. *a*); *b*) поправка पापत्तिका; L. पापत्तिका — 2) D. U. — P. *a*) и *b*) °र्भ्यं; поправка: स्यं — 3) D. S. पादयत्तिकाः; L. पापत्तिका — 4) На верху: धोर्णोटि; P. *a*) и *b*) अवोह्णोढिः S. अवौर्षाडि; L. अधोर्पाटि — 5) P. на верху: धा° D. U. S. वापन — 6) P. *b*) поправка: °कात्पयिकं вм. °कव्य° — 7) P. *b*) поправка: °धीककारः —

॥ २६१ ॥

शुद्धप्रायश्चित्तिकाः। १ मृषा। २ ऊनवादः। ३ भितुपैशुन्यं। ४ खोटनं। ५ दुष्टुलारोचनं। ६ उत्तरमनुष्यधर्मारोचनं। ७ षट्पञ्चिकया वाचा धर्मदेशनायाः। ८ समपदोद्देशदानं। ९ संस्तुतिः। १० वितण्डनं। ११

द्वितीयं दशकं। १२ बीजग्रामभूतग्रामविनाशनं। १३ अवध्यानं। १४ आज्ञाविहेठनं। १५ मञ्चः। १६ संस्तरः। १७ निष्कर्षणं। १८ अनुप्रस्कन्ध्यपातः [1])। १९ आहार्यपादकारोहो [2])। २० सप्राणिकोपभोगः। २१ *द्वौ वा त्रयो वा छन्दनपर्यायदातव्याः। २२

तृतीयं दशकं। २३ असंमतावबादः। २४ अस्तमितावबादः। २५ आमिषकिञ्चित्कावबादः। २६ चीवरदानं। २७ चीवरकरणं। २८ भितुणीसार्धेन सह गमनं। २९ सभितुणीनालयानोढिः। ३० रहसिनिषद्या। ३१ रहसि स्थानं। ३२ भितुणीपरिपाचितपिण्डपातोपभोगः। ३३

चतुर्थं दशकं। ३४ परंपरभोजनं। ३५ एकावसथावासः। ३६ द्वित्रिपात्रपूरातिरिक्तग्रहणं। ३७ अकृतनिरिक्तखादनं। ३८ कृतनिरिक्तप्रवारणं। ३९ गणभोजनं। ४० अकालभोजनं। ४१ संनिहितवर्जनं। ४२ अप्रतिग्राहितभुक्तिः। ४३ प्रणीतविज्ञापनं। ४४

सप्राणिजलोपभोगः। ४५ सभोजनकुलनिषद्या। ४६ सभोजनकुलस्थानं। ४७ अचेलदानं। ४८ सेनादर्शनं। ४९ सेनावासः। ५० उद्यूथिकागमनं। ५१ प्रहारदानं। ५२ उद्गूरणं [3])। ५३ दुष्टुलाप्रतिच्छादनं। ५४

भक्तच्छेदकारणं। ५५ अग्निवृत्तं। ५६ छन्दप्रत्युद्धारः। ५७ अनुपसंपन्नसहस्वप्नः। ५८ दृष्टिगतानुत्सर्गः। ५९ उत्तिप्तानुवृत्तिः। ६० नाशितसंग्रहः। ६१ अरक्तवस्त्रोपभोगः। ६२ रत्नसंस्पर्शः। ६३ स्नानप्रायश्चित्तिकं। ६४

तिर्यग्वधः। ६५ कौकृत्योपसंहारः। ६६ अङ्गुलिप्रतोदनं [4])। ६७ उदककर्षणं। ६८ मातृग्रामेण सह स्वप्नः। ६९ भीषणं। ७० गोपनं। ७१ अप्रत्युद्धार्यपरिभोगः। ७२ अमूलकाभ्याख्यानं। ७३ अपुरुषया [5]) स्त्रिया मार्गगमनं। ७४

---

1) D. U. °पानं; S. °ध्यपान — P. b) °न्धो पातः — 2) D. U. अहा° — P. a) и b) आदार्य, °हो: — 3) P. a) उर्गूरणं; b) поправка: उद्गुरणं M. T. L. उद्गु° — D. U. S. उद्गु° — 4) L. P. b) (поправка) °भोद्नं — 5) P. a) и b) °षाप —

स्तेयसार्थगमनं। ७५ ऊनविंशवर्षोपसंपादनं। ७६ खननं। ७७ प्रवारितार्थातिसेवा [1])। ७८ उपप्लवगतं [2])। ७९ शिक्षोपसंहारप्रतिक्षेपः। ८० तूष्णींविप्रक्रमणं। ८१ अनादरवृत्तं। ८२ सुरामैरेयमद्यपानं। ८३ अकालचर्या। ८४ कुलचर्या। ८५ राजकुलरात्रिचर्या। ८६ शिक्षापदकव्यताव्यवचारः [3])। ८७ सूचिगृहकसंपादनं। ८८ पादकसंपादनं। ८९ अवनद्धः। ९० निषदनगतं। ९१ वर्षाशाटीगतं। ९२ कण्डुप्रतिच्छादनगतं। ९३ सुगतचीवरगतं। ९४

॥ २६२ ॥

प्रतिदेशनीयानि। १ भिक्षुणीपिण्डकग्रहणं। २ पङ्क्तिवैषम्यवादानिवारितभुक्तिः [4])। ३ कुलशिक्षाभङ्गप्रवृत्तिः। ४ वनविचयगतं। ५

॥ २६३ ॥

निवासनेन सप्त। १ परिमण्डलनिवासनं। २ नात्युत्कृष्टं। ३ नात्यपकृष्टं। ४ न हस्तितुण्डावलम्बितं [5])। ५ *तालवृन्दकं। ६ न कुल्माषपिण्डकं। ७ न नागशीर्षकं निवासनं निवासयिष्यामीति शिक्षा करणीया। ८ नात्युत्कृष्टं चीवरं। ९ नात्यपकृष्टं चीवरं। १० परिमण्डलचीवरसुसंवृतः। ११ सुप्रतिच्छन्नाः। १२ सुसंवृताः। १३ अल्पशब्दाः। १४ अनुत्क्षिप्तचक्षुषः। १५ युगमात्रदर्शिनः। १६ नोद्गुण्ठिकया। १७ नोत्कृष्टिकया। १८ नोत्सक्तिकया। १९ नोद्व्यस्तिकया। २० न पर्यस्तिकया। २१ नोद्दङ्किकया। २२ नोल्लङ्घिकया। २३ नोच्छ्ङ्घिकया। २४ नोत्कुटुकिकया। २५ न स्कम्भाकृताः। २६ न कायप्रचालकं। २७ न बाहुप्रचालकं। २८ न शीर्षप्रचालकं। २९ न सोढौकिकया। ३० न हस्तसंलग्निकया। ३१ नाननुज्ञाता। ३२ नाप्रत्यवेक्षासनं। ३३ न सर्वकायं समवधाय। ३४ न पादे पादमाधाय। ३५ न सक्थनि सक्थ्याधाय। ३६ न गुल्फे गुल्फमाधाय। ३७ न संक्षिप्य पादौ। ३८ न विक्षिप्य पादौ। ३९ न विडङ्गिकया। ४० सत्कृत्य पिण्डपातं प्रतिग्रहीष्यामः। ४१ न समतित्तिकं [6])। ४२ न समसूपिकं। ४३ सावदानं। ४४ पात्रसंज्ञिनः [7])। ४५ नानागते खादनीये

---

1) S. प्रभाविता° — 2) P. *a*) उपप्लवनातम् — 3) P. *b*) поправка: °ध्याव°; S. °ध्यचारः — 4) P. *b*) поправка: निवारित्वे — 5) D. U. — P. *a*) и *b*) °शुण्डालम्बितं; L. शुण्डा° — 6) P. *b*) °र्तिकं; D. U. °र्त्ति°. L. °त्तिकं — 7) P. *b*) °ज्ञोनः —

भोजनीये पात्रमुपनामयिष्यामः। ४६ नोदनेन सूपिकं प्रतिच्छादयिष्यामः सूपिकेन वा ओदनं। ४७ सत्कृत्य पिण्डपातं परिभोक्ष्यामः। ४८ नातिक्षुणकैरालोपैः[1])। ४९ नातिमहत्तं। ५० परिमण्डलमालोपं। ५१ नानागते आलोपे मुखद्वारं विवरिष्यामः। ५२ न सालोपेन मुखेन वाचं प्रव्याहरिष्यामः। ५३ न चुचुकारकं। ५४ न शुशुकारकं। ५५ न घुत्थुकारकं। ५६ न फुत्फुकारकं[2])। ५७ न जिह्वानिश्चारकपिण्डपातं भोक्ष्यामः। ५८ न सिक्थपृथक्कारकं। ५९ नावर्णाकारकं। ६० न गल्लापकर्षकं। ६१ न कवडच्छेदकं[3])। ६२ न जिह्वास्फोटकं। ६३ न हस्तावलेहकं। ६४ न पात्रावलेहकं। ६५ न हस्तसंधुनकं। ६६ न पात्रसंधुनकं। ६७ न स्तूपाकृतिमवमृद्य पिण्डपातं परिभोक्ष्यामः। ६८ न सामिषेण पाणिना उदकस्थालकं ग्रहीष्यामः। ६९ न सामिषेणोदकेनान्तरिकं भिक्षुं स्प्रक्ष्यामः[4])। ७० नावध्यानप्रेक्षिणान्तरिकस्य[5]) भिक्षोः पात्रमवलोकयिष्यामः। ७१ न सामिषमुदकमन्तर्गृहे छोरयिष्यामस्सत्तं गृहिणामनवलोक्य। ७२ न पात्रेण विघसं छोरयिष्यामः। ७३ नानास्तीर्णपृथिवीप्रदेशे पात्रं स्थापयिष्यामः। ७४ नोत्थिताः पात्रं निर्मादयिष्यामः। ७५ न तटे न प्रपाते न प्राग्भारे पात्रं स्थापयिष्यामः। ७६ न नद्याहार्याहारिण्यां[6]) प्रतिस्रोतपात्रेणोदकं ग्रहीष्यामः। ७७ नोत्थितो निषण्णायाग्लानाय धर्मं देशयिष्यामः। ७८ न निषण्णो निपन्नायाग्लानाय धर्मं देशयिष्यामः। ७९ न नीचतरके आसने निषण्णा[7]) उच्चतरके आसने निषण्णायाग्लानाय धर्मं देशयिष्यामः। ८० न पृष्टतो गच्छन्तः पुरतो गच्छते अग्लानाय[8]) धर्मं देशयिष्यामः। ८१ नोत्पथेन गच्छन्तः पथेन गच्छत अग्लानाय धर्मं देशयिष्यामः। ८२ नोक्षुण्ठिकाकृतायाग्लानाय धर्मं देशयिष्यामः। ८३ नोत्कृष्टिकाकृतायाग्लानाय धर्मं देशयिष्यामः। ८४ नोत्सक्थिकाकृतायाग्लानाय धर्मं देशयिष्यामः। ८५ न व्यस्तिकाकृतायाग्लानाय धर्मं देशयिष्यामः। ८६ न पर्यस्तिकाकृतायाग्लानाय धर्मं देशयिष्यामः। ८७ नोष्णीषशिरसे धर्मं देशयिष्यामः। ८८ न खोलशिरसे धर्मं देशयिष्यामः। ८९ न मौलीशिरसे धर्मं देशयिष्यामः। ९० न वेष्टितशिरसे धर्मं देशयिष्यामः। ९१ न हस्त्यारूढाय धर्मं देशयि-

---

1) Такъ L. Поправка въ P. *b*) क्षुत्ता° — 2) P. на верху: बुब्बु° — 3) P. *a*) °उच्छादकं *b*) उच्छेदकं; L. °च्छद°. P. на верху: उ; *b*) कव — 4) P. приписка красными чернилами: स्प्रेतमः — D. U. s. स्प्रितोमः M. T. स्पत्दयामः; L. स्पुत्नुमः — 5) P. *b*) °कास्फ (поправка) — 6) P. *a*) नद्यदाहा° — 7) L. °निषण्णा° — 8) P. *a*) и *b*) आग्ला° —

ष्यामः । ९२ नाश्वारूढाय धर्मं देशयिष्यामः । ९३ न शिविकारूढाय धर्मं देशयिष्यामः । ९४ न यानारूढाय धर्मं देशयिष्यामः । ९५ न पादुकारूढाय धर्मं देशयिष्यामः । ९६ न दण्डपाणये धर्मं देशयिष्यामः । ९७ न छत्रपाणये धर्मं देशयिष्यामः । ९८ न शस्त्रपाणये धर्मं देशयिष्यामः । ९९ न खड्गपाणये धर्मं देशयिष्यामः । १०० नायुधपाणये धर्मं देशयिष्यामः । १०१ न संनद्धाय धर्मं देशयिष्यामः । १०२ नाग्लाना उत्थिता उच्चारप्रस्रावं करिष्यामः । १०३ नाग्लाना उदके उच्चारप्रस्रावं खेटं सिङ्घाणकं वान्तं विरिक्तं करिष्यामः । १०४ नाग्लानाः सहरितप्रदेशे उच्चारप्रस्रावं खेटं सिङ्घाणकं वान्तं विरिक्तं करिष्यामः । १०५ नाधिकं पौरुष्यं वृक्षमधिरोक्ष्याम[1]) अन्यत्रापद इति शिक्षा करणीया । १०६

॥ २६४ ॥

संमुखविनयः । १ स्मृतिविनयः । २ अमूढविनयः । ३ यद्भूयसिकीयः । ४ तत्स्वभवैषीयः[2]) । ५ तृणस्तारकः[3]) । ६ प्रतिज्ञाकारकः । ७

॥ २६५ ॥

विनयातिसारिणी । १ देशना करणीया । २ संवरः करणीया । ३ तर्जनीयं । ४ निगर्हणीयं । ५ प्रवासनीयं । ६ प्रतिसंहरणीयं । ७ उत्क्षेपणीयं । ८ नाशनीयं । ९ आपत्तिव्युत्थानं । १० परिवासः । ११ मूलपरिवासः । १२ मूलापकर्षपरिवासः । १३ मानाप्यं । १४ मूलमानाप्यं । १५ मूलापकर्षमानाप्यं । १६ चीर्णमानाप्यं । १७ आवर्हणं । १८ छन्दपरिशुद्धिः । १९

॥ २६६ ॥

मुक्तिकाज्ञप्तिः । १ ज्ञप्तिकर्म । २ ज्ञप्तिद्वितीयं । ३ ज्ञप्तिचतुर्थं । ४ कर्मवाचना । ५ प्रथमा कर्मवाचना । ६ द्वितीया कर्मवाचना । ७ तृतीया कर्मवाचना । ८ छाया । ९ पञ्च समयाः । १० चत्वारो निश्रयाः । ११ वृक्षमूलं । १२ पिण्डपातः । १३ पांसुकूलं । १४ पूतिमुक्तभैषज्यं । १५ पतनीया धर्माः । १६ श्रमणकारकाः । १७ पोषधः । १८ मङ्गलपोषधं । १९ आ-

---

1) P. a) °मधिरोक्ष्यान D. U. °भिरुह्य — 2) P. a) तत्सुभवे — 3) S. L. °प्रस्ता° —

पत्पोषधं । २० शलाका । २१ उपगतिः । २२ वर्षोपनायिका । २३ प्रवारणं । २४ प्रवारिकः । २५ प्रवारितं । २६ कठिनास्तरणं । २७ कठिनं [1] । २८ कठिनास्तारकः । २९

॥ २६७ ॥

बुद्धं शरणं गच्छामि द्विपादानामग्र्यं । १ धर्मं शरणं गच्छामि विरागाणामग्र्यं । २ संघं शरणं गच्छामि गणानामग्र्यं । ३

॥ २६८ ॥

प्राणातिपातविरतिः [2] । १ अदत्तादानविरतिः । २ अब्रह्मचर्यविरतिः । ३ मृषावादविरतिः । ४ मद्यपानविरतिः । ५ गन्धमाल्यविलेपनवर्णकधारणविरतिः । ६ उच्चशयनमहाशयनविरतिः । ७ विकालभोजनविरतिः । ८ समन्वाहर [3] आचार्य । ९ शृणोतु भदन्ता संघः । १० यावज्जीवं । ११ उल्लुम्पतु [4] मां । १२ अनुशिक्षे । १३ अनुविधीये । १४ अनुकरोमि । १५

॥ २६९ ॥

आक्रुष्टेन न प्रत्याक्रोष्टव्यं । १ रोषितेन न प्रतिरोषितव्यं [5] । २ भण्डितेन न प्रतिभण्डितव्यं । ३ ताडितेन न प्रतिताडितव्यं । ४

॥ २७० ॥

प्रव्रजितः । १ उपसंपन्नः । २ श्रमणः । ३ भिक्षुः । ४ भिक्षुणी । ५ श्रामणेरः । ६ श्रामणेरिका । ७ शिक्षमाणा । ८ मल्लकः । ९ शिक्षादत्तकः । १० उपासकः । ११ उपासिका । १२ पोषधिकः । १३ उपाध्यायः । १४ आचार्यः । १५ कर्मकारः । १६ रहोऽनुशासकः । १७ निश्रयदायकः । १८ पाठाचार्यः । १९ स्थविरः । २० दक्षः [6] । २१ नवकर्मिकः । २२ वैयावृत्यकरः । २३ शिष्यः । २४ प्रशिष्यः । २५ अन्तेवासी । २६ पश्चाच्छ्रमणः । २७ मध्यः । २८ नवकः । २९ वृद्धान्तः । ३० नवान्तः । ३१ नैवासिकः । ३२ आगन्तुकः । ३३ गमिकः । ३४ आ-

---

1) P. a) и b) काठनं — 2) L. P. на верху: °घात° — 3) P. a) и b) सन्धा°. Такъ поправка на верху. — 4) P. на верху вм.: °म्प्य° — 5) P. a) и b) нѣтъ. Повторяется 2. — 6) P. a) и b) दक्षाः — D. U. ड्हर —

गमिकः। ३५ कालपात्रिकः। ३६ संज्ञाभिक्षुः। ३७ प्रतिज्ञाभिक्षुः। ३८ भिक्षत इति भिक्षुः। ३९
भिन्नक्लेशत्वाद्भिक्षुः। ४० ज्ञप्तिचतुर्थकर्मणोपसंपन्नो भिक्षुः। ४१

॥ २७१ ॥

स्तेयसंवासिकः। १ नानासंवासिकः। २ असंवासिकः। ३ तीर्थिकावक्रान्तकः। ४ मा-
तृघातकः। ५ पितृघातकः। ६ अर्हद्घातकः। ७ संघभेदकः। ८ तथागतस्यान्तिके दुष्टचि-
त्तरुधिरोत्पादकः। ९ भिक्षुणीदूषकः। १० पुरुषः। ११ स्त्री। १२ पण्डकः। १३ ज्ञातिप-
ण्डकः। १४ पक्षपण्डकः। १५ *आसक्तप्रादुर्भावी पण्डकः। १६ ईर्ष्यापण्डकः। १७ आपत्प-
ण्डकः। १८ षण्ढः। १९ उभयव्यञ्जनकः। २० अङ्गुलीफणहस्तकः। २१ अनोष्ठकः। २२
चित्राङ्गः[1]। २३ अतिवृद्धः। २४ अतिबालकः। २५ खञ्जः। २६ खेलः। २७ काण्डरिकः। २८
काणः। २९ कुणिः। ३० कुब्जः। ३१ वामनः। ३२ गलगण्डः। ३३ मूकः। ३४ बधिरः। ३५
पीठसर्पिः। ३६ श्लीपदी[2]। ३७ स्त्रीच्छिन्नः। ३८ भारच्छिन्नः। ३९ मार्गच्छिन्नः। ४० ताल-
मुक्तः। ४१ कन्दलीच्छिन्नः। ४२ राजभटः। ४३ चौरो धजबधकः[3]। ४४ हारिद्रकेशः। ४५
हरितकेशः। ४६ अवदातकेशः। ४७ नागकेशः। ४८ क्षारकेशः। ४९ कपिलकेशः। ५०
अकेशकः। ५१ *वक्तुशिरः। ५२ *वल्गुशिराः[4]। ५३ अतिस्थूलः। ५४ अतिह्रस्वः। ५५
अतिदीर्घः। ५६ कृशाङ्गकः। ५७ विकटकः। ५८ नीलचक्षुविवर्णः। ५९ पीतचक्षुविवर्णः। ६०
लोहितचक्षुविवर्णः। ६१ अवदातचक्षुविवर्णः। ६२ विपाटकः। ६३ खरशीर्षः। ६४ सूकर-
शीर्षः। ६५ अश्वशीर्षः। ६६ द्विशीर्षः। ६७ अशीर्षकः। ६८ हस्तिकर्णः। ६९ अश्वकर्णः। ७०
गोकर्णः[5]। ७१ मर्कटकर्णः। ७२ खरकर्णः। ७३ सूकरकर्णः। ७४ एककर्णः। ७५
अकर्णः। ७६ लोहितान्तः। ७७ *अतिवक्रान्तः। ७८ चुल्लान्तः। ७९ अतिपिङ्गलान्तः। ८०
वाचान्तः। ८१ स्कन्धान्तः। ८२ बुद्बुदान्तः। ८३ एकान्तः। ८४ अनन्तकः। ८५ अश्वनासः। ८६
हस्तिनासः। ८७ गोणनासः[6]। ८८ मर्कटनासः। ८९ खरनासः। ९० सूकरनासः। ९१ एक-
नासः। ९२ अनासः। ९३ हस्तिक्रोडः। ९४ अश्वक्रोडः। ९५ गोणक्रोडः[7]। ९६ मर्कटक्रोडः। ९७
खरक्रोडः। ९८ सूकरक्रोडः। ९९ लिङ्गक्रोडः[8]। १०० एकक्रोडः। १०१ अक्रोडः। १०२ हस्ति-

---

1) P. надъ строкой, *a*) и *b*) चित्रेङ्गः — 2) P. *a*) и *b*) स्लीपदी — 3) D. U. — P. *b*) поправка: बधकः *a*) °द्धकः — 4) S. घलु° — 5) P. *a*) и *b*) ककर्णः — 6) S. गोनासः
7) S. गोक्रोडः — 8) P. приписка —

दन्तः । १०३ गोणादन्तः । १०४ ग्रग्रदन्तः । १०५ खरदन्तः । १०६ मर्कटदन्तः । १०७ सूकरदन्तः । १०८ एकदन्तः । १०९ ग्रदन्तः । ११० ग्रतिग्रीवः । १११ ग्रग्रीवः । ११२ लाङ्गुलछिन्नः [1]) । ११३ वाताण्डः । ११४ एकाण्डः । ११५ ग्रनण्डकः । ११६ ग्रतिकिलासी [2]) । ११७ ग्रन्धलः । ११८ जात्यन्धः । ११९ कुण्डः । १२० फक्कः । १२१ पङ्गुः । १२२ चिपिटनासः [3]) । १२३ विरलदन्तः । १२४ दन्तुरः । १२५ कोकरः । १२६ *टोरन्तः [4]) । १२७ *पिच्चडः । १२८ वक्रनितम्बः । १२९ तुन्दिलः । १३० संकुचितः । १३१ खक्खलः [5]) । १३२ गडः । १३३ *गिछ्लपेट्टः । १३४ लम्बोदरः । १३५ पुरुषानुकृतिस्त्री । १३६ स्त्र्यनुकृतिपुरुषः । १३७ पापलक्षणं । १३८ ग्रमुखः । १३९ भिन्नकल्पद्वोपान्तरजः । १४० कर्णप्रावरणः । १४१ एकनखः । १४२ समुद्रकलेखः । १४३ पलन्हतः । १४४ *लिङ्गशिरा [6]) । १४५ गुल्मकेशः [7]) । १४६ ग्रन्तःकुब्जः । १४७ बहिकुब्जः । १४८ द्विकुब्जः । १४९ सहिताङ्गुलिः [8]) । १५० ग्रनङ्गुलिः । १५१ षडङ्गुलिः । १५२ पद्मान्तः । १५३ नकुलान्तः । १५४ *किम्पिलान्तः । १५५ विपरीतान्तः [9]) । १५६ मिलितान्तः । १५७ *शितान्तः । १५८ *ग्रलान्तः । १५९ *ग्रतिशाला: [10]) । १६० *ग्रतिशल्लः । १६१ ग्रतिविचर्चिकः । १६२ *ग्रतिदर्द्रुः [11]) । १६३ *राढीकर्णाः [12]) । १६४ ग्रण्डलाङ्गुलप्रतिच्छन्नः । १६५ मूढः । १६६ एकपादः । १६७ एकहस्तः । १६८ ग्रहस्तः । १६९ ग्रपादः । १७० *कष्मीलितान्तः । १७१ संभिन्नव्यञ्जना । १७२ *सदाप्रस्रवणी [13]) । १७३ ग्रलोह्निनी । १७४ नैमित्तिको । १७५ व्यञ्जनं परिवर्तते । १७६

॥ २७२ ॥

संघाटी । १ उत्तरासङ्गः । २ ग्रन्तर्वासः । ३ संकक्षिका । ४ प्रतिसंकक्षिका । ५ निवासनं । ६ प्रतिनिवासनं । ७ केशप्रतिग्रहणं । ८ *स्नात्रशाटकं । ९ निषदनं [14]) । १० कण्डूप्रतिच्छदनं । ११ वर्षाशाटीचीवरं । १२ परिष्कारचीवरं । १३

---

1) D. U. — P. *a*) и *b*) लाङ्ग° — 2) D. U. °शो — P. °सीः — 3) D. U. — P. *a*) चिप्प°; *b*) चिप्पि°; надъ строкой: चिप्पित° — 4) P. *a*) и *b*) L. °न्तेः — D. U. तोरन्तः — 5) D. U. — P. *b*) поправка: *a*) खल्कलः — 6) D. U. °शिरी; L. °रः — 7) D. U. — P. *a*) и *b*) ग्रल्म° — 8) Поправка на верху: P. *a*) и *b*) हसिता — 9) P. *a*) и *b*) °चरी°; надъ строкой: विव° — M. T. такъ — D. U. विपरि° P. *a*) и *b*) विचरीतान्तः — 10) D. U. °शालुः — 11) D. U. ग्रतिदडुः — P. राल्तिकर्णाः — Такъ M. T. — 12) D. U. — P. *a*) गाडीकर्णाः M. T. रडि°; L. राह्नि° — 13) Такъ L. — 14) S. प्रत्यपारणं; L. приписка प्रत्यास्तारः —

॥ २७३ ॥

पात्रं । १ कुपात्रं । २ शिक्यं । ३ पात्रपोणिकः । ४ पात्रकाटकं । ५ चकोरकं । ६ त्रपुमण्डलकं [1]) । ७ खक्खरं [2]) । ८ सरकं । ९ *भैषज्यशरावकं । १० कलाचिका । ११ *पात्रस्थापकं [3]) । १२ *मुखपोच्छनं । १३ कुण्डिका । १४ वर्धनिका [4]) । १५ प्रतिग्रहः । १६ *तम्पणं । १७ गेलन्दुक । १८ पूला । १९ मण्डपूलः । २० उपानत् । २१ पादवेष्टनिका । २२ सूची । २३ सूचीगृहकं । २४ मुद्रा । २५ जिह्वानिर्लेखनिका । २६ शास्त्रकं । २७ कायचक्षुकं । २८ कुक्कुटपतकं । २९ छत्रं । ३० सूर्यकान्तः । ३१ चन्द्रकान्तः । ३२ नगतं । ३३ कोचवकं । ३४ प्रवारकं । ३५ चिलिमिनिका । ३६ त्रिशूलिका । ३७ विधननं । ३८ मशकवरणं । ३९ विम्बोपधानं [5]) । ४० तूलिका । ४१ चतुरश्रकं [6]) । ४२ कायबन्धनं । ४३ पट्टिका । ४४ लोठका । ४५ *ग्रष्टुचकं । ४६ *गुरुचिका । ४७ वेणिः । ४८ *लम्पकं [7]) । ४९ *कुसुलकं । ५० *कायोद्घर्षणं । ५१ मशककुटी । ५२ खोल । ५३ कोलाकुलस्थनिकः । ५४ चीवरबृसिका । ५५ कारकं । ५६ कुण्डलकं । ५७ कटाहकं । ५८ ग्रपोद्धोणिकः । ५९ ग्रङ्गारस्थापनशकटिका [8]) । ६० पचनिका । ६१ *कपालिका । ६२ कटच्छुः । ६३ भैषज्याञ्जननालिका । ६४ शुक्तिः । ६५ कुतुपं । ६६ कच्छपुटं । ६७ लवणपातलिका । ६८ स्नेहककटाहकं [9]) । ६९ परिस्रावणं । ७० खल्लकं । ७१ कुण्डिका । ७२ *पर्मकनकं । ७३ रवणकं । ७४ गोचनपट्टकं । ७५ दण्डवीणं । ७६ धारणपात्रं । ७७ सरकं । ७८ पानीयस्थालकं । ७९ *ग्रनुपारपट्टकं [10]) । ८० ग्रपास्पिण्डं । ८१ *शृङ्गलिक । ८२ नेत्रिकं [11]) । ८३ नस्तकरणं । ८४ कठिनं । ८५ कत्तारिकः । ८६ चर्पटकं । ८७ कुठारिका । ८८ ग्रञ्जनशलाका । ८९ चीवरवंशः । ९० खट्वा [12]) । ९१ पीठिका । ९२ प्रतिपादकं । ९३ ग्रन्नपट्टकदण्डः । ९४ नागदन्तकं । ९५ दर्विका । ९६ स्फिकतं । ९७ कर्मारभाण्डका । ९८ नापितभाण्डं । ९९ घटभेदनकं । १०० कर्परः । १०१ उदकभाण्डः [13]) । १०२ पादाधिष्ठानं । १०३

---

1) P. поправка на верху: *a*) и *b*) त्रपु° — 2) P. *a*) и *b*) खक्खरं — 3) S. приписка: पिण्डोपादानं; L. °धानं — 4) P. на верху: र्व — 5) Такъ поправка на верху. P. *a*) и *b*) विवो°; S. वधो°. Приписка S. и L.: सिरोपधानं — 6) S. L. приписка послѣ 41: वृसिका; послѣ 42: कलण्डकं (L.) и °न्दकं (S.) — 7) P. *a*) и *b*) लम्प°. Такъ на верху. S. °व्यक — 8) D. U. M. T. — P. °स्थापरं — 9) P. *a*) и *b*) कपट्टकं; на верху °ट° — 10) D. U. — P. ग्रनु° — 11) Такъ D. U. — P. *a*) и *b*) नेत्रिंकं — 12) S. L. खट्वा[ट्वा]मञ्च — 13) S. L. °ण्डाधिष्ठानं —

॥ २७४ ॥

विहारोद्देशकः । १ भक्तोद्देशकः । २ यवागूचारकः । ३ खाद्यकचारकः । ४ फलचारकः । ५ यत्किंचिच्चारकः । ६ भाण्डगोपकः । ७ भाण्डभाजकः । ८ वर्षाशाटीगोपकः । ९ चीवरगोपकः । १० चीवरभाजकः । ११ उपधिवारिकः । १२ प्रेषक[1]) । १३ भाजनवारिकः । १४ पानीयवारिकः । १५ प्रासादिवारिकः । १६ परिषण्डावारिकः । १७ शयनासनवारिकः । १८ मुण्डशयनासनवारिकः । १९ क्षण्डिकावारिकः । २०

॥ २७५ ॥

आर्यसर्वास्तिवादाः । १ मूलसर्वास्तिवादाः । २ काश्यपीयाः । ३ महीशासकाः । ४ धर्मगुप्ताः । ५ बाहुश्रुतीयाः । ६ ताम्रशाटीयाः । ७ विभज्यवादिनः । ८ आर्यसंमतीयाः । ९ कौरुकुल्लकाः । १० आवन्तकाः । ११ वात्सीपुत्रीयाः । १२ महासंघिकाः । १३ पूर्वशैलाः । १४ अपरशैलाः । १५ हैमवताः । १६ लोकोत्तरवादिनः । १७ प्रज्ञप्तिवादिनः । १८ आर्यस्थाविराः । १९ महाविहारवासिनः । २० जेतवनीयाः । २१ अभयगिरिवासिनः । २२

॥ २७६ ॥

प्रव्रज्यावस्तु । १ पोषधवस्तु । २ वर्षावस्तु । ३ प्रवारणावस्तु । ४ कठिनवस्तु । ५ चीवरवस्तु । ६ चर्मवस्तु । ७ भैषज्यवस्तु । ८ कर्मवस्तु । ९ प्रतिज्ञप्तवस्तु[2]) । १० कालाकालसंपद्वस्तु । ११ भूम्यन्तरस्थचरणावस्तु । १२ परिकर्मणवस्तु । १३ कर्मभेदवस्तु । १४ चक्रभेदवस्तु । १५ अधिकरणवस्तु । १६ शयनासनवस्तु । १७

॥ २७७ ॥

संघकल्पः । १ पुद्गलकल्पः । २ परिस्रावकल्पः[3]) । ३ अहोरात्रकल्पः । ४ उदपानकल्पः । ५

॥ २७८ ॥

अभिक्षुः । १ अश्रमणः । २ अशाक्यपुत्रीयः । ३ ध्वस्यते भिक्षुभावात् । ४ हतमस्य भवति श्रामण्यं । ५ ध्वस्तं । ६ मथितं । ७ पतितं । ८ पराजितं । ९ अप्रत्युद्धार्यमस्य भवति श्रा-

---

1) P. *a*) u *b*) प्रेषक — 2) L. प्रतिकृपा°; S. °किय° — 3) M. T. — P. D. U. °श्रा° —

मण्यं । १० तद्यथा तालो मस्तकाच्छिन्नः । ११ *ग्रभव्यो क्हरितबाप[1]) । १२ डुःशीलः । १३ पापधर्मः । १४ *ग्रन्तपूति ग्रवस्रुतः । १५ *कशंबकजातः । १६ शङ्खस्वरसमाचारः । १७ ग्रश्रमणाः ग्रमणप्रतिज्ञाः । १८ ग्रब्रह्मचारी ब्रह्मचारिप्रतिज्ञाः । १९ शीलविपन्नः । २० दृष्टिविपन्नः । २१ ग्राचारविपन्नः । २२ ग्राजीवविपन्नः । २३ शिताभ्रष्टः । २४

॥ २७९ ॥

गन्धकुटी । १ विहारः । २ लयनं । ३ वर्षकः । ४ गण्डी । ५ गण्डीकोटनकं । ६ वेलाकं । ७

॥ २८० ॥

ग्रीर्णकवासः । १ शाणकं । २ तौमकं । ३ दौकूलकं । ४ कोटम्बकं । ५ कार्पासकं । ६ कौशेयकं । ७ ग्रंशुकं । ८ पट्टकं । ९ पटः । १० पटकः । ११ शाटकं । १२ प्रवरः । १३ *ग्रमिलः । १४ कृमिलिकः । १५ कृमिवर्णा । १६ सौमिलिका । १७ काशिकासूक्ष्म । १८ समवर्णाः । १९ डुर्वर्णाः । २० ग्रपरान्तकः । २१ एरकं । २२ मेरकं । २३ *स्यन्दरकः[2]) । २४ मन्डुरकं । २५ गृतपरिष्कारः । २६ *शमसामन्तकं[3]) । २७ युग्म[4]) । २८ द्विपुटसंघाटी । २९ त्रिपुटसंघाटी । ३० वटिक[5]) । ३१ चीवरश्रेणी । ३२ ग्रानन्दपट्टिकः । ३३ फलकः[6]) । ३४ *कण्डूमिक[7]) । ३५ उपनिश्रयः । ३६ ग्राम्रपणोयं । ३७ कल्पिकं । ३८ उत्कचः । ३९ प्रकचः । ४० रोमपादः । ४१

॥ २८१ ॥

ज्ञानन्तं पृच्छति । १ ज्ञानन्तोऽपि न पृच्छन्ति[8]) । २ काले पृच्छति । ३ कुलपर्यायेन शलकाचर्या[9]) ते । ४ कालातिक्रान्ते[10]) न पृच्छति । ५ ग्रर्थोपसंहितं पृच्छति । ६ ग्रनर्थोपसंहितं न पृच्छति । ७ शितापदप्रज्ञाप्तिः । ८ ग्रस्यामुत्पत्तौ । ९ ग्रस्मिन्निदाने । १० ग्रस्मिं प्रकरणे । ११ ग्रस्मिं वस्तुनि । १२ प्रज्ञाप्तिः । १३ ग्रनुप्रज्ञाप्तिः । १४ प्रतितेपः । १५ ग्रभ्यनुज्ञा । १६ प्रातिमोत्तः । १७ दत्तिणोयः । १८ सब्रह्मचारी । १९ भदन्तः । २० ग्रायुष्मान् । २१

1) D. U. — P. a) क्कारि° — a) и b) °लयः — 2) P. a), D. U. स्यन्डु°; L. स्यत्त° — 3) M. T. — P. शामन्तन्मकं — D. U. शमसान्तकं — 4) P. b) पगाम — a) गुस्म — 5) P. b) धन्निक; L. धणिकः — 6) P. a) कूलकः — 7) D. U. — P. L. कण्टुः и приписка: शिक — 8) Такъ L. — 9) P. a) चर्ग — 10) P. a) и b) °क्रान्तिन; L. °कुन्तन —

ग्रापत्तिः। २२ *पायत्तिका[1])। २३ स्थूलात्ययः। २४ डुष्कृतं। २५ प्रविष्टः स्पर्शस्त्रीकृतौ। २६ प्रस्रावकरणे प्रस्रावकरणस्य मुखे वर्चोमार्गे वा। २७ ग्रदत्तस्य[2])। २८ पञ्चमाषकादेः। २९ स्तेयचित्तेन। ३० मनुष्यगतिपरिगृहीतस्य। ३१ तत्तत्संज्ञा[3]) यः। ३२ हरणाहारणायोद्वृतेनापि[4])। ३३ जीवितोपरोधे तच्चित्तेन। ३४ मनुष्यगतेः। ३५ मानुष्यविग्रहः। ३६ विनिधायसंज्ञा। ३७ तत्संज्ञायाः। ३८ *उत्तरमनुष्यधर्मयुक्ततोक्तवर्तमानः[5])। ३९ परावगमे। ४० ग्रनापत्तिः। ४१ ग्रादिकर्मिकः। ४२ उन्मत्तकः। ४३ विक्षिप्तचित्तः। ४४ वेदनाभिन्नः। ४५ प्रयोगिकः। ४६ गुर्वी। ४७ लघ्वी। ४८ सावशेषा। ४९ निरवशेषः। ५० ग्रासन्नमं गुणमुपादाय। ५१ पात्रनिकुब्जनं। ५२ साशङ्कं। ५३ सप्रतिभयभैरवसंमतं। ५४ षड्वार्गिकाः। ५५ विचटनं[6])। ५६ ग्राकोटनं[7])। ५७ धावयेत्। ५८ रञ्जयेत्। ५९ ग्राकोटयेत्। ६० गृहव्याकुलिका। ६१ पूरणद्वितीया। ६२ घण्टावघोषणां। ६३ कार्षापणं। ६४ माषकं। ६५ संप्रज्ञानमृषावादः। ६६ ग्रागमकः। ६७ ग्राज्ञापकः। ६८ समयः। ६९ व्यग्रः। ७० पूर्वचरमः। ७१ मृतवैभवाङ्कुक्। ७२ सार्धविहारी। ७३ प्रतिबन्धः। ७४ उत्कुटुकस्थः। ७५ *ग्रतःसीम। ७६ *कृतेदंवेषं। ७७ पञ्चमण्डलकेन वन्दनं कृत्वा। ७८ प्रगृहीताञ्जलिः। ७९ संघाधीनः। ८० पुराकल्पः[8])। ८१ हैमन्तिकः। ८२ ग्रीष्मः। ८३ वार्षिकः। ८४ मितवार्षिकः। ८५ दीर्घवार्षिकः। ८६ पोषधस्थापनं। ८७ चूर्णा। ८८ *ज्ञोत्तकः[9])। ८९ उद्कथमः[10])। ९० कुरुविन्दः। ९१ लयनपरिहारः। ९२ उत्थकारकः। ९३ दत्तकाष्ठं। ९४ ग्रारोचनं। ९५ ग्ररुणाः। ९६ नीलारुणाः। ९७ पीतारुणाः। ९८ ताम्रारुणाः। ९९ *नेपद्द्यं। १०० तीर्थिकावसथः। १०१ ग्रर्वाक्। १०२ निमित्तविपर्यायः। १०३ प्रणिधिकर्म। १०४ कलहकारः। १०५ ग्रवसारणं। १०६ प्रायश्चित्तिकः[11])। १०७ *शुद्धपायत्तिकः[12])। १०८ *नैःसर्गिकापत्तिः[13])। १०९ काकोत्तारसमर्थः। ११० चतुष्कुम्भिकया[14]) सर्पति। १११ परिभावितं। ११२ संकारः। ११३ संमार्जनी। ११४ सेचनं। ११५ भृकुटिः। ११६ विलोमप्रति-

---

1) P. पाय°; S. पाटायत्तिका — 2) P. *b*) поправка: ग्रदत्तस्य — 3) P. *b*) поправка: तत्संज्ञा यः; L. तत्संज्ञया — 4) P. *b*) दतेनापि — 5) P. *b*), L. поправка वत्मन вм. °वत्सलः; D. U. वात्तमनः — 6) P. *a*) °ढनं — 7) L. ग्रगो°; P. ग्रको° *a*) °ढनं — 8) P. *a*) पुभो° — 9) P. *b*) поправка вм. ज्ञोतत्तकः M. T. также. D. U. S. ज्ञेन्द्दाकः — 10) P. *a*) उपक° — 11) D. U. °का — P. प्रम° — 12) D. U. °पातयत्तिक; S. पातयधिक — 13) P. *a*) नैसज्ञिकापत्ति, поправка: *b*) नैसर्गिकायपत्ति — L. °कापायत्तिका; D. U. S. °पातयत्तिक — 14) P. *a*) °कापसर्पति; *b*) चतुस्कु° —

लोम । ११७ परिव्रजनः । ११८ षड् धर्माः । ११९ षडनुधर्माः । १२० प्रतिग्रहः । १२१ अनुषङ्गः । १२२ अन्तरापत्तिकधर्माः । १२३ उत्थानं । १२४ अविगोपितः । १२५ प्रकृतिस्थः । १२६ रथकारः । १२७ संबाधप्रदेशः । १२८ अपासामन्तकः । १२९ न *गोलोमकं केशश्छेदयेत्[1] । १३० मुण्डना[2] । १३१ द्व्यङ्गुलवर्तः । १३२ प्रतिबलो भवति । १३३ आ स्रवात् । १३४ सातिसारो भवति । १३५ शौटीरः । १३६ *उच्चक्कारः[3] । १३७ करण्डकः । १३८ बहिःसंवृतः । १३९ अन्तर्विशालः । १४० जालवातायनं । १४१ चक्रिका । १४२ कपोतमला[4] । १४३ कटुकतैलं । १४४ आपसदर्विका । १४५ पादधावनिका । १४६ कूर्माकृतिखरः । १४७ कुन्तपलका । १४८ तलकोपरि । १४९ ज्येष्ठः । १५० मध्यः । १५१ कनीयान् । १५२ जनपदचारिका । १५३ कर्वटका । १५४ उपनिमन्त्रणा । १५५ अवध्यापति । १५६ लिपति । १५७ विपाचयति । १५८ शुल्कः । १५९ कर्मदानं । १६० संघाट्टकः[5] । १६१ *ओशटुकं । १६२ मौनल । १६३ एहि स्वागतः । १६४ बलाद्गृहाक्रान्तः । १६५ आमृशति । १६६ परामृशति । १६७ आलम्भनं । १६८ तरपुटः । १६९ प्रतिस्रोतः । १७० आलिङ्गनं । १७१ कपर्दक । १७२ काकणि । १७३ माषकः । १७४ कार्षापणः । १७५ चीवरभण्डिकः । १७६ चीवरकरण्डकं । १७७ गर्भपातनं । १७८ अधिवासनं । १७९ मञ्चः । १८० पीठः । १८१ घटः । १८२ घटिका । १८३ करकिणी । १८४ कुण्डिका । १८५ काल्पिकः । १८६ परिष्वजनं[6] । १८७ घट्टनं । १८८ भार्या । १८९ प्रणयः । १९० प्रकटः । १९१ परिपाटिः । १९२ हरति प्रत्याहरति । १९३ आकर्षणं । १९४ पाटपाटिकः । १९५ व्यामः । १९६ हस्तः । १९७ वितस्तिः । १९८ अङ्गुलिः । १९९ अन्यथाभागीयः । २०० छन्दपोषधमारोचयति आरोचितं च प्रवेदयते । २०१ अनुधंसनं । २०२ प्रतिवस्तु । २०३ उद्धृतकठिनं । २०४ कठिनास्तारः । २०५ संकल्पितमार्गणं । २०६ छन्ददायकः । २०७ अधिकरणं । २०८ संनिहितं । २०९ अप्ररोहणधर्मक । २१० कुलप्रतिसंवेदकः[7] । २११ *ओशिरिकः । २१२ गोलः । २१३ *टिव्यकः । २१४ *पपातकं बध्नन्ति[8] । २१५ अक्रासः[9] । २१६ सांयमनिकः । २१७ क्रियाकारः[10] । २१८ परिमा-

---

1) D. U. — P. *a)* нѣтъ, *b)* छक्कपेत — 2) P. *a)* छक्कपेत — 3) P. *a)* उत्थर्कार — 4) P. *a)* कतमला — D. U. M. T. कपोतमाला — 5) P. *b)* поправка: °कूट — 6) P. на верху: °अजनं *a)* °ष्वा° — 7) P. *a)* °संभे° — 8) D. U. — L. °बध्नन्ति: P. *b)* поправка: वधनन्ति вм. *a)* बधुङ्ग — 9) D. U. — P. на верху: °क्रुस — *a)* и *b)* °पः; L. अदहसः — 10) P. *a)* и *b)* कृ° —

नं । २१९ प्रस्फोटनं । २२० कोटकः । २२१ अन्तर्वर्षा । २२२ छिन्नवार्षिकः । २२३ अवा-
र्षिकः । २२४ *खण्डफुल्लः[1]) । २२५ लीलापितवं । २२६ संतानवाकुल्यं । २२७ धर्मप-
णं । २२८ विप्रवादनं । २२९ पुटकं[2]) । २३० उपनिमन्त्रणं । २३१ पूतिमुक्तः । २३२ का-
लिकः । २३३ यामिकः । २३४ सप्ताहिकं[3]) । २३५ यावज्जीविकं । २३६ खिटखटाहकं[4]) । २३७
कुश्चिका । २३८ शूर्पकः । २३९ कुण्डलकं । २४० *वस्त्वं । २४१ *पैलोत्तिकं । २४२
कुक्कुसः[5]) । २४३ बलेन अनुप्रस्कन्द्य । २४४ उदकादत्तः । २४५ धनक्रीतं । २४६ धनहृ-
ता । २४७ छन्दवासिनी । २४८ पटवासिनी । २४९ समग्रीविकः । २५० पितृरक्षिता । २५१
मातृरक्षिता । २५२ भ्रातृरक्षिता । २५३ भगिनीरक्षिता । २५४ श्वशुररक्षिता । २५५ श्वश्रूर-
क्षिता । २५६ ज्ञातिरक्षिता । २५७ गोत्ररक्षिता । २५८ मालगुणपरिक्षिप्तः । २५९ तत्क्ष-
णिका । २६० आवाहः । २६१ विवाहः । २६२ कायसंसर्गः । २६३ परिघट्टनमात्रं । २६४
द्वयद्वयसमापत्तिः[6]) । २६५

॥ २८२ ॥

नन्दः । १ उपनन्दः । २ पुनर्वसुः । ३ छन्दः । ४ अश्वकः । ५ उदायी । ६

॥ २८३ ॥

अङ्कधात्री । १ क्षीरधात्री । २ मलधात्री । ३ क्रीडनिकधात्री । ४

॥ २८४ ॥

व्याधिरोगः । १ परिदाहः । २ व्रणं । ३ गण्डः । ४ आविका । ५ कुष्ठं । ६ विस्फोटः । ७ किटिभः । ८ दद्रुः । ९ किलासं । १० विचर्चिका । ११ कण्डूः । १२ पामा[7]) । १३ कच्छुः । १४ विषूचिका । १५ आध्मानः[8]) । १६ हिक्का । १७ राजयक्ष्मं[9]) । १८ क्षयव्याधिः । १९ धमः । २० कासः । २१ श्वासः । २२ शोषः । २३ लोहलिङ्गः । २४ अपस्मारः । २५ वैसर्पः । २६ अङ्गभेदः । २७ गुल्मः । २८ पाण्डुरोगः । २९ क्षतः । ३० संभिन्नव्यञ्जनं । ३१ *अटक्कारः । ३२ भगंदरः । ३३

---

1) D. U. — L. °पूर्णाः; P. на верху: °चु° — a) и b) °फुल्लः — 2) P. a) प्र° — 3) P. a) शपथ्राह्निकं b) सप्तह्निकं — 4) P. a) खिटकं — 5) D. U. — P. कु° — 6) P. на верху поправка. P. a) и b) °द्धय° — 7) P. a) पाम — 8) P. b) поправка ग्रांधानः — 9) P. поправка на верху: P. a) и b) °भाद्य; L. °नद्य —

*भस्मकः[1]) । ३४ *अर्शा[2]) । ३५ छर्दिः । ३६ मूत्ररोधः । ३७ श्लीपदः । ३८ श्वासः । ३९ अङ्ग-दाहः । ४० पार्श्वदाहः । ४१ अस्थिभेदः । ४२ संचारव्याधिः । ४३ ज्वरः । ४४ पित्तं । ४५ रुधिरं । ४६ प्रज्वरः । ४७ एकाह्निकः । ४८ द्वैतीयकः । ४९ त्रैतीयकः । ५० चातुर्थकः । ५१ नित्यज्वरः । ५२ विषमज्वरः । ५३ संनिपातः । ५४ अतिसारः । ५५ प्रमेहः । ५६ रक्तं । ५७ *उत्पिक्ता[3]) । ५८ *उव्यधः । ५९ सिध्म । ६० सितपुष्पिकं । ६१ श्वित्रं । ६२ कम्पः । ६३ वह्निरायाम[4]) । ६४ वातप्रतोदः । ६५ *मन्दस्तम्भः[5]) । ६६ कामला[6]) । ६७ काचपटलं । ६८ संन्यास । ६९ ईतिः । ७० उपसर्गः । ७१ पिटकः । ७२ मूत्रकृच्छ्रं । ७३ दकोदरः । ७४ ब्लो-दरः । ७५ *ग्रासिकयपण्डकः[7]) । ७६ मन्यानं । ७७ नेत्रं । ७८ कुतपं[8]) । ७९ गोपी[9]) । ८० विशदं[10]) । ८१

॥ महाव्युत्पत्तिसमाप्तेति ॥

---

1) D. U. — P. приписка: °स्नेक — 2) P. на верху: °शा°, P. *a*) и *b*), I. अर्श-हि; S. अशदिः — D. U. अशर्दिः कुष्ठं — 3) P. надъ строкой °त्पि. D. U. I. उत्पिक्तः उव्यास — 4) P. поправка вм. *a*) и *b*) वह्नित्रा° — 5) D. U. मन्दस्तम्बा — P. L. मन्या° — 6) P. *a*) कानला — 7) P. *b*) °शी° — M. T. — P. *a*), D. U. S. °शि°; I. ग्राशी — 8) D. U. P. *a*) उतव; на верху: °भ° *b*) °वं — 9) D. U. — P. *a*) शेपिः; *b*) गोपिः — 10) Только въ P. еще: लक्ष्मीधरः, но безъ перевода и тибетской транскрипціи. См. предисловіе стр. IV.

Указатель.

अ

अंश १८६.३७. — २४५.१०६.
अंशिक २२३.२६९.२७०.
अंशु १५२.५.
अंशुक २८०.८.
अकण्टक १८२.७.
अकनिष्ठाः १६१.५.
अकम्प्यचित्त ३०.२१. — २२३.१२५.
अकरणीय २४५.८००.
अकर्कशा २०.१३.
अकर्ण २७१.७६.
अकर्मारकृत् २४५.५३७.
अकल्माष ८४.१५.
अकस्मात् २४५.२६४.
अकालचर्या २६१.७४.
अकालभोजन २६१.४१.
अकिंचित्समर्थ २४५.२८३.
अकिमरलाभिन् १२६.८४.
अकुथित २४५.१११८.
अकुशल ३६.१.२. — ६७.१.
अकृच्छ्रलाभिन् १२६.८३.
अकृतनिरिक्तखादन २६१.३८.
अकृताभ्यागम २४५.११२१.
अकृष्टोप्ता तण्डुलफलशालीः २२३.२३५.
अकेशक २७१.५१.
अक्ष २२७.३.
अक्षकोड २४५.६३६.
अक्षणाः (अक्षिणा) १२०. –
अक्षत २४५.६४६.
अक्षधूर्त १२७.४१.
अक्षपाद १७६.२६.
अक्षमात्राभिर्धाराभिः २४५.७४६.
अक्षय २४७.१०१.
अक्षयो नाम समाधिः २१.४२.
अक्षयकरण्डा २५.४
अक्षयकरण्डो नाम समाधिः २१.६०.
अक्षयमति २३.५८.
अक्षयमतिनिर्देश ६५.२६.
अक्षयमतिपरिपृच्छा ६५.७६.
अक्षर २१.६६.६३. — १०४.६३.
अक्षरापगतो नाम समाधिः २१.६७.
*अक्षात २७१.१५६.
*अक्षिदर्दुः २७१.१६३.
अक्षिपुरुष १३६.४.
अक्षिविचर्चिक २७१.१६२.
*अक्षिशल्य २७१.१६१.
*अक्षिशालाः २७१.१६०.
*अक्षूणवेध २५७.२२.

*अनूनाव्याकरण २४५.६१.
अन्तेप २४६.६७.
अन्तोभ्य २.२.
अन्तोभ्य २४८.५.६. — २४९.२०.
अखण्ड ८४.१३.
अखिल १८२.७.
अगणेय २४६.११४. — २४७.१२१.
अगणेयपरिवर्त २४६.११५. — २४७.१२२.
अगतिकाः सर्वधर्माः १०.१८.
अगरु २४३.४.
अगस्ति १७६.१०. — २३१.६.
अगार २४६.८.
अगारमध्यवास २४५.२७६.
अगोत्रक ६१.५.
अग्नि १५.१६.
अग्निकुण्ड १६७.११२.
अग्निखदा २४५.२१६.
अग्निज्वालोपम २२४.१७.
अग्निवर्णरत्न २३५.२०.
अग्निवृत्त २६१.५६.
अग्निवेश १७६.२४.
अग्निस्कन्ध १५.१४.
अग्र १० ३२. — ५५ ५. — १२८ १०.
अग्रो ऽग्रगाविहारिणां २४४.१०३.
अग्रता १७.१०.
अग्रमतिचित्रचूड १७४.३.
अग्रमहिषी १८८.३२.
अग्रयोरबाकु १६६.७.
अग्रसारा २४८.३२.
अग्रीव २७१.११२.
अघ्य २६७.१ — ३.
अग्नान २६३.७८ — ८७.१०३ — १०५.
अघ २४५.१६३.
अघाटिता २४५.२२६.
अघनिष्ठाः १६१.६.
अघकृत् १.४८.
अङ्कधात्री २८३.१.
अङ्कित १७.२६.
अङ्कुशग्रह २१७.६.
अङ्ग १८.३१. — १८९.१०८.
अङ्गण १०६.७५.
अङ्गद २३७.११.
अङ्गदाह २८४.४०.
अङ्गप्रत्यङ्गानि छिन्देयुरनवमर्दनीयाः
२२३.१२६.
अङ्गभेद २८४.२७.
अङ्गमंभर २४५.६१७.
अङ्गस्वरनामन् २०.—
अङ्गारक १६४.३.
अङ्गारस्थापनशाटिका २७३.६०.—°स्थापर
ibid up.
अङ्गिरस् १८०.२१.
अङ्गिरस १.७८.
अङ्गुलि १८९.४७. — २७१.१५० — १५२. —
२८१.१६६.
अङ्गुलिपर्वन् २५१.१२.
अङ्गुलिमालीय ६१.७४.
अङ्गुलिप्रतोदन २६१.६७.
अङ्गुलीफणाहस्तक २७१.२२.
अङ्गुलीपक २३७ २७.
अङ्गुष्ठ १८९.४८.
अचसत्ता २०.५७.
अचपला २० ५८.
अचरम १३४.२३.
अचला ३१ ८.
अचलो नाम समाधिः २१.७५.
अचिन्तिकमध्यबुद्धिविक्रीडित २३.६०.
अचिन्त्य २४६.११८.— २४७.१२५.— २४९.५६.

अचिन्त्यधातु ६४.१०.
अचिन्त्यपरिवर्त २४६.११९. — २४७.१२६.
अचिन्त्यव्यवस्थान १६.६.
अचीर्णदण्डता १८६.१३२.
अचेलक १७८.१६.
अचेलदान २६१.४८.
अच्छ २४५.८८६.
अच्छटाशब्द १३८.४२.
अच्छटासंघातमात्र २५३.१०.
अच्छम्भिन् ६६.३.
अच्छिद्र ८४.१२.
अच्छिद्रोपचार १२६.५७.
अच्छिन्न ६४.१८.
अच्युत १०.१२. — २९.१०.
अच्युतो नागराजा १६७.६५.
अच्युतशील ३०.७६.
अच्युतसमाधि ३०.७७.
अच्युता अनुत्पन्नाः सर्वधर्माः १०.१२.
अच्युताभिन्न ३०.३६.
अज २१३.५७.
अजपदकदण्ड २७३.६४.
अजशाला २२६.१२०.
अजस्रं १०९.६७.
अजाजी २३१.२९.
अजाजीपुष्प २४०.७५.
अजातशत्रुकौकृत्यविनोदन ६५.३३.
अजाताः सर्वधर्माः १०.११.
अजितं जयति १८२.५.
अजितकेशकम्बल १७९.४.
अजिन २४५.५८८.
अजेयो नाम समाधिः २१.४३.
अजोड २७१.१०२.
अञ्जनशलाका २७३.८९.
अञ्जलि २४४.१६.
अञ्जलिकर्मन् ६७.१२.
*अट २२६.२९.
अटकवटी १६३.३५.
*अटक्कार २८४.३२.
अटट २१५.३.
अटवी २२३.१६१.
अट्टाल २२६.३०.
अणिमा २०१.१०.
अणु २५१.२.
अणुफल २२८.११.
अण्ड २७१.११४.११५.
अण्डज ११७.२.
अण्डलाङ्गुलप्रतिच्छन्न २७१.१६५.
अतन् १०.१. — २४८.२५.
अत एतस्मात्कारणात् २२५.३.
अतन्द्रित ६८.४.
अतपाः १६१.२.
अतर २४६.८१.
अतरु २४७.८५.
अतर्कावचर १४४.१०. (напеч. अतका°!).
अतर्क्य १४४.६.
अतसी २२८.१९.
अतार्षीच्चतुः समुद्रं २४५.६२९.
अतिकिलासो २७१.११७.
अतिक्रमण २१.८३.
अतिक्रमति २२३.२६.
अतिक्रान्त २५३.८६.
अतिगुण २६३.४६.
अतिग्रीव २७१.१११.
अतिथि २२३.२३६.
अतिदीर्घ २७१.५६.
अतिदूर २२३.४०.
अतिपिङ्गलाक्ष २७१.८०.
अतिप्रसङ्ग २०६.१८.

अतिबालक २७१.२५.
अतिमहत् २६३.५०.
अतिमात्रताक्षिप्तमन्वागत ३०.५२.
अतिमानन २४५.५५३.
अतिमुक्तक २४०.५६.
अतिलत २४१.७.
*अतिवक्रात २७१.७८.
अतिविष २३१.५१.
अतिविस्मय २४५.७१७.
अतिवृद्ध २७१.२४.
अतिशय १६१.४८.४६.
अतिशीत २४४.६४.
अतिसार २८४.५५.
अतिस्थूल २७१.५४.
अतिह्रस्व २७१.५५.
अतीत १६.५५. — २५३.८७.
अतीतेऽध्वन्यसङ्ग° ६.१६.
अतीतांशगता २४५.३५.
अतुल्य २४६.११६.—२४७.१२३.—२४६.५७.
अतुल्यपरिवर्त २४६.११७. — २४७.१२४.
अतुल्यानि वासांसि २३२.३५.
अतृप्त १०.२६. — २४५.६५०.
अतृप्ता वर्तेमे सत्त्वाः° १०.२६.
*अत्त २५०.१८.
अत्यन्त १२८.२१.
अत्यन्तशून्यता ३७.६.
अत्यन्ताभाव २०२.६.
अत्यपकृष्ट २६३.४.१०.
अत्यय २४५.६४७. — २८०.१६.
*अत्यर्थत्यं २४५.३७२.
अत्यापतवदन १८.४६.
अत्यासन्न २२३.४१.
अत्युत्कृष्ट २६३.३.६.
अत्युन्नत २४६.२७. — °तं २४७.३१.
अत्युष्ण २४४.६५.
अत्र २२५.४.
अत्वर २४५ २१८.
अथ २२५.२४. — च २२५.६१. — वा
२२५.४३.६०.
अथर्ववेद २२१.४.
अदण्ड १८२.७.
अदत्तस्य २८१.२८.
अदत्तादान २५७.२.
अदत्तादानविरति २६८.२.
अदत्तादानाद्विरतिः ६२.३.
अदन्त २७१.११०.
अदम्भ १३४.२७.
अदीना २०.४८.
अदीनगात्र १८.२८.
अदुःख ६७.४.
अदुःखासुख १०२.३.—२४५.११४०—११४६.
अदृष्ट २४५.११४६.
अदेवमातृका २२३.२२२.
अदेशस्थ २४५.२६०.
*अद्भणाणिविद्या २२१.६.
अद्भुत २२०.८. — °तं २४५.७१८.
अद्भुतधर्म ६२.११.
अद्यातीत् २४५.१८४.
अद्वय ६६.५. — ७२.११.१२. — ६४.१२.
अद्वयबुद्धविहारपरमपारमिप्राप्त १६.१७.
अद्वयमेतद्द्वैधीकारमभिन्नमच्छिन्नम् ६४.१८.
अद्वयवादिन् १.२३.
अद्वयसमुदाचार १६.२.
अद्वेषः कुशलमूलं १०४.१६.
अद्वैधीकार ६४.१२.१८.
अधम् १५.३. — ६६.६. — ७२.११.१२. —
२५४.१०.
अधःकायाच्छीतला वारिधाराः स्यन्दन्ते १५.३.

अधर २४५.१२२.
अधर्म २०३.१७.
अधर्मकाम १२७.२२.
अधिकरण २८१.२०८.
अधिकरणवस्तु २७६.१६.
अधिकार २४५ १२२५.
अधिगत १९.२९.
अधिगम २८.२.
अधिचित्त ३६.२.
अधिपतिप्रत्यय ११५.४.
अधिपतिफल ११६.२.
अधिपत्ति २४५.११३८.
अधिप्रज्ञा ३६.३.
अधिमात्रं १३३.१२.
अधिमान १०४.२६.
अधिमुक्त १९.३१. — ३०.४९.
अधिमुक्ति ७.३. — ३०.५५.
अधिमुक्तिक १२६.४.
अधिमुक्तिचर्याभूमि ३२.१. °नाम्न ३०. —
अधिमुक्तिवशिता २७.६.
अधिमोक्ष १०४.८.
अधिवचन २४४.७०.
अधिवचनप्रवेशो नाम समाधिः २१.१८.
अधिवासन २८१.१७९.
अधिशील ३६.१.
अधिष्ठान ८०.१ — ४. — १९७.३०.७१. — २२६.९८. — २४४.१०१.
अधिष्ठित ३०.६६.
अधुना २५३.८०.
अधोमुख २४५.७२०.
अध्यक्ष १८६.१९.
अध्ययन २२२.२.
अध्यर्ध २५०.१२१.
अध्यवसान ११०.८.
अध्यवसानमापन्न ११०.७.
अध्यवसित ११०.६.
अध्यात्म ३७.१.३. — ६७.२.
अध्यात्मबहिर्धाशून्यता ३७.३.
अध्यात्मरूपसंज्ञी° ७०.२.
अध्यात्मरूपसंज्ञी बहिर्धा रूपाणि पश्यति अवदातानि° ७१.६.
अध्यात्मरूपसंज्ञी बहिर्धा रूपाणि पश्यति नीलानि° ७१.३.
अध्यात्मरूपसंज्ञी बहिर्धा रूपाणि पश्यति पीतानि° ७१.४.
अध्यात्मरूपसंज्ञी बहिर्धा रूपानि पश्यति लोहितानि° ७१.५.
अध्यात्मारूपसंज्ञी बहिर्धा रूपाणि पश्यति परीत्तानि° ७१.१.
अध्यात्मारूपसंज्ञी बहिर्धा रूपाणि पश्यति महद्गतानि° ७१.२.
अध्यात्मविद्या ७६.३.
अध्यात्मशून्यता ३७.१.
अध्यापयामास २४४.११४.
अध्याय ६६.४३.
*अध्यापन २२२.४.
अध्यालम्बते २४५.५१७.
अध्यालम्बन २४५.५८१.
अध्यालम्बनता १०.३२.
अध्यावसति १८२.६.७.
*अध्यावस्यति २४५.५४१.
अध्याशय २४५.७५१.
अध्याशयबल २६.२.
अध्यासित २४५.११०४.
अध्युषित २२६.३.
अध्येषणा ३०.५६.
अध्वन् ९.१६ — १८. — २२३.२५९.
अध्वगत २४५.१२५०.

अधोर्णोढि २६०.१६.
अनन्तक २७१.८५.
अनङ्गजित् १.४५.
अनङ्गणा १३०.६५.
अनङ्गुलि २७१.१५५.
अनण्डक २७१.१७६.
अननुरोधविरोधविप्रमुक्त १६.७५.
अननुरूपा १२६.७७.
अनन्त ३०.१४. — ६८.१.२. — ७०.४.५. — ७१.७.८.
अनन्तो नागराजा १६७.७.
अनन्तकल्पकोटिनिःसरणाकुशल ३०.४८.
अनन्तज्ञान ३०.१८.
अनन्तनेमि १८४.४.
अनन्तपरिषदभिभावन ३०.४७.
अनन्तः प्रतिभानेन १९.३९.
अनन्तप्रतिभानो नाम समाधिः २१.८०.
अनन्तप्रभो नाम समाधिः २१.३६.
अनन्तबुद्धक्षेत्राक्रमणाकुशल ३०.१२.
अनन्तमध्यबुद्धभूमिसमताधिगत १९.१६.
अनन्तमुखदेवासुरनेत्रासुर १७५.१०.
अनन्तरजन्म २४५.११२३.
अनन्तरापरिनिर्वायिन् ४६.७.
अनन्तरायिक २८.३.
अनन्तरीयक १९९.८७.
अनन्तवत् २०६.७.८.
अनन्तवान् लोकः २०६.६.
अनन्तवर्णा २५.११.
अनन्तवर्णरत्न २३५.२५.
अनन्तशिष्यगणसुविनीत १९.१६.
अनन्तशुभनयनकेसरिन् १७५.६.
अनन्तापर्यन्त २४५.७८.
अनन्तावर्ता २५.५.
अनन्यतथाता ६४.६.
अनन्यथात्व ८.३.
अनन्यनेय १२६.५०.
अनपकार २१.६०.
अनपत्राप्य १०४.५५.
अनभिप्रसन्नानामभिप्रसादाय २५५.६.
अनभिभूत ३०.२६.
अनभिभूतः प्रज्ञया १९.३२.
अनभिरतिसंज्ञा २४५.६०७.
अनभिलक्षितो नाम समाधिः २१.६६.
अनभिलाप्य २४६.१२२. — २४७.१२६. — २४९.६०.
अनभिलाप्यपरिवर्त २४६.१२३. — २४७.१३०.
अनभिलाप्यानभिलाप्य २४७.१३१.
अनभिलाप्यानभिलाप्यपरिवर्त २४७.१३२.
अनभिलाप्यानभिलाप्यपरिवर्तनिर्देश २४६.१२४.
अनभिसंस्कार १०.१६. — २९.१३.
अनभिसंस्कारपरिनिर्वायिन् ४६.१०.
अनभिसंस्काराः सर्वधर्माः १०.१६.
अनर्थकाः १६०.१.
अनया २२५.८६.
अनर्घं मणिरत्नं २३५.१६.
अनर्थोपसंहित १४६.१४.
अनर्थोपसंहितं न पृच्छति २८५.७.
अनल २४५.६६५.
अनवकार २१.६०. (вар.) см. अनपकार.
अनवकारशून्यता ३७.५५.
अनवकृष्ट २३५.७६५.
अनवतप्तनागराजपरिपृच्छा ६५.६५.
अनवतप्तो नागराजा १६७.१२.
अनवद्य २४५.८३२.
अनवनत १७.१८. — २४४.१३२.
अनवनता २०.३३.
अनवमर्दनीय २२३.१२६.

अनवमर्दनीयो बलैः १९.३३.
अनवमर्दनीय १९.३३. (app.)
अनवराग्रशून्यता ३७.१०.
अनवस्थाप्रसङ्ग २०९.१७.
अनागत ९.१७. — १९.५५. — २६३.४६, ५८.
अनागतकाल २५३.६०.
अनागतिकाः सर्वधर्माः १०.१७.
अनागतेऽध्यन्यसङ्गमप्रतिहतं ज्ञानदर्शनं प्रवर्तते ९.१७.
अनागम्य ६७.६.
अनागामिन् ४६.६. — २२३.६४.
अनागामिप्रतिपन्नक २२३.६३.
अनाच्छेद्यप्रतिभान २०.४६.
अनाज्ञातमाज्ञास्यामीन्द्रियं १०८.१६.
अनात्मन् २९.५५.
अनात्मक ५४.५.
अनार्यापाउद्रस्यारामः १६३.६.
अनादरवृत्त २६५.८२.
अनाधेयातिशय १६६.४६.
अनापत्ति २८१.३५.
अनाभास २४५.२५५.
अनाभोगबुद्धकार्याप्रतिप्रस्रब्ध १९.६५.
अनामिका १८९.५५.
अनारत २४५.८६५.
अनालय ५०.७.
अनालयाः सर्वधर्माः १०.७.
अनावरण ३०.८७.
अनावरणगतिंगतः १९.६.
अनाविल २४५.८६०.
अनाविलसंकल्प १९.८४.
अनाश्वस्तां सत्त्वानाश्वासयेम २४५.१८६.
अनास २७१.६३.
अनास्तीर्ण २६३.६४.
अनास्रव १०९.१०६.
अनास्रवज्ञान २४५.६८०.
अनिकेत १०.६. — २४५.८८८.
अनिकेताः सर्वधर्माः १०.६.
अनिकेतचारी नाम समाधिः २१.८०.
अनिकेतस्थितो नाम समाधिः २१.३३.
अनिक्षिप्तधुर २३.७५.
अनिञ्ज्यो नाम समाधिः २१.८६.
अनित्य ५४.३.
अनित्यता १०४.३३.
अनिदर्शन १६४.५५. (MacC. °शनः!)
अनिन्दिता २०.१६.
अनिमित्त ७३.२. — ८२.६.
अनिमित्तविहारिन् ३०.५३.
अनिमित्ताः सर्वधर्माः १०.२२.
अनिमिष २४५.२५२.
अनिमिषो नाम समाधिः २१.२२.
अनियतौ (द्वौ) २५९.५.
अनियतगोत्र ६१.४.
अनियतराशि ९५.१३.
अनियतवेदनीय १२१.५.
अनिराकृतो ध्यायिन् १२६.८७.
अनिरुद्ध ४७.६. — १८०.१७.
अनिर्याण २८.३.
अनिल २४५.६६७.
अनिलम्भनिकेतनिरतो नाम समाधिः २१.११४. var. °रत.
अनिवर्तनीयचित्तभूषण १७२.३.
अनिवृताव्याकृत २४५.४७५.
अनिवृत्त २९.१८.
अनिश्रित १२६.२.
अनिष्ट २४५.१७३.
अनिस्तारण २८.३.
अनुकम्पामुपादाय २२३.८६.
अनुकरोमि २६८.५५.

ग्रनुक्रम १०४.८३.
ग्रनुकूल १३३.१.
ग्रनुक्षिपाप्रतिप २४४.६३.
ग्रनुगत २१.२७. – १०६.६८.
ग्रनुगन्तव्य २२३.२६१. – २४५.१०१६.
ग्रनुगम ५३.३.
ग्रनुगुणय १३३.२७.
ग्रनुचित २४५.११७६.
ग्रनुचक्षविक १०६.६०. (см. ग्रानु°).
ग्रनुज्ञात २४५.१०००.
ग्रनुज्ञात २४४.६०.
ग्रनुत्क्षिप्तचक्षुषः २६३.११.
ग्रनुत्तम १२८.३.
ग्रनुत्तर १.६. – १२८.१.
ग्रनुत्तरायां सम्यक्संबोधावभिसंबुद्धः २४४.६१.
ग्रनुत्तर्ष ७६.१ – ६.
ग्रनुत्पन्न १०.१२.
ग्रनुत्पन्नानां कुशलानां धर्माणामुत्पादाय छन्दं जनयति ३६.३.
ग्रनुत्पन्नानां पापकानामकुशलानां धर्माणामनुत्पादाय छन्दं जनयति ३६.१.
ग्रनुत्पात १८२.७.
ग्रनुत्पाद ३६.१. – १२०.८.
ग्रनुत्पादज्ञान ५७.१०.
ग्रनुधर्म (षट्) २८१.१२०.
ग्रनुधर्मप्रतिचारिन् ४८.३६.
ग्रनुध्वंसन २८१.२०२.
ग्रनुनय १०६.३६.
ग्रनुनयाऽसंपृक्तता १३०.३८.
ग्रनुन्नता २०.३२.
ग्रनुन्नतो ऽनवनतः २४४.१२२.
*ग्रनुप २४५.१२००.
ग्रनुपदिष्टक्षान्तयः २६.३.
ग्रनुपदिष्टदानाः २६.१.
ग्रनुपदिष्टध्यानाः २६.५.
ग्रनुपदिष्टप्रज्ञाः २६.६.
ग्रनुपदिष्टवीर्याः २६.४.
ग्रनुपदिष्टशीलाः २६.२.
ग्रनुपम १.६६.
ग्रनुपरत २४५.६७४.
ग्रनुपरिपालयति २४५.६७६.
ग्रनुपरिवर्तिन् ६.१३ – १५.
ग्रनुपलब्धिहेतु १६६.१६.
ग्रनुपलम्भयोगेन भवति ४०.१.
ग्रनुपलम्भशून्यता ३७.१५.
ग्रनुपलिप्त २३.४३. – ३०.२२.
ग्रनुपलिप्तो रूपैः १६.३५.
ग्रनुपलिप्तो लोकधर्मैः ३०.६६.
ग्रनुपसंपन्नसहस्वप्न २६१.५८.
ग्रनुपहत २४५.६४०.
ग्रनुपहतकर्णेन्द्रिय १८.७०.
ग्रनुपहतमति २३.७६.
ग्रनुपात्तमहाभूतहेतुकः सत्त्वाख्यो ऽसत्त्वाख्यो मनोज्ञामनोज्ञाश्च १०१.१६.
ग्रनुपादाय ग्रास्रवेभ्यश्चित्तानि विमुक्तानि १२६.३.
ग्रनुपारपट्टक २७३.८०.
ग्रनुपालम्भप्रेक्षिणः १२६.७८.
ग्रनुपूर्वगात्र १८.२०.
ग्रनुपूर्वदंष्ट्र १८.५७.
ग्रनुपूर्वविहार ६८.७.
ग्रनुपूर्वाङ्गुलि १८.६.
ग्रनुप्रज्ञाप्ति २८१.१४.
ग्रनुप्रविष्ट २०.३३.
ग्रनुप्रवेश ३२.४.
ग्रनुप्रस्कन्ध २८१.२४४.
ग्रनुप्रस्कन्धपात २६१.५६.

अनुप्राप्तस्वकार्थ ४८.१२.
अनुबन्ध १०९.६६.
अनुभवति २४५.१०७६.
अनुभाव २२३.८१. — २४४.११७.
अनुभूति २४५.१०७८.
अनुमान १९९.१६. — २०३.२२.२३.
अनुमेये सत्त्वं १९९.४४.
अनुयात्रिक २२३.२२.
अनुयुक्त १२६.८६. — २४५.१२५७.
अनुरविता २०.५६.
अनुरागण १६७.६०.
अनुरागणी १६७.८२.
अनुराधा १६५.२५.
अनुरोधाप्रतिरोधो नाम समाधिः २१.१०२.
अनुलोम १३३.४.
अनुवर्तक २४५.८२०.
अनुवर्तन १०९.६०.
अनुवात १३३.२८.
अनुवाद २४५.११६१.
अनुवितर्कित २४५.२८१.
अनुविधान २४५.१०६२.
अनुविधोपमान १२६.७६.
अनुविधीये २६८.१४.
अनुव्यञ्जन १९.२७.
अनुशंसा १३१.१६.
अनुशय ३०.५७. — १०९.५४.
अनुशासना ६६.२०.
अनुशासनीप्रातिहार्य १६.२.
अनुशिते २६८.१३.
अनुशेरते २४५.१०३३.
अनुषङ्ग २८१.१२२.
अनुष्ठान ५.३.
अनुष्ठित १२६.७१.
अनुसंधि १०९.६३.
अनुसरण २२३.१७०.
अनुसहित १०९.८६.
अनुस्मृति ७.८. — १४.५. — ५१. —
५१.१ — ६.
अनुस्मृत्यनुत्तर्य ७९.६.
अनुस्यूति २४५.१०६७.
अनुस्रोतोगामिन् १३३.५.
अनूप २२३.२२०.
अनेक १५.५. — २२३.१.
अनेकविधमृद्धिविषयं प्रत्यनुभवति १५.५.
*अनेडक २३०.३७.
अनेन २२५.८१.
अनेला २०.१०.
अनैकान्तिक १९९.२४.
अनोष्ठक २७१.२२.
अन्त ५५१.२४.
अन्तःकुब्ज २७१.१३७.
अन्तःपुर १८६.५५१. — १८८.२७.
अन्तकर २४५.६७३.
अन्तपाल १८६.३६.
*अन्तपूति अवस्रुतः २७८.१५.
अन्तर १२६.२०. — २४४.२१.
अन्तरकल्प २५३.६४.
अन्तरांस १७.१६.
अन्तरापण २२६.१२२.
अन्तराभव २४५.१२७२.
अन्तरायिक ८.३. — °धर्माः २८१.१२२.
अन्तरायिकधर्मानन्यथात्वनिश्चितव्याकरण-
वैशारद्य ८.३.
अन्तरिक २६३.७०.
अन्तरीतप्रदेश २४४.१३०.
अन्तरोद्दान ६६.३६.
अन्तर्गृह २६३.७२.
अन्तर्याह्रदृष्टि १०४.३५.

अन्तर्जन १८८.४०.
अन्तर्धान १३०.२६.
अन्तर्धानं गतम् २२३.२६५.
अन्तर्मुखप्रवृत्त २४५.३३२.
अन्तर्वशिक १८६.२५.
अन्तर्वर्षा २८१.२२२.
अन्तर्वास २७२.३.
अन्तर्विशाल २८५.५४०.
अन्तर्हित १५.५.
अन्तवांश्चानन्तवांश्च २०६.७.
अन्तवां लोकः २०६.५.
अन्तशो हास्यप्रेक्षिणापि जीवितहेतोरपि २४४.६६.
अन्तसमारोपणसमाख्यान २४५.१२०६.
*अन्तःसीम २८१.७६.
अन्तादवनमति मध्याडुन्नमति १५१.२३.
अन्तिक ५४.२०.—१२२.५.—१६६.१०७.—२७१.६.
अन्तिममातृग्रामभाव २४५.४१०.
अन्तेवासिन् २४५.८२६.—२७०.२६.
अन्त्र १८६.६६.
अन्त्रगुण १८६.६७.
अन्धकार १०१.४०.
अन्धल २७१.११८.
अन्न २३०.७.
अन्नमन्नार्थिभ्यः १४०.५५.
अन्य २८.३.—२०६.१४.
अन्यच्च २२५.२०.
अन्यजातीयदृष्टान्तोपसंहारलक्षण १६६.१०.
अन्यतमान्यतम २४५.७६.
अन्यतरासिद्ध १६६.८८.
अन्यत्र २२५.५७.—२४५.६६६.—२६३.१०६.
अन्यथात्व १०४.६०.—१३०.३१.
अन्यथाभागीय २८१.२००.
अन्याकारं १६६.७०.
अन्यापोह १६६.१०१.
अन्ये च महौजस्का बोधिसत्त्वाः २३.८३.
अन्यो जीवो ऽन्यच्छरीरं २०६.१४.
अन्योन्य १०.२४.२८.
अन्योन्यविवादसंगृहीतो वतायं लोकसंनिवेशो व्यापादखिलद्वेषप्रतिपन्न इति संपश्यन् १०.२४.
अन्वय १६६.२०.—२४५.१२८४.
अन्वयज्ञान ५६.४.८.१२.१६.—५७.३.—
°क्षान्ति ५६.३.७.११.१५.
अन्वर्थ २४५.११३.
अन्वाख्यान २०६.४.
अन्वाहिण्ड्य २२३.४४.
अन्वाहिण्डयित्वा २४५.१३६.
अन्वीक्षितृ १२६.६६.
अन्वेति २२३.४६.
अन्वेषणा २४५.८७१.
*अन्वोदहन २४५.१०६७.
अप् ७२.१२.
अपकर्ष १३०.१८.—२५३.७२.
अपकर्षण १३०.१६.
अपकार १०६.२१.
अपक्रमितव्य २२३.२८.
अपक्रान्त १३०.२७.
*अपताल २४५.६६४.
अपगत २१.४१.६७.७३.६१.
अपगतफल्गु २४५.१२२८.
अपगतभ्रूकुटिक १२६.१६.
अपगतलीनचित्त ३०.३१.
अपगतशाखापत्त्रपलाशप्रपाटिकावल्कफल्गु १६.८३.
अपगतसर्वलाभसत्कारचित्त ४८.१७.

अपचय २४५.१०४२.
अपचापना ६७.५.
अपटुप्रचार २४५.२६२.
अपतन २४५.५६०.
अपत्राप्य १०४.१४.
अपत्राप्यधन ७८.४.
अपदेश २४५.१२११.१२१२.
अपध्वंश २०६.१४.
अपपान २१७.१५.
अपरल २०३.१२.
अपरपर्यायवेदनीय १२१.३.
अपरप्रणेय १२६.४६.
अपरप्रत्यय १२६.४७.
अपररात्र २५३.१४.
अपरशैल २७५.१५.
अपराजिततेजस् २३.८६.
अपराध २४५.६०५.
अपराधीन १२६.४८.
अपरान्त २५३.६०.
अपरान्तक २८०.२१.
अपरान्तकोटिनिष्ठ १६.२२.
अपरामृष्ट ८४.१७. — २४५.६२६.
अपराह्ण २५३.३३.
अपरिनिष्पन्नलक्षण १६६.११.
अपरिपूर्णकारिन् ८४.४.
अपरिमाण २४६.१०८. — °णं २४७.११५.
— २४६.५६.
अपरिमाणपरिवर्त २४६.१०६. —
२४७.११६.
अपरिमित २४६.५५.
अपरिमितज्ञानसंभारपर्येषणाकुशल ३०.२५.
अपरिमितबुद्धाध्येषणाकुशल ३०.५६.
अपरिशुद्ध १२.२.३.६,८.
अपरुषा २०.१४.
अपरुषकेश १८.७८.
अपर्यन्त २४६.११०. — २४७.११७.
अपर्यन्तपरिवर्त २४६.१११. — २४७.११८.
अपललो नागराजा १६७.४६.
अपलाप २४५.१२४०.
अपत्र २४७.८२.
अपवर्ग ६५.६.
अपवाद २४५.४८०.११६०.
अपविद्ध १३०.३८.
अपशब्दविगता २०.४५.
अपस्मार २१२.६. — २८४.२५.
अपस्वापन २४५.२३६.
अपहारिन् १०.२६.
अपहृतभार ४८.१०.
अपाद २७१.१७०.
अपादान ६८.६.
अपान ५३.१.
अपाय २११.२.
अपायस्थान १२७.६३.
अपायं वा १६५.२३.
अपावृत २४५.६४.
अपाश्रय ८३.२. — २४५.५२५.
अपाश्रयण १६.८०.
अपि १५.१०.१२ — १५.१७.१६. — ११२.७.
— २२३.११—१५. — २२५.५२. — २४४.६६.
८६. — २४५.११४० — ११४६. — २८१.३२.
अपि च २२५.६६.
अपि तु २२५.२१.
अपितृज्ञ १२७.२०.
अपुण्योपग २४४.१२३.
अपुरुषया स्त्रिया मार्गगमनं २६१.७४.
अपूप २३०.६४.
अपूर्वमचरम १३४.२३.
अपूर्वाचरम २४५.२५६.

अपोढ १६६.६२.
अपोह्य १६६.१००.१०१.
अपोह्नेप २०२.१३.
अप्कृत्स्नायतन ७२.६.
अप्तेजोवायुनीलपीतलोहित° ७२.१२.
अप्येकत्य २४५.६६१.
अप्रकम्प्य १५१.२५.
अप्रकरो नाम समाधिः २१.६६.
अप्रणिहित ७३.३.
अप्रणिहिताः सर्वधर्माः १०.२३.
अप्रतिकूलो दर्शनेन १६.३०.
अप्रतियाहितभुक्ति २६१.४३.
अप्रतिघ १०१.५५.
अप्रतिनिर्वाति २२३.२८.
अप्रतिपुद्गल १.४२.
अप्रतिप्रस्रब्धमार्ग ३०.१०.
अप्रतिरोध २१.१०३.
अप्रतिवाणि २४५.१२४१.
अप्रतिविरत २४५.८९३.
अप्रतिशरण ६३.२२.
अप्रतिष्ठाध्यानवर्तनो १६.८७.
अप्रतिष्ठितनिर्वाण ६५.४.
अप्रतिष्ठितो निर्वाणे १६.५६.
अप्रतिसंख्याय ६.६.
अप्रतिसंख्यानिरोध १०६.१०३.
अप्रतिसंधि १०६.८६.
अप्रतिसम १२८.१६.
अप्रतिसमः कायेन १६.४३.
अप्रतिहत ६.१६ — १८.
अप्रतिहतचित्त ३०.५०.
अप्रत्यवेत्तासन २६३.२३.
अप्रत्युदावर्तनीय २२३.२७.
अप्रत्युदावर्त्यधर्म १६.७.
अप्रत्युद्धार्यपरिभोग २६१.७२.
अप्रत्युद्धार्यमस्य भवति आनण्यं २७८.१०.
अप्रत्युपकार १४१.७.
अप्रदेशस्थ २४५.२६१.
अप्रपञ्च १४४.१४.
अप्रपञ्चाः सर्वधर्माः १०.२०.
अप्रमाण ६६.५. — ७२.११.१२. —
२४७.११३. — २४६.५३. — °णा १०३.३.
अप्रमाणगतबुद्धमाहात्म्य १६.८६.
अप्रमाणपरिवर्त २४७.११४.
अप्रमाणशुभाः १५६.२.
अप्रमाणसमाधिचर्याधिष्ठित ३०.६६.
अप्रमाणसमाधिसमापत्तिसमन्वागत ३०.६४.
अप्रमाणाभाः १५८.२.
अप्रमाद १०४.२०.
अप्रमेय २४६.५४.
अप्रमेयो ज्ञानेन १६.३८.
अप्ररोहणधर्मक २८१.२१०.
अप्रव्याहार २४५.५८०.
अप्राप्ति १०४.६५.
अप्रियसंप्रयोगे दुःखं ११२.६.
अप्संवर्तनी २५३.६६.
अप्सरस् १६३.५५.
अब्धातु १०१.३.
अब्रह्म २५१.४.
अब्रह्मचर्य २५७.१.
अब्रह्मचर्यविरति २६८.३.
अब्रह्मचारी ब्रह्मचारिप्रतिज्ञाः २७८.१६.
अब्राह्मण्य १२७.१८.
अभय (°पर्याय) ६६. —
अभयगिरिवासिन् २७५.२२.
अभयवशवर्तिता २४५.४५.
*अभव्यो हरितचाप २७८.१२.
अभाजनभूतसत्त्व १२७.१६.
अभाव २०२.३—६.१०.

ग्रभावशून्यता ३७.१६.
ग्रभावस्वभावशून्यता ३७.१८
ग्रभावाः सर्वधर्माः १०.५.
ग्रभावितकाय १२७.३८.
ग्रभिकीर्ण २३७.६०.
ग्रभितु २७८.१.
ग्रभिगीत २४४.१०६.
ग्रभिज्ञात १८७.१०.
ग्रभिजित् १६५.२१.
ग्रभिज्ञा ५८.१ — ४.
ग्रभिज्ञाकर्मन् १५. —
ग्रभिज्ञाज्ञान २४५.१२४५.
ग्रभिज्ञानामन् १४. —
ग्रभिज्ञाविक्रीडित ३०.७८.
ग्रभिद्यमान १५.१३.
ग्रभिद्योतयमान २४४.१०६.
ग्रभिद्रुग्ध २४५.१२३६.
ग्रभिधर्म ६५.८६.
ग्रभिधेय २४५.१२८२.
ग्रभिध्यायाः प्रतिविरतिः ६२.५५.
ग्रभिनमन ६७.१७.
ग्रभिनन्दनोया २०.२६.
ग्रभिनन्दयिष्यति १४५.१७.
ग्रभिनन्दितयशस् १३१.११.
ग्रभिनिकुजित २२३.१६३.
ग्रभिनिरूपणा २४५.१०५०.
ग्रभिनिर्जित २२३.१७२.
ग्रभिनिर्वर्तक २४५.१००६.
ग्रभिनिर्वृत्त ११६.२.
ग्रभिनिर्हार २१.८८. — २५.१२.
ग्रभिनिवेश ११०.२६.
ग्रभिनीलनेत्रगोपक्ष्मन् १७.५.
ग्रभिन्न ६४.१८.
ग्रभिन्नः संस्तूपः ६३.२१.
ग्रभिप्राकिरन्ति स्म २३६.३१.
ग्रभिप्रलम्बते २३६.२४. — २४५.११८.
ग्रभिप्रसन्नानां भूयोभावाय २५५.७.
ग्रभिप्रसाद २५५.६.
ग्रभिप्राय ८८.१—४. — २२३.२८०.
ग्रभिप्रेत २४५.७१५.
ग्रभिभावन ३०.४७.
ग्रभिभू १.४१.
ग्रभिभूत १०.२६.
ग्रभिभूय निर्यास्यति २४५.२३.
ग्रभिभ्वायतन ७१.१—८.
ग्रभिमान १०४.२६.
ग्रभिमानिक १२७.५.
ग्रभिमुख २६.१३. — ३०.२. — २४५.१३५.
— °मुपगतं २४५.२१३.
ग्रभिमुखी ३१.६.
ग्रभिमुखीभूत ३०.५५.
ग्रभियुक्त ३०.६५.
ग्रभियोग ६८.१०.
ग्रभिरत १०.३०.
ग्रभिरतिः शुद्धाधिमुक्तानां १६.३१.
ग्रभिराधन १४५.१६.
ग्रभिरुचित २६.१६.
ग्रभिरूढ २४५.१४२.
ग्रभिरूप २२३.१४३.
ग्रभिलक्षित १४२.६.
ग्रभिलपनता १३८.३६.
ग्रभिलापिन् ३०.४३. — ६७.३३.
ग्रभिलाप्यसामान्य १६६.६१.
ग्रभिलाष १०६.११.
ग्रभिवदमाना ग्रभिवदन्ति ६३.११.
ग्रभिवादन ६७.३२.
ग्रभिव्यक्ति २०१.१८.
ग्रभिषक्त १४६.१६.

अभिषिक्त १९७.२२.
अभिषेक २९.१८. — १९७.२२.
अभिषेचनी २५.१.
अभिष्यन्दयति ८५.६.
अभिष्यन्दित २४५.१८१.
अभिसंस्कार ४६.६.१०.
अभिसंधि ८९.१ — ४.
अभिसमय ६१.१ — ३. — ९५.७.
अभिसमयान्तिक २४५.४८६.
अभिसमयान्तिकं कुशलमूलं ५४.२०.
अभिसमिताविन् १४२.६.
अभिनंप्रत्यय १०९.१५.
अभिसंबुद्ध २४४.९१. — २४५.५०१.
अभिसंबुध्यते २४५.१८०.— °ति २४५.५०२.
अभिसंबोधि ८.१.
अभिसंभोत्स्यते २४५.५००.
अभीक्ष्ण २४५.२३४.
अभीरु ९९.१.
अभुग्नकुत्ति १८.३५.
अभूत् २५३.९२.
अभूत्वाभाव १०९.९९.
अभेद्यपरिवार २४४.६७.
अभेद्यप्रसाद २४५.४१६.
अभेद्यरत्नचूड १७२.२.
अभ्यनुज्ञा २८१.१६.
अभ्यन्तरपट्टिका १९७.१२८.
अभ्यर्हित २३९.२६.
अभ्यवहार २४५.६२७.
अभ्याख्यान २२३.११६.
अभ्युत्साह १८.२५.
अभ्युदय २२४.८.
अभ्युद्गत २४४.१२५.
अभ्युद्यत ३०.१६.
अभ्र १०१.३३.
अभ्रक २३६.६.
अभ्रान्तलक्षण १९९.६३.
अमनसिकार ६८.१. — ७०.४. — ७१.७.
अमनोज्ञ १०१.५६.५७.
अमन्द २४७.१६.
अमम २४६.९९. — २४७.१०३.
अममाः सर्वधर्माः १०.८.
अमलगर्भ २३.६६.
अमातृज्ञ १२७.२१.
अमाप्य २४७.१२७. — २४९.५८.
अमाप्यपरिवर्त २४७.१२८.
अमायाविन् १२६.५८.
अमिताभ २.३.
अमित्र १३६.१. — °कर्मन् १३६. —
*अमिल २८०.१४.
अमी २२५.२६.
अमुक २४५.६९.
अमुक्त १३३.२२.
अमुत्र १५.१६. — °त्रः १४८.३.
अमूढविनय २६४.३.
अमूलक २५८.८.
अमूलकाभ्याख्यान २६१.७३.
अमृत १६८.१०. — २३१.३.
अमृतकुण्डलिन् १९७.९६.
अमृतोदन १८०.५१.
अमेय २४६.१२०.
अमेयपरिवर्त २४६.१२१.
अमोघ ८५.१७.
अमोघकायवाग्मनस्कर्मान्ताभियुक्त ३०.६१.
अमोघदर्शन १६८.२३.
अमोघदर्शिन् २३.७३.
अमोघं राष्ट्रपिण्डं परिभुक्तं १२६.६०.
अमोघसिद्धि २.१.
अमोहः कुशलमूलं १०४.१७.

अम्बा १८८.४६.
अम्बुद् २०३.३३.
अम्ल २३०.२६.
अयम् १०.२४ — २६. — १५.१६.१७. — ७०.१ — ८. — १३८.३४.३५. — २२५.७७. — २४४.१०६. — २४५.८६८. — २७८.१०.
अयं निरोधः ६४.५.
अयं समुदयः ६४.४.
अयव २४६.७८.
अयशस् १२५.४.
अयःशल्मलीवन २१५.१३.
अयस्कान्त २३१.१२.
अयस्तुण्डनागानो यापताः २१५.२१.
अयस्पिण्ड २७३.८१.
अयस्प्रपाटीका २४५.६०८.
अयुत २४६.४. — २४७.६. — २४८.१.२. — २४९.१०. — २५०.५.
अयोग १३०.२०.
अयोगुड २१५.१५.
अयोद्रोणिक २७३.५६.
अर २२७.६.
अरक्तवस्त्रोपभोग २६१.६२.
अरग्वध २३१.५६.
अरजोविरजोनयपुक्तो नाम समाधिः २१.१११.
अरणा २४४.१०३.
अरणसमवसरणो नाम समाधिः २१.११२.
अरणसरणसर्वसमवसरणो नाम समाधिः २१.११३.
अरणासमाधि ४८.५१.
अरणि २४५.७६३.
अरण्य १४९.४.
अरतिनिःसरणं मुदिता ८२.३.
अरनेमि १७६.२५.
अरवाडो नागराजा १६७.५६.
अराव २४७.१८.
अराशीभाव १३०.४२.
अरिष्ट १९८.१२.
अरुणा २८१.६६.
अरुणोद्गत २५३.२१.
अरूपसंज्ञिन् ७०.२. — ७१.३ — ६.
अरूप्यधातु १५५.३.
अरे २४५.३४०.
अर्कपुष्प २४०.७६.
अर्गड २२६.८८.
अर्घ १९७.११८.
अर्चना ९७.४.
अर्चित २३७.५७.
अर्चिनेत्राधिपति १६९.५.
अर्चिष्मती ३१.४.
अर्जन २४५.८०६.
अर्जुन १८५.६.
अर्थ १०.३२. — १९.८१. — २८.१.४. — ३२.४. — ४८.१२. — १९९.१०६. — २००.१६. — २०३.३२. — २४४.१०६.
अर्थय् — प्र १०.३२.
अर्थचर्या ३५.२.
अर्थप्रतिसंवित् १३.२.
अर्थप्रतिसरणेन भवितव्यं न व्यञ्जनप्रतिसरणेन ७४.१.
अर्थवश २४५.२८२.
अर्थविनिश्चय ६५.८१.
अर्थसामान्य १९९.६०.
अर्थान्तराभिप्राय ८८.३.
अर्थापत्ति २०२.६.
अर्थालोचनज्ञान २०२.२.
अर्थोपसंहितं पृच्छति २८१.६.
अर्ध २५०.१२०.
अर्धचोल २३२.७.

अर्धतृतीय २५०.१२२.
अर्धत्रयोदशशतानि २४४.२.
अर्धनाराच २३८.२७.
अर्धपल २४५.३२७.
अर्धयोजनपरिमाणक २२६.११०.
अर्धहार २३७.१३.
अर्धुष्ट २५०.१२३. (B. = अध्युष्ट).
अर्पणा २४५.१०२१.
अर्बुद १६०.२.—२५०.६.—°दः २१५.१.
अर्प १८६.८०.
अर्वाक् २४५.७८४. — २८१.१०२.
*अर्शा २८४.३५.
अर्हत् १.४. — ६३.२३. — °ती १२३.१. — २२३.६६.
अर्हत्प्रतिपन्नक २२३.६५.
*अर्हद्घटोचक्र १३६.२२.
अर्हद्घातक २७१.७.
अर्हद्वध १२२.२.
अलं २४५.११६.
अलक्षणधर्मपरायण १६.२.
अलंकार २३७.१.६०.
अलंकारवत् २०८.२.
अलंकृतः लाक्ष्या १६.२५.
अलमनेन विवादेन १३८.३४.
अलातचक्र १३६.२१.
अलाभ १२५.२.
अलिको नागराजा १६७.४८.
अलिप्तः कामैः १६.४४.
अलोना २०.४७.
अलोक २४७.४८.
अलोभः कुशलमूलं १०४.५१.
अलोहिनी २७१.१७४.
अलौकिकार्योत्पत्ति १६६.१८६.
अल्पकरणीय १२६.१६.
अल्पकृच्छ्रेण २४४.१०७.
अल्पकृत्य १२६.२०.
अल्पतम १३४.१५.
अल्पतर १३४.१४.
अल्पशब्द २६३.१४.
अल्पश्रुत १२७.१७.
अल्पातङ्कता २४४.२३.
अल्पाबाधता २४४.२२.
अल्पेच्छ १२६.२१.
अल्पेशाख्य २४५.६.
अवकल्पना २४५.८८३.
अवकार २१.६६.
अवकाश २४४.४८. — २४५.३७.
अवक्रगामिन् १८.१७.
अवक्रमति २४५.५१०.
अवक्षेपण २०३.२१.
अवग २४६.१६.
अवगाह्य २४५.१६०.
अवचारक १८६.१३७.
अवतंसक २३७.४८.
अवतार ३०.३०.५१.५३. — १६३.१. — २४४.८३.
अवतारप्रेक्षिन् २२३.२८१.
अवतारणाभिसंधि ८६.१.
अवद २४७.१०४.
अवदात ७१.६. — ७२.१२. — १०१.३२.
अवदातकृत्स्नायतन ७२.३.
अवदातकेश २७१.४७.
अवदातच्छविवर्णा २७१.६२.
अवदातनिदर्शन ७१.६.
अवदातनिर्भास ७१.६.
अवदातवर्णा ७१.६.
अवदान ६२.७.
अवदीर्ण २४५.१२८१.

*अवदीर्यन्त २४५.३६२.
अवद्ध १३३.२१.
अवधारणा १०६.१. — २४५.१६४.
अवधि २४५.३१६.
अवध्यान २६१.१४. — २६३.७१.
अवध्यापति २८१.११६.—°त्ति १३२.१४.
अवन २४७.३३.
अवनत १०१.४६. — २३७.६०.
अवनद्ध १७.२७.
अवनद्ध २६१.६०.
अवन्ति १६३.३२.
अवन्ध्य ८५.१८.
अवबद्ध २४४.६२.
अवबोध १४२.११. — १४४.३.
अवभास १४४.१. — २४४.३५.४२.४३.
अवभासनशिखिन् १६८.४८.
अवभासित २४४.३४.
अवमंस्यति १३२.१०.
अवमानन २४५.५५२.
अवमूर्ध १५४.२३.
अवमूर्धक २४५.३६६.
अवयव २००.८. — २०१.३७.
अवयवावयविलक्षणसंबन्ध २०१.३७.
अवयविन् २०१.३७.
अवरः २४६.११. — °रं २४७.१३.
अवरगोदानीय १५४.६.
अवरचामर १५४.८.
अवरभागीय १०६.७४.
अवरमात्रकप्रसाद २४५.४१७.
अवरोपितकुशलमूल २४५.१०१८.
अवर्ण १३२.१.
अवर्णकारक २६३.६०.
अवलो नागराजा १६७.२७.
*अवलपद्य न प्रज्ञायते २२३.२३६.
अवलम्बन २४५.३०१.
अवलम्बित १६७.१०६.
अवलेहक २६३.६४.६५.
अवलोकितेश्वर २३.१.
अववरक १३४.२१.
अववाद ६६.११. — २४५.१३२.११६२. — २६१.२४ — २६.
अवश्यम् २२५.५०.
अवश्यायपट्ट २३२.७०.
अवश्यायबिन्दु १३६.१६.
*अवषङ्ग २२६.७७.
अवष्टब्ध १६२.६.
अवष्टम्भनता १६२.५.
अवसक्त १६२.८.
अवसक्तपट्टदामकलाप २३७.५६.
अवसर २४५.३६.
अवसाद १३२.६.
अवसादमापद्यते २४५.८६५.
अवसापित २०१.१७.
अवसारण २८१.१०६.
अवस्तुकाः सर्वधर्माः १०.१०.
अवस्था २४५.११८०.
अवस्थित ४८.२१.
अवस्फोटन २४५.११५२.
अवहितश्रोत्र १२६.७६.
अवाक्त २४६.१००.
अवान्तरसामान्य २०३.२८.
अवार्षिक २८१.२२४.
अविकालः २४५.३२२. — °ला २०.४६.
अविकल्प २४५.१०४५.
अविकल्पितशरीर १६.१५.
अविकारो नाम समाधिः २१.७०.
अविगोपित २८१.१२५.
अविचार ६७.२.

अविज्ञप्ति १०१.७६.
अवितथाता ६४.५.
अवितर्क ६७.२.
अविद्या १०४.३२. — ११३.१.
अविद्याण्डकोषपटल २४५.५५७.
*अविध्यनता २२६.३१. var.
अविनाभाव २४५.२६६.
अविनाभावसंबन्ध १६६.७४.
अविनिर्भागवर्ति २४५.१६६.
अविनिवर्तनीय २४.४.
अविपरिणामधर्मा २४५.८८१.
अविपरीतमार्गदेशिक १३८.२.
अविपर्यासतथाता ६४.११.
अविप्रणाशः कुशलमूलानां १६.२४.
अविप्रपञ्च १४४.१६.
अविरहम् २५१.६.
अविरत २४५.८६२.
अविरलदन्त १७.८.
*अविवर्तो नाम समाधिः २१.४८.
*अविवार्य २२३.१३२.
अविशुद्धागमोपदेशलक्षण १६६.१२.
अविषमपाद १८.१०.
अविषाद ६६.५.
अविस्मरण २८.३.
अवीचि २१४.८.
अवृहाः १६१.१.
अवेलवान् २४५.३४७.
अवेणिक ११. — २६. —
*अवेत्यप्रसाद २४५.४१८.
अवैर ६६.५.
अवैवर्तचक्र ६५.३६.
अव्याकृतमूल २०६. —
अव्यतिक्रमण २४४.७६.
अव्यक्तीकृत २४५.६३७.
अव्यपदेश्य २००.२०.
अव्यभिचारि २००.२१.
अव्ययीभाव २०६.२५.
अव्यत्रकीर्ण २४५.८३०.
अव्यापद् ८२.५.
अव्याबाध ६६.५.
अशबल ८४.१४.
अशस्त्र १८२.७.
अशाक्यपुत्रीय २७८.३.
अशाश्वत २०६.२—४.
अशाश्वतो लोकः २०६.२.
अशितपीतखादितास्वादितानि सम्यक्सुखेन परिपाकं गच्छन्ति २४५.६२४.
अशीर्षक २७१.६८.
अशुभभावनाः ५२. —
अशुश्रूषमाणेषु समचित्तता ११.२.
अशैक्ष ६५.६.
अशैक्षमार्ग ६४.१२.
अशोकः १८४.११. — °कं २४०.२५.
अश्मकरात्ना १८०.३६.
अश्मगर्भ २३५.१५.
अश्मगर्भकेसर २४२.४.
अश्रद्ध १०४.५२.
अश्रमण २७८.२.
अश्रमणाः श्रमणप्रतिज्ञाः २७८.१८.
अश्रामण्य १२७.१६.
अश्रु १८६.१२०.
अश्लोल १२८.२६.
अश्लेषा १६५.७.
अश्व २१३.३७.
अश्वक २८२.५. (B. = अश्वजित्)
अश्वकर्ण १६४.२. — २७१.७०.
अश्वकाय १८३.२.
अश्वघोष १७७.७.

अश्वजित् ४७.८.
अश्वगोड २७१.६५.
अश्वतर १६७.६६.
अश्वतरी २१३.४७.
अश्वदत्त २७१.१०५.
अश्वनाम २७१.८६.
अश्वपति १८६.३०.
अश्वपृष्ठ २१७.३१.
अश्वनेपथ्य २२१.१५.
अश्वरत्न १८१.१२.
अश्वशाला २२६.११७.
अश्वाजानेय २१३.५.
अश्वारूढ २६२.६२.
अश्विनी १६५.२७. — °निः २५३.५१.
अश्विनी कुमारौ १६२.३.
अष्टम ७०.८. — ७१.८. — २५०.१३७.
अष्टमकभूमि ५०.३.
अष्टमिक २३०.७६.
अष्टसाहस्रिकाप्रज्ञापारमिता ६५.२.
अष्टादश २५०.३७ и въ сложеніи со слѣдующими десятками.
*अष्टापदनिबद्धा २३७.६२.
*अष्टुचक्रं २७३.४६.
अष्टौ २५०.२७.
अस् ६.१ — १२. — १२.२.४.६.८. — १५.१६. — ६८ ३. — ७०.६. — ८१.६. — २४४.३६. — २४५.२७२.
असंलुलितकेश १८.७७.
असंत्रासिक २७१.३.
असंसृष्ट ग्रासूप्येः १६.४६.
असंस्कृत १०६.१०१.
असंस्कृतशून्यता ३७.८.
असंहार्य २२३.१२८.
असंहार्यगोचर १६.८.
असक्त ३०.६१.
असंक्लिष्टाः सर्वधर्माः १०.१३.
असंख्य २४६.५२.
असंख्येय २४६.१०६. — २४७.१११.
असंख्येयपरिवर्त २४६.१०७. — २४७.११२.
असंख्येयकल्पप्रणिधानसमारब्ध ३०.४२.
असंख्येयलोकधातुबुद्धानुस्मृतिसमाधिसततसमितअभिमुखीभूतः ३०.५५.
असङ्ग ६.१६ — १८. — १०.३२. — २१.११८.
असङ्गधारणीसमाधिप्रतिलब्ध ३०.६.
असङ्गमुखप्रवेशा २५.८.
असज्जमान १५.१०.
असंज्ञासमापत्ति ६८.१०.
असंज्ञिसमापत्ति १०४.६६.
असत्कार्य २०३.३१.
असत्त्वाख्य १०२.१६.५७.
असन २४०.३०.
असनिदर्शन १०१.५३.
असन्पते चासन्ने १६६.४६.
असभ्य २४५.७८८.
असम १२८.१७.
असमञ्जस १६६.११५.
असमाप्त २४६.११२. — २४७.११६.
असमाप्तपरिवर्त २४६.११३. — २४७.१२०.
असमप्रज्ञ ४८.३६.
असमयविमुक्त ४६.१८.
असमसम ५. — १२८.१८. — २४४.१६६.
असमसमो नाम समाधिः २१.८२.
असमाहित ६.४.
असंपन्न ६६.५.
असंप्रख्यान १२७.३७. — १३३.२६.
असंप्रग्रन्थ १०४.५७.
असंप्रज्ञान २४५.४८८.
असंप्रमुषित २६.१७.

असंप्रमोष २८.४. — ३९.४. — १०९.१३.— १२६.२.
असंप्रमोषो नाम समाधिः २१.७१.
असंभव २४५.५०७.
असंभिन्न २४५.४६९.
असंभिन्नतथागतविमोक्षज्ञाननिष्ठागत १९.२८.
असंभेद २२३.११९.
असंमताववाद २६१.२४.
असंमूढ २४५.२५७.
असार १०.२७. — २४५.९१३.
असित १८ ६३.
असिद्ध १९९.२२.८८ — ९४.
असिधार २१५.१२.
असिधारोपम २२४.१९.
असिपत्त्रवन २१५.१४.
असुख ६७.४.
असुर १६६.५. — °रा यथा १७१. —
असुरप्रभा २२६.६.
असेचनको रूपेण १९.४२.
अस्तं गच्छति १३०.३६.
अस्तंगम ६७ ४.—६८.१.— ७०.४.—७१.७.
अस्तमितनाववाद २६१.२५.
अस्त्रजित १८१.३.
अस्थान ७.१.
अस्थानमेतत् २४५.२८.
अस्थि १८९.१०४.
अस्थिभेद २८४.४२.
अस्थिसंज्ञा ५२.९.
अस्थीकृत्य ९८.२१. (B. आ°)
अस्मिमान ८२.५. — १०४.२८.
अस्मिन् २२५.७.
अस्मिन्निदाने २८१.१०.
अस्मिं प्रकरणे २८१.११.
अस्मिं वस्तुनि २८१.१२.
अस्मिं सतीदं भवति २४५.१०९८.
अस्य २२५.९२.
अस्यां २४५.८४८.
अस्यामुत्पत्तौ २८१.९.
अस्योत्पादादिदमुत्पद्यते २४५.१०९९.
अस्वतंत्र २४४.१०२. — २४५.१२४३.
अस्वामिकाः सर्वधर्माः १०.९.
अहम् १५.१९. — २४४.५४. — २४५.३३६. — २५५.१०. — २६८.१२.
अहंकार १०९.७७. — २०१.७.
अहस्त २७१.१६९.
अहिंसा १०४.२२.
अहो २२५.४७.
अहोरात्र २५३.३५.
अहोरात्रकल्प २७७.४.
अह्रास २८१.२१६.

आ

आकम्प्य २४.३.
आकर १.६६.६७. — २४५.८९७.
आकर्षण १६७.२५. — २८१.१६४.
आकर्षणी १६७.८१.
आकर्षयति २४५.३४४.
आकल्पित ३०.३४.
आकस्मिक २४५.१११९.
आकाङ्क्षमाण २४५.८२३.
आकार २०.९०. — २१.९७.१०९. — ६४.१. — १२८.२२. — २४५.१७५.
आकारानपकारो नाम समाधिः २१.९०.
आकाराभिनिर्हारो नाम समाधिः २१.८८.
आकालिक ६३.१५.
आकाश १५.११. — ६८.२. — ७०.४. — ७१.७. — २४५.८८०.

आकाशकृत्स्नायतन ७२.६.
आकाशगर्भ २३.३. — ६५.१८.
आकाशतल २४५.४७७.
आकाशधातुपर्यवसान १६.२१. — २४५.२७.
आकाशासङ्गविमुक्तिनिरुपलेपो नाम समाधिः २१.११८.
आकाशसमचित्त ३०.१६.
आकाशस्फरणो नाम समाधिः २१.२३.
आकाशानन्त्यायतन ६८.१.२. — ७०.४.५. — ७१.७.८. — ११६.५. — १६२.१.
आकाशे विक्रमते तद्यथा पक्षी शकुनिः १५.११.
आकिञ्चन्यायतन ६८.३.४. — ७०.६.७ — ११६.७. — १६२.३.
आकीर्णबहुजनमनुष्य २४५.१४.
आकुञ्चन २०३.२२.
आकृति २२३.१३६.
आकृष्टमन्त् १४३.१६.
आकोटन २८१.५७.
आकोटयेत् २८१.६०.
आक्रमण ३०.१२. — २४५.५०८.
आक्रमपति २४५.५०९.
आक्रुष्टेन न प्रत्याक्रोष्टव्यं २६६.१.
आक्लिष्ट १०.३०.
आक्षपटलिक १८६.२५.
आक्षिप्त २४५.२०८.६६३.
आक्षेप २४५.४५१.
आख्यान २४५.७२३.
आख्यायिन् १६.६३.
आगच्छ २४५.२४५.
आगच्छति २२३.२३.
आगतफल २४४.७७.
आगन्तुक २४५.५३१. — २७०.३३.
आगम ६६.२. — ११६.५.१२.१७.
आगमनिर्गमौ २२३.२४.
आगमः पुण्यनिधानानां १६.२६.
आगमक २८१.६७.
आगमयमानास्तिष्ठति २४५.२१०.
आगमयस्व २४५.२०६.
आगमिक २७०.३५.
आगाढीकरिष्यति २४५.५६१.
आगामिन् २५३.१००.
आगारं २२६.२२. — °रः २४७.१०.
आग्नेयी २५४.१३.
आघट्ट १०६.२६.
आघात १०६.२२.
आचमन १६७.१२२.
आचय २४५.१०२६.
आचार २४५.६७१.
आचेष्ट १३८.२४.
आचाम २४५.११०५.
आचारविपन्न २७८.२२.
आचारशील १२६.५.
आचारस्थ १२६.६.
आचार्य २६८.६. — २७०.१५.
आचार्यमुष्टि २४५.१२३.
आचित २४५.१०३१.
आजानेय ४८.६. — २१३.१.३.५.
आजावं जवसमापन्नः २२४.२४.
आजीव १०.२८.
आजीवविपन्न २७८.२३.
आज्ञा ४८.१३.४२.
आज्ञाकर १२६.६.
आज्ञाचित्तेन २४५.८५३.
आज्ञातकौण्डिन्य ४७.१.
आज्ञातावीन्द्रिय १०८.२१.
आज्ञापक २८१.६८.
आज्ञापनीया २०.२७.
आज्ञापयेत् २४५.१०५७.

आज्ञामारागयति २४५.११६४.
आज्ञाविक्रेठन २६१ १५.
आज्ञाव्याकरण २४५ १६.
आज्ञेन्द्रिय १०८.२०.
आज्ञेया २०.२२.
आटवकावत्त १६६.११.
आटविक १८६.२०.
आटानव २२०.७६.
आढ्य २४५.६६४.
आणिप्रत्याणीनिर्हारयोगेन २४५.४६०.
आतप १०१.३८.
आतप्तकारिन् ९८.१८.
आतान २४५.११११.
आतापनत्व १८ १. (!)
आतापिन् ९८.१७. (B. °तापिन्)
आतुर १९२ १७.
आनमनम् १४५.३.
आत्मन् १.२६. — १९.८२. — २०७.१. — २०८.१.२.४ — ६.८ — १०.१२ — १४. १६ — १८.२०.
आत्मक ३० ७२.७३. — २००.२२.
आत्मकाम २४५.१२०१.
आत्मपाक २०५.१.
आत्मज्ञ १२६ ४०.
आत्मदृष्टि १०९.३९.
आत्मनः सम्यक्प्रणिधानं ८३.३.
आत्ममान १०९.४०.
आत्ममोह १०९.३८.
आत्मस्नेह १०९.४१.
आत्महित १४१.२.
आत्मीय २०८.३.७.११.१५.१६.
आत्मीय द्रव्यं भृत्यवत् २०८.३.
आत्मीयं विज्ञानं २०८.१६.
आत्मीया वेदना २०८.७.
आत्मीया संज्ञा २०८.११.
आत्मीयाः संस्काराः २०८ १५.
आत्मेन्द्रियार्थाध्यदुत्पन्नं ज्ञानं प्रत्यक्षं २०३ ३२.
आत्मोत्कर्ष १२७.३.
आत्मोपक्रम २४५ ७६५.
आ त्रयान् २८१.१२४.
आत्रेय १७६.१४.
आदर ९७ ११.
आदर्श २३३.२२.
आदर्शज्ञान ५.१.
आदर्शमुखो नागराजा १९७.७०.
आदानविज्ञान १०५ २.
आदिकर्मिक १९.३७. — २८१.४२.
आदित्य १६४.१.
आदित्यगर्भ २३ ६४.
आदीनव २४५ ६०३.
आदीप्त १५.१६. — २२३.१७४.
आदीप्तशिरश्चैलोपम ९८.१४.
आदीप्ताः कामाः २२४.११.
आदेयवाक्य १२८.५०.
आदेशनाप्रातिहार्य १६.२.
आदौ कल्याणं ६३.२.
आध्यात्तिक २४५.११७८. (आत्य°?)
आद्रियते २४५.१०८१.
आधार २४५ ६४६.
आधारमुद्रो नाम समाधिः २१.२०.
आधारणी १९७.५४.
आधाराधेयलक्षणसंबन्ध २०१.३५.
आधिपतेय २४५.७८६.
आधिपत्य २९ ९.
आधुनाति १२६.७३.
आधेय २०१.३५.
आधेयातिशय १९९.४८.

आत्मान २८४.१६.
आनन्तर्यमार्ग ५४.१८.
आनन्तर्यसमाधि ३२.५.
आनन्द ४७.११. — १८०.५८.
आनन्दपर्दृक २८०.३३.
आनति २४५.१२४४.
आनापानस्मृति ५३.१.
आनिञ्ज्य २४४.१२४.
आनीयतां २४५.२४६.
आनुचङ्क्रमिक १०६.६२. вар. —
२४५.६१३.
आनुलोमिक २४५.६१२.
आनुलोमिकी १३३.३२.
आनुलोमिकी क्षान्तिः २४५.१६८.
आनुषङ्गिक २४५.१००२.
आन्तरिक्षवासिन् १५६.२.
आप् — अच् १०६.८३. — २४५.५०३.
आपत्ति २०२.६. — २८१.२२.
आपत्तिव्युत्थान २६५.१०.
आपत्पण्डक २७१.१८.
आपत्पोषध २६६.२०.
आपन्न ११०.७. — २२३.६०.
*आपोडकजात २३७.६१.
आप्त १३५.६.
आप्यायन १६७.१३०.
आबद्ध २६.१८.
आबद्धः परिकरः २४५.२५.
आबर्हण २६५.१८.
*आब्रीडशन्यं २४५.८१०.
आभया परिस्फुटोऽभूत् २४४.३२.
आभरण २३७.२.
आभास्वरा ११६.३. — १५८.३.
*आभिचारुक १६७.६.
*आभिप्रायिक २४५.३१५.
आभिनैर्वेपिक २४५.१०६६.
आभीर १८६.१५६.
आभोग १०६.१०.
आभ्यवकाशिक ४६.६. — २४५.१०८०.
आमन्त्रयते स्म २४४.५०.
आमलक २३१.२८.
आमात्य १८६.१२.
आमाशय १८६.६८.
आमिष २६३.७०.७२. — ७१ २४५.३५१.
आमिषकिञ्चित्कावबाद २६१.२६.
आमिषकिञ्चित्कहेतोः १२७.३४.
आमृशति २८१.१६६.
*आम्नात २४५.४५४.
आम्नाय २४५.११६२.
आयनीर्वो नागराजा १६७.४५.
आम्र १०१.६३.
आम्रचेतनः २३१.८.
आय १३३.६.
आयत १८.६८. -- २४५.५११.
आयतन १६.४६. — १०६.१ — ६२. —
१६२.१ — ४.
आयतनपरिपालित १८.४५.
आयतपादपार्ष्णि १७.३१.
आयतभ्रू १८.६४.
आयति ७७.१ — ४. — १४८.५.
आयत्यां संवरमापद्यते ८४.२४.
आयाम १३४.१.
आयुध २३८.३४.
आयुधजीविन् १८६.११०.
आयुधागार २६३.१०१.
आयुर्वशिता २७.१.
आयुर्वेद २२१.७.
आयुःकषाय १२४.१.
आयुष्मत् २८१.२१.

आयुस् १५.५६.
आयुःसंस्कारानुत्सृजति २४५.५२.
आरं १३३.१७.
आरण्यक ४६.७.
आरण्यवराह २१३.२६.
आरम्बणाक्र २२६.६६.
आरम्बणच्छेदनो नाम समाधिः २१.६०.
आरम्भ ६८.३.
आरा २३३.२३.
आरागण २४५.४२३.
आरागपति १२६.४५.
आराडकालाम १७८.३.
आरात् २४५.६४४.
आराधन १४५.१५.
आराम १६३.६. — २२६.१०५.
आरामिक १८६.१७३.
आरूप्य १६.४६.
आरूप्यप्रतिसंयुक्त १०६.६७.
*आरोग २४५.११८.
आरोचन २८१.६५.
आरोपण २२३.२७१. (!)
आरोह १३४.६.
आरोहपरिणाहसंपन्न १३४.५.
आर्जव १२६.१४.
आर्त २४५.६२८.
आर्तस्वरं क्रन्दति २१५.२३.
आर्तीयते ६६.१२.
आर्द्रक २३०.१२.
आर्द्रा १६५.४.
आर्य २४५.६२०.
आर्यकान्त ८४.२०.
आर्यगण २२३.६०.
आर्यदेव १७७.३.
आर्यपुद्गल १६.२६.
आर्यप्रमाण ६६. —
आर्यब्रह्मविशेषचित्तपरिपृच्छा ६५.४२.
आर्यभृकुटी १६७.४८.
आर्ययमान्तक १६७.६६.
आर्यरत्न १२. —
आर्यवंशसंतुष्ट १२६.२२.
आर्यशूर १७७.६.
आर्यसंघ २२३.६७.
आर्यसत्यानि (चत्वारि) ५४. — ५४.१.
आर्यसत्यानां प्रथमपरिवर्तो दर्शनमार्गः ६४.२.
आर्यसत्यानां द्वितीयपरिवर्तो भावनामार्गः ६४.७.
आर्यसत्यानां तृतीयः परिवर्तो ऽशैक्षमार्गः ६४.१२.
आर्यसंमतीयाः २७५.६.
आर्यसर्वास्तिवादाः २७५.१.
आर्यस्थाविराः २७५.१६. (°स्थवि°?)
आर्याष्टाङ्गमार्ग (°नामन्) ४४. —
आर्यासङ्ग १७७.४.
आर्ष ६६.३.
आर्षभं स्थानं प्रतिजानीते २४५.७१६.
आर्हत १७८.५६.
आलप्तक १३५.१.
आलम्बते २४५.५१६.
आलम्बनप्रत्यय ११५.३.
आलम्भ २१७.२६.
आलम्भन २८१.१६८.
आलयविज्ञान १०५.१.
आलस्य १२७.६६.
आलाबू २३०.६०.
आलि १६५.१७.
आलिङ्गन २८१.१७१.
आलिङ्गित २४५.३०४.

आलीढ १६७.३२.
आलु २३०.४८.
आलेख्यचित्रितेव दर्शनीयः २२३.१४०.
आलेख्यो विलेख्यो २२३.१६०.
आलोक १८.३२. — २१.५७. — १०१.२६. —
१५२.३.
आलोककरो नाम समाधिः २१.५२.
आलोकनीय १६.५८.
आलोकलब्ध ३२.२.
आलोकवृद्धि ३२.३.
आलोकमुखेगघन १७४.६.
आलोकित २४५.२३०.
आलोचन २०२.२.
आलोप २३०.८४. — २६३.४६.५१ — ५३.
आवत्तक २७५.११.
आवरण ३०.६.४०.— ६५.५८.— २४४.१०४.—
२४५.११०.
आवर्जितमानस १२६.८०.
आवर्त १७.२.२१. — १८.१५.३८.
आवर्तन २४५.४६३.
आवसथ २२६.१०.
आवस्थिक २४५.११७४.
आवाम १०.३०. — ११६. —
आवाह २२३.२४७. — २८१.२६१.
आवाहन १६७.२४.
आविद्ध २४५.६६२.
आविर्भवति तिरोभावमपि प्रत्यनुभवति
१५.८.
आविर्भाव २०१.१६.
आविष्करण १३८.४३.
आविल २४५.३१६.७८५.
आवीत २०१.३१.
आवेध २४५.४५२.५६८.११२७.
आशय १६.६०. — २४५.७१२.
आशयतः २४५.७१४.
आशयबल २६.१.
आशा ३०.६३. — १६७.७०. — २४४.७१. —
२४५.७१३.
*आशिशः १३७.२.
आशीर्वाद १३७.१.
आशीविष २२३.१५०.
आशु २४५ ४४८.
आशुगन्ध २३.७०.
आशुतरवृत्ति २४५.१५७.
आशुप्रज्ञ ४८.२८.
आश्चर्य २४५.७५६.
आश्रम १५०.२.
आश्रयणीय २८०.३७.
आश्रयपरावृत्त १३०.२६.
आश्रयभूतत्वपणात् १०६.२.
आश्रयासिद्ध १६६.६२.
आश्रित्य १६६.२.
आश्लेष २४५.२१८.
आश्वसन् ५३.८.१०.१२.१४.१६ १८.२०.२२.
आश्वस्त १६.६७.
आश्वासक ६६.३६.
आषाढ २५३.४८.
*आसक्तप्राडुर्भावी पण्डकः २७१.१६.
आसंज्ञिक १०४.६८.
आसंज्ञिसत्त्वाः ११६.६.
आसदन २४५.१०१८.
आसन १५.१. — २६३.८०.
आसन्दी २४५.५२४.
आसन्नीभूत २२३.३७.
आ सप्तमं युगमुपादाय २८१.५१.
आसाद्य २४५.१०१६.
आसाधिक २६३.१०६.
*आसिक्यपण्डक २८४.७६.

आसीत् २५३.६३.
आसेवित १२१.१३.
आस्तीर्ण १६५.२७.
आस्था ११०.३०.
आस्थानमण्डप २२६.६८.
आस्थितिक्रिय ६८.६.
आस्पद २२६ १२६.
आस्फारणकसमाधि ६७.१०.
आस्फालन २४५.१२५४.
आस्य २४५.८४६.
आस्रव ७.१०. — ८.२. — ४८.१. — १०६.५६. — १२६.३. — २५५.८.
आस्रवक्षयज्ञान १४.७. °बल ७.१०.
आस्वादनसंप्रयुक्तध्यान ८५.७.
आस्वादनीयो घोषेण १६.४१.
आहरण २४५.२६२.
आह्वनीय ६७.१६.
आहार १५.१६. — २६.१२. — ११८.१—४.
आहारक १८६.१८१. — २२३.२८७.
आहारे गृद्धिर्भवति ११०.३५.
आहारे प्रतिकूलसंज्ञा २४५.६००.
आहार्यपादकारोहो २६१.२०.
आहिण्डुण्डक १८६.६६.
आकुतिद्रव्य १६७.१६.
आहो स्वित् २२५.४४.
आह्वोक्य १०४.५०.

इ

इ-अधि Caus. २४५.८१६.
-अनु २२३.४६.
-उप २२३.१६.
-सम् २४५.१४६.
इक्षु २३०.१३.
इक्षुवन १६६.२५.
इक्ष्वाकुर्नाम राजा १८०.४५.
इक्ष्वाकुकुलनन्दन १.८०.
इङ्गितज्ञ १२६.३३.
इच्छान्तिक ११०.२०.
इच्छा ११२.७. — २०३.१४.
इञ्जित २४५.८१०.
इट्टा २४८.२८.
इतरेतरान्तर्भाव २४५.११८.
इतरेतराभाव २०२.५.
इति १०.३२. — ६७.२. — ६६.६ — ७०.४ — ६. — ७१.७.८. — ७२.११.१२. — ८१.६. — १५४.१६. — २७० ३६.
इतिवृत्तक ६२.८.
इतिहास २४५.७२५.
इतिहासक २१६.१८.
इति हि तद्धक्षणगणनया सुमेरुपर्वतराजो लवनितिपक्रियया परिक्षयं गच्छेत् २४८.२४.
इत्वर १३४.१६.
इदं १०.३२. — ६६.६. — ७१.१ — ८. — १८२.७. — २२५.७८. — २४४.६५. — २४५ ३३६.३८६.१०६८ १०६६.
इदं तत्रेदं ममेति २४५.३३६.
इदं दुःखं ६४.३.
इदं पुनरग्रमसङ्गज्ञानमुत्सृज्य विशिष्ट° १०.३२.
इदानीं २५३.८२.
इन्द्र १६३.४०. — २४६.३४.
इन्द्रकील २२६.८६.
इन्द्रकेतुर्नाम समाधिः २१.२६.
इन्द्रगोप २१३.६६.
इन्द्रचाप १६८.३.
इन्द्रजाल १३६.१७.
इन्द्रघन १६८.५४.

इन्द्रनील २३५.२.
इन्द्रनीलकर्कटिका २४२.३.
इन्द्रयष्टि १६८.३६.
*इन्द्रशैलगुहा १६३.२२.
इन्द्रसेन १६८.१.
इन्द्रहस्त २२१.१३.
इन्द्रायुधशिखिन् १६८.६७.
इन्द्रिय ७.५. — १८.७०. — २०.५५. — ४१.१ — ५. — ६०.१ — ३. — १०१.१७ — २१. — १०४.६६. — १०८.१ — २२. — २०२.१. — २०३.२५.३२.
इन्द्रियपरापरज्ञानबल ७.५.
इन्द्रियवैकल्य १२०.७.
इन्द्रियवैमात्रता ६०.—
इन्द्रियार्थसंनिकर्षोत्पन्नं ज्ञानं प्रत्यक्षं २००.१५.
इन्धन १६७.१११.
इममर्थवशं संपश्यमानः २४५.२८२.
इमावपि चन्द्रसूर्या १५.१७.
इमे १०.२७ — ३०. — २२५.२५.
इयं २२५.७६.
इयं दुःखनिरोधगामिनी प्रतिपत् ६४.६.
इव २२३.१२७.१४०. — २४५.४२.
इषिका मापिता भवन्ति २४५.६४२.
इषुक्षेप २२३.२७२.
इष्ट २४५.१७३.
इष्टक २४५.३६८.
इष्टि २२१.१७.
इषस्त्राचार्य १८६.७४. — २१७.१३.
इह १५.१६. — २२५.६.
इहजन्म १४८.४.
इहत्र १४८.२.
इहपरत्राकार १४८.—

ई

ईत् — उपपरि २४५.१०४७.
ईहित २४५.६०१.
ईति २८४.७०.
ईदृश २४४.११७.
ईर् — उद् १३८.२०.
-प्रत्युद् १३८.३७.
ईर्यापथ १५.२. — २८.२. — ४८.४०. — २४५.६७१.
ईर्ष्या १०४.४४.
ईर्ष्यापण्डक २७१.१७.
*ईशाधर १६४.५.
ईशान १६३.३६.
ईशित्व २०१.१२.
ईश्वर १.३३. — २२.११. — १६३.११.
ईषा २२७.८.

उ

उग्र १४६.३.
उग्रपरिपृच्छा ६५.७२.
उचित २४५.११७५.
उच्चकुल १८७.६.
उच्चतारक २६३.८०.
उच्चलित २४५.८२४.
उच्चशयनमहाशयनविरति २६८.७.
उच्चाटन १६७.२८.
उच्चारप्रस्राव २६३.५०३ — १०५.
उत्कङ्कपाद १७.२१.
उत्कङ्क २४८.७.८.
*उत्काघन २२३.११२.
*उत्कर्कार २८१.१२७.
उच्छिष्ट २४५.७०५.

उच्कुम्भ १९७.६८.
उच्कुष्यते २४५.२६१.
उच्केत्स्यति १३०.३६.
उज्ज्ञङ्किका २६३.२३.
उज्जयनी नगरी १९३.२५.
उट्टङ्किका २६३.२२.
उताहो २२५.४२.
उत्कच २८०.२६.
उत्काटो नाम द्रोणमुखं २२३ २१०.
उत्कर्ष १२७.३.—२४५.१०३४.—२५३.७१.
उत्कारिक २४५.१२१०.
उत्काशनशब्द १३८.४०. nap.
उत्कासनशब्द १३८.४०.
उत्कुटुकस्थ २८१.७५.
उत्कुटुकासन २४५.३०६.
उत्कुटुक्रिका २६३.२५.
उत्कूल १३४.२८.
उत्कृष्ट १२८.५४.
उत्कृष्टिका २६३.१८. — °कृत २६३.१४.
उत्क्षिप्तानुवृत्ति २६१.६०.
उत्क्षिप्ते पादे उन्नमति २४५.२६७.
उत्क्षेप २२३.३६.
उत्क्षेपण २०३.६०.
उत्क्षेपणीय २६५.८.
उत्तप्त ९८.२८.
उत्तम १.४०. — १२८.५.
उत्तमद्युति २२.४.
उत्तमपुरुष २०९.३१.
उत्तमाङ्ग १८.७३.
उत्तर १२८.२.३. — २५४.५.
उत्तरो नागराजा १९७.३३.
उत्तरकुरु १५४.१८.
उत्तरग्रन्थ ६५.१०३.
उत्तरण ९६.५५.
उत्तरतल्प १९७.२.
उत्तरपत्त १९९.४०.
उत्तरपूर्वा २५४.६.
उत्तरफल्गुनी १६५.१०.
उत्तरभाद्रपदा १६५.२५.
उत्तरमनुष्यधर्मप्रलाप २५७.४.
*उत्तरमनुष्यधर्मपुक्कतो २८१.३६.
उत्तरमनुष्यधर्मारोचन २६१.७.
उत्तरमल्लिणः १५४.११.
उत्तरसाधक १९७.४०.
उत्तरा दिगवनमति दक्षिणा दिगुन्नमति १५१.२२.
उत्तराषाढा १६५.१६.
उत्तरासङ्ग २४४.१४. — २७२.२.
उत्तरिधन्नाग्रमणि २४८.२५.
उत्तरिपरमाणुरजःप्रवेश २४८.२३.
उत्तरोत्तर २४५.२३३.
उत्तान ६३.२५.
उत्तानीकरिष्यति १३८.१२.
उत्तार २८१.११०.
उत्तिष्ठ २४५.२२८.
उत्तिष्ठति २४५.२३६.
उत्तीर्ण १९.५३.
उत्थकारक २८१.६३.
उत्थान २८१.१२४.
उत्थापक २०७.१५.
उत्थापन २२३.२७३.
उत्थाप २४५.२४२.
*उत्थापन २४५.२९.
उत्थास्यति २४५.२४०.
उत्थित २४५.२४१. — २६३.७१.७७.१०३.
उत्पत्ति १९९.१०६. — २८१.६.
उत्पथ १०.३५. — २६३.८८.
उत्पन्न २००.१६. — २०३.३०.

उत्पन्नानां कुशलानां धर्माणां स्थितायै°
३९.४.

उत्पन्नानां पापकानामकुशलानां धर्माणां प्रहाणाय छन्दं जनयति ३९.२.

उत्पल २१५.६.—२४०.३.—२४६.१०१.— २४७.१०५.

उत्पलको नागराजा १६७.६०.

उत्पलवर्णा ४७.३४.

उत्पात १९८.११. — °निमित्त १९८. —

उत्पातक २१३.८९.

उत्पाद १९.८८. — ३९.३. — २४५.१०९९.

उत्पादन १२२.५.

उत्पिण्ड २३०.८३.

उत्प्लुत्य २४५.३०१.

*उत्पिका २८४.५८.

*उत्पव २४५.१२८५.

उत्स १९५.१३.

उत्सक्तिका २६३.५६. — °कृत २६३.८१.

उत्सङ्ग २४५.३११. — २६९.२३.

उत्सद १७.१५.

उत्सदगात्र १८.२९.

*उत्सदन २४५.३७९.

उत्सरण १९९.८०.

उत्सर्ग २४५.४७९.

उत्सर्जन १३०.५८.

उत्सव २२९.८.

उत्साह ९८.८. — १०९.१८.

*उत्सूढि ९८.१. — २४५.१२७१.

उत्सृजति १३०.१२.

उत्सृष्ट १३०.५६.

उत्सृष्टं हन्ति १३०.५०.

उदक १५.१२.१३. — २६३.७०.७२.७७. १०३.

उदकचन्द्र १३९.८.

उदकदत्त २८१.२४५.

उदकधार १९५.२६.

उदकभाण्ड २७३.१०२.

उदकभ्रम २८१.९०.

उदकस्थालक २६३.६९.

उदकहर्षण २६१.६८.

उदके ऽव्यभिद्यमानो गच्छति तद्यथापि नाम महापृथिव्यां १५.१३.

उदग्र १४५.८.

उदपानकल्प २७७.५.

उदयन १६८.५५.

उदयनवत्सराजा १८४.८.

उदयिन् ४७.२८.

उदर १८.३६. — १८९.६७.

उदान ६२.५.

उदायिन् २८२.६.

उदार १३४.९.

उदारमति १०.३२.

उदारविपाक २४५.५८३.

उदाराधिमुक्तिक १२६.४.

उदाहरण १३९.७८.

उदाहरणयोगिन २४५.५७.

उदाहार १३८.२२.

उदीरयति १३८.२०.

उदीर्ण २४५.२५८.

उद्धत २१.६.

उद्धार १८९.१२६.

उद्घाटिका २६३.५७. — °कृत २६३.८३.

उद्घूर्णा २६१.५३.

उद्धृहीत २८.३.

उद्धृहण २८.१. — ३३.६.

उद्घाटितज्ञ १२६.३१.

उद्घान ६६.४७.

उद्घापाद २४५.५६६.

उद्दिशति १३८.१०. — ०म्म २४५.२५४.
उद्दिष्ट १३८.२३.
उद्देशक २७४.१.२.
उद्धत १२७.१०.
उद्धनन २२३.१२०.
उद्धुर २४५.६११.
उद्धृत २४५.७२६.
उद्धृतकाठिन २८१.२०४.
उद्विल्यकारिन् २०.१८.
उद्भिद १६५.१६.
उद्यत ६८.२६.
उद्यम ६८.२६.
उद्यान २२६.१२५.
उद्यानपाल १८६.१७२.
उद्यूथिकागमन २६१.११.
उद्योग ६८.११.
उद्योगित २४५.७६०.
उद्र २१३.६६.
उद्रको रामपुत्रः १७८.४.
उद्रायण ४७.३२.
उद्विग्नमानस २४५.४०४.
उद्वेग २४५.४०७.
उद्यस्तिका २६३.२०.
उन्नत १०१.३८. — १२७.११. — २२३.२००.
उन्नति २०३.३५.
उन्मज्जन १५.१२.
उन्मत्तक २८१.४२.
उन्मद २१२.७.
उन्माद २४५.१४७.
उन्मिञ्जित १३३.२४. -- २४४.८१.
उन्मुखज्ञात २४५.१३६.
उन्मेष २४५.७६१.
उपकारण २३३.२. -- २३६.२२.
उपकार १४१.४.
उपकालो नागराजा १६७.२५.
उपकुश १८०.१६.
उपक्लेश १०६.१६.
उपग १०.३१. — २२३.२१.
उपगति २६६.२२.
उपगम २४६.१०१. — ०मं २४७.१००.
उपगूढ २४५.१६६.
उपचय २४५.१०३०.
उपचरित १०.२६.
उपचायक १२६.८१.
उपचार १२६.१७. — १६७.१२. -- २४५.१७१.
१७२.
उपचारु १८०.६.
उपचिततर २४५.१०४०.
उपजगाम २४५.२१२.
उपतिष्य ४७.१८.
उपत्यका २२३.२०७.
उपदिशति १३८.१६.
उपदेश ६२.१२. — १६६.१.१२. — २४५.
११६१.
उपद्रोतृ १४६.१३.
*उपधनोपराग २४५.१२०४.
उपधर्म १२६.८२.
उपधान २३३.३. — २३६.२४. -- २४५.१२१२.
उपधि १३०.३. — २४५.६७.
उपधिवारिक २७४.१२.
उपनन्द २८२.२.
उपनय १६६.११.
उपनरी नागराजा १६७.२६.
उपनामयति २४५.१०२७.
उपनाह १०४.४१.
उपनिध्यातव्य २४५.१०१२.
उपनिबन्धन २४५.११४६.
उपनिमन्त्रण २८१.२११.२२१.

उपनिश्रय २८०.२६.

उपनिषदमपि २२३.१५.

उपन्यास १३८.३५. – २०६.६.

उपपत्ति ७.६. – १६६.१८.

उपपत्तिप्रातिलम्भिक २४५.१७६.

उपपत्तिभव २४५.१२७२.

उपपत्तिवशिता २७.५.

उपपत्त्यंशिक २२३.२६०.

उपपद्यपरिनिर्वायिन् ४६.८.

उपपद्यवेदनीय १२१.२.

उपपन्न १५.१६. – २४५.१४.

उपपरीक्षणा २४५.१०४६.

उपपरीक्षितव्य २४५.१०८७.

उपपादुक ११७.४.

उपबृंहणा १०१.१६.

उपबृंहयति २४५.१०३५.

उपभोग २४५.९६२. – २६१.२१.

उपम ३०.४६. – २२४.१७ – २०.

उपमा १३६.३१.

उपमान २०२.८.

उपमानमपि २२३.१४.

उपम्य २४७.११०.

उपयाति २४५.३१२.

उपपुष्यति १४१.१.

उपरत २२३.३६.

उपरि २०३.३४.

उपरिम १५.३.

उपरिमः कायः प्रज्वलति १५.३.

उपरोधवास २४५.८०६.

उपरोधशील १२६.६१.

उपल २२३.२३२. – २४५.७८१.

उपलक्षणा ५३.१ – °णं २४५.१०६२.

उपलब्धि १६६.१.२.६ – ६. – २४४.६८.

उपलम्भ २४४.६६.

उपलेपन २३६.८.

उपवन १४६.७.

उपवर्त २४६.६१. – °र्तं २४७.११.

उपवास २४५.१६६.

उपवासमुपवसति ८४.२१.

उपविचार २२६.१२.

उपविवेश २४५.२११.

उपशमाधिष्ठान ८०.३.

उपशोभित २३७.६०.

उपश्रवगत २६१.७६.

उपसंहार १६६.३.१०.१६. – २४४.१३२.

उपसंख्यान २०६.७.

उपसंपन्न २७०.२.४१.

उपसर्ग २०६.१. – २८४.७१.

उपसर्पति २२३.२२.

उपसेन ४०.२४.

उपसेचन ६७.३०.

उपस्तम्भ १०१.११.

उपस्थ २०१.२७.

उपस्थान ६७.६.

उपस्थानशाला २२६.७२.

उपस्थित १०.२८.

उपस्थूणा १६३.११.

उपस्पृश्य १६७.१२१.

*उपांशु १६७.१२१.

उपात्तमहाभूतहेतुकः सत्त्वाख्यो ऽसत्त्वाख्यो मनोज्ञामनोज्ञाद्य १०१.१७.

उपादान २६.११. – १०६.६२. – ११३.६.

उपादानकारण १६६.६१.

उपादानस्कन्ध (पञ्च) १००. – ११२.८.

उपादानहेतु २४५.६६१.

उपादायरूप १०१.१८.

उपाध्याय २७०.१४.–°याः (पूर्वा) १७७.–

उपानत् २३२.१६. – २७३.२१.

उपाय २८.३.
उपायकौशल्य ६५.८०.
उपायकौशल्यसर्वसत्त्वचरिताधिपत्यपरमपा-
नननिर्याणसंदर्शक २६.६.
उपायज्ञानकुशल ३०.३२.
उपायपारमिता ३४.७.
उपायास ११३.१७.
उपालम्भाभिप्राय २२३.८०.
उपालि ४७.३४.
उपासक २७०.११. — °सिका २७०.१२.
उपासन ६७.२८.
उपेक्षक ६७.३.
उपेक्षा ६.६. — ६७.४. — ६९.३. — ८२.१. —
१०४.२१.
उपेक्षासंबोध्यङ्ग ४३.७.
उपेक्षाविहारिन् ३०.७१.
उपेक्षेन्द्रिय १०८.१३.
उपेत २०.६०. — २१.६७. — २६.१४. —
१२८.२२. — २४४.१२७. — २४५.६७२.
उपेन्द्रो नागराजा १६७.३८.
उपोद्वल २४५.१२६६.
उपोषध १८०.१. — °धं २४५.७३२.
उप्त २२३.२३५.
उभयतोभागविमुक्त ४६.२०.
उभयतो लोहितकृतोपधानं २४५.१२१३.
उभयव्यञ्जनक २७१.२०.
उभयासिद्ध १९९.९१.
उमकपुष्प ७१.३.
उमा १६३.१८.
उरगमानवर्धन २६०.२८. (B. उरग°)
उरग २१३.७३.
उरगसारचन्दन २४३.८.
उरगाधिपति १७३.११.
उरभ्र २१३.१५.
उरश्छद २३७.४४.
उरस् १८६.६३.
उरुबिल्वाकाश्यप ४७.२०.
उलूक २१३.१२५.
उल्का २१.६४. — २४५.४६४.
उल्कापात १९८.२.
उल्कामुख २४५.४६१.
उल्लङ्घिका २६३.२४.
उल्लापन २२३.११३.
उल्लुको नागराजा १६७.११.
उल्लुम्पतु मां २६८.१८.
उल्लोकित २४५.२३२.
*उव्यधः २८४.१६.
उशनस् ७१.६.
उशीरगिरि १६३.२४.
उष्ट्र २१३.४९.
उष्णाव १०१.८.
उष्णीषविवरमूर्ध्नः संधिप्रवेश २४४.८२.
उष्णीषविवरान्तराद्रश्मिं निश्चरति
२४४.३१.
उष्णीषविवरेषु प्रविशति २४४.३५.
उष्णीषशिरस् २६३.८८.
उष्णीषशिरस्कता १७.१.
उष्मगत ५५.२. (B. ऊ°)
उष्मक्लानि २४५.१३.
उष्मोदक १६५.१६.

ऊ

ऊनक १२०.१६.
ऊनमान १०४.३०.
ऊनवाद २६१.२.
ऊनविंशतिवर्षोपसंपादन २६१.७६.
ऊरु १७.२४. — १८६.८३.
ऊर्णा २४५.११६७.

ऊर्णाकेश १७.४.
ऊर्णापरिकर्मण २६०.८०.
ऊर्ध्वमुख २२३.२०.
ऊर्ध्वं ६९.६. — ७२.११.१८. — २१४.११.
ऊर्ध्वभागीय १०९.७३.
ऊर्ध्वस्रोतस् ४६.११.
ऊर्ध्वरोम १७.२२.
ऊर्मि १९५.२१.
ऊषर २२३.२२२.
*ऊहाना २४५.१०६०. (B. ऊहना)
ऊहापोहसमर्थ २४५.१०६१.

ऋ

ऋत २१३.१२.
ऋगीति २५३.७.
ऋग्वेद २२१.१.
ऋजुचित्त १२६.१३.
ऋजुप्रतिपन्न ४८.४७.
ऋटिति २५३.८.
ऋतुपरिवर्त २४१.४१.
ऋतुमती स्त्री १८८.५२.
ऋद्ध २४५.७०.
ऋद्धि १५.१.
ऋद्धिपाद ४०.१ — ४.
ऋद्धिप्रातिहार्य १६.१.
ऋद्धिवशिता २७.६.
ऋद्धिविधिज्ञान १४.६.
ऋषभ १.१६. — २१६.२.
ऋषि १.१७.
ऋषिपतन १९३.८०.
ऋषिपत्तन १९३.७९.

ए

एक १५.६.७. — °का ६९.१. — °के ७२.११.१३. — २४७.१. — २४९.१. — २५०.१.
एक II. r. A. 10 शतं २५०.२० — ११६.

एककर्ण २७१.७१.
एकजटिन् १९७.४३.
एककालताया २३.८६.
एकजातिप्रतिबद्ध ३०.१.
एकजातीयविज्ञान १०९.४३.
एकक्रोड २७१.१०१.
एकज्वालीभूत १५.१६. — °तो ध्यायति २२३.१७८.
एकतः पिण्डीकृत्य २४५.२७०.
एकत्य ११९.१. — २४५.३३०.
एकत्र समेत्य संभूय २४५.१३६.
एकत्वकाया एकत्वसंज्ञिनः तद्यथा देवाः शुभकृत्स्नाः ११९.४.
एकत्वकाया नानात्वसंज्ञिनः तद्यथा आभास्वराः ११९.३.
एकत्वयाक् २०५.२.
एकदण्डिन् १७८.७७.
एकदत्त २७१.१०९.
एकदेश ३२.४.
एकदेशकारिन् ८४.१.
एकध्यमभिसंक्षिप्य २४५.३०९.
एकनख २७१.१४३.
एकनास २७१.६३.
एकपत्त २५३.१७.
एकपाद २७१.१६७.
एकयान ५९.६.
एकवचनोदाहारेण १३८.३३.
एकवीचिक ४६.१.
एकव्यूहो नाम समाधिः २१.८७.
एकहस्त २७१.१६८.
एकांशमुत्तरासङ्गं कृत्वा २४४.१३.
एकांशव्याकरण ८६.१.
एकाकारो नाम समाधिः २१.८९.
एकाकिनो रहोगताः ८५.१३.

एकान्त २७१.८४.
एकाण्ड २७१.११५.
एकान्त १०.३०.
एकान्तरान्त २३.८६. var.
एकामपि चतुष्पदिकां गाथामुद्गृह्य २४४.८६.
एकायान २४५.१५.
एकारत्त १६.७८.
एकावचारक २४५.१२०७.
एकावसथावास २६१.३६.
एकासनिक ४६.५.
एकाह्निक २८४.४८.
एकीभूता २४५.११५८.
एकैकरोमप्रदक्षिणावर्त १७.२५.
एकैवैषा तथाता ६४.१६.
एकोत्तरिकागम ६५.६७.
एकोतीभाव ६७.२. — ८५.२८.
एको भूत्वा बहुधा गच्छति १५.६.
*एचक २४५.३६०.
एच्छत्तिक ११०.३३. (B. ऐच्छा°)
एडो नागराजा १६७.३६.
एडक २१३.५४.
एडमूक २४५.१२७६.
एडमेडो नागराजा १६७.६४.
एडवर्णो नागराजा १६७.४८.
एडालिपुष्प २४०.३६.
एतद् ६४.१८. — २४५.३८.
एत पूर्व २४५.२४३.
एतर्हि २५३.८३.
एरक २८०.२२.
एरण्ड २२८.२०.
एल २४६.६३. — °लं २४७.५५.
एलद २४७.५४.
एलपत्रो नागराजा १६७.४४.
एलु २४७.६७.
एव ६७.४. — १८२.७. — २२५.१२. — २४४.१०६. — २४५.३६६.
एवं १५.१७.१६. — २२५.२७. — २४५.३४०. ७६२.
एवमापुष्वर्वत्त १५.१६.
एवमार्याणां मन्त्रणा २४५.६२०.
एवमाकार १५.१६.
एवमेव ७१.२ — ६. — २२५.३७.
एवंगोत्र १५.१६.
एवंचिरस्थितिक १५.१६.
एवंजाति १५.१६.
एवंनामन् १५.१६.
एवंप्रमुखाः २४४.६.
एवंभागीय १०४.७८.
एवंरूप २२५.२.
एवंसंज्ञिन् ७१.१.२.
एवंसुखदुःखप्रतिसंवेदिन् १५.१६.
एवं हि २२५.३४.
एषण १६.७७.
एषणा २४५.८६६.
एहद २४६.३६.
एहि स्वागतः २८१.१६४.

ऐ

ऐकाह्निक २४५.११७७.
ऐणेयजङ्घ १७.३२.
ऐतिह्य २०४.१.
ऐन्द्री २५४.१६.
ऐरावण १६८.४१.
ऐरावणहस्तिन् २१३.२.
ऐशानी २५४.१२.
ऐह्यिपश्यिक ६३.१७.

ओ

ओं १३७.१६.
ओघ १०९.६०. — १९५.७.
ओघादुत्तीर्णाः १९.१२.
ओचक्र २४५.२६०. Bap.
ओजस् २२३.२११. — २४५ ६.
*ओजाप्रत्यवहारिणी १९७ ११. (B. ओजः°)
ओदन २३०.६६ — २६३.३७.
ओमित्याह २४५ ४९२.
*ओविघ्यनवा २२६.३१.
*ओशदुक २८१.१६२.
*ओशिरिक २८१.२१२.
ओषधि २३१.१. — °नामन् २३१. —
ओष्ठ १८९.२८.
*ओक्तन १९७.१३७.

औ

*औत्पत्तिक २३०.८२.
औत्सुक्य ९८.११.
*औदरीपक १८९ १००.
औदारिक १३४ १२.
औदारिकता ८५.११.
औद्धत्य १०४.१८.
औद्धत्यकारिन् १४५.११.
औपचायिक २४५ ६०४.
औपचारिक २४५ ६०३.
औपधिकं पुण्यक्रियावस्तु ९३.१.
औपनायिक ६३.१६.
और्णिक २४४ ७१. — २४५.६१४.
औरभ्रिक १८६.८८.
और्णकवास २८० १.

क

कंस २३५.३६.
कंसकार १८६.११८.
कंसवध २४५.१२१६.
ककुद २२३.२१३.
ककुदः कात्यायनः १७९.१.
कक्खटी २३४.२१.
कक्ष १८९.४२.
कंकार २४६.७. — २४७.६. — २४८.३.४. — २४९.१६.
कङ्गु २२८.१६.
कच २३२.२०.
*कच्चति २३८.६.
कच्छपुट २७३.६७.
कच्छाटिका २३२.११.
*कच्छाकार २३२.१४.
कच्छु २८४.१४.
कच्चिद्देव प्रदेशं २४४.४६.
कञ्चुकिन् १८६.११०.
कञ्जिका २३०.३०.
कटक २३७.८.
कटच्छु २७३.६२.
कटपूतन २१२.६.
कटसी २४५.७००.
कटसी वर्धिता २४५.१०१२.
कटाक्ष २४५.७८६.
कटाहक २७३.१८.
कटि १८९.७६.
कटुक १०१.६१. — १४६.१८.
कटुकतैल २३१.११. — २८१.१३३.
*कट्टार २१३.१२२.
कठच्छ २२३.२२६.
कठिन २६६.२८. — २७३.८१.
कठिनवस्तु २७६.१.
कठिनास्तरण २६६.२०.

कठिनास्तार २८१.२०५.
कठिनास्तारक २६६.२६.
*कडिन्तल २३८.२३. (B. = °तुल)
कडेवर १८९.४.
कणादमहर्षि १७६.१८.
कणाय २३८.१२.
कणा २३०.५८.
कणिक २३०.१६.
कण्टक १९६.३६.
कण्ठ १८९.३१ — १९२.८.
कण्ठनालिका १८९.३२.
कण्ठमणि १८९.३३.
कण्ठाभरण २३७.४२.
कण्ठोक्त ६६.१.
कण्डुप्रतिच्छादनगत २६१.६३.
कण्डू २८४.१२.
कण्डूप्रतिच्छादन २७२.११.
*कण्डूसिक २८०.३१.
कति २२५.८७.
कथं २२५.३३.
कथं चित् २२५.६७.
कथं नीयते २४५.१७६.
कथावस्तु २४५.१२६६.
*कथ्यापत्त १८६.१४४.
कदम्ब २४०.३३.
कदम्बकपुष्प २४०.७३.
कदर्य १२७.४४.
कदली १९९.११२.
कदलीस्कन्ध १३९.५१.
*कदाचित्कालात् २४५.१५६. nap.
कदातु २२५.२१.
कनक २३५.३५.
कनकमुनि २.१०.
कनिष्क १८४.१३.
कनीनिका १८९.५२.
कनीयस् २८१.११२.
कनीयां भ्राता १८८.१२.
कन्तारिका २७३.८६.
कन्थक २५३.४.
कन्द १९९.११४.
कन्दलोच्छिन्न २७१.४०.
कन्दु २४५.६४४.
कपर्दक २८१.२७०.
कपर्दिका २३६.४.
कपाटपुट २२६.७५.
कपालराजन् १८०.४५.
कपि २१३.६५.
कपिञ्जल २१३.१२१.
कपित्थ २३४.२६.
कपिलकेश २७१.५०.
कपिलमहर्षि १७६.१७.
कपिलवस्तुनगर १९३.१६.
कपोत २१३.१२६.
कपोतमला २८१.१४३. (nap. °माला)
कपोल १८९.२१.
*कप्यारि १८६.१७१.
*कफलिका २७३.६२.
कमल १८.६२. — २४६.७६. — २४७.८३.
कम्प २८४.६२.
कम्पित १५१.१.
कम्बल २३२.१६.
कम्बलाश्वतरी नागराजानौ १६७.६६.
कम्बलो नागराजा १६७.७४.
*कयुषं २३४.२२.
करक २७३.११६.
करकर्णिन् १८५.७.
करकिणी २८१.२८४.
करण २२५.८.

कार्षापण ४८.६. — २४५.७६६. — २६३.८. — २६५.२.३.
कारण्ड २१.६८.
कारण्डक २३३.५. — २८१.१३०.
करतल २४५.४७३.
करपु २४८.१३.१४.
करभ २१३.४६. — २४६.३२.
करवाल २३८.२२.
करिणी २१३.३५.
करीर १९६.३६.
करुणा ६१.२. — ८२.२. — २२० ७.
करुणात्मक ३०.७३.
करेणु २१३.३६.
करोटपाणयो देवाः १९३.३६.
कर्कटिका २३०.६७. — २४१.२३.
कर्कन्धु २४०.६३.
कर्कश १२७.१२.
कर्कशत्व १०१.६६.
कर्केतन २३५.७.
कर्कोटको नागराजा १६७.२.
कर्ण १८.६८—७०. — २७१.६६—७६.१६३.
कर्णधार १८६.१८३.
कर्णप्रावरण २७१.१४१.
कर्णमल १८६.१२५.
कर्णमुखा २०.१६.
कर्णिक २३७.२३. — ०का २४१.२२.
कर्णिकार २३१.५७.
कर्णिकारपुष्प ७१.४. — २४०.३५.
कर्तृत्वग्राह २०५.३.
कर्पर २७३.१०१.
कर्पासक २८०.६.
कर्पूर २३१.६४. — २४३.१०.
कर्मन् ७.२. — ६.१३ — १५. — ३०.३६. — ४८.२७. — १९७.१३६. — २०३.३. — २०६.१०.
कर्मकर १८६.१६२.
कर्मकार २७०.१६.
कर्मण्यता १०६.२१.
कर्मदान २८१.१६०.
कर्मदायाद १२१.७.
कर्मधारय २०६.२६.
कर्मप्रतिशरण १२१.६.
कर्मभेदवस्तु २७६.१४.
कर्मयोनि १२१.८.
कर्मवशिता २७.४.
कर्मवस्तु २७६.६.
कर्मवाचना २६६.५—८.
कर्मविपाकज्ञानबल ७.२.
कर्मविभङ्ग ६५.७७.
कर्मस्वक १२१.६.
कर्मान्त २६.१४. — ३०.६५.
कर्मान्तिक १८६.१५३.
कर्मारभाण्डिका २७३.६०.
कर्मावरणप्रतिप्रस्रब्ध ३०.३०.
कर्मावरणप्रतिप्रस्राब्ध ६५.५८.
कर्वटका २८१.११४.
*कर्वडप्रदेश २२३.२८.
कर्ष २४५.३६४.
कलकल १३८.२७.
कलकलस्वर १३८.३२.
कलत्र १८८.२३.
कलन्दकनिवाप १९३.३६.
कलभ २१३.५१.
कलल १९०.५.
कलविङ्क २१३.६७.
कलविङ्कस्वररुता २०.३७.
कलङ्क २२३.१५१.
कलङ्ककार २८१.१०५.
कलङ्कित १८१.३.

कलकृपति २२३.१५४.
कला २०.११. — २१७.१.
कलाचिका २७३.११.
कलाप २३७.१६. — २४६.७३.
कलापक २१७.३२.
कलामपि २२३.१२.
कलाम २३३.१४. (B. कलम)
*कलाव २२८.६.
कलि २१.११६.११७.
कलिकलहविग्रहविवाद २२३.१५५.
कलिङ्ग १६३.२६.
कलिङ्गराजन् १८० ३८.
कलियुग २५३.७६.
कल्प २१.११७. — ३०.४२.४८. — ४५.१. — १६७.११. — २५३.७३. — २७७.१-५.
कल्पकषाय १२४.५.
*कल्पद्रुष्य २३२.४३.
कल्पनापोढलक्षण १६६.६२.
कल्पवृत्त २६.१७. — २३७.६०.
कल्पिक २८०.३८. — २८१.१८६.
*कल्पिकार १८६.१७०.
कल्पता २४५.६५८.
कल्पमेव २४५.७६२.
कल्याण ६३.२-४. — १३७.१२. — १८०.३.४.
कल्याणमित्रपरिगृहीत १२६.३१.
कल्याणमित्राराधन २४५.४२३.
*कल्लवालः १८६.१०६.
कल्लोल २४५.७५५.
कवच २३८.१.
*कवचिका २३८.७.
कवचित २२३.१३०.
कवड २६३.६२.
कवडिङ्काराहार १५८.१.
कवल २४५ ६२८.
*कवाप २३८.८.
कवि २४५.१८.
काव्य २४५.३४३.
*कशंबकजात २७८.१६.
कश्यप १७६.६.
*कषट्टाः २४५.१२३०.
कषव २४७.८७.
कषाय १०१.६७. — १२४.१-५.
*कषायिका २३२.३३.
काष्ठ १२६ ७४.
*कष्मोलितात २७१.१७१.
कस्तुरिकाण्ड २३१.६३.
कस्य २२५ ८०.
कस्यचित् २२५.६३.
काक २१३.१२७.
काकणि २८१.१७३.
काकचञ्चुक २७३.२८.
काकास्यक २४१.११.
काकोत्तारसमर्थ २८१.११०.
काखोर्द १६७.१४१. (!)
काङ्क्षा १०६.४७.
काचक २३५.२६.
काचपटल २८४.६८.
काचलिन्दिक २३२.३६.
काचात २७१.८१.
काचित् २२५.७०.
काञ्चन २४१.४२.
काञ्चनगर्भा मृत्तिका २४५.१२४०.
काञ्चनवालुकास्तीर्ण १६५.२७.
काञ्ची २३७.३६.
काण २७१.२६.
काणाद १७८.६.

काण्डमूर्धमुखं लिप्तं २२३.२०.
काण्डरिक २७१.२८.
काण्डेन मक्षीं विलिखति २४५.७७६.
*कादाचित्कत्वात् २४५.१५६.
कान्त १३५.६.
कान्तार १४६.५. — २०५.७. — २२३.१६२.
कापदेश २४५.१२११.
कापालिन् १७८.१५.
काम १६.४४. — ६७.१. — २२४.६—१३.
१५.१६.
कामच्छन्द ११०.२८.
कामदेव १६३.१६.
कामधातु १५५.१.
कामधातुपर्यापन्न १०६.७१.
कामधेनु २४५.६५५.
कामनिपत्ति २२४.१४.
कामनिःसरणमुपेक्षा ८२.४.
कामप्रतिसंयुक्त १०६.६५.
काममिथ्याचाराद्विरतिः ९२.४.
कामराग १०६.५०.
कामला २८४.६७.
कामाप्त १०६.७०.
कामालय २२४.१३.
कामावचर १०६.७२. — २४५.३६०.
कामेषु नैष्क्रम्यं २४५.४१.
काय ६.१ — ३. — १२.१.२. — १५.३ ४.
१५.१८. — १७.१६. — १९.११.४३.८५. —
२६.१४. — ३०.६५. — ५३.१२—१५. —
६७.२. — ७०.३.८. — ८१.३. — १०४.७१ —
७७. — ११६.१ — ४. — १८३.१ — ३. —
१८६.१. — १९२.६.१५.
कायकर्मन् ९.१२.
कायकलिसंप्रमथनो नाम समाधिः २१.११६.
कायदुश्चरितानि (त्रीणि) ९१.१.
कायधातु १०७.१३.
कायप्रचालक २६३.२७.
कायप्रह्लादनकारिन् २०.१८.
कायबन्धन २३२.१५. — २७३.४३.
कायमान २२६.१३.
कायविज्ञान १०५.८.
कायविज्ञानधातु १०७.१५.
कायसंसर्ग २५८.२. — २८१.२६३.
कायसंस्कार ५३.१४.१५.
कायसाक्षिन् ४६.१८.
कायसुचरित ९२.१.
कायस्थ १८६.१४१.
कायस्मृत्युपस्थान ३८.१.
कायस्य भेदात् २४५.६४०.
कायायतन १०६.६.
कायिक २४५.११४८.
कायिकः क्लमः २४५.६०.
कायिकं दौर्बल्यं २४५.१६.
कायिकं बलं २४५.१८.
*कायुश २३१.६०.
कायेन्द्रिय १०१.२१.
*कायोद्धर्षण २७३.१५.
कारक २०७.१०. — २०९.२८.
कारकहेतु १६६.१८.
कारण १०.३१. — २०१.२६. — २४५.७६३.
१२५७.
कारणस्रोतस् २४५.२६३.
कारणहेतु ११४.१.
कारणे कार्योपचारः २४५.१७१.
कारणोपगाः पुनः सर्वधर्मा विठपनप्रत्युपस्थानलक्षणाः १०.३१.
कारण्डव २१३.१४१. — २२८.२२.
*कारण्यकारक १८६.१६७. (B. कारणा°)
*कारवालिक १८६.१६.

कारकारो नाम समाधिः २१.५३.
कारापक २०७.११.
कारिका ६६.१८.
कारित्र २४५.२९१.७३४.
कारिन् ४८.२७.
कार्त्तिक २५३.५२.
कार्त्तिकात्ययिक २६०.३०.
कार्त्तिकेय १६३.४७.
कार्य २४५.७६२.
कार्यकारणलक्षणसंबन्ध २०१.३६.
कार्यहेतु १९९.५४.
कार्ये कारणोपचारः २४५.१७०.
कार्षापण २८१.१७१. — णं २८१.६४.
कार्षिक १८६.२५४.
काल १०४.८४. — २४४.६१. — २५३.१.
कालक १६८.१८.
कालज्ञ १२६.४१.
कालपात्रिक २७०.३६.
कालप्राप्ता बुद्धोत्पादः १९.८८.
कालसूत्र २१४.२.
कालाकालसंवद्वस्तु २७६.५१.
कालातिक्रान्ते न पृच्छति २८१.५.
कालानुसारिचन्दन २४३.६.
कालान्तराभिप्राय ८८.२.
कालिक २८१.२३२.
कालिको नागराजा १६७.२१.
कालिङ्गराज २४१.८०.
काले पृच्छति २८१.३.
कालो नागराजा १६७.२४.
कावाचिका. २३८.७. app.
काव्य २४५.५६.
काश् — संप्र १३८.२१. — २४४.१०९.११३.
काशिकसूक्ष्म २८०.१८.
काश्यप २.११. — ४७.२. — १७६.८.
काश्यपीय २७५.३.
काष्ठहारक १८६.१०६.
*काष्ठिकवित्त १८६.१४५.
कास १६२.७. — २८४.२१.
किंशारु २३०.६१.
किंशुक २४०.७०.
किंकरणीयता २४५.३६.
किङ्किणीजाल २३९.१४.
किञ्च २२५.१६.
किञ्चनको नागराजा १६७.३२
किञ्चातः २२५.६१.
किंचित्क १२७.३४.
किञ्चिद् ६८.३. — ७०.६. — २४५.३६.
किञ्जल्क २४१.२१.
किटिभ २८४.८.
*किट्टाः २४५.१२२६.
कितव २४५.७६७.
किं तर्हि २२५.१४.
किंतु २२५.२२.
किंनर १६६.८.
किं नानाकरणं २४५.८८७.
किम् २२५.५७.
*किम्पलात २७१.१११.
क्रियच्चिरचरित २४५.२७७.
कियत् २४५.१६२.
कियत्कृच्छ्रकालश्रावकमध्यशुभव्यूहलकाल्पवृत्तदर्शनमर्वज्ञाताचित्तासंप्रमुषिताः २९.५७.
किरण १९७.१४०.
किरीटि २३७.१७.
किल २२५.६२.
*किलाड २३०.६.
किलास २४५.१३७. — सं २८४.१०.
किलिकिलायितव्य १३८.२८.
किल्बिष २४५.६०४.

किशोर २१३.५०.
कीर्ति १३१.१.
कील १९७.११३.
कीलक २३३.१६.
कुकूल २१५.६.
कुक्कुट २१३.१३३.
कुक्कुटपत्तक २७३.२६.
कुक्कुर २१३.१३०.
कुक्ति १८.३३–३५. – १८९.१०२.
कुतंत्र २२३.२५०.
कुगणप्रतापन २४५.२०६.
कुङ्कुम २४३.११.
कुचल २४५.६२५.
कुचिका २८१.२३०.
कुञ्ज २२३.२०६.
कुञ्जर २१३.३३.
कुटिका २५८.६.
कुटिल २४५.६१६.
कुटिलचित्त १२७.६.
कुटिमन्ह २२९.७. (B. = कुटी°)
कुटुम्ब १८६.१४६.
कुटुम्बिक १८६.१४०.
कुठार २१३.१२३. bap.
कुठपति २४५.१३६.
कुठा २४८.२६.
कुठाविता २४८.३०.
कुठारिका २७३.८८.
कुडालकवात २४१.१३.
कुड्य १५.६.
कुणप २१५.५०.
कुणाल २१३.१०६.
कुणि २७१.३०.
कुण्ड २४५.६५७. – २७५.१२०.
कुण्डल २३७.१५. – °लिन् १९७.६६.
कुण्डलक २७३.५७. – २८१.२४०.
कुण्डिका २७३.१४.७२. – २८१.१८१.
कुतप २८४.७६.
कुतस् २२५.६६.
कुतुप २७३.६६.
कुतूहल १३७.७.
कुतूहलशाला २२६.६६.
कुत्र २२५.६१.
कुत्सन १३२.८.
कुत्सनीय १३२.१३.
कुदण्ड २२३.२७६.
कुदृष्टि २०५.६.
कुनदी १९५.६.
कुन्त २१३.८२. – २३८.११. – २४५.८६५.
कुन्तपलाका २८१.१४०.
कुन्द २४०.२०.
कुन्दर २४३.१२.
कुपात्र २७३.२.
कुपित १४६.१६.
कुप्रावरण २४५.६२४.
कुब्ज १९२.१. – २७१.३५.
कुमार १९१.५.
कुमारभृत २३.६. – ३०.७६.
कुमारी १९१.११.
कुमित्र १३६.३.
कुमुद २४०.५.
कुम्भक २२६.८१.
कुम्भकार १८६.१३०.
कुम्भाण्ड १६६.१०. – २१२.२.
कुम्भीर २१३.६६.
कुरव १५४.१३.
कुरवक २४०.११.
*कुरुकुचि १२७.५०.
कुरुविन्द २३५.३६. – २८१.६५.

कुल १८७.६–९.११.
कुलंकुल ४६.३.
कुलचर्या २६१.८१.
कुलदूषक २५८.१२.
कुलनन्दन १.८०.
कुलपर्यायेन शलकचर्या ते २८१.४.
कुलप्रतिसंवेदक २८१.२११.
कुलशिलाभङ्गप्रवृत्ति २६२.४.
कुलशुल्क २४५.३६४.
कुलिको नागराजा १६७.३.
कुले ज्येष्ठोपचायकाः १२६.८१.
कुल्माष २३०.६१. — ०पिण्डक २६३.७.
कुल्य १६५.१५.
कुवलयपुष्प २४०.७४.
कुवेर १६३.४१.
कुश १८०.११.
कुशनगर १६३.२३.
कुशपवित्रधारक १६७.१ ६.
कुशल २६.१२.१४. — ३०.१२.१७.२१.३०.
३२.४१.४८.५१.५३.५६.५७.५९. — ३६.३.४.—
४८.१५. — १३७.१४.
कुशलमूल ५४.२०.२१. — २४५.१०१०.
कुशलवर्त १३७. —
कुष्ठध्न २२३.१८७.
कुष्ठ २३१.३२. — २८४.६.
कुसक्राग १३६.१०.
कुसुमकेतुमण्डलिन् १७३.३.
कुसुमितो लतणैः १९.२८.
कुसुम्भ २३४.१.
*कुसुलक २७३.१०.
कुसृति २४५.९२१.
कुहना १२७.१२.
कूज् — नि २४५.७३३.
कूट २२६.८६.
कूटस्थ २४५.८८२.
कूटागार २२६.९.
कूटागारधारणी ६५.६४.
कूप १६५.३०.
कूर्परक १८६.४४.
कूर्म २१३.६०.
कूर्माकृतिखर २८१.१३७.
कृ २४४.३०.४८.५३. — २४५.१२५.१३७.२३२
२३६.१२१३. — २६३.१०३. — २८१.७८.
— उपसम् २४४.१०.
कृकलास २१३.७६.
कृकाटक २२६.८२.
कृकाटिका १८६.३१.
कृकी राजा १८४.६.
कृच्छ्र २६.१७.
कृत २०५.११.
कृतकरणीय ४८.६.
कृतकृत्य ४८.८.
कृतचङ्क्रमण २२६.६४.
कृतज्ञ १२६.८.
कृतनिरिक्तप्रवारण २६१.३०.
कृतपरिकर्म १२९.७.
कृतपुण्यता ८३.४.
कृतप्राग्भार २२६.६१.
कृतयुग २५३.७६.
कृतविप्रणाश २४५.११२२.
कृतवेदिन् १२६.७.
कृतशस् २२५.६६.
कृतावधि २४५.३१६.
कृताविन् २१७.७३.
कृतावीभूमि ५०.७. (B. कृताविº)
*कृतेदंवेषं २८१.७७.

कृत्तिका १६५.६.
कृत्या १६७.१२८.
कृत्याधिपत्ति २४५.११२८.
कृत्यानुष्ठानज्ञान ५.३.
कृत्रिम २४५.५१६.
कृत्स्नायतन ७२.१ — १०.
कृपण २४५.६२६.
कृपा २२३.८४.
कृपालु २२.१३.
कृमि २१३.७७.
कृमिर्नागराजा १६७.२१.
कृमिलिक २८०.१५.
कृमिवर्णा २८०.१६.
कृश २४५.५३३.
कृशलक २७१.५७.
कृषति २२७.१६.
कृषिकर्मान्त २४५.६६७.
कृषीवल १८६.१५५.
कृष्ण १६३.१७.
कृष्णपक्ष २५३.५६.
कृष्णबन्धु २४५.६७८.
कृष्णमुख १७८.२३.
कृष्णशुक्ल २४५.११२४.
कृष्णागरु २४३.६.
कृसर २३०.२४.
क्लृप् १५.२. — २४५.४६८.
केकर २७१.१२६.
केचन २२५.७६.
केचित् २२५.७२.७३.
केतु २१.१.१०. — १६४.६
केन २२५.८२.
केनचित् २२५.८१.
केयूर २१.२१. — २३७.५०.
केल २४६.६६.
केलायितव्य १३०.४५.
केलु २४७.७३.
केवल ६३.७.
केश १७.२.४. — १८.७३ — ७६. — १८९.६.
केशप्रतिग्रहण २७२.८.
केशोण्डुक १३९.२५.
केशोल्लुञ्चन १७८.३०.
केसर २४०.३८. — २४१.२०.
कैटभ २२१.६.
कैतव २४५.७६८.
कैलास १९४.१५.
कैवर्त १८६.१८५.
कोक २१३.६३.
कोकिल २१३.११७.
*कोचव २३२.२१.
कोचवक २७३.३४.
कोटक २८५.२२१.
कोटम्बक २८०.५.
कोटरा २४५.७७४.
कोटि १९.२२. — ३०.४८. — २४६.३.
२४७.५. — २४८.१. — २४९.८.
कोटी २५०.८.
कोट्ट २२६.५.
कोट्टपाल १८६.३५.
कोट्टराजन् १८६.८.
कोण २२६.१०८.
कोद्रव २२८.२४.
कोलाहल १३८.३१.
कोलाहलस्थविक २७३.५९.
कोलित ४७.१६.
कोश २२६.४४.
कोशकारकीट २१३.८१.
कोशगतवस्तिगुह्य १७.२३.
कोष्ठागार २२६.४५.

कोसला १६३.२०.
को हेतुः कः प्रत्ययः २४४.३७.
कौक्कुटिक १८६.६२.
कौकृत्य १०४.५६. — २२३.१६२.
कौकृत्योपसंहार २६१.६६.
कौपीन २३२.१०.
कौरव १५४.१४.
कौरवराजन् १८०.४०.
कौरुकुल्लक २७५.१०.
कौल २४५.११२.
कौवेरी २५४.१६.
कौशल्य २६.६.
कौशाम्बी १६३.७.
कौशिक १६३.२८.
कौशेय २६०.१४.
कौशेयक २८०.७.
कौसीद्य १०४.५३.
क्रकुच्छन्द २.६.
क्रकर २१३.१२२.
क्रतु १४०.२३.
क्रन्द् २१५.२३.
क्रम्
-अति २२३.२६.
-समति ६८.२–४. — ७०.१–८. — ७१.८.
-प्रति २२३.२१.
-वि १५.११.
क्रम १८.२६. — २४५.६६.
क्रमतल २४५.४७१.
क्रमयौगपद्य १६६.१११.
क्रयविक्रय २६०.२३.
क्रियाकार २८१.२२८.
क्रियापद २०६.१६.
क्रियावादिन् १८६.८२.
क्रीड् २४५.६४१.
क्रीडनिकधात्री २८३.४.
क्रूर १४६.३. — २४५.१०८३.
क्रोध १०४.४०.
क्रोश २५१.१६.
*क्रोष्टक २१३.१६.
क्रौञ्च २१३.११३.
क्लाम २४५.६०.६३१. — २८४.३६.
क्लामथ २४५.६३०.
क्लिष्ट १०.३०.
क्लिष्टमनस् १०५.३.
क्लेश १६.६६. — ३०.५७.
क्लेशकषाय १२४.३.
क्लेशवकुल २४५.८५७.
क्लोमक १८६.६०.
क्वचन २२५.७१.
क्वचित् २२५.६४.
क्वथित २४५.७५५.
क्वाथयित्वा २४५.७५६.
क्षण २५३.४.
क्षणिक २४५.५११.
क्षत २८४.३०.
क्षत्रिय १८६.३. — १८७.३.
क्षत्रियमहाशालकुल १८७.६.
क्षन् २४५.६२४.
क्षपण १७८.१८.
क्षम् २२३.१७.
क्षमुद २४६.४८.
*क्षम्पण २७३.१७.
क्षयज्ञान ७.१८. — ८.२. — १४.७. — ५७.६.
क्षयज्ञानलाभिकं कुशलमूलं ५४.२१.
क्षयव्याधि २८४.१६.
क्षयापगतो नाम समाधिः २१.४१.

क्षान्ति १६.२१. — २६.३. — ३०.३८.५२. — ४८.४१. — ५५.४. — ५६.१.३.५.७.९.११. १३.१५. — २४५.१६८.
क्षान्तिपारमिता ३४.३.
क्षान्तिसमताप्रतिलब्ध ३०.३१.
क्षामोदर १८.२६.
क्षारकजात २४१.६.
क्षितिगर्भ २३.८.
क्षिप् १३२.१५. — २८१.१५७.
-नि २२३.१०४.
-वि २२३.१२२.
-सं २६३.३८.
-अभिसं २४५.३४३.
क्षिप्त २२३.२०.
क्षिप्तचित्ता २४५.५४५.
क्षिप्र ५८.३.४.
क्षिप्रतर २४५.४४५.
क्षीणास्रव ४८.५.
क्षीर २३०.४.
क्षीरधात्री २८३.२.
क्षीरं स्यन्दते २४५.३५४.
क्षुब्ध २४५.४१३.
क्षुभ् २२३.१२६.
क्षुभित १५१.१०.
क्षुरधार २१५.११.
क्षुरप्र २३८.१३.
क्षेत्र २२३.२१६.
क्षेत्राणि मापयति २२३.२४०.
क्षेप २४५.१२३३.
क्षेपु २४७.५३.
क्षेम २४४.१३६. — २४५.१२.
क्षेमंकर १६८.२७.
क्षौद्रं मधु २३०.४६.
क्षौमक २८०.३.

ख

ख २४५.६६४.
खक्खटत्व १०१.६.
खक्खर २७३.८.
खक्खल २७१.१३२.
खचित २३७.५६.
खञ्ज २७१.२६.
*खञ्जाङ्क २१३.१४०.
खटक १८६.५५.
*खटिक १८६.८६.
खटिका २३६.७.
खटुक १२७.६. (B. खटुङ्क)
खट्वा २३३.११. — २७३.६५.
खट्वाङ्ग २४५.५२६.
खड्ग २३८.२०.
खड्गपाणि २६३.१००.
खड्गविषाणकल्प ४५.१.
खड्गिक १८६.६०.
खण्ड २३१.६८.
*खण्डफुल्ल २८१.२२५.
खदिर १६६.१६.
खदिरक १६४.४.
खदिरवनिक ४७.३८.
खद्योतक २१३.८७.
खनन २६१.७७.
*खन्यवादिन् १८६.८३.
खपुष्प १३६.१६.
*खम्भोरपति १८६.३३.
खर १४६.८. — २४५.१०८२.
खरकर्ण २७१.७३.
खरगृह २२६.४६.

खरगोड २७१.६८.
खरदन्त २७१.१०६.
खरनास २७१.९०.
खरशाला २२६.११८.
खरशीर्ष २७१.६४.
खरखरावसक्तकण्ठ १९२.८. (B. = खुरखुरा°)
खर्व २५०.१२.
खल १२७.४५. — २४५.१०८४.
खलु ७१.१.२. — २४४.१९.
खलुपश्चाद्भक्तिक ४९.६.
खल्लक २७३.७५.
खाणु २४५.५६४. (B. = स्थाणु)
खातरूपकार १८६.१२९.
खादनीय २६३.४६.
खाद्यकचारक २७४.४.
खारनादि १७६.१३.
खालित्य १९२.६.
खिल १०.२४
खुर २२३.२१४.
खेट १८९.११५. — २६३.१०४.१०५.
खेटक २३८.१४. — २८१.२२७. var.
खेटकटाक्षक २८१.२२७.
खेटपिण्ड १३९.२३.
खेल २७१.२७.
खेलुद २४६.७५.
खेलुड २४७.७९.
*खोटक २२६.२६.
खोटन २६१.५.
खोल २३२.१. — २७३.१३.
खोलशिरस् २६३.७९.

ग

गगन २१.११७. — २४५.६९२.
गगनगञ्ज २३.१६. — ६५.२१.
गङ्गा नागराजा १६७.७७.
गच्छ २४५.२४४.
गजगर्जितजीमूतघोष १८.५५.
गजपोत २१३.१२.
गजशीर्ष १६८.१६.
गञ्जपति १८६.२२.
गण १९.१९. — २२३.७. — २६७.३.
गणक १८६.१०.
गणक्रमकामात्र १८६.२४.
गणना ५३.२.—२१७.५.—२४८.२४—२६.३३.
गणनागति २४८.१६.१७.
गणनापति १८६.२३.
गणनामपि २२३.१३.
गणनासमतिक्रान्त २४५.७४३.
गणप्रमुख २४४.७.
गणभोजन २६१.४०.
गणित २१६.१५.
गण्ड १८९.२२. — २५३.२४. — २८४.४.
गण्डभैषज्य २३१.६९.
गण्डव्यूह ६५.१६.
गण्डो २७९.५.
गण्डीकोटनक २७९.६.
गत १९.६.१८.८६. — २१.७७. — ३०.३८.
६२.६८. — २०५.१२.
गतयौवन १९२.१४.
गति ३६.८. — १४२.३. — २४४.२६. — २४५.११५. — २४६.१०४. — २४७.१०६. — २४९.३८.
गतिंगत १९.६. — ३०.६२. — १४२.१०.
गद्य ६६.३२.
गन्ध १०१.२५. — २३९.६.
गन्धकुटी २७९.१.
गन्धधातु १०७.८.

*गन्धमांसी २३१.७.
गन्धमादन १६४.१३.
गन्धमाल्यविलेपनवर्णकधारणविरति
२६८.६.
गन्धमाल्येन मह्यीयते २३९.२५.
गन्धयुक्ति २४५.६६६.
गन्धर्व १६६.४. — २१६.१.
गन्धर्वनगर १३९.८.
गन्धर्वसंगीतिघोषा २०.३६.
गन्धवती १६७.६०.
गन्धवृत १६६.८.
गन्धहस्तिन् २३.६०. (!)
गन्धहस्तिबल २५२.२.
गन्धायतन १०६.६.
गन्धार २१६.३.
गन्धारी नागराज्ञा १६७.७२.
गम् १५.१०.१३. — १३०.२३.३६. — १३५.८.
२२३.२२. — २४५.२२६.६३४. — २६३.८१.
८२. — २६७.१—३.
-आ २२३.२३. — २४४.३८. — २४५.४०.
५७.२०६.२१०.
-उद्‌ २५३.२०.
-अभ्युद्‌ १५.२.
-उप २४५.८१.२१२.२१३.
-वि १३०.२४. — २४५.१२४.
गमन २०३.२४.
गमन्त्र २४७.६१.
गमात्र २४६.१७.
गमिक २७०.२४.
गम्भीरघोषस्वरनादित २३.४२.
गम्भीरचित्त ३०.२०.
गम्भीरधर्मक्षान्तिपारमिगत ३०.३८.
गम्भीरनाभि १८.२७.
गम्भीरनिर्घोष १६८.२९.
गम्भीरपाणिलेख १८.४४.
गम्भीरप्रज्ञ ४८.२५.
गम्भीरो गम्भीरावभासः १४४.१.
गयाकाश्यप ४७.२६.
गयाशीर्ष १६३.१४.
गरुड १६६.७.
गर्जित १८.५५. — १५१.१६.
गर्त २२३.५३. — २४५.७०१.
गर्दभ २५३.३८.
गर्भ १८९.११०. — २२३.८७.
गर्भपातन २८१.१७८.
गर्भरूप १६१.२.
गर्भावक्रान्ति २४५.७४८.
गर्व १६७.२६.
गर्वित २४५.६३२.
गलगण्ड २७१.३३.
गल्लापहारक २६३.६१.
गवाक्ष २२६.३४.
गवांपति ४७.२२.
गवेषिन् १२६.३२.
गव्यदृढ २३४.१५.
गहन २०५.६. — २४५.६३६.
गह्वर २२३.२०५.
*गाडीकर्ण २७१.१६४. var.
गात्र १८.१८ — २३.२५.२७ — ३०.४१. —
१८९.३. — १९२.१८.
गाथा ६२.४. — ६६.२१. — २४४.८६.१०६.
गाथाभिगीताभिलापनः ३०.४४.
गान्धिक १८६.१११.
गामिन् १८.११—१७.
गार्ध ११०.२६. (B. गार्ध्य)
गार्हस्थ १५०.५.
गिरि २२३.१८१.
गिरिकुञ्ज २२३.२०६.

गिरिको नागराजा १६७.२६.
गिरिगव्हर २२३.२०५.
गिरिगुहा २२६.६२.
गिरिसुता १६३.५६.
*गिल्लपेट् २७१.१३४.
गीता ३०.४४.
गुग्गुल २३०.५४. — २४२.५.
गुञ्जिक २२४.२२.
गुड २३०.५४.
गुडागुञ्जिकभूत २२४.२२.
गुण १.२६. — २१.७७. — २०३.२.
गुणप्रभ १७७.१३.
गुणमति १७७.१५.
गुणसागर १.३६.
गुणय ६३.६.
गुप्त २४४.७६.
गुप्ति २४४.१०४.
गुरुक २४५.२७१.
गुरुकार ६७.८.
गुरुतरं भवति २४५.११२१.
गुरुत्व १०१.७०.
गुरुशुश्रूषा ६७.२२.
गुर्विणी १८८.५५.
गुर्वी २८१.४७.
गुल्फ १८.६. — १८९.८७. — २६३.२७.
गुल्म १९६.६. — २८४.२८.
गुल्मकेश २७१.१४६.
गुहगुप्त २३.७२.
गुहा २२६.६०—६२.
गुह्य १७.२३. — २४५.३०७.
गुह्यकाधिपति १६७.१०३.
गूढगुल्फ १८.६.
गूथ १८९.१३५.
गूहू
-सं २४४.७८.
गृञ्जनक २३०.५५.
गृद्ध ११०.३.
गृद्धि ११०.३१.
गृध्र २१३.१०६.
गृध्रकूटपर्वत १६३.१३.
गृह १०.२७. — २२६.२१.
गृहपतिमहाशालकुल १८७.०.
गृहपतिरत्न १८१.१५.
गृहव्याकुलिका २८१.६५.
गृहस्थ १८६.१७५.
गृहाङ्गण २४५.३६२.
गृहाराम १०.२०. — २२६.४२.
गृहिन् १८६.१७४. — २६३.७२.
गेय ६२.२.
गेयराजन् १८०.४२.
गेल २४६.६६.
गेलु २४७.६९.
गेह २२६.२२.
गैरिका २३४.५६.
गो २१३.४३.
गोकर्ण २७१.७१.
गोतुरक २३१.५५.
गोघातक १८६.६१.
गोचर १६.८.२६. — ३०.१३. — २४५.६७६.
गोचरपरिशुद्ध ६५.५५.
गोणगोड २७१.९६.
गोणदत्त २७१.१०४.
गोणनास २७१.८८.
*गोणासिक २३७.३८.
गोणी २८४.८०.
गोतरणि २४०.६७.
गोत्र १५.१६. — ६१.१ — ४.
गोत्रभूमि ५०.२.
गोत्रराजता २८१.२५८.
गोधूम २२८.१४.

गोपक २७४.७.९.१०.
गोपद्मन् १७.५.
गोपन २६१.७१.
गोवा ४७.४२.
गोपानसी २२६.८७.
गोपाल १८६.१५७.
गोप्तृ १.२८.
गोरज्ञम् २५१.७.
गोरोचना २३१.१८.
गोल २८१.२१३.
*गोलोमक २८१.१३०.
गोशलीपुत्र १७९.२. (B. गोशालि°)
गोशाला २२६.११९.
गोशृङ्गव्रतिन् १७८.२९.
गोष्ठी २४५.४५५.
*गोसारक २२६.८४.
गौण २४५.६८२.
गौतम १.७९. (!)
गौरखर २१३.२८.
गौरव ९७.१२.
गौल्मिक १८६.१३२.
ग्रन्थ १९.५०. – ६६.३७. – १०९.६३. – २४५.४१७.
ग्रन्थित ११०.४.
ग्रन्थिमोचक २२३.२८६.
ग्रह् २६३.६९.७७.
-उद् २४४.८६. – २४५.६२३.
-प्र ३९.४.
-प्रति २६३.४१.
-त्रि २४५.१२०२.
ग्रहणी २४५.६३३.
ग्राहिका १२७.८.
ग्राम १९३.१५. – २२६.१५.
ग्रामघातक १८६.१७८.
ग्रामपति १८६.४१.
ग्रामोपविचार २२६.१२.
ग्राह् २०५.१ – ४. – २१३.६५.
ग्राह्य २०३.२५.
ग्रीव १८९.२०. – २७१.१११:११२.
ग्रीष्म २५३.३७. – २८१.८३.
ग्रीष्माणां पश्चिमे मासि २५३.४३.
*ग्रुटर्धाथ २४५.१२८३.
ग्रैध २४५.११४५.
ग्रैष्मिकवास २२६.१३२.
*ग्लथम्लय २४५.११६६.
ग्लानप्रत्ययभैषज्य २३३ ७. – २३९.३३.

घ

घट २८१.१८२.
घटभेदनक २७३.१००.
घटिका २५३.२२. – २८१.१८३.
घट्टन २८१.१८८.
घण्टात्रघोषण २८१.६३.
घन १६० ४. – ०नं २४५.६१७.
घनव्यूह ६५.५७.
घर २२६.२५.
घरट्ट २४५.१११०.
घस् २४५.६२२.
घस्मर ११०.१३. – १२७.४२.
घात १२२.१.३.
घातक २०१.३३.
घातय्
-आ २२३.१५७.
घात्यघातकसंबन्ध २०१.३३.
घृत २३०.१.
घोटकमृग २१३.२९.
घोल २३०.६.

घोष १८.५१. — १९.४१. — २०.३४.३६. — २४५.१२८४.

घ्राणधातु १०७.७.

घ्राणविज्ञान १०५.६.

घ्राणविज्ञानधातु १०७.९.

घ्राणायतन १०६.५.

घ्राणेन्द्रिय १०९.१६. — १०८.३.

च

च २२५.११.—२४४.४.२६.६०.—२४५.२५५. — २८१.२०१.

चकोर २१३.१२४.

चकोरक २७३.६.

चक्र २२७.४.

चक्रभेदवस्तु २७६.१५.

चक्ररत्न १८१.१०.

चक्रवाक २१३.११४.

चक्रवाड १६४.११.

चक्रविमल २४०.४६.

चक्रशतपत्र २४०.४७.

चक्राङ्कितहस्तपादतल १७.२९.

*चक्रिका २४५.६२०. — २८१.१४२.

चक्ष्

-वा ६७.३. — १३८.२४.

चक्षुरायतन १०६.१.

चक्षुरिन्द्रिय १०१.१७. — १०८.५.

चक्षुर्धातु १०७.१.

चक्षुर्मल्ल १८९.१२१.

चक्षुर्विज्ञान १०५.४.

चक्षुर्विज्ञानधातु १०७.३.

चक्षुःसंस्पर्शजा वेदना सुखापि दुःखाप्यदुःखासुखापि २४५.११४०.

चक्षुष्मती १६७.६२.

चक्षुस् १४.१. — २४५.६२६.

चङ्क्रमण २२६.६४.

चञ्च २३३.२५.

चटक २१३.१००.

चणक २२८.८.

चण्ड १४६.२.

चण्डमृग १४६.१२.

चण्डाल १८७.१२.

चण्डवचोदासिता १०९.७७.

चतुर ५४.१.

चतुर १४३.१८.

चतुरङ्गबलकाय १८३. —

चतुरन्तो विजेता १८१.५.

चतुरपाश्रयण १९.८०.

चतुरश्र १०१.५०.

चतुरश्रक २७३.४२.

चतुर्थ ६७.४. — ६९.६. — ७०.४. — ७१.४.

चतुर्थं दशकं २६१.३४.

चतुर्थः प्रहरः २५३.२७.

चतुर्थभाग २५०.१२६.

चतुर्थांश २५०.१२७.

चतुर्विध १५.२.

चतुर्विंशतिगुण २५५.१३.

चतुर्षु कोणेषु २२६.१०८.

चतुष्कुम्भिकया सर्पति २८१.१११.

चतुष्पदिक २४४.८६.

चतुःपार्श्व १०९.९.

चत्वर २२६.१२७.

चत्वारिंशद्दन्त १७.६.

चन्दन १९६.१५. — २४३.२.८.९.

चन्द्र १५.१७. — २१.१०६. — ३०.४६.

चन्द्र उदागच्छत् २५३.२०.

चन्द्रक २३७.२४.

चन्द्रकान्त २७३.३२.

चन्द्रकीर्ति १७७.२६.

चन्द्रगोमिन् १७७.२०.
चन्द्रध्वजकेतुर्नाम समाधिः २१.५.
चन्द्रप्रभ २३.४५.
चन्द्रविमलो नाम समाधिः २१.४६.
चपेट १८९.५६.
चमर् २१३.४२. — २४६.६१.
चमस १८९.१२२.
चम्प १९६.३२.
चम्पक २४०.१०.
चम्पधु १९६.३२. var.
चम्पा १९३.३३.
चय २४५.१०४१.
चर्
-निम् १३१.१२. — २४४.३१.३२.
-सं २२३.३१.
चर १८६.१३६.
चरण १.६. — २४७.६३.
चरम २४७.६४.
चरमभविक २४५.५६७.
चरित २९.६. — ३०.११.
चर्पटक २७३.८७.
चर्मकार १८६.१२५. (I)
चर्मचटक २१३.१४३.
चर्मचोल २३२.४.
चर्मवस्तु २७६.७.
चर्या १९.१३. — ३०.६६. — °भूमि ३२.१.
चर्याबल २६.७.
*चलत्था २२६.११४.
चलनिक २३२.१३.
चलित १५१.४.
चाक्रिक १८६.६३.
चाणूरबल २५२.६.
चातक २१३.१३१.
चातुरन्तं विजितवान् २४५.१४०.
चातुर्थक २८४.५१.
चातुर्दशिक २३०.७७.
चातुर्द्वीपको लोकधातुः १५४.१.
चातुर्महाराजकायिका १५६.३.
चातुष्कोटिक २४५.४८२.
*चान २३०.५६.
*चापोदनो २२३.१३३. (B. °री)
चामर १५४.७.
चामरिक १८६.५८.
चाम्पेयो नागराजा १६७.४७.
°चारक २७४.३ — ६.
चारित्र २४५.६७०.
चारित्रवती नाम समाधिः २१.७३.
चारित्रसंपन्न ८४.२२.
चारु १८.२५.५२. — १८०.८.
चारुगामिन् १८.१६.
चारुदर्शन २२३.१३४.
चारुमत्त १८०.१८. (B. = चारुमत्)
चाष २१३.१८७.
चि
-वि २२३.१०१.
चिकित्साविद्या ७६.४.
चिकित्सित २१६.६.
चिक्कानुत् १८९.१२६.
*चिच्च १९७.१४३.
चिच्चको नागराजा १६७.५१.
चितकेश १८.७५.
चितपद्म १८.६२.
चितविस्तर २३७.४५.
चिताङ्गुलि १८.५.
चितान्तरांस १७.१६.
चित्त ९.४. — १४.३. — १५.१. — २७.२. — २८.४. — २९.१७. — ३०.१६—२४.२८.४५. ५०.५१. — ३९.४. — ४०.२. — ४८.४.१३.

१७. — ५७.२. — ६७.१३. — ६९.५. — ८१.४.५. — १२९.३. — १४६.१—७. — २२३.१२३.१२५. — २४५.२७२.
चित्तं नावलीयते न संलीयते २४५.८६७.
चित्तमात्तिसम् २४५.२०८.
चित्तमाघातयति २२३.१५७.
चित्तमाराधयिष्ये २४४.५६.
चित्तचरित २४५.६७३.
चित्तता ११.१—३.
चित्तप्रतिसंवेदी प्रश्वसन् चित्तप्रतिसंवेदी प्रश्वसामीति यथाभूतं प्रजानाति ५३.२३.
चित्तप्रतिसंवेद्याश्वसन् चित्तप्रतिसंवेद्याश्वसामीति यथाभूतं प्रजानाति ५३.२२.
चित्तसंस्कारप्रतिसंवेदी प्रश्वसन् चित्तसंस्कारप्रतिसंवेदी प्रश्वसामीति यथाभूतं प्रजानाति ५३.१९.
चित्तसंस्कारप्रतिसंवेद्याश्वसन् चित्तसंस्कारप्रतिसंवेद्याश्वसामीति यथाभूतं प्रजानाति ५३.१८.
चित्तसमाधिप्रहाणसंस्कारसमन्वागतो ऋद्धिपादः ४०.२.
चित्तस्थितिर्नाम समाधिः २१.५६.
चित्तस्मृत्युपस्थान ३८.३.
चित्तानुपरिवर्तिन् १०९.८५.
चित्तोद्बिल्यकरिन् २०.१८.
चित्रकार १८८.११२.
चित्रपट २३२.२८.
चित्रपतंग १९९.११७.
चित्रपाटल २४०.५६.
चित्रयोग २२३.६५.
चित्रसेन १६८.२५.
चित्रा १६५.१२.
चित्राती नागराजा १६७.१७.
चित्राङ्ग १७१.७. — २७१.२३.
चित्रित २२३.१४८.
चित्रितो ऽनुव्यञ्जनैः १६.२७.
चित्रीकार ६७.६. — २४५.११५५.
चिन्तना ३३.६.
चिन्तान्तर २४५.२८९.
चिन्तामयी प्रज्ञा ७५.८.
चिन्तिन् ४८.२५.
चिपिटनाम २७१.१२३.
चिबुक १८९.१६.
चिरकाल २५३.१०३.
चिरतिक्त २३१.४६.
चिरतृषार्त २४५.६७१.
चिरस्थितिक १५.१६. — २४४.६०. — २५५.१०.
चिरायितकाय २४५.२७८.
चिलिमिनिका २७३.३६.
चिह्न २१३.१३४.
चिह्नधर १८६.५७.
चिह्नित १९७.१०७.१०८.
चोरी २१३.१३४.
चीर्णमानाप्य २६५.१७.
चीवर २६३.६ — ११. — २७२.१२.१३.
चीवरकारण २६१.२८.
चीवरकरण्डक २८१.१७७.
चीवरगत २६१.६४.
चीवरगोपक २७४.१०.
चीवरदान २६१.२७.
चीवरबृसिका २७३.५५.
चीवरभण्डिक २८१.१७६.
चीवरभाजक २७४.११.
चीवरवंश २७३.६०.
चीवरवस्तु २७६.६.
चीवरश्रेणी २८०.३२.
चीवरसंतुष्ट १२६.२४.

चुक्र २३०.३१.
चुचुकारक २६३.५४.
चुद्र १३८.४७.
चुन्द ४७.१६.
चुल्लात २७१.७६.
चूडपन्थक ४७.२५.
चूडामणिधर १६८.५३.
चूडामह २२६.४.
चूडिकावबद्ध २४४.६२.
चूर्ण २३६.४. — २८१.८८.
चेतना १०४.६.
चेतस् १४.४. — ४८.१४. — ६७.२.
चेतःपर्यायज्ञान १४.४.
चेतसः प्रसादः २४५.८८५.
चेल २३२.३.
चेष्टित २४५.८४१.
चैतनकानि २६०.१०.
चैतन्य २०१.१.
चैतसिक २४५.११४३.
चैतसिका धर्माः १०४.१.
चैत्य २४५.५६४.
चैत्याङ्गण २४५.५६१.
चैत्र २५३.४१.
चैत्रदण्डिक १८६.६५. (B. वेत्र०)
चैत्ररथवन १६६.४.
चोदन १६७.११६.
चोद्य १६६.४१.
चोल २३२.४१.
चौलसमुदाचार २४४.१०६.
चौर २२३.२७४.
चौरो धन्नत्रधकः २७१.४४.
च्यवन १४८.१२. вар.
च्यावन १४८.१२. (B. च्यवन)
च्युत १५.१६.
च्युति ७.६. — १४८.११.
च्युतिसंक्रम १४८.१३.
च्युत्युपपत्तिज्ञानबल ७.६.

छ

छगल २१३.५६.
छण्डिकावारिक २७४.२०.
छत्र २३६.१.१३. — २७३.३८.
छत्रधर १८६.५६.
छत्रपाणि २६३.६८.
छद्र २२३.१०७.
-प्रति २२३.१०६. — २६३.४७.
छन्दन २२६.५८.५६. — ०पर्यापदातव्याः २६१.२२.
छन्द[म्] ६.७. — ३६.१—४. — ६६.३१. — १०४.७. — ११०.३४. — २८२.४.
छन्ददायक २८१.२०७.
छन्दपरिशुद्धि २६५.१६.
छन्दपोषधमारोचयति आरोचितं च प्रवेदयते २८१.२०१.
छन्दप्रत्युद्धार २६१.५७.
छन्दवासिनी २८१.२४८.
छन्दसमाधिप्रहाणसंस्कारसमन्वागतो ऋद्धिपादः ४०.१.
छन्दोविचिति ६६.४४.
छयिक्रमपि न प्रज्ञायते २२३.१८०.
छर्दिस् २८४.३६.
छलु २००.११.
छवि १७.१७. — ०वर्ण २७१.५६—६२.
छाया १०१.३७. — २१२.१०. — २६६.६.
छिद्र २२३.११०.१२६. — २८१.१३०.
-उद्र १३०.३६.
-सं २१५.१७.

छिन्न २४५.७०२.
छिन्न २७१.३८ — ४०.४२.११३.
छिन्नप्लोतिक ६३.२७.
छिन्नवार्षिक २८१.२२३.
छुर २६३.७२.७३.१०४.१०५.
छूरिक २३८.२१.
छेरक २२३.२८५. — २६३.६२.
छेदन २१.६८.
छेद्य २१७.१६.
छोरिता १३०.७.

ज

जगत् २६.१६.
जगतीन्धर २३.८४.
जघन १८६.७२.
जङ्गम २४५.७०७.
जङ्घा १७.२२. — १८६.८६.
जटामक २२६.३.
जटावलम्बित १६७.१०९.
जड २७१.१३३.
*जडवार २३१.४४.
जत्रु १८६.४०.
जन् ३६.१ — ४. — ८१.१.
जनक २०७.१३.
जनकाय २४४.१३६.
जननी २०.२०.
जनपद २२६.१५.
जनपदकल्याण २४५.१२२२.
जनपदघातक १८६.१७९.
जनपदचारिका २८१.१५३.
जनयित्री १८८.३.
जन्तु २०७.३.
जन्मन् २६.१९.
जंपती १८८.२६.
जम्बीर २३१.३८.
जम्बुखण्ड १५४.६.
जम्बुद्वीप १५४.५.
जम्बुध्वज १६८.५८.
जम्बूनदाल २३५.२६.
जम्बूसाह्वय २४५.१६५.
जम्भन १६७.१३५.
जम्भल १६७.६७.
*जम्भि १८६.२५. (B. जम्भ)
जयकर २४५.११००.
जयदत्त २३.८०.
जयमति २३.३८.
जरा १०४.७२.
जराडुःख ११२.२.
जरामरण ११३.१२.
जरापुत्र ११७.१.
जलंधिगाक्ष २४५.७५४.
जलज २४०.१.
जलधि १६५.३.
जलनिधि १६५.५.
*जलूक २१३.८६.
जलोदर २८४.७१.
जल्प् १३८.६.
-घ्राति २४५.६५८.
जल्प २००.१२.
जव २४५.४५०.
जवनप्रज्ञ ४८.२६.
जवसमापन्न २२४.३४.
०जन्ह २०.३१.
जह्नात १३०.१४.
जाङ्गला २२३.२२४.
जात २२६.११२.
जातक ६२.६.

जातरूप २३५.३६.
जातरूपरजतस्पर्शन २६०.२१.
जाति १५.१६. — ३०.१. — १०४.७१. —
११३.११. — १६६.३३. — २००.१६.
जातिकुसुम २४०.१६.
जातिपण्डक २७१.१४.
जातिपरिवर्त १४८.१०.
जातिफल २३१.४१.
जातिमल्ल २२६.२.
जातिर्दुःखं ११२.१.
जातिव्यतिवृत्त १४८.७.
जातिस्मर १५.१६.
जातीय १६६.३.१०. — २४५.८१.
जातूकर्ण १७६.६.
जात्यन्ध २७१.११६.
जात्युत्तर २००.१७.
जानन १०१.१२.
जानन्तं पृच्छति २८१.१.
जानन्तो ऽपि न पृच्छन्ति २८१.२.
जानपद १८६.७७.
जानु १८९.८४.
जानुमण्डल १८९.८५. — २४४.११.
जाप १६७.१६.
जाम्बूनदसुवर्ण २३५.३२.
जालकजात २४१.८.
जालवातायन २८१.१४१.
जालावनद्धहस्तपाद १७.२७.
जालिनोप्रभ २३.६१.
*जाव १०४.८२.
जावित २१७.२७.
जि १८२.५.
-अभिनिस् १८२.७.
जिघत्सा १०१.७४
जिघत्सिताः पूर्णगात्रा भवन्ति स्म २४४.४४.
जिघांसित २४५.६२२. (B. जिघत्सित)
जिघात्सित २४५.६२२. nap.
जिज्ञासा २४५.५५४.
जितमध्यावसति १८२.६.
जिन १.१२. — २२६.३.
जिनपुत्र २२.५.
जिनाङ्कुर २२.८.
जिनाधार २२.६.
जिनौरस २२.१७.
जिह्म २४५.६१८.
जिह्मीकृत २२३.१२७.
°जिह्व १७.१२. — १८.४८. — १०.
जिह्वाधातु १०७.१८.
जिह्वानिर्लेखनिका २७३.२६.
जिह्वानिश्चारक २६३.१८.
जिह्वायतन १०६.७.
जिह्वाविज्ञान १०५.७.
जिह्वाविज्ञानधातु १०७.१२.
जिह्वास्फोटक २६३.६३.
जिह्वेन्द्रिय १०१.२०. — १०८.४.
जिह्वेन्द्रियं निर्नामयामास २४५.४४.
जीमूत १८.११.
जीरक २३१.३०.
जीर्ण १६२.११.
जीर्णता १६२.२.
जीर्णवृद्ध २४५.१२४८.
जीव १२.७. — २०६.१३.१४. — २०७.३.
जीवंजीवक २१३.१०१.
जीवंजीवकस्वररुतारविता २०.३६.
जीवता १२.८.
जीवितहेतु २४४.६६.
जीविताद्व्यपरोपयेत् १३०.३२.
जीवितेन्द्रिय १०४.६६. — १०८.२२.
जीवितोपकरण २३६.३२. (I)

जीवितोपरोधे तच्चित्तेन २८१.३४.

जुगुप्सा १३२.६.

जुषितुकाम २४४.८१.

जुह्वयात् १६७.२१.

जेतवन १६३.१०.

जेतवनीय २७५.२१.

जोड २७१.६४ — १०२.

*ज्ञोनत्तक २८१.८६. *var.*

*ज्ञोत्तक २८१.८६.

°ज्ञ १६.६०.६१.

ज्ञा ७१.१.२.

-प्र ५३.८ — २३. — ८१.५. — २२३.१७६.

१८०.२३६. — २४४.२०.४१.१४१.

-संप्र ६७.३.

-प्रति १०.२६. — २४५.७१६.

-अभिवि १३८.२६.

-सं ७२.११.१२.

ज्ञाति १८८.३४.

ज्ञातिपुत्र १७६.६.

ज्ञातिमध्यगतो वा २४५.३४.

ज्ञातिरक्षिता २८१.२५७.

ज्ञान ५.१ — ४. — ७.१ — १०. — ८.२. —

९.१३ — १५. — १०.३२. — १४.३ — ७. —

१६.१२.१६.१८.३८.५४.५५. — ३०.१८ २५.३०.

३२.५१. — ४८.५२. — ५६.१ — १६. —

५७.१ — १०. — १६७.६४ — ७६. — १६६.६४.

६५. — २००.१६. — २०३.३२.

ज्ञानकाम १२७.२४.

ज्ञानकेतुर्नाम समाधिः २१.५३.

ज्ञानगर्भ २३.२६. — १७७.१८.

ज्ञानगोत्र १६७.८८.

ज्ञानदत्त १७७.३१.

ज्ञानदर्शन ४.५. — ९.१६ — १८. — ८१.६. —

२४५.५१.

ज्ञानपारमिता ३४.१०.

ज्ञानपूर्वंगमानभिसंस्कारनिरवद्यसवज्रन्मा-

भिमुखप्रवृत्त २६.१३.

ज्ञानप्रतिसरणेन भवितव्यं न विज्ञानप्रति-

सरणेन ७४.३.

ज्ञानप्रभ २३.४७.

ज्ञानप्रस्थान ६५.६५.

ज्ञानमुद्रा ६५.६२. — १६७.६४ — ७६.

ज्ञानव्रती २५.२.

ज्ञानवशिता २७.१०.

ज्ञानविभूतिगर्भ २३.६१.

°ज्ञानिन् ३०.२७.

ज्ञानोल्क २४.८.

ज्ञापकहेतु १६६.५५.

ज्ञप्ति २४५.११२८. — २६६.१ — ४. (B. ज्ञप्ति)

ज्ञप्तिकर्मन् २६६.२.

ज्ञप्तिचतुर्थ २६६.४.

ज्ञप्तिचतुर्थकर्मणोपसंपन्नो भिक्षुः २७०.४१.

ज्ञप्तिद्वितीय २६६.३.

ज्यायान् १३७.१६.

ज्येष्ठ १.१३. — १२६.८१. — १२८.६. —

२५३.४७. — २८१.१५०.

ज्येष्ठभ्रातृ १८८.११.

ज्येष्ठा १६५.१६.

ज्योतिर्गण २४५.२०७.

ज्योतिर्ज्योतिःपरायण १४७.४.

ज्योतिर्ज्वलनार्चिश्रीगर्भ २३.६८.

ज्योतिर्विद्या २२१.१३.

ज्योतिष १८६.५१. — ०ष १६८.६. — २१६.१४.

ज्योतिष्कर २४०.५५.

ज्योतिष्प्रभ २३.८५. — २४०.५४.

ज्योतिष्प्रभारत्न २३५.२१. (B. °प्रभर°)

ज्योतिष्मतिः कुमारभूतः २३.५४.

ज्योतिस्तमःपरायण १४७.३.

ज्योतीरस १६८.५५.

ज्योतीरसमणि २३५.२२.

ज्वर् २८४.४४.

ज्वल्

-प्र १५.३.१४.

ज्वलनोल्को नाम समाधिः २१.६४.

ज्वाल १५२.७.

क

कर्करी २५८.६.

कह्लारी २५८.१०.

ट

टङ्क २३३.२४.

टङ्कणागार २३३.१७.

टिटिल्ल २४८.१०.११.

टिप्पिटक ६६.१६.

*टिव्यक २८१.२५४.

टोका ६६.२८.

टोकाटोका ६६.२६.

*टोरन २७१.१२७.

ड

*डम्भा २३८.३२.

डूम २४६.१४.

डोम्ब १८७.१७.

त

तनक १८६.१०१.

तनको नागराजा १६७.८.

तगर २३१.२०. — २४०.३७. — २४३.२.

तच्चित्त २८१.३४.

तज्जातीय २४५.१५१.

तट २६३.७६.

तडाग १६५.५५.

तण्डुल २२३.२३५. — २२८.१७.

ततम् १५.१६.

ततो ऽपि २२५.३५.

तत्किं मन्यसे २४४.६४.

तत्क्षणिका २८१.२६०.

तत्तत्सञ्ज्ञा यः २८१.३२.

तत्त्व ६४.२.

तत्त्वार्थसंमोह २४५.१५३१.

तत्त्वार्थैकदेशानुप्रवेश ३२.७.

तत्पुरुष २०६.२३.

तत्प्रत्ययोपलब्धिलक्षण १६६.१.

तत्र २२५.१५. — °तावत् २२५.६९.

तत्संज्ञागाः २८१.३८.

तत्सभाग १०६.४५.

तत्सम्भवैषीय २६४.५.

तथतास्थितनिश्चित्तो नाम समाधिः २१.११५.

तथा ६६.६. — २२५.८.

तथाकारिन् १२६.१६.

तथागत १.३. — ६.१. — १०.१.३२. — १२.१ — ८. — १६.१८.२३. — ३०.३०. — ६३.२३. — १६७.६८.७० — ७४.७६.७९ — ८३. — २०६.६ — १२.

तथागतगर्भ २३.२५.

तथागतज्ञानमुद्रासमाधि ६५.६२.

तथागतमहाकरुणानिर्देश ६५.२६.

तथागतयानाभिसमयगोत्र ६१.३.

तथागतस्यान्तिके दुष्टचित्तरुधिरोत्पादकः २७१.६.

तथागतस्यान्तिके दुष्टचित्तरुधिरोत्पादनं १२२.५.

तथागताचिन्त्यगुह्यनिर्देश ६५.३०.

तथागताज्ञासुप्रतिपन्न ४८.४२.

तथागतानामनुत्पादः १२०.८.

तथागतोत्पत्तिसंभवनिर्देश ६५.५३.
तथाता ६४.३.
तथाव ८.४.
तथा द्वितीयं तथा तृतीयं तथा चतुर्थमित्यूर्ध्वमधस्तिर्यक्सर्वशः सर्वावन्तमिमं लोकं ६६.६.
तथापि २२५.५८.
तथा हि २२५.३६.
तद्‍ १०.३२. — ३०.७६. — ६७.३. — ७१.१. २. — ११२.७. — २०६.१३. — २२५.१५.
तदनुवर्तक २५८.५५.
तदन्यवैरूप्योपलब्धिलक्षण १६६.७.
तदन्यमात्रूप्योपलब्धिलक्षण १६६.६.
तदा २२५.३०.
तदाश्रित्यप्रत्ययतोपलब्धिलक्षण १६६.२.
तदुत्पत्तिलक्षणसंबन्ध १६६.७८.
तद्यथा १५.११ — १५. — ७१.३ — ६. — ११६.२ — ३. — २२५.२३.
तद्यथा तालो मस्तकाच्छिन्नः २७८.११.
तद्विधेयत्वात् २४५.१५२.
तनय १८८.६.४१.
तनुशिरस्क १७.१२. — १८.४६.
तनूभूमि ५०.१९.
तन्त्र १६७.१.
तन्तुजालजात २२४.२१.
तन्तुवाय १८६.११३.
तन्द्रिन् २४५.२४८.
तन्मात्राणि (पञ्च) २०१.६.
तप् २४४.२८.
तपन २१४.६.
तपस्विन् ८४.६. — २४५.४०१.
तमस् २१.६१. — २०१.५.
तमस्तमःपरायण १४७.१.
तमालपत्त्र २४०.३६. — २४३.७.
तमोऽज्योतिषपरायण १४७.२.
तया २२५.८३.
तरलु २१३.१३.
तरण २१७.२६.
तरणि २४०.६६.
तरपुट २८१.१६६.
तरसा २४५.६३७.
*तरिकजात २४१.११.
तरुण १७.२६. — १६१.६.
तरुणत्वण २४५.३१२.
तर्क १६६.१३. — २००.६.
तर्जनी १८६.४६.
तर्जनीय २६५.४.
तर्पण २३०.७१.
तल २२६.११२. — २४५.४७१.४७३ — ४७८.
तलकोपरि २८१.१४६.
*तलवर्ग १८६.५४.
तल्लक्षण २४८.२३. — °गणना २४८.२४.
तवर २४६.१२. — °र २४७.१३.
*तस्
·परि २४५.४०६.
तस्मिन्पर्षत्संनिपाते संनिषण्णः २४४.१७.
तस्य २२५.६१.
तस्यायमीदृशो ऽनुभावः २४४.११७.
तस्या एव रात्र्या अत्ययेन २५३.१६.
तस्यैवं भवति २४४.१३५.
ताटाचर २१८.१६. (B. ताडा°)
ताडितेन न प्रतिताडितव्यम् २६६.३.
ताण्डव २२०.१०.
तात १८८.४८.
तादात्म्यलक्षणसंबन्ध १६६.७७.
तामलिप्तकराजन् १८०.४४.
ताम्र २३५.४२.

ताम्रशाटीय २७५.७.
ताम्राहूणा २८१.६६.
तायिन् १.११. — ६६.६. (B. = त्रायिन्)
तारक १६.६६. — ६६.१०. — १८६.१६.
तारपथिपक १८६.१२३.
तारा १६७.४६.
तार्किक १६६.१४.
ताल १६६.३७ — २७८.११.
तालक २३३.१६. — २३७.३०.
तालमुक्त २७१.४१.
*तालवृन्दक २६३.६.
तालीश १६६.२३. — २३१.१६.
तालु १८६.२७.
तिक्त १०१.६६.
तिटिभ २४६.२८.
तितील २१३.१४२.
तित्तिरि २१३.१२०.
तिथि २४५.१०९.
तिन्दुक २४०.६६.
तिमिरापगतो नाम समाधिः २१.७३.
तिरस् १५.८.६.
तिरःकुड्यं तिरःप्राकारं १५.६.
तिरोभाव १५.८. — २०१.२०.
तिर्यग् ६६.६. — ७२.११.१२.
तिर्यग्बध २६१.६१.
तिर्यग्योनिगत २११.७.
तिर्यग्लोकधातु १५४.२१.
तिर्यञ्चः १२०.२.
तिल २२८.६.
तिलक १८६.१३३. — २३७.२२.
तिलकालक १८.४१.
*तिलकोचवक २३८.२६.
तिष्य ४७.१७. — १८०.१४.
तीक्ष्ण १६८.५.
तीक्ष्णदंष्ट्र १८.५४.
तीक्ष्णप्रज्ञ ४८.३०.
तीक्ष्णेन्द्रिय ६०.३.
तीर १६५.२८.
तीर्ण १६.६५. — २१.७६.
तीर्थक १६८.११.
तीर्थिक १७८.२.
तीर्थिकावक्रान्तक २७५.४.
तीर्थिकात्रसय २८१.१०१.
तीर्थ्यकर १७८.१.
तीव्र १४६ ११.
तीव्रद्वेष २४५.८१६.
तीव्रमोह २४५.८६०.
तीव्रराग २४५.८१८.
तीव्रेण छन्देन ११०.२४.
तु २४५.१२०२.
तुङ्गनख १८.३.
तुङ्गनास १८.१८.
तुच्छ २४५.६११.
*तुणव २१८.८.
तुपिडचेल २३२.४४.
तुत्थक २३४.११.
तुन्दिल २७१.१३०.
तुरंग २१३.३६.
तुरि २४५.१११५.
तुरुष्क २४३.५.
तुलन २४६.२८. — २४७.३०.
तुलना २४५.७०.
तुष्
-सं २४५.४२७.
तुष २३०.५६.
तुषार १६६.८१.
तुषित १५६.६.
तुष्ट १४५.१.

तूर्य २१८.१४.
तूलपटिका २३२.३४. (B. — °पटी)
तूलपिचु १३६.२७.
तूलसदृशसुकुमारपाणि १८.४२.
तूलिका २७३.४१.
तूष्णींभावेनाधिवासयति २४५.४६.
तूष्णींविप्रक्रमण २६१.८१.
तृणकुम्बक २३५.३०.
तृणकुटी २२६.१२.
तृणास्तारक २६४.६.
तृतीय ६४.१२. — ६७.३. — ६९.६. — ७०.३. — ७१.३.
तृतीया कर्मवाचना २६६.८.
तृतीयं दशकं २६०.२४. — २६१.२३.
तृतीयः प्रहरः २५३.२६.
तृतीयभाग २५०.१२४.
तृतीयांश २५०.१२५.
तृप्त १०.२६. — २४५.६७४.
तृप्ति २४५.११७१.
तृषिता विगतपिपासा भवन्ति स्म २४४.४५.
तृष्णा १०.२७. — ५६.५२. — ११३.८.
तृष्णा पौनर्भविकी २४४.१२०.
ते च बोधिसत्त्वमहासत्त्वा भूयस्तेन सर्वे कुमारभूताः ३०.७६. (B. °भूयस्त्वेन°)
तेजस् ७२.१२. — १५२.६.
तेजस्कृत्स्नायतन ७२.७.
तेजःसंवर्तनिन् २५३.६८.
तेजोधातु १०१.३.
तेजोवती नाम समाधिः २१.४४.
तेन कालेन २५३.६४.
तेन खलु पुनः समयेन २४४.१६.
तेन रश्म्यवभासेन स्पृष्टः २४४.३१.
तेन समयेन २५३.६५.
तेन हि शृणु साधु च सुष्ठु च मनसिकुरु २४४.५३.
तेमन २३०.२१.
तेल २४६.६१.
तेषाम् २२५.८६.
तैल २३१.१४.
तोमर २३८.१८.
तोमरग्रह २१७.१२.
तोरण २२६.३१.
त्यागधन ७८.६.
त्यागाधिष्ठान ८०.२.
त्यागानुस्मृति ५१.१.
त्रपु २३५.४३.
त्रपुमण्डलक २७३.७.
त्रपुस २३०.६६.
त्रस्
-उद् ६९.६.
-सं ६९.७.
त्राण ६६.४.
त्रायस्त्रिंशाः १५६.३.
त्रि २६१.२२.
त्रिकर्ण २८.२.
*त्रिका १८६.७१.
त्रिकाण्डक २४५.३१३.
त्रिकालज्ञ १.७०.
त्रिदण्डिन् १७८.२६.
त्रिदोषापह १.७२.
त्रिपरिवर्तद्वादशाकारधर्मचक्रप्रवर्तन ६४.१.
त्रिपिटक ६५.८७.
त्रिपुटसंघाटी २८०.३०.
त्रिपुण्ड्रकचिह्नित १६७.१०७.
त्रिपुरविध्वंसक १६३.८.
त्रिप्रातिहार्यसंपन्न १.७३.

त्रिःप्रदक्षिणीकृत्य २४४.१३.
त्रिमण्डलपरिशुद्ध १२६.२.
त्रिरूपलिङ्ग १६६.३६.
त्रिशङ्कु १८५.१०.
त्रिशतिका प्रज्ञापारमिता ६५.४६.
त्रिशरणगमन २६७.—
त्रिशूल २३८.१६.
*त्रिष्काल २५३.१०५. (Mин. त्रिस्कालः)
त्रिसंधि २५३.१०७.
त्रिसाहस्रमहासाहस्रो लोकधातुः १५.१६.–१५३.३.
त्रिस्कन्धक ६५.५६.
त्रिस्कन्धपर्यदेशिक १.७५.
त्रेतायुग २५३.७७.
त्रैकुलिक २३७.३६.
त्रैचीवरिक ४६.२.
त्रैतोयक २८४.५०.
त्रैधातुकासक्त ३०.६१.
त्रैलाटा २१३.६०.
त्र्यध्व २५३.१०४.
त्र्यध्वसमतानिर्यात १६.१०.
त्र्यम्बक १६३.१०.
त्र्यम्बुक २१३.६१.
त्वच् १६.८३. — १८६.१०३. — २३१.३५.
त्वच २३१.३६.
त्वम् २४४.५४. — २४५.३३६.

थ

थवन २४७.३४.
थुत्थुकारक २६३.१६.

द

दंश २१३.८०.
दंष्ट्र १८.५३—५७. — १६७.१५१.
दंष्ट्रसेन १७७.२४.
दंष्ट्रा १८६.२६.
दक ३०.४६.
दक्ष १४३.१६.
दक्षो मायाकारो मायाकारान्तेवासी वा २४५.८३६.
दक्षिणं जानुमण्डलं पृथिव्यां प्रतिष्ठाप्य २४४.११.
दक्षिणपश्चिमा २५४.७.
दक्षिणा १५१.२२. — २५४.३.
दक्षिणा दिगवनमति उत्तरा दिगुन्नमति १५१.२१.
दक्षिणावर्तशङ्ख २३६.१.
दक्षिणीय २४५.४२४. — २८१.१८.
दण्ड १६२.६. — २४१.५. — २४५.७५२.
दण्ड अवष्टम्भनता १६२.५.
दण्डक ६६.३६.
दण्डचक्रन्दन २२६.५८.
दण्डनायक १८६.५६.
दण्डपाणि २६२.६७.
दण्डभास १६८.१५.
दण्डपोण २७३.७६.
दण्डमुख्य १८६.१५.
दण्डवासिक १८६.७१.
दत्तादानम २६०.२६.
दधि २३०.५.
दधिमण्ड २३०.११.
दन्त १७.६—६. — १८६.२६. — २७१.१०३ — ११०.१२४.
दन्तकाष्ठ २८१.६४.
दन्तमल १८६.११७.
दन्तमांस १८६.१०७.
दन्तुर २७१.१२५.
दध १३४.२६.

दम ८४.७.
दमथ २४५.३२४.
दंपती १८८.३०.
दम्भ १२७.५१.
दम्य १.१०.
दया २२३.८५.
दरी २२३.१८५.
दर्दुर २८४.६.
दर्पित २४५.६३७.
दर्विका २७३.६६.
दर्शन १८.४७. — १९.३०. — ६६.१२. — १२७.६८. — २०३.३३ — ३५.
दर्शनप्रहातव्य १०९.६८.
दर्शनभूमि ५०.४.
दर्शनमार्ग ६४.२.
दर्शनानुत्तर्य ७९.१.
दर्शनीय २२३.१४०.१४४.
दर्शयितृ १३८.६.
दल १८.६३.
दवीयस् २४५.६४५.
दश १.२५. — ३०.११. — २४७.२. — २४९.२. — २५० २.२६.
दशक २६०.२.१३.२४. — २६१.१२.२२.३४.
दशकुशलोपेतकायवाग्मनस्कर्मान्त २९.१४.
दशबल १.२५.
दशभूमिक ६५.२५.
दशरथ १८०.३६.
दशशतनयन १६३.२६.
दह् २२३.११२.
दह्र १९१.६. — २७०.२१.
दा १४०.१३. — २४४.५१.
-उपा २२३.८६. — २८१.५१.
-समा ८४.२५.
-प्र १४०.२२.
-अनुप्र १४०.२५. — २४५.६०१.
दाडिम २३०.३२.
दाडिमवृक्ष १९६.१७.
दातृ १४०.२०.
दान २९.१. — ३३.३. — ३५.१. — २२२.१.
दानपति १४०.१६.
दानपारमिता ३४.१.
दानमयं पुण्यक्रियावस्तु ९३.०.
दानसंविभागरत १४०.५.
दाम २३७.५६.
दायक १४०.१८.
दार १८८.२२.
दारक १८८.३१.
दारिका १८८.३२.
दारुण १४६.१०.
दारुदरिद्रा १९६.१२.
दास १०.२७. — १८६.१६०.
दासिता १०९.२७.
दासी १८६.१६१.
दाक्षो विगच्छति २४५.१३४.
दिग्नाग १७७.८.
दिग्विलोकितो नाम समाधिः २५.१६.
दिनकर २४५.१८४.
दिवस २५३.३०.
दिव् २२४.१.
दिव्य १४.१.२. — ०चक्षुस् १४.१. — ०श्रोत्र १४.२.
दिश् १३८.११.—२४४.६०. —२६३.७८—१०२.
-उद्द् १३८.१८.
-उप १३८.१६.
दिश् ३०.११.—६९.१.—१५१.१६—२२.— २५४.१.
*दिष्ये २४५.१२१५.
दीन २४५.८६१.

दीप २३६.१०. — २४५.४६२.

दीपंकर २.१३.

दीर्घ १०१.४२.

दीर्घमाश्वसन्दीर्घमाश्वसामीति यथाभूतं प्रजानाति ५३.१०.

दीर्घं प्रश्वसन्दीर्घं प्रश्वसामीति यथाभूतं प्रजानाति ५३.११.

दीर्घरात्र २५३.१०२.

दीर्घवार्षिक २८१.८६.

दीर्घागम ६५.६६.

दीर्घाङ्गुलि १७.२८.

दीर्घानुपरिवर्तिन् १०६.७६.

दीर्घायुषो देवाः १२०.४.

दुःख १०.३०. — १५.१६. — २१.१८८. — २६.१५. — ५४.२. — ६४.३.८.१३. — ६७.४. — ७७.२.३. — ११२.१ — ८. — ११३.११. — १२५.८. — ०१ १०२.२. — २४५.११४० — ११४६.

दुःखां तीव्रां खरां कटुकाम् २४५.११५८.

दुःखज्ञान ५७.१.

दुःखदुःखता १११.१.

दुःखता १११.१ — ३.

दुःखनिरोधगामिनी प्रतिपत् ६४.६.

-भावयितव्या ६४.११.

-भाविता ६४.१६.

दुःखनिरोधः साक्षात्कर्तव्यः ६४.१०.

दुःखमार्यसत्यं परिज्ञायं ६४.८.

दुःखं परिज्ञातम् ६४.१३.

दुःखविपाक ७७.१.३.

दुःखसमुदयः प्रहातव्यः ६४.९.

दुःखस्यान्तकरः २४५.६७२.

दुःखाप्रतिपत्तिप्राभिज्ञा ५८.३.

दुःखाप्रतिपद्धन्धाभिज्ञा ५८.१.

दुःखिलता ८५.१६.

दुःखेन्द्रिय १०८.६.

दुःखे ऽन्वयज्ञानं ५६.४.

दुःखे ऽन्वयज्ञानक्षान्तिः ५६.३.

दुःखे धर्मज्ञानं ५६.२.

दुःखे धर्मज्ञानक्षान्तिः ५६.१.

दुकोदर २८४.७४.

दुतराग २४५.१२७८.

दुन्दुभि २१८.५.

दुन्दुभिस्वरा २०.४५.

दुमेल २४७.५२.

दुरनुबोध १४४.४.

दुरभिसंभव २४५.८०४.

दुरवगाह १४४.१२.

दुरवबोध १४४.३.

दुरासद २४५.१७२.

दुर्ग २२३.१६६. — २२६.२.

दुर्गति २११.१.

दुर्गन्ध १०१.५६.

दुर्गन्धाः कामाः २२४.११.

दुर्गपाल १८६.२७.

दुर्गा देवी १६३.५७.

दुर्दिन २४५.७८०.

दुर्दश १४४.२.

दुर्धर्ष २२३.१२४.

दुर्धर्षः कुमारभूतः २३.११.

दुर्भणाव २०२.१४.

दुर्भरता १२७.३२.

दुर्भिक्षान्तरकल्प २५३.६७.

दुर्भुक्त १६७.१३६.

दुर्मङ्कु १२७.६२.

दुर्मङ्कूनां पुद्गलानां निग्रहाय २५५.४.

दुर्योधनवीर्यज्ञानमुद्रा १६७.७७.

दुर्लङ्घित १६७.१३७.

दुर्लभ १३३.१०.

[illegible]
दुर्लभ ७१.१.२. १०१.४. – २८०.[illegible]
दुर्विगाह्य १४४.१७.
दुर्वृष्टि २२३.२३७.
दुश्चरित ६१.१ – ३.
दुष्कर्दित १६७.१४१.
दुष्काप १६७.१५०.
दुःशील १२७.२८. – २७८.१३.
दुःश्रुत १२७.३५.
दुष्कारकारक २४५.२७१.
दुष्कारचर्या २४५.२७६.
दुष्कृत २८१.२५.
दुष्टचित्त १२२.५. – १४६.५. – २७१.६.
दुष्टुलापत्तिच्छादन २६१.५४. (B. दुष्टुलाप॰)
दुष्टुलारोचन २६१.६.
दुष्पोषता १२७.३१.
दुष्प्रज्ञा १२७.२६.
दुष्प्रसह २४५.१७१.
दुष्प्रेक्षित १६७.१३६.
*दुष्य २३२.३६.
दुःसमतिक्रम २४५.४०२.
दुःसाध्य १३३.१६.
दुहितृ १८८.१०.
दूत १८६.१४३. – २८१.३३.
दूरंगमा ३१.७.
दूरवेध २१७.१६.
दूषण १२३.१. – १६६.३१.
दृग्घेय २४५.८४६.
दृढ २६.१७.
दृढप्रहारिता २१७.२३.
दृढवज्र १७१.६.
दृढसमादान १२६.६०.
दृढसार ६८.२७.
[illegible]
८१.५.
·सनतु १३३.३०.३१.
दृष्ट १४२.५.
दृष्टधर्म ४८.४४. – १४८.१.
दृष्टधर्मवेदनीय १२१.१.
दृष्टधर्मसुखविहार ४८.३८. – ८५.६.
दृष्टधार्मिकाणामास्रवाणां संवराय २५५.८.
दृष्टान्त १३६.३०. – १६६.३.१०.२१. – २००.६. – २४७.४६.
दृष्टान्ताभास १६६.२६.
दृष्टान्तेन यदृष्टस्यात्मसमीकरणमभ्युपगमाख्यानं २४५.१२०६.
दृष्टि ३०.५७. – १०४.३३. – २०५.१ – १२.
दृष्टिकषाय १२४.२.
दृष्टिकान्तार २०५.७.
दृष्टिकृत २०५.११.
दृष्टिगत २०५.१२.
दृष्टिगतानुत्सर्ग २६१.१६.
दृष्टिगहन २०५.६.
दृष्टिपरामर्श १०४.३७.
*दृष्टिप्रस्यन्त २०५.५.
दृष्टिप्राप्त ४६.१६.
दृष्टिविपन्न २७८.२१.
दृष्टिविष २२३.१४६.
दृष्टिसंकट २०५.१०.
दृष्टो हि संबन्धः १६६.७६.
दृष्ट्या सुप्रतिविद्धः १२६.६७.
देय १४०.१७.
देव १.१६. – ६३.२८. – १५६.१.२.४. – १६६.५.
देवकन्या १६३.१६.
देवकुलिक १८६.७८.
देवतानुस्मृति ५१.६.

[illegible]
देवदारु १६६.११.
देवमतिप्रभ १७३.२.
देवमातृका २२३.२२१.
देवलोक २२४.१.
देवसभा २२६.१.
देवसुमनस् २४०.६१.
देवातिदेव १.१६.
देवावतार १६३.१.
देवी १६३.१३.
देवेन्द्रबुद्धि १७७.१७.
देवेन्द्रमधुरनिर्घोषा २०.३७.
देश १०४.८१. -- २२३.१६.
°देशक ३०.३७.
देशज्ञ १२६.३८.
देशना करणीया २६५.२.
देशनिश्रयणा २४५.११३६.
°देशिक १६.६२. — १३८.२.
देह १५४.३.
देहि २४५.११६.
दैत्य १६६.६.
दैर्घ्य १३४.४.
दैव २४५.११३४.
°दैशिक १.७१.
दोष १.४३. -- २०.३१. — १२६.३०. -- १३२.१
दोषमुत्पादयति २२३.११६.
दोहन २४५.७८२.
दौकूलक २८०.३.
दौर्बल्य २४५.१६.११७३.
दौर्मनस्य ६७.४. — ११३.१६.
दौर्मनस्येन्द्रिय १०८.१२.
दौर्वचस्य २५८.१३.
दौवारिक १६.६६. — १८६.६०.
दौःशील्य २४५.६६६.
[illegible]
द्योतक्रम २४५.६६१.
द्युति १५१.८. — २४५.३०१.
द्यूत १२७.६१.
°द्योत १६७.८१.
द्रवुद २४६.३१.
द्रमिडी नागराजा १६७.७२.
द्रव्य १०१.७. -- २०३.११.
द्रव्य २०३.१. — २४५.६०.
द्राता २३०.३३.
द्रातापानक २३०.३१.
द्रुमकिंनरप्रभ १७०.२.
द्रुमकिंनरराजन् १७३.१.
द्रुमकिंनरराजपरिपृच्छा ६५.२७.
द्रुमरत्नशाखाप्रभ १७३.६.
द्रोण २४५.३६५.
द्रोणकाक २१३.१२६.
द्रोणमुख २२३.२१०.
द्रोणी २२३.१६७.
द्रोणोदन १८०.५०.
द्व (द्वौ) २५०.२१. bap. -- २६१.२२.
द्वन्द्व २०६.२२.
द्वयद्वयसमापत्ति २८१.२६५.
द्वयोश्चित्तयोः समवधानं नास्ति २४५.२६२.
द्वादश ६४.१. — २५०.३१.
द्वापरयुग २५३.७०.
द्वार २२६.७२.
द्वारकपाट २२६.७४.
द्वारपाल १८६.६७.
*द्वारशाखा २२६.७६.
द्वारकरण १२३.४.
द्वि २५०.३१.
द्विकुब्ज २७१.१३६.
द्विगु २०६.२२.

द्विन्न २४५.३८५.
द्वितीय ६४.७. — ६७.२. — ६९.६. — ७०.२. — ७१.२.
द्वितीया कर्मवाचना २६६.७.
द्वितीयं दशकं २६०.१३. — २६१.१२.
द्वितीयप्रकर २५३.२१.
द्वित्रिपात्रपूरातिरिक्तप्रकरण २६१.३७.
द्विदण्डिन् १७८.२८.
द्विनवति २५०.१११. (Min. द्विन°)
द्विपाद २६७.१.
द्विपुटसंघाटी २८०.२६.
द्विभग २६०.१६.
द्विशीर्ष २७१.६७.
द्विष्ट २२३ २६१.
द्विसाहस्रो मध्यमो लोकधातुः १५३.२.
द्वीन्द्रियग्राह्य २०३.२५.
द्वीप ३६.६.
*द्वीपिक २१३.१३७.
द्वीपिन् २१३.११.
द्वेष १०.१५.२४.
द्वैतीयक २८४.४६.
*द्वौ वा त्रयो वा क्रदनपर्यायदातव्याः २६१.२२.
द्व्यङ्गुलवर्त २८१.१३२.

ध

धन १०.२७. — ७८.१—७. २४५.९६९.
धनक्रीत २८१.२४६.
धनद १६३.५२.
धनधान्यगृहपुत्रभार्यातृष्णादासा वतेमे सद्दा श्रमारे मारसंज्ञिनः १०.२७.
धनिकभयभीति २४५.९२६.
धनिष्ठा १६५.२३.
धनुःपञ्चशतानि २५१.१५.
धनुरारोपण २२३.२७१. (I)
धनुर्वेद २१६.६.
धनुष्कलापक २१७.३३.
*धनुष्केतकी २४०.३४.
धनुस् २३८.२४.
धन्ध ५८.१.२.
धन्वनि २४५.५८२.
धन्वन्तरि १७६.५.
धम्
-वि १३०.३७.
धमन २४७.६६.
धमनीसंततगात्र १९२.१०.
धमर २४६.६२.
धरण २४६.२६.
धरणिमुरेन्द्रायुध १६९.३.
धरणी २२६.८५.
धरणीतलश्री १७३.१०.
धरणीशुभकाय १६९.१८.
धर्म १.१८.३३. — ८.१.३. — १०.१ — २३. — १९.३.७ १२.७०. — २१.६.७.१२.२२.६०.६१. ६५.८३. — २८.३. — २९.१८. — ३०.२७.३७. ३८.४१.६९. — ३९.१ — ४. — ४८.३८.४३.४४. ४६.५०. — ५५.५. — ६३.१२.२४. — ६७.१. — १८२.७. — १९७.६७. — २४५.११८७. — २६३.७८ — १०२. — धर्माः (षट्) २८१.११६.
धर्मकथिक १३८.४.
धर्मकाय ६.१.
धर्मकीर्ति १७७.१०.
धर्मगुप्त २७५.५.
धर्मचक्रप्रवर्तन ६४.१. — °बल २६.१०.
धर्मज्ञान १९.१३. — ५६.२.६.१०.१४. — ५७.१.
धर्मज्ञानतान्ति ५६.१.५.६.१३.
धर्म च देशपति २४४.६०.

धर्मतो निर्गतः २२.१८.
धर्मताप्रतिलब्ध २४५.१७५.
धर्मताप्रतिलम्भ २४५.१७४.
धर्मताप्रतिलाभिक २४५.१७६.
धर्मत्रात १७७.३५.
धर्मत्व १६६.११०.
धर्मदिन्न ४७.४५.
धर्मदृढाभेद्यसुनिलम्भ १७२.६.
धर्मदेशना २६१.८.
धर्मधातु ६४.८. — १०७.१७.
धर्मधातुकुशल ४८.२१.
धर्मधातुनियतो नाम समाधिः २१.६.
धर्मधातुपरन १६.२०. — २४५.२६.
धर्मधातुविशुद्धि ४.६.
धर्मधातुसंभेद ६४.१७.
धर्मधातुस्थितिता ६४.१५.
धर्मनियामता ६४.६.
धर्मपट्टावबद्ध २४५.६५२.
धर्मपणान २८१.२२८.
धर्मपर्याय २४४.१.
धर्मपाल १७७.६.
धर्मप्रतिसंवित् १३.१.
धर्मप्रतिसरणेन भवितव्यं न पुद्गलप्रतिसरणेन ७४.२.
धर्मप्रविचयविभक्तिनिर्देशकुशल ३०.४१.
धर्मप्रविचयसंबोध्यङ्ग ४३.२.
धर्मभाणक १३८.५.
धर्ममेघा ३१.१०.
धर्मराजन् १८१.६.
धर्मराजपुत्र ४८.१६. (B. °राजपुत्र)
धर्मलाभसंतुष्ट १२६.२३.
धर्मवशिता २७.७.
धर्मवाच् १६७.७४.
धर्मविनय ६३.१६.
धर्मव्यसनसंवर्तनीय २४५.५५०.
धर्मं शरणं गच्छामि विरागाणामग्र्यम् २६७.२.
धर्मशास्त्र २४५.६६०.
धर्मसंगीति ६५.२१.
धर्मसमादानानि (चत्वारि) ७७.—
धर्मस्कन्ध ६५.६३.
धर्मस्थितिता ६४.१४.
धर्मस्मृत्युपस्थान ३८.४.
धर्मस्वामिन् १.१८.
धर्माकार १.६७.
धर्माधिकरण १८६.२७.
धर्मानुधर्मप्रतिपन्न ४८.५०.
धर्मानुप्रतिपत्ति ६८.१३.
धर्मानुसारिन् ४६.१४.
धर्मानुस्मृति ५१.२.
धर्मान्तराय २४५.१२४.
धर्मायतन १०६.१२.
धर्मायतनिक २४५.११५८.
धर्मार्थिक १२६.१.
धर्मालोकमुख २४५.१६७.
धर्मिको धर्मराजा १८१.६.
धर्मोत्तर १७७.२६.
धर्मोद्गतो नाम समाधिः २१.६३.
धर्मोपधर्मलब्ध १२६.८०.
धर्षण २४४.१३४.
धवर २४७.६१.
धा
-समव २६३.३४.
-ग्रा २६३.३५ — ३७.
-समा ८१.४.
-प्र ३६.४.
-वि २४५.३६.
-ग्रनुवि २४५.१६.

-संवि २४४.१०४.
-प्रतिसं १०६.८८.
धातु ७.४. — १६.२०.२१.४८. — २६.१५.— १०१.२ — ५. — १०७.१ — १८. — १५५.१ -- ३. — २०६.२.
धातुकाय ६५.६४.
धातुपतित २४५.७३४.
*धातुवादी १८६.८४. BAp.
धातुशत २४५.३३५.
धात्री १८८.५०. — २८३ १ — ४.
*धानुवादिन् १८६.८४.
*धानुष्कारी २४०.१६
धान्य १०.२७.
धारण २६०.३. — २६८.६.
धारणपात्र २७३.७७.
धारणी ३०.६. — १६७.५.
धारणीप्रतिलब्ध ३०.३३.
धारणीमतिर्नाम समाधिः २१.६६.
धारणीमुद्रा १६७.६३.
धारणीमुखोद्धरणार्थनिर्देशवैशारद्य २८.१.
धारा २४५.७३६.
धारि २४५.३७६.
धार्तराष्ट्र २१३.१११.
धार्मिक २२.१६.
धार्मिकीत्वितमनुप्रदास्याम २४५.६०१.
धार्ष्ट्य १२७.३६.
धाव् २१५.२४. — २८१.५८.
धावन २६०.६.
धिक् २४५.२२८.
धिक् कामाः २२४.१२.
धीमत् २२.३.
धीर १.३५.
धु
-धा १२६.७३.
धुर २४५.८०७.
धूतगुण २४५.६०५.
धूपनिर्धूपित २३६.२७.
धूम १०१.३४.
धूमाय् १५.१४. — २२३.१७३.
धूमायत्यपि प्रज्वलत्यपि तद्यथापि नाम महानग्निस्कन्धः १५.१४.
धूर्त १२७.४७.
धृ २४४.५८.
धृतराष्ट्र १६३.३३. -- १७०.१.
धृति २४५.६५०.
धेमात्र २४६.६०.
धैवत २१६.६.
ध्या २२३.१७८.
-ध्यत्र १३२.१४.
-नि २४५.१०५५.१०५६.
ध्यान ७ ७. — १६.८७. — २६.५. — ६७.१ — ५.
ध्यानान्तर ६७.७.
ध्यानपारमिता ३४.५.
ध्यामीकरण २४५.२२१.
ध्यामीकृत २४५.२२२.
ध्रुव २४५.८७६.
ध्रुवं २२५.४६.
ध्वज २१.५.१०. — २३६.२.१३.
ध्वजबधक २७१.४४.
ध्वजहृता २८१.२४७.
ध्वजाग्रकेयूरा ६५.८६.
ध्वजाग्रकेयूरो नाम समाधिः २१.२५.
ध्वजाग्रनिशावणी २४८.२६.
ध्वजाग्रमणि २४८.२५.
ध्वस्त २७८.६.
ध्वस्यते भित्तुभावात् २७८.४.
धाङ्क २१३.१२.

न

न ६.१ — १२. — ६८.३. — ७०.६. — ७४.१ — ४.
न कवडच्छेदकं २६३.६२.
न कायप्रचालकं २६३.२७.
न कुण्डो भवति २४५.६५७.
नकुल १८५.४. — २१३.२२.
नकुलक २३७.२५.
नकुलात २७१.२१७.
न कुल्माषपिण्डकं २६३.७.
न केनचिद्विधीयते २४५.३६.
नक्र २१३.६७.
न क्षमते २२३.१७.
न क्षुभ्यते २२३.१२६.
नख १८.१ — ३. — १८६.५७.
नखको नागराजा १६७.६३.
न खड्गपाणये धर्मं देशयिष्यामः २६३.१००.
न खोलशिरसे धर्मं देशयिष्यामः २६३.८९.
नगर २२६.१३.
नगरघातक १८६.१७७.
नगरपति १८६.४०.
न गल्लापकारकं २६३.६१.
न गुल्फे गुल्फमाधाय २६३.३७.
नगेन्द्रकृता २०.३१.
न *गोलोमकं केशश्छेदयेत् २८१.१३०.
न च परिप्रापयति २४५.२५५.
न च परेषां दोषान्तरस्खलितगवेषी १२६.३०.
न च भगवतो मुखद्वारस्योन्मिञ्जितं वा निमिञ्जितं वा प्रज्ञायते स्म २४४.४१.
न चिरापितकायः २४५.२७८.
न चुचुकारकं २६३.५४.
न छत्रपाणये धर्मं देशयिष्यामः २६३.९८.
न जिह्वीयते ६६.११.
न जिह्वानिश्चारकपिण्डपातं भोक्ष्यामः २६३.५८.
न जिह्वास्फोटकं २६३.६३.
नट २१८.२.
नटरङ्ग १३६.२६.
नड १६८.२.
नडवन १६६.२८.
न तटे न प्रपाते न प्राग्भारे पात्रं स्थापयिष्यामः २६३.७६.
न थुत्थुकारकं २६३.५६.
न दण्डपाणये धर्मं देशयिष्यामः २६३.९७.
नद्द २४५.५५६.
नदी १६५.८.
नदीकाश्यप ४७.२१.
नदीदत्त २३.७८.
नदीपूरदर्शनाद्वृष्टिपरिवृष्ट्यनुमानं २०३.३४.
नदीमातृका २२३.२१६.
नदी वैतरणी १६५.३१.
न देशयति २४५.६३६.
न नद्याकार्यकारिण्यां प्रतिस्रोतपात्रेणोदकं ग्रहीष्यामः २६३.७७.
न नागरशीर्षकं निवासनं निवासयिष्यामीति शिक्षा करणीया २६३.८.
न निवर्तयति २४५.१००७.
न निषण्णो निपन्नायाग्लानाय धर्मं देशयिष्यामः २६३.७९.
न नीचतरके आसने निषण्ण उच्चतरके आसने निषण्णायाग्लानाय धर्मं देशयिष्यामः २६३.८०.
ननु २२५.१८.
नन्द
-म्रगि १४५.१७.
नन्द ४७.१२. — १७७.२८. — १८०.५३. — २८२.१.

नन्दक ४७.१३.
नन्दो नागराजा १६७.१४.
नन्दनवन १६६.१.
नन्दिक ४७.१४.
नन्दिकेश्वर १६३.४६.
नन्दीराग ११०.२७.
नन्दीरागसहगता २४४.१२१.
नन्दोपनन्दो नागराजा १६७.५१.
नन्द्यावर्त १८.८०.
न पक्षहतो भवति २४५.६५६.
न *परितस्यति २४५.४०६.
न पर्यस्तिकया २६३.२१.
न पर्यस्तिकाकृतायाग्लानाय धर्मं देशयिष्यामः २६३.८७.
न पात्रसंधुनकं २६३.६७.
न पात्रावलेहकं २६३.६५.
न पात्रेण विघसं छोरयिष्यामः २६३.७३.
न पादुकारूढाय धर्मं देशयिष्यामः २६३.९६.
न पादे पादमाधाय २६३.३५.
न पुनर्बोधिसत्त्वो महासत्त्वः कामगुणैर्लिप्तः ३०.६७.
न पृष्ठतो गच्छन्तः पुरतो गच्छते ग्लानाय धर्मं देशयिष्यामः २६३.८९.
नप्तृ १८८.१५.
नप्त्री १८८.१६.
न प्रज्ञापते २४४.१४१.
न फुत्फुकारकं २६३.५७.
न बाहुप्रचालकं २६३.२८.
न भवति तथागतः परं मरणात् २०६.१०.
नम्
-अव १५१.१६ — २४. — २४५.३६६.
-उद् १५१.१६ — २४. — २४५.३६७.
-उप २६३.४६.
-निस् २४५.४४.
-प्र २४४.१६.
नमत २३२.२२. — °तं २७३.३३.
नमस्त्र २४७.६२.
नमस् २४५.३४१.
नमात्र २४६.५८.
न मौलीशिरसे धर्मं देशयिष्यामः २६३.९०.
नय २१.१११.
नयन १८.६३. — २२३.१३५.
न यानारूढाय धर्मं देशयिष्यामः २६३.९१.
नयुत २४८.२.३. — २४९.१२.
नर १८८.४४.
नरक १२०.१. — २११.४.
नरपति १८६.३४.
नरोत्तम १.४०.
नर्तक २१८.१.
नर्दनो नागराजा १६७.१६.
न लङ्गो भवति २४५.६५८.
नलिन २२३.१३५.
न लीयते ९९.६.
नवक २७०.२६.
नवकर्मिक २७०.२२.
नवनलिनपत्त्रसुविशुद्धनयना २२३.१३१.
नवनीत २३०.३.
नवबधू १८८.४३.
नवमालिका २४०.१५.
नवयानसंप्रस्थित २४५.१६२.
नवर २४६.८७.
नवानुपूर्वविहारसमापत्ति ६८.७.
नवान्त २७०.३१.
न विकलेन्द्रियो भवति २४५.६६०.
न विक्षिप्य पादौ २६३.३६.
न विडम्बिकया २६३.४०.
न विपिष्टीभवति अस्य मानसं २४५.९५०.
न विरागयति १२६.४६.
*न विष्ठिरति २४५.४१६.

न वेष्टितशिरसे धर्मं देशयिष्यामः २६३.६१.
न व्यन्तीकरोति २४५.६३८.
न व्यस्तिकाकृतायाग्लानाय धर्मं देशयिष्यामः २६३.८६.
न व्याहारहतवाक्परमः ६८.२३.
न शस्त्रपाणये धर्मं देशयिष्यामः २६३.९६.
न शिविकारूढाय धर्मं देशयिष्यामः २६३.९४.
न शीर्षप्रचालकं २६३.२६.
न श्रवणपथमागमिष्यति २४५.५७.
न शृगुकारकं २६३.५५.
न संलीयते ६६.१०.
न सक्थनि सक्थ्याधाय २६३.३६.
न संलिप्य पादौ २६३.३८.
न संत्रसति ६६.७.
न संत्रासमापद्यते ६६.८.
न संनद्धाय धर्मं देशयिष्यामः २६३.१०२.
न समतित्तिकं २६३.४२.
न समनुपश्यति १३३.३१.
न समसूपिकं २६३.४३.
न सर्वकायं समवधाय २६३.३४.
न सामिषेण पाणिना उदकस्थालकं प्रक्षेप्स्यामः २६३.६६.
न सामिषेणोदकेनान्तरिकं भित्तुं स्प्रक्ष्यामः २६३.७०.
न सालोपेन मुखेन वाचं प्रव्याहरिष्यामः २६३.५३.
न सित्थपृथक्कारकं २६३.५६.
न सोत्क्षेपिकया २६३.३०.
न स्कम्भाकृताः २६३.२६.
नस्तकरण २७३.८४.
न स्तूपाकृतिमवमृद्य पिण्डपातं परिभोक्ष्यामः २६३.६८.
नक्षत्र १८६.६०.
न हस्तसंलग्निकया २६३.३१.
न हस्तसंधुनकं २६३.६६.
न हस्तावलेहकं २६३.६४.
न हस्तितुण्डावलम्बितं २६३.५.
न हस्त्यारूढाय धर्मं देशयिष्यामः २६३.९२.
नह्निमल्ल २४७.६३.
नाकल्लोलो भवति २४५.७११.
नाग १६६.२.
नागकेश २७१.४८.
नागदत्तक २७३.६५.
नागबन्धक १८६.६४.
नागबल २४८.६.१०.
नागमण्डलिक १८६.६५.
नागर २३१.२५.
नागरङ्ग २३१.३७.
नागराजन् १६७.१ — ८१.
नागविक्रान्तगामिन् १८.१२.
नागविलोकितेनालोक्य २४४.१०८.
नागवृत्त १६६.३०.
नागशीर्षक २६३.८.
नागस्वरशब्दा २०.३३.
नागाधिपति १७५.२.
नागार्जुन १७७.१.
नागाह्वय १७७.२.
नाग्लाना उत्थिता उच्चारप्रस्रावं करिष्यामः २६३.१०३.
नाग्लाना उदक उच्चारप्रस्रावं खेटं सिङ्घाणकं वान्तं विरिक्तं करिष्यामः २६३.१०४.
नाग्लानाः सहरितप्रदेशे उच्चारप्रस्रावं खेटं सिङ्घाणकं वान्तं विरिक्तं करिष्यामः २६३.१०५.
नाडी २५३.२३.
नातितुणकैरालोपैः २६३.४९.
नातिजल्पेत् २४५.६१८.

नातिदूरं २२३.४८.
नातिमक्रान्तं २६३.५०.
नातिशीतं २४४.६४.
नातिसरेत् २४५.६१६.
नात्यपकृष्टं २६३.४.
नात्यपकृष्टं चीवरं २६३.१०.
नात्यायतवदनं १८.४६.
नात्यासन्नं २२३.४१.
नात्युत्कृष्टं २६३.३.
नात्युत्कृष्टं चीवरं २६३.६.
नात्युष्णं २४४.६१.
नाथ ६६.२.
नाधिवासयति २४५.६३१.
नाननुज्ञाता २६३.३२.
नाना ७.३.४. — २३७.६०.
नानाकरण २४५.४८७.
नानागते श्वालोपे मुखद्वारं विवरिष्यामः २६३.५२.
नानागते खादनीये भोजनीये पात्रमुपनामयिष्यामः २६३.४६.
नानात्व ६.५.
नानात्वकाया एकत्वसंज्ञिनः । तद्यथा देवा ब्रह्मकायिकाः प्रथमाभिनिर्वृत्ताः ११६.२.
नानात्वकाया नानात्वसंज्ञिनः। तद्यथा मनुष्या एकत्याश्च देवाः ११६.१.
नानात्वसंज्ञा ६.५. — ६८.१. — ७०.४. — ७१.७.
नानादृष्ट्यनुशयपर्यवस्थानक्लेशप्रशमनकुशल ३०.५७.
नानाधातुज्ञानबल ७.४.
नानाधिमुक्तिज्ञानबल ७.३.
नानाबुद्धक्षेत्रसंनिपतिता २४४.३.
नानाव्याधिपरिगत २४५.७५०.
नानासंवासिक २७१.२.
नानास्तीर्णपृथिवीप्रदेशे पात्रं स्थापयिष्यामः २६३.७४.
नापितभाण्ड २७३.६६.
नाप्रत्यवेक्षासनं २६३.३३.
नाबाधयति स्म २४५.१६५.
नाभि १८.३७.३८. — १८६.६८. — २२७.५.
नाभिमण्डल १८६.६६.
नाम १५.१२ — १५.१६. — २१.१ — ११८. — २२५.४५. — २४८.१ — २३.२५.२६.३३.
नामकाय १०४.७५.
नामतिक्र ४६.३.
नामधेयमनुत्रितर्कितं २४५.२८१.
नामनियतप्रवेशो नाम समाधिः २१.७१.
नामरूप ११३.४.
नामोपदेशेन २४५.२८०.
नाम्नायते २४५.३०३.
नायक १.२०. — १८६.२६.
नायुधपाणये धर्मं देशयिष्यामः २६३.१०१.
नारद १७६.२३.
नाराच २३८.२६.
नारायणबल २५२.७.
नाराशीगात्र १३०.४२.
नारी १८८.४५.
नाल २४१.४.
नालन्द (ग्रा) १६३.१८.
नालि २४५.१११३.
नाव २४५.११४.
नावध्यानप्रेक्षिणात्तरिकस्य भित्तोः पात्रमवलोकयिष्यामः २६३.७१.
नावर्णकारकं २६३.६०.
नाविक १८६.१८०.
नाशनीय २६५.६.
नाशितसंघक २६१.६१.
नाश्वारूढाय धर्मं देशयिष्यामः २६३.६३.

नाम १८ ५८.५६. — २७१.८६ — ६३.१२३.
नामापुट १८९.११८.
नामाधिकं पौरुष्यं वृत्तमधिरोह्याम ग्रन्यत्रा-
पद इति शिक्षा करणीया २६३.१०६.
न मामिषमुदकमन्तर्गृहे क्षोरयिष्यामस्मत्तं
गृहिणामनवलोक्य २६३.७२.
नासीर १८६.७५.
नास्ति छन्दस्य हानिः ९.७.
नास्ति तथागतस्य स्खलितं ९.१.
नास्ति तथागतस्यापरिशुद्धकायसमुदाचारता
१२.२.
नास्ति तथागतस्यापरिशुद्धजीवता १२.८.
नास्ति तथागतस्यापरिशुद्धमनःसमुदाचारता
१२.६.
नास्ति तथागतस्यापरिशुद्धवाकसमुदाचारता
१२.४.
नास्ति नानात्वसंज्ञा ९.५.
नास्ति प्रज्ञाया हानिः ९.११.
नास्ति मुषितस्मृतिता ९.३.
नास्ति रवितं ९.२.
नास्ति विमुक्तेर्हानिः ९.१२.
नास्ति वीर्यस्य हानिः ९.८.
नास्ति समाधेर्हानिः ९.१०.
नास्ति स्मृतेर्हानिः ९.९.
नास्त्यप्रतिसंख्यायोपेक्षा ९.६.
नास्त्यसमाहितचित्त ९.४.
निकामलाभिन् १२६.८२.
निकायसभाग १०४.७०.
निकायसभागस्यावेधः २४५.५९८.
निकायान्तरीय २२३.७७.
निकुब्जन २८१.५२.
निकूल १३४.२९.
निकृन्तत्ति २४५.७७०.
निकेत २१.११४. — २२६.१३०.
निक्षिप्ते पादे ज्वनमति २४५.३६६.
निक्षेप २४५.८१६. — २६०.५.
निखर्व २५०.१३.
निगम २२६.१४. — ०मं २४७.९८.
निगमन १९९.५०.
निगर्हणीय २६५.५. (B. विग°)
निग्रह २५५.४.
निग्रहस्थान २००.१८.
निग्रहीतव्य २२३.२८२.
निघ २४५.९०२.
निचय २२३.३.
निचितकाय १६२.१५
नितम्ब २२३.२०६.
नितीरण २४५.१०६४.
नित्य १०.३०. — २४५.८७८.
नित्यज्वर २८४.५२.
नित्यप्रयुक्त २३.७१.
नित्याभिरता वतेमे मह्या एकान्ताक्लिष्ट-
दुःखभाजने गृहावासे १०.३०.
नित्योत्क्षिप्तहस्त २३.७७.
नित्योद्युक्त २३.५२.
निदर्शन ७१.३ — ६.
निदाघ २५३.४२.
निदान ६२.६. — २८१.५०.
निधान १९.२६. — २४५.८९८.
*निध्यप्ति २४५.१०५३.
निन्दा १२५.५. — १३२.५.
निपकस्याङ्गसंभारैः २४५.६१७.
निपन्न २६३.७९.
निपात २०९.३.
निपुण १४३.१४. — १४४.६.
निमज्जन १५.१२.
निमन्त्रणक २३०.८१.
निमिञ्जित १३३.२३. — २४४.४१.

निमित्त २८.२. — २४५.४०२.१२१८.
निमित्तनिःसरणमनिमित्तं ८२.६.
निमित्तविपर्याय २८१.१०३.
निर्मिधर १६४.१.
निमेष २४५.७६६.
निम्न ३०.३. — २२३.६१.२०१.
निम्त्रणम् २४६.४०.
*नियक ६८.७. (B. नियक)
नियत २१.६.१० १७.७१.
नियतधत्रकेतुर्नाम समाधिः २१.१०.
नियतभूमिस्थितस्य बोधिसत्त्वस्य मारणं
 १२३.२.
नियतराशि ६५.११.१२.
नियतवेदनीय १२१.४.
नियम २४५.६८.
नियाम २४५.६६.
नियुतक १८६.४३.
नियुत २४६.५. – २४७.७. — २५०.७.
निरत २१.११४. — ६८.२०.
निरधिष्ठानो नाम समाधिः २१.८६.
निरन्तर २४५.२६४.
निरभिनन्दिन् २१.१०२.
निरर्गडयज्ञ १४०.२४.
निरर्बुद २१५.२.
निरवद्य १.६१. — २६.१३.
निरवयव २४५.२८८.
निरवशेष २८१.५०.
निराकरण २४५.८४३.
निराकार १६६.६६.
निरात्मन् १०.१.
निरात्मानः सर्वधर्माः सत्त्वाश्च नैरात्म्यं नाधिमुच्यन्ते। अतस्तथागतस्य सत्त्वेषु महाकरुणोत्पद्यते १०.१.
निरादान १.६४.
निराभास २४५.२५२..
निरामगन्ध २४५.३८२.
निरामिष २४५.३५०.
निरामिषधर्मदेशक ३०.३७.
निरास्वाद २४५.४८६.
निरीह २४५.६१४.
निरुक्तिनियतप्रवेशो नाम समाधिः २१.१७.
निरुक्तिप्रतिसंवित् १३.३.
निरुत्तर १२८.२.
निरुद्ध २४५.२३५.
निरुपधिशेषनिर्वाण ६५.३.
निरुपलेप २१.११८. — २४५.२६६.
निरूपणा २४५.१०४३.११३६.
निरोध ५४.१०. — ६४.५.६.१०.११.१५.
 १६. — ७०.८.
निरोधज्ञान ५७.७.
निरोधनिश्रित ४०.८.
निरोधसमापत्ति ६८.८. — १०४.६७.
निरोधे ऽन्वयज्ञानं ५६.१२.
निरोधे ऽन्वयज्ञानक्षान्तिः ५६.११.
निरोधे धर्मज्ञानं ५६.१०.
निरोधे धर्मज्ञानक्षान्तिः ५६.६.
निर्गत २४५.१६३.८३३.
निर्गम २२३.२४.
निर्गूढशिरस् १८.७.
निर्ग्रन्थ १७८.१७.
निर्ग्रन्थो ज्ञातिपुत्रः १७६.६.
निर्ग्रन्थिशिरस् १८.८.
निर्घण्टु २२१.५.
निर्घात १६८.१.
निर्घातित २४५.२०५.
निर्घोष २०.४०.
निर्घोषान्तरविमुक्तो नाम समाधिः २१.६३.
निर्ग्नात ३०.६०. пар.

निर्जीव १०.३.
निर्जीवाः सर्वधर्माः १०.३.
निर्ज्वर १.७६. — ६३.१४. — २४५.११७.
निर्णय २००.१०.
निर्देश २८.१.—३०.४१.—२४६.१६.१२४.—
२४७.१००.
निर्द्वन्द्व १.१८.
निर्धान्त १३०.५३
निर्धारण २४५.१६५.
निर्भय १.६२. — ६६.४.
निर्भर्त्सित २४५.७७७.
निर्भास ७१.३ — ६.
निर्मम १.५६.
निर्मल १.७४.
निर्माण ३०.४६.
निर्माणकाय ६.३.
निर्माणरति १५६.७.
निर्मातृ २४५.७२.
निर्मित १३६.२.
निर्याण २८.४. — २६.६. — १२६.८. —
२१७.१४.
निर्यात १६.१०. — ३०.६०. — १२६.६.
निर्याति १२६.१०.
निर्यूह १६७.१२६. — २२६.३२.
निर्लिखित १३०.४६.
निर्लेखनिका २७३.२६.
निर्लोपं करोति २२३.२६०.
निर्लोपाकारक २२३.२८७. (B. निर्लोपाप°)
निर्वण २४५.४०.
निर्वाण १६.५६. — २६.११. — ६५.१ — ४.
निर्वाणमार्गावस्थित ४८.२१.
निर्विकल्प २४५.१०४४.
निर्विकल्पक १६६.६७.
निर्विकार २४५.१६८.
निर्विषो विरज्यते ८१.७.
निर्विद् १०६.४६. — २४५.४०६.
निर्विशेष २४५.२७३.
निर्विषिन् २३१.५०.
निर्वेधभागीय ५५.५.
निर्हार ३०.५६. — २४५.१००८.
निर्हारक १८६.१८२.
निल्प २२६.७१.
निवल २४७.४२.
निवारण १०६.६४. — २४५.१०६.
निवात ७.८. — १४.५.
निवासन २६३.८. — २७२.६.७.
निवासनेन सप्त २६३.५.
निवृताव्याकृत २४५.३८४.
निवेशनधर्म २४५.२८६.
निशादापुत्र २४५.११४८.
निशादाशिला २४५.११०७.
निश्चारक २६३.५८.
निश्चिकीर्षा १२७.५५.
निश्चित ८.३. — २४५.४३४.
निश्चित्तो नाम समाधिः २१.३४.७८.११५.
निश्चेष्ट २४५.६१५.
निश्रय ३०.१५.—१०१.१३.—२२६.१३१.—
°याः (चत्वारः) २६६.६६.
निश्रयदायक २७०.१८.
निश्राय २४४.१०५.
निश्रित ४०.६ — ८.
निश्रेणि २३३.२१.
निःश्रेयस ६५.१.
निषण्ण २६३.७८ — ८०.
निषदन २७२.१०.
निषदनगत २६१.६१.
निषद्या २६१.३१.
निषाद २१६.८.

निषेवित २४५.४३.
निष्क २३७.३३.
निष्कर्षण २६१.१८.
निष्काङ्क्षो धर्मज्ञानैः १९.१४. (B. °ज्ञाने)
निष्क्लेश ४८.२.
निष्ठ १९.२२.
निष्ठागत १९.१८. — २८.३. — २४४.१००.
निष्ठुर १४६.९.
निष्णात १४३.५.
निष्परिदाहा २०.२१.
निष्पादन १२७.५६.
निष्पुद्गल १०.४.
निष्पुद्गलाः सर्वधर्माः १०.४.
निष्प्रति..ान २४५.७१९.
निष्प्रपञ्च १४४.१५. — १९७.७४.
निष्प्रीतिक ६७.३.
निष्फल २४५.१२२७.
निष्यन्दः स तथागतः पुण्यानां १९.२३.
निष्यन्दफल ११६.१.
निसुम्भ १९७.६५.
निसूदन १३०.३६.
निसेवित २४५.४३. var.
निस्तार २४५.८०३.
निःसंशय १९.१२.
निःसत्त्व १०.२.
निःसत्त्वाः सर्वधर्माः १०.२.
निःसरण ३०.४८. — ५४.१३. — ८२.१—६.
निःसरणप्रज्ञ ४८.३१.
निःसरणीयधातवः (षड्) ८२. —
निःसरधारा १६५.२५.
निहृत १३०.६२.
नी
-वि २४४.७२.
नीचकुल १८७.११.
नीचतरक २६३.८०.
नीचवृत्ति १२७.१४.
नीतार्थसूत्रप्रतिसरणेन भवितव्यं न नेयार्थ-सूत्रप्रतिसरणेन ७४.४.
नीति २१६.७.
नील ७१.३. — ७२.१२. — १०१.२९.
नीलकृत्स्नायतन ७२.१.
नीलच्छविवर्णा २७१.५६.
नीलनिदर्शन ७१.३.
नीलनिर्भास ७१.३.
नीलवर्णा ७१.३.
नीलाहृणा २८१.६७.
नीली २३४.६.
नीवरण २४८.१७.१८.
नीहार १९९.८३. — २४५.७५३.
नूनम् २२५.५१.
नूपुर २३७.१४.
नेतरेतरेण संतुष्टिः ११०.२६.
नेतृ १.६०.
नेत्र १७.५. — १८.६०.६१. — २३२.२५. — २८४.७८.
नेत्रिक २७३.८३.
*नेपथ्य २८१.१००.
नेम २४६.१५. — २४७.१७.
नेमि १८०.३२. — २२७.७.
नेयार्थ ७४.४.
नेल २४६.६५.
नेलु २४७.७१.
नेवल २४६.३६.
नैर्याति १६३.४२. — २५४.१४.
नैकश २४५.१७७.
नैगम १८६.७६.
नैतयक २३०.८०.
नैमित्तिक १८६.१२३.

नैमित्तिकत्व १२७.१४.

नैमित्तिकी २७१.१७१.

नैरञ्जना नदी १६५.३०.

नैरात्म्य १०.१.

नैरात्म्याधिगमात्परविक्रेठनानिमित्तसमुदाचारसक्तज्ञानधिगतेर्यापथत्रिकर्मपरिशुद्धमन्दारत्नसंपन्नवैशारद्य २८.२.

नैर्याणिक ८.४. — ५४.१७.

नैर्याणिकः संबोधिगामी ६३.२०.

नैर्वेधिकप्रज्ञ ४८.३२.

नैर्वेधिकसर्वभवतमोपगतो नाम समाधिः २१.६१.

नैव शाश्वतो नाशाश्वतश्च २०६.४.

नैवशैक्षनाशैक्ष ६५.१०.

नैवसंज्ञानासंज्ञायतन ६८.४.—७०.७.८.—११६.८. — १६२.४.

नैवान्तवां नानन्तवां २०६.८.

नैवासिक २७०.३२.

नैवेद्य १६७.११६.

नैषदिक ४६.११.

नैष्कम्य २४५.४१.

नैष्क्रम्याश्रित २४५.३५३.११४६.

नैष्पेशिकत्व १२७.१५.

*नैःसर्गिकापत्ति २८१.१०६.

नैसर्गिकाः *पायत्तिकाः २६०.१. (K. नैःस०)

नोज्जङ्घिकया २६३.२३.

नोटृङ्किकया २६३.२२.

नो तु विगृह्यवादः २४५.१२०२.

नोत्कुटुकिकया २६३.२५.

नोत्कृष्टिकया २६३.१८.

नोत्कृष्टिकाकृतायाग्लानाय धर्मं देशयिष्यामः २६३.८४.

नोन्नमति ६६.६.

नोत्थिताः पात्रं निर्मादयिष्यामः २६३.७१.

नोत्थितो निषण्णायाग्लानाय धर्मं देशयिष्यामः २६३.७८.

नोत्पथेन गच्छन्तः पथेन गच्छत अग्लानाय धर्मं देशयिष्यामः २६३.८२.

नोत्सक्थिकया २६३.१६.

नोत्सक्थिकाकृतायाग्लानाय धर्मं देशयिष्यामः २६३.८५.

नोदनेन सूपिकं प्रतिच्छादयिष्यामः सूपिकेन वा ओदनं २६३.४७.

नोद्गुण्ठिकया २६३.१७.

नोद्गुण्ठिकाकृतायाग्लानाय धर्मं देशयिष्यामः २६३.८३.

नोद्व्यस्तिकया २६३.२०.

नोपगच्छति २४५.८१.

नोपैति २२३.१६.

नोष्ठाङ्किकया २६३.२४.

नोष्णीषशिरसे धर्मं देशयिष्यामः २६३.८८.

नो क्षीदम् २४४.६५.

नौ २४५.११३.

न्यग्रोध १६६.२४.

न्यग्रोधपरिमण्डल १७.२०.

न्यङ्कु १८०.२४.

*न्यङ्कुटा नाम प्राणी २१५.२०. (न्यङ्कु०?)

न्यर्बुद २५०.५०.

न्यसोदत्पर्यङ्कमाभुज्य २४४.२१.

न्याम २४५.१००.

न्यामावक्रान्ति २४५.१०१.

न्याय ५४.१५.

न्यायप्रतिपन्न ४८.४६.

न्यास २२६.७८.

प

पंसक १२७.४. (B. पां°)
पंसन १३२.४. (B. पां°)
पक्वारस २३०.३४.
पक्वाशय १८६.६६.
पक्षगुप्त २१३.१३६.
पक्षधर्मत्व १६६.११०.
पक्षपण्डक २७१.५५.
पक्षकृत २४५.६५६. — २७१.१४४.
पक्षिन् १५.११. — २१३.६०.
पक्षुर्नागराजा १६७.८०. (B. वक्षु°)
पक्ष्मन् १७.५. — १८.६२. — १८६.५५.
पक्ष्मान्त २७१.११३.
पङ्क्ति २३७.६३.
पङ्क्तिवैषम्यवादानिवारितभुक्ति २६२.३.
पङ्गु २७१.१२२.
पच् २२३.११४.
-वि २८१.२५८.
पचनिका २७३.६१.
पञ्चन् २०१.८.६.
पञ्चभिः कामगुणैः समर्पितः समन्वाङ्गीभूतः २४५.६६७.
पञ्चम ७०.५. — ७१.५. — २१६.५. — २५०.१३४.
पञ्चमण्डलकेन वन्दनं कृत्वा २८१.७८.
पञ्चमप्रहर २५३.२८.
पञ्चमभाग २५०.१२८.
पञ्चमांश २५०.१२६.
पञ्चमाषकादः २८१.२६.
पञ्चवार्षिकमह २२६.५.
पञ्चविंशतिसाहस्रिका ६५.२.
पञ्चसु स्थानेषु कृतावी संवृत्तः २१७.२४.
पञ्चस्कन्धकप्रकरण २४५.१०६८.
पञ्चाल १६३.३४.
पञ्चालो नागराजा १६७.३०.
पञ्जरा २३३.२७.
पञ्जिका ६६.२२.
पट २३२.२४. — २३७.१६.५६. — २८०.१०.
पटक २८०.११.
पटकुटी २२६.५०.
पटल ६६.४२.
पटवासिनी २८१.२४६.
पटी २३२.३३.
पटु १४३.१७. — २४५.८५०.
पट्ट २३२.२७.
पट्टक २८०.६.
पट्टदाम २३६.२०.
पट्टव २६.५८.
पट्टांशु २३२.४१.
पट्टिकासंनाह २३८.४.
पट्टिका १६७.१२७ — १२६. — २७३.४२.
*पट्टिस १६७.१३२.
पठ् २४५.६७६.
पणव २१८.७.
*पणितकं बध्नन्ति २८१.२५५.
पण्डक २७१.१३ — १८.
पण्डरो नागराजा १६७.५४.
पण्डित १४३.१. — १४४.७.
पण्डितजातीय १४३.३.
पण्य २४५.७८५.
पण्यापण २२६.४१.
पत् २४५.३०८.
-प्रांपा ६७.३२.
पतंग २१३.८८.
पतनीया धर्माः २६६.१६.
पताका २३६.३.१३.

पतित २७८.८.

पतिव्रता २४५.८५५.

पतङ्ग २३४.४.

पत्तन २२६.२८.

पत्तिकाय १८३.४.

पत्त्र १९.८३. — २२३.१३५. — २४०.४७ — ४९. — २४१.६.

पत्त्रच्छेदक १८६.१२२.

पत्नी १८८.२१.

पथ २६३.८२.

पथ्योदन २४५.७७६.

पद्

-घा ८४.२४. — ९९.८. — २४५.८६५. १०२८.

-उत् १०.३२. — २२३.१५६. — २४५. १०६९.

-प्रति २४५.१०२५.

-वि २७८.२० — २२.

-उपसं ६७.१ — ४. — ६८.१ — ४. — ६९.५. — ७०.३ — ८. — ७१.७.८.

पद २१.६५. — २४५.३८०. — २६३.१०६.

पदकाय १०४.७६.

पदपरम १२७.३६.

पदस्थान २४५.१२८०. (°नं?)

पदार्थ (षोडश) २००.१.

पदेक २१३.१३०.

पद्धति ६६.२६. — २२३.२६०.

पद्मः २१५.७. — २४६.१०२. — °द्मं २४०.४. — २४७.१०६. — २५०.११.

पद्मक १९६.१०.

पद्मो नागराजा १६७.४.

पद्मगर्भ २३.२९.

पद्मनेत्र २.१४. — २३.३२.

पद्मराग २३५.४.

पद्मवदनुपलिप्तचित्तः ३०.२२.

पद्मव्यूहा २५.७.

पद्य ६६.३३.

पन्था २२३.२५८. — २२६.१२६.

पन्नग २१३.७४.

पयोधर १८९.६५.

पर १०.२६.—१४.२.—२८.२.—१२६.३०.— °रं २०६.६ — १२.

परचक्र १३६.७.

परचित्तज्ञान १४.३. — ५७.२.

परज्ञित २७८.६.

परज्ञाप्तिसंचेतनीयता २४५.११२८.

परतल्लक्षण ८७.२.

परतः प्रमाणं १९९.७६.

परतो घोषान्वयः २४५.१२०४.

परतो ऽसिद्ध १९९.६०.

परत्व २०३.१२.

परनिर्मितवशवर्तिन् १५६.८. (परि°?)

परपंसक १२७.४.

परपक्ष १९९.३३.

परप्रवादिन् १३६.४.

परप्रवाद्यनभिभूत ३०.२६.

परम १९.१७.२०. — २९.६. — ४८.१४. — १२८.१२. — २४५.३७०.

परमदृष्टधर्मसुखविहारप्राप्त ४८.३०.

परमनुविधाय २४५.७६.

परममनोज्ञा १३५.१२.

परमल्ल २४७.६५.

परमया शुभवर्णपुष्कलतया समन्वागतः २२३.१४५.

परमाणु २०३.२६. — २५१.१.

परमाणुरजःप्रवेशो नाम गणना २४८.३३.

परमात्र २४६.६१.

परमार्थ ६४.१.

परमार्थधर्मविनय ६५.५५.
परमार्थशून्यता ३७.६.
परमार्थसंवृतिसत्यनिर्देश ६५.४२.
परमार्थसत्य २४५.१४२.
परमार्थ २२.१८.
परंपरभोजन २६१.३५.
परंपरया २४५.४८.
परवाडो नागराजा १६७.५७.
परशु २३८.१७.
परसंज्ञाप्तिसंचेतनीयता २४५.११२६.
परसैन्यप्रमर्दिन् १८२.४.
परहित १४१.३.
पराकर्षयति २४५.३४५.
पराक्रम ६८.१६. — २४५.६७६.
पराग २४१.२४.
परापत २१३.१३५.
परापर ७.५.
पराभाव १३२.१२. (B. = पराभव)
परामृष्ट २४५.६२५.
परायण १९.३. — ६६.३. — १४७.१ — ४.
परार्ध २५०.१६.
परावगमे २८१.४०.
परावृत्त १३०.२६.
पराशर १७६.१६.
परिकर २४५.२५.
परिकर्म १२९.७.
परिकर्मणा २६०.२०.
परिकर्मणावस्तु २७६.१३.
परिकल्पसमुत्थित २४५.१०१६.
परिकल्पित १०९.३७. — २४५.१०७२.
परिकल्पितलक्षण ८७.१.
परिकूटो नागराजा १६७.६८.
परिक्षय २४८.२४.
परिक्षीणभवसंयोजन ४८.११.
परिखा २२३.१४. — २२६.३७.
परिखेद २४५.४०८.
परिगण २४५.११०३.
परिगृहीत ३०.१४. — १२६.३१.
परिग्राहक २४४.८७.८८.
परिग्रोध ११०.१०.
परिचय २४५.४१६.
परिचर्यानुवर्त्य ७९.५.
परिचर्यासंवर्णन २५८.४.
परिचारयति २४५.६४३.
परिच्छेद ६६.४०.
परिच्छेदकरो नाम समाधिः २१.८४.
परिजन २८१.११८.
परिजय २४५.१३०.
परिजित १२६.६३.
परिजेतृ १२६.६२.
परिज्ञा २४५.१०५.
परिज्ञात ६४.१३.
परिज्ञाय ६४.८.
परिणत ४०.६. — १३०.३०.
परिणाम १३०.३१. — २०१.२५.
परिणामन २६०.३३.
परिणामनविधिज्ञ २९.८.
परिणामनाभिसंधि ८९.४.
परिणायक १.२१. — १९.८९.
परिणायकरत्न १८१.१६.
परिणाह १३४.५.७.
परितोष १४५.१८.
परित्यक्त १३०.५५.
परित्याग १३०.१३.
परित्यागिन् २९.१५.
परित्राण ६६.५.
परित्रातृ ६६.१२.
परिदाघ १९.५१.

परिदाह २८४.२.
परिदेव ११३.१४.
परिनिर्वाण १०.३२. — १६३.४.
०परिनिर्वायिन् ४६.७ — १०.
परिनिष्पत्ति २५.१२.
परिनिष्पन्नलक्षण ८७.३. — १६६.४.
परिपन्थक २२३.२८८.
परिपन्थं तिष्ठति २२३.२७५.
परिपाक २४५.६३४.
परिपाटि २८१.१६२.
परिपूरक ३०.६३.
परिपूरण ३६.४. — १६७.७०.
०परिपूरि २४४.७१.
परिपूर्ण ६३.८.
परिपूर्णकारिन् ८४.५.
परिपूर्णचन्द्रविमलप्रभो नाम समाधिः
२१.१८६.
परिपूर्णव्यञ्जन १८.२४.
परिपूर्णशुक्लधर्म ४८.४३.
परिपूर्णसंकल्प ४८.२०.
परिपूर्णेन्द्रिय २४४.४७.
परिपूर्णो ज्ञानेन १६.५४.
परिपृच्छाव्याकरण ८६.३.
परिप्रापयति २४५.२५५.
परिभावित २४५.३११. — २८१.११२.
परिभाष १३२.१७. — ०षा २४५.६८५.
परिभुक्त १३०.३५.
परिभोग २४५.६६३.
परिमण्डल १७.२०. — १०१.४५.
परिमण्डलमालोपं २६३.५१.
परिमण्डलचीवरसुसंवृत २६३.११.
परिमण्डलनिवासन २६३.२.
परिमर्दनसंवाहन २४५.३७७.
परिमाण २०३.७.
परिमार्जन २८१.२१६.
परिमुक्तस्तृष्णाया १६.५२.
परिमोचयितव्य १२६.४.
परिवञ्चन १०.२८.
परिवर्त ६४.१.२.७.१२. — ६६.३८. —
२४६.१०७.१०९.१११.११३.११५.११७.११९.१२१.
१२३.१२४. — २४७.११२.११४.११६.११८.१२०.
१२२.१२४.१२६.१२८.१३०.१३२.
परिवर्तन २४५.४६४.
परिवार १६.६२. — १८६.२१६. — २४४.६७.
परिवास २६५.११ — १३.
परिवासित २४५.१६२.
परिवृत २४४.११.
परिवेश १९८.४.
परिव्यय २३०.२५.
परिव्राजक १७८.१०.
परिशुद्ध १२.१.३.५.७. — २८.२. — ६३.६. —
६७.४.
परिशुद्धकायसमुदाचारस्तथागतः १२.१.
परिशुद्धाजीवस्तथागतः १२.७.
परिशुद्धमनःसमुदाचारस्तथागतः १२.५.
परिशुद्धवाक्समुदाचारस्तथागतः १२.३.
परिशुद्धि ५३.७.
परिशोधक ४८.३६.
परिशोधन २१.६५.
परिषण्ड २४५.३५८.
परिषण्डावारिक २७४.१७.
परिषद् ३०.४७.
परिष्कार १४०.१३. — २३३.१.
परिष्कारचीवर २७२.१३.
परिष्कारवशिता २७.३.
परिष्यन्द २४५.५४३.
परिषज्जन २८१.१८७.
परिषन्नमात्र २८१.२६७.

परिसमत्त २४५.६१.
परिसामन्तक २२६.११०.
परिस्फुट २४४.३३. — २४५.४६२.
परिस्रावकल्प २७७.३.
परिस्रावण २७३.७०.
परिव्राजक २३७.२६.
परिव्राटक २३७.२१.
परिव्राणि २४५.७३७.
परिहार १६६.४२. — २४५.२८६.
परीत्त ७१.१. — °त्ता १०३.१.
परीत्तशकलिकाग्नि २४५.३००.
परीत्तशुभ १५६.१.
परीत्ताभ १५८.१.
परुष १२७.१३. — २४५.१०८५.
पर्णकुटिका २२६.६३.
*पर्मकनक २७३.७३.
पर्यङ्क २४४.२१.
पर्यटक २२३.२१२.
पर्यनुयोग २४५.७६१.
पर्यन्त १५.१६. — १८२.७.
पर्यवदात ३०.२४. — ६३.१०.
पर्यवनद्ध १०६.५८.
पर्यवरोध २४५.६७४.
पर्यवसान १६.२१. — २४५.२७.
पर्यवसाने कल्याणं ६३.४.
पर्यवसितार्थ १६.८१.
पर्यवस्थान ३०.५७. — १०६.५७.
पर्यस्तिका २६३.२१.८७.
पर्यादान १०६.३१.
पर्यादानं गच्छति १३०.३३.
पर्यापन्न २४५.३२५.
पर्याय १४.४.
पर्युत्थान ३०.६. — १०६.५५.
पर्युदस्त १३०.४०.
पर्युदासप्रतिषेध १६६.१०५.
पर्युपासन ६७.१०.२७.
पर्येषणा ३०.२५. — °णा २४५.८७०.
पर्येषमाणा ११२.७.
पर्येष्टि २६.१८.
पर्वत १५.१०. — २२३.१८३.१६८.
पर्वतकन्दर २२३.१६६.
पर्वतमध्यसज्जमानो गच्छति १५.१८.
पर्वतराजन् १६४.१०.
पर्वन् २२६.६. — २५३.१०८.
पर्षत्संनिपात २४४.१७.
पर्षद् २०.५६. — १८६.६. — °त्मण्डल २४४.६६.
पर्षन्मध्यगतो वा २४५.३२.
*पलगण्ड १८६.१०२.
पलमेकं २४५.३२६.
पलाण्डु २३०.५२.
पलाश १६.८३.
*पलिगोध २४५.१२२.
पवित्र १६७.१०६.
पशु २१३.३२.
पशुपति १६३.७.
पश्चाचङ्क्रमण २७०.२७.
पश्चात्पादक २४५.१२०६.
पश्चिम २५३.४३.—२५४.४.—°म १५१.१६.
पश्चिमकाल २५३.६६.
पश्चिमा दिगवनमति पूर्वा दिगुन्नमति १५१.२०.
पश्चिमे यामे २५३.१७.
पश्चिमोत्तरा २५४.८.
पश्यक २०७.१४.
पांसुकूल २६६.१४.
पांसुकूलिक ४६.१.
पाश्चद्शिक २३०.७८.

पाञ्चमिक २३०.७५.
पाञ्चालराजन् १८०.३७.
पाञ्चिक १६६.१३.
पाटन २४५.५३८.
पाटपाटिक २८१.१६५.
पाटल २४०.५७ — ६०.
पाठाचार्य २७०.१६.
पाणि १५.१७ — १८.४२ — ४५.८०. — २०१.२४.
पाणितल २२६.११२.
पाणिनि १७७.२४.
पाण्डरको नागराजा १६७.२३.
पाण्डरभिक्षु १७८.२५.
पाण्डरवासिनी १६७.४५.
पाण्डव १८५.१.
पाण्डुकम्बलशिलातल २४५.७२२.
पाण्डुपलाश १६६.३४.
पाण्डुर १०६.५.
पाण्डुरोग २८४.२६.
पाण्डुर्नागराजा १६७.१६.
पातकिन् २४५.३६७.
पातञ्जलि १७७.२५.
*पाती १६७.११५. (B. = पात्री)
पात्र २६३.४६.६५.६७.७१.७३ — ७७. — २७३.१.
पात्रकाटक २७३.५.
पात्रधारण २६०.२५.
पात्रनिकुब्जन २८१.५२.
पात्रपरीष्टि २६०.२६.
पात्रपोणक २७३.४.
*पात्रवश्यापक २७३.१२.
पात्रसंज्ञिन् २६३.४५.
पाद १७.२१ — २७.३०.३१. — १८.१०.८०. — १८६.८२. — २०१.२५. — २४५.३६६.३६७. — २६३.३५.३८.३९. — २७१.१६७.१७०.
पादकसंपादन २६१.८६.
पादतल १७.२६.२६. — १८६.८६.
पादधावनिका २८१.१४६.
पादबन्ध २१७.८.
पादवेष्टनिका २७३.२२.
पादाधिष्ठान २७३.१०३.
पादाभरण २३७.४१.
पादुका २३२.१७. — २६३.६६.
पादोनक्रोश २४५.३२६.
पादोपग २३७.५२.
पान २३०.८.
पानं पानार्थिभ्यः १४०.१४.
पानीयवारिक २७४.१५.
पानीयस्थालक २७३.७६.
पाप १.५५.
पापक ३६.१.२. — ६७.१.
पापधर्म १६.७०. — १२७.२३. — २७८.१४.
पापभूमि २२३.२२६.
पापमित्रता १२७.६७.
पापलक्षण २७१.१३८.
पामा २८४.१३.
*पायत्तिक २५६.३. — २६०.१. — २८१.२३.
पायस २३०.७४.
पायु २०१.२६.
पार १३३.१८.
पारं वा १६५.२३.
पारगत १६.६३.
पारजन्मिक १४८.६.
पारद २३४.१८.
पारमि १६.१७. — ३०.३८.६८. — ४८.१४.
पारमिता ३४.१ — १८.
पारंपर्येण २४५.३२३.
पाराजिका धर्माः (चत्वारः) २५६.१.
पारायण २२३.३५.

पारिणामिक २४५.११६४.
पारिधत्रिक १८६.५५.
पारियात्र १६६.५.
पारिषण्ड १६४.२१.
पारुषक २४०.२१.
पारुष्यात्प्रतिविरतिः ६२ ७.
*पारूषकावन १६६.३.
पार्थिव १८६.२.
पार्थिवपरमाणु २०३.२६.
पार्श्व १८६.७८.
पार्श्वदाह २८४.४१.
पार्श्वधिक १८६.६२.
पार्श्वसूत्रक २३७.३१.
*पार्श्विक १८६.७७.
पार्ष्णि १७.३१. — (°ग्राहि) १८६.८८.
पालित्य १६२.४.
पाली १६७.१३२.
पालेवतवृत्त १६६.१४.
प शयक २१७.११.
पाशुपत १७८.१४.
पाषण्डिक १७८.१२.
पाषाण २२३.२२७.
पाषी २२३.२३४.
पिङ्गल १०६.८. — १६८.६.
पिङ्गलो नागराजा १६७.१३.
*पिच्चड २७१.१२८.
पिटक २८४.७२.
पिठरी २३३.२६.
पिण्डखर्जूरवृत्त १६६.१८.
पिण्डदाह २०५.४.
पिण्डपात २६३.४१.४८.५८.६८. — २६६.१३.
— °संतुष्ट १२६.२१.
पिण्डपित्र २४५.२७१.
पिण्डलु २३०.८७.
पिण्डवेणु १६६.२२.
पिण्डीकृत्य २४५.२७०.
पिण्डोद्दान ६६.४५.
पितृ १८८.१.
पितापुत्रसमागम ६५.८.
पिता बोधिसत्त्वानां १६.३५.
पितामह १८८.४.
पितामही १८८.६.
पितृघात १२२.३.
पितृघातक २७१.६.
पितृरक्षिता २८१.२५१.
पितृविषय २११.६.
पितृष्वसृ १८८.२५.
पित्त १८६.६४. — २८४.४५.
पिनाकिन् १६७.१०१.
पिपासा १०१.७५.
पिपासित २४५.६२३.
पिपीलिका २१३.८३.
पिपीलिकोत्सरण १६६.८०.
पिप्पली २३१.२३.
*पिल्याध्याय २२१.१०. var.
पिशाच २१२.३.
पीठ २८१.१८१.
पीठसर्पिस् २७१.३६.
पीठिका २३३.१२. — २७३.६२.
पीड् २२३.२७८.
पीत ७१.४. — ७२.१२. — १०१.३०.
पीतकृत्स्नायतन ७२.२.
पीतच्छविवर्ण २७१.६०.
पीतनिदर्शन ७१.४.
पीतनिर्भास ७१.४.
पीतवर्ण ७१.४.

पीतारुण २८१.६८.
पीनायतकर्ण १८.६८.
पीयूष २३०.१०.
पीलुपति १८६.३१.
पुक्कस १८७.१६.
पुटक २८१.२३०.
पुण्डरीक २४०.६.
पुण्ड्रवर्धन १६३.११.
पुण्य १६.२३.२६.
पुण्यक्रियावस्तु ६३.१—५.
पुण्यता ८३.४.
पुण्यप्रसव १६०.२.
पुण्याभिष्यन्द २४५.८१२.
पुण्योपग २४४.१२२.
पुत्तलि २४५.६८७.
पुत्र १०.२७.—१८८.८.
पुद्गल १.४२. — ७४.२. — २०७.७. — २५५.४.
पुद्गले वा मा प्रमाणमुद्गृह्णातु २४५.६२३.
पुद्गलकल्प २७७.२.
पुद्गलान्तराभिप्राय ८८.४.
पुनर् १०.३१.३२. — ३०.६७. — २४४.१६.
पुनरप्यागत्य २४४.३८.
पुनरुक्तदोषजन्हा २०.३१.
पुनरेव स्मितमकरोत् २४४.३०.
पुनर्वसु १६५.५. — २८२.३.
पुंनाग २४०.३२.
पुमंस् १८८.४७.
पुर २२६.१८.
पुरतस् २६३.८१.
पुरंदर १६३.३०.
पुरःसर २४५.१०६४.
पुरस्कृत २४४.१२.
पुराकल्प २८१.८१.
पुराण २१६.१७. — २४५.७२४.
पुरुष १.१०. — २०२.१. — २०७.६. — २७१.११.
पुरुषकारपाल्ल ११६.३.
पुरुषदम्यसारथि १.१०.
पुरुषपुंगव २४५.६१४.
पुरुषमेधयज्ञ २२१.१६.
पुरुषवृषभ २४५.६१३.
पुरुषानुकृतिस्त्री २७१.१३६.
पुरुषेन्द्रिय १०८.७.
पुरोहित १८६.२३.
पुलिन १६५.२६. — २४५.७०४.
पुलिन्द १८७.१५.
पुष्करिणी १६५.१८.
पुष्कल २४५.२६७.
पुष्कलता २२३.१४१.
पुष्प २४०.७२ — ७६. — २४१.१६.
पुष्पकासीम २३१.१६.
पुष्पद्रुमकुसुमितमकुट १७०.४.
पुष्पपुट २३६.५.
पुष्पराग २३५.२८.
पुष्पवृत्त १६६.६.
पुष्पाभिकीर्णाकल्पवृत्तैर्नानालंकारपुष्पफलावनताग्रविटपैरुपशोभितः २३७.६०.
पुष्पाभ्यवकीर्ण २३७.६६.
पुष्पित २१.७६.
पुष्य १६५.६.
पुंष्यराग २३५.२८. var.
पूग २२३.६.
पूगफल २३१.३४.
पूतना ३३.२. — ६७.२.
पूज्यपूजित २३६.२६.
पूतन २१२.५.
पूतिकाम २२४.१६.

पूतिबीज २४५.१३०.
पूतिमुक्त २८१.२३२.
पूतिमुक्तभैषज्य २६६.१५.
पूय १८९.११३.
पूर २०३.३४.
पूरणः काश्यपः १७९.१.
पूरणाद्वितीय २८१.६२. (B. पुराणा°)
पूरणी २०.५४.
पूर्णगात्र २४४.४४.
पूर्णत्व २४५.१०३२.
पूर्णमैत्रायणीपुत्र ४७.७.
पूर्णाकृति १९७.११३.
पूर्व १४.५. — ३०.४३. — ६७.४. — °र्वा
  १५१.२०. — २५४.२.
पूर्वकाल २५३.६५.
पूर्वकालभव २४५.१२७४.
पूर्वकोटि २५३.८९.
पूर्वंगम ९.१३—१५. — २९.१३. — २४४.८.
पूर्वचरम २८१.७१.
पूर्वजिनाध्युषित २२६.३.
पूर्वनिवास १५.१६.
पूर्वनिवासानुस्मृतिज्ञान १४.५.
पूर्वनिवासानुस्मृतिज्ञानबल ७.८.
पूर्वपक्ष १९९.३६.
पूर्वपादक २४५.१२०८.
पूर्वफल्गुनी १६५.६.
पूर्वभाद्रपदा १६५.२४.
पूर्वरात्र २५३.१३.
पूर्ववत् २२५.४१.
पूर्वविदेह १५४.२.
पूर्वशैल २७५.१४.
पूर्वदक्षिणा २५४.६.
पूर्वा दिगवनमति पश्चिमा दिगुन्नमति
  १५१.१६.
पूर्वान्त २५३.८८.
पूर्वाभिलाषिन् ९७.३२.
पूर्वार्ध १७.१६.
पूर्वाषाढा १६५.१८.
पूर्वाह्ण २५३.३१.
पूर्विक २४५.१४७.
पूर्वे च कृतपुण्यता ८३.४.
पूला २७३.१६.
*पृङ्ग २३२.२६.
पृथक्त्व २०३.११.
पृथग्जन २४५.७४७.
पृथिवी १५.१२.१३.—२४४.१५.—२६३.७४.
पृथिवीप्रोजस् २२३.२१५.
पृथिवीकृत्स्नामित्येके संजानते इत्यूर्ध्वमध-
  स्तिर्यगद्वयमप्रमाणं ७२.११.
पृथिवीकृत्स्नायतन ७२.५.
पृथिवीधातु १०१.२.
पृथिवीपर्पटक २२३.२१२.
पृथिवीमण्ड २२३.२१४.
पृथिवीरस २२३.२११.
पृथिव्यामपतनाय २४५.१६०.
पृथिव्यामुन्मज्जननिमज्जनं करोति तद्यथापि
  नामोदके १५.१२.
पृथु १३४.१३.
पृथुचारुमण्डलगात्र १८.२५.
पृथुप्रज्ञ ४८.३४.
पृथुललाट १८.७२.
पृष्ठ १२१.१२. — १८९.३६.
पृष्ठतस् २६३.८१. (1)
पृष्ठलब्ध २४५.१६६.
पृष्ठवंश १८९.७६.
पृष्ठीभवति १३०.४४. (B. पि°)
पेज २३०.२०.
पेय २३०.१६.

पेयाल २२५.४०.
पेल १८६.७४.
पेलु २४७.७५.
पेशल १२६.१२.
पेशी १६०.३.
पैण्डपातिक ४६.४.
*पैलोत्तिक २८१.२४२.
पैशाचिक २०६.१५.
पैशून्यात्प्रतिविरतिः ९२.८.
पोतलक १६४.१६.
*पोटकल २३१.३३.
पोम २४७.१६.
पोष २०७.५.
पोषध २६६.१८ – २०.
पोषधवस्तु २७६.२.
पोषधस्थापन २८१.८७.
पोषधिक २७०.१३.
पौनर्भविकी २४४.१२८.
पौरव्यवहारिक १८६.४२.
पौरी १३८.४८.
पौरुषेय १८६.१६३.
पौरुष्य २६३.१८६.
पौर्वापर्य १३४.२२.
पौष २५३.१४.
पौष्टिक १६७.८.
प्रकच २८०.४०.
प्रकट २८१.१६१.
प्रकम्पित १५१.२.
प्रकरण ६६.१५. – २८१.११.
प्रकरणपाद ६५.१६.
प्रकार २८.४. – २४५.१७६.
प्रकाशना ३३.७.
प्रकीर्ण २३७.६५. – २४५.१२८.
प्रकृति २४५.१०६०.
प्रकृतिर्मातङ्गदारिका १८५.६.
प्रकृतिशून्यता ३७.१२.
प्रकृतिस्थ २८१.१२६.
प्रकृष्ट १२८.१५.
प्रकोप १४६.१७.
प्रक्रिया ६६.१६.
प्रक्षुभित १५१.११.
प्रक्षेप २२३.५०. – २४४.६३.
प्रक्षेडन १३८.२५.
प्रगण्यते २४५.१२३१.
प्रगर्जित १५१.१७.
*प्रगल्भधार्ष्ट्य १२७.३६.
प्रगुण २४४.८१.
प्रगुणीकरण २४४.८४.
प्रगृहीताञ्जलि २८१.७६.
*प्रग्घरति २४१.१६५.
प्रचलित १५१.५.
प्रचालक २६३.२७ – २९.
प्रचुरता १६२.३.
प्रच्छ २८१.१ – ३.५ – ७.
प्रच्छिन्नो ग्रन्थिः १६.५०.
प्रजापति १७६.१५.
प्रज्ञ ४८.५.२८ – २६.
प्रज्ञा ६.११. – १६.३२. – २६.६. – ७५.१ – ३. – १०४.१०. – १६७.७३.
प्रज्ञादौर्बल्य १२७.२७.
प्रज्ञाधन ७८.७.
प्रज्ञाधिष्ठान ८०.४.
प्रज्ञापन २४५.६३.
प्रज्ञापारमिता ३४.६. – ६५.१.२.४८.४९.
प्रज्ञापारमिता पञ्चशतिका ६५.४८.
प्रज्ञापारमिताप्रतिवर्णक २४५.२८४.
प्रज्ञाप्त २२६.१०६.
प्रज्ञाप्ति २४५.६४. – २८१.८.९३.

प्रज्ञाभिवादिन् २७५.१८.
प्रज्ञाप्तिशास्त्र ६५.६१.
प्रज्ञाप्रदीपो नाम समाधिः २१.५०.
प्रज्ञाबल २६.४. — ४२.५.
प्रज्ञारत्नसमन्वागत ४८.३७.
प्रज्ञावत् १४३.१२.
प्रज्ञाविमुक्त ४६.१६.
प्रज्ञास्कन्ध ४.३.
प्रज्ञेन्द्रिय ४१.५. — १०८.१८.
प्रज्ञोपाय २८.३.
प्रज्वर २८४.४७.
प्रणतप्रत्यक्सत्य १६.७६.
प्रणय १३५.११. — २८१.१६०.
प्रणाद १८०.२५.
प्रणाम ६७.१६.
प्रणिधान ३०.१५.४२.५४. — ८३.३.
प्रणिधानपारमिता ३४.८.
प्रणिधानबल २६.५.
प्रणिधानवशिता २७.८.
प्रणिधानाकल्पित ३०.३४.
प्रणिधिकर्मन् २८१.१०४.
प्रणिधिज्ञान ४८.५२.
प्रणिपत्याभिवादन ६७.३२.
प्रणीत ५४.१२. — १२८.१६.
प्रणीतधातुक २४५.१२६२.
प्रणीतविज्ञापन २६१.४४.
प्रणेतृ १२८.१.
प्रततपाणि १४०.२.
प्रतापन २१४.७. — २४५.२०६.
प्रतिकाङ्क्षितव्य २४४.११६.
*प्रतिकुब्जित २४५.५४१.
प्रतिकूल १३३.२.
प्रतिकूलता २२३.१६५.
प्रतिकूलसंज्ञा २४५.६००.
प्रतिकृति २४५.६८६.
प्रतिक्रान्त १३०.१७.
प्रतिक्रुष्टा २२३.२२५.
प्रतिक्षयावस्तु २७६.१०.
प्रतिक्षेप १३०.१५. — २८१.१५.
प्रतिक्षेपणसावद्य २४५.८४२.
प्रतिग्रह २२२.६. — २६०.७. — २७३.१६. — २८१.१२१.
प्रतिग्राहक १४०.२१.
प्रतिघ १०४.२४.
प्रतिघसंज्ञा ६८.१. — ७०.४. — ७१.७.
प्रतिचारिन् ४८.४६.
प्रतिच्छन्दकल्याण १२६.१८.
प्रतिज्ञा १६६.५६.
प्रतिज्ञाकारक २६४.७.
प्रतिज्ञाभिज्ञ २७०.३८.
प्रतिज्ञोत्तरक ६८.८.
प्रतितालक २३३.२०.
प्रतिदेशनीयाः (चत्वारः) २५६.४. — ०यानि २६२.१.
प्रतिनियम १०४.८०.
प्रतिनिवासन २७२.७.
प्रतिनिसर्ग १३०.३. — २४५.१२५८.
प्रतिनिसृज्य १३०.१.
*प्रतिनिम्नतति २२३.१५८.
प्रतिपत्ताभिसंधि ८६.३.
प्रतिपत्ति ५४.१६.
प्रतिपत्तिसंपत् २४५.१०५१.
प्रतिपत्तिसार ६८.२२.
प्रतिपद्ध ७.६. — ८.४. — ५८.१ — ४. — ६४.६.११.१६.
प्रतिपन्न १०.२४. — ४८.४६ — ४८.५०. — २४५.८३.
प्रतिपन्नक २२३.५६.६१.६३.६५.

प्रतिपादक २७३.६३.
प्रतिपाद्य २४५.१६०.
प्रतिप्रश्रब्ध १९.६१. — ३०.४०.
प्रतिप्रश्रब्धि ६५.५८.
प्रतिप्राकार २२६.४८.
प्रतिबद्ध ३०.१. — २४५.१०२.
प्रतिबन्ध २४५.१०४. — २८१.७४.
प्रतिबलो भवति २८१.१३३.
प्रतिबिम्ब १८.७७. — ३०.७९. — १३९.६.
प्रतिभान १९.३९. — २१.८०. — ३०.४६.
७०.७१.
प्रतिभानकूट २३.५६.
प्रतिभानप्रतिसंवित् १३.४.
प्रतिभास २१.५१. — ३०.४९. — १३९.१०.
प्रतिभु २४५.१२४६.
प्रतिमल्लापितव्य १३८.२२.
प्रतिरूप २४५.३९१. — °पि: २४५.६१५.
प्रतिरूपक २४५.२८५.२८६.
प्रतिरूपदेशवास ८३.१.
प्रतिरूपो गोचरेण १९.२९.
प्रतिलब्ध ३०.६.३३.३५. — २४५.१०२६.
प्रतिलोम १३३.३.
प्रतिवर्णक २४५.२८४.
प्रतिवस्तु २८१.२०३.
प्रतिवचन २४५.२०३.
प्रतिवात १३३.२६.
प्रतिवादिन् १९९.३५.
प्रतिवाद्यसिद्ध १९९.६४.
*प्रतिवानि २२३.१६४. (B. °वाणि)
प्रतिविधान २४५.१६०.
प्रतिविरति ९२.६ — ९.११ — १३.
प्रतिविष २३१.५२.
प्रतिविद्यस्त्र २४५.२००.
प्रतिशब्द १३९.५३.
प्रतिश्रुत्का ३०.४९. — १३९.१२.
प्रतिषेध १९९.१०४.१०५.
प्रतिष्ठन् २४५.२१६.
प्रतिष्ठितो ऽतीतानागतप्रत्युत्पन्नानां बुद्धानां भगवतां ज्ञाने १९.५५.
प्रतिसंलयन ६७.११. — ८५.५.
प्रतिसंवित् १३.१ — ४.
प्रतिसंविन्निश्चयावतारा २५.६.
प्रतिसंवेदक २८१.२११.
प्रतिसंवेदिन् १५.१९. — ५३.१२.१३.१६—
१९.२२.२३.
प्रतिसंस्कार १४०.१६. aap.
प्रतिसंस्तर १४०.१६.
प्रतिसंहरणीय २६५.७.
प्रतिसंकान्तिका २७२.५.
प्रतिसंख्यानिरोध १०९.१०२.
प्रतिसंधि १०९.८१.
प्रतिसंधिबन्ध २४५.१२८७.
प्रतिसरण ७४.१ — ४. — १२१.६.
प्रतिस्रोत २६३.७७. — २८१.१७०.
प्रतिस्रोतोगामिन् १३३.६.
प्रतिहतचित्त १४६.७.
प्रतिहार १८६.२६.
प्रतीतमानस्तिष्ठति २४५.२११.
प्रतीप्सते २४५.२१४.
प्रतीत १३१.५५.
प्रतोद २४५.५२८.
प्रत्यंश २४५.१०७.
प्रत्यक्ष १९९.१.२.१५. — २००.१६. —
२०२.१. — २०३.३२.
प्रत्यक्सत्य १९.७६.
प्रत्यय २४५.५२६.
प्रत्यङ्ग १८.३१. — १८९.१०९. — २२३.१२६.

प्रत्यनीक १३६.६.
प्रत्यनुयुक्त २४५.१२५६.
प्रत्यन्त २२३.१६३.
प्रत्यन्तजनपद् १२०.५. — १८७.५६.
प्रत्यभिज्ञा १४२.१२.
प्रत्यमित्र १३६.२.
प्रत्यय ५४.६.—११५.१—४.—१६६.८६.—
२४४.३७.
प्रत्ययित २४५.१७६.
प्रत्यर्थिक १३६.५.
प्रत्यर्ह २४४.१११.
प्रत्यवस्थान २४५.१०५.
प्रत्यवेक्षणाज्ञान ५.४. (!)
प्रत्यवेक्षयितव्य २४५.१०१४. (!)
प्रत्यक्कारिणी १६७.५१.
प्रत्याख्यात १३०.५७. — १३८.४४.
प्रत्यागमन २२३.४३.
प्रत्यात्मवेदनीयो विज्ञैः ६३.१८.
प्रत्याय २४५.८६६.
प्रत्यायन १६७.१२१.
प्रत्यायनार्थं २४५.७४२.
प्रत्यालीढ १६७.३३.
*प्रत्यासत्ति २४५.१२२६.
*प्रत्यासत्तिः २४५.१२२६. nap.
*प्रत्यास्तृत २२३.१०६.
प्रत्युच्चार १३८.३६.
प्रत्युच्चारण १३८.३८.
प्रत्युत्थान ६७.१४.
प्रत्युत्पन्न ६.१८. — १६.५५. — २५३.६७.
प्रत्युत्पन्नबुद्धसंमुखावस्थित २४.६.
प्रत्युत्पन्नदुःखमायत्यां दुःखविपाकं ७७.३.
प्रत्युत्पन्नदुःखमायत्यां सुखविपाकं ७७.२.
प्रत्युत्पन्नसुखमायत्यां दुःखविपाकं ७७.१.
प्रत्युत्पन्नसुखमायत्यां सुखविपाकं ७७.४.
प्रत्युत्पन्ने ऽध्वन्यसङ्गमप्रतिहतं ज्ञानदर्शनं
प्रवर्तते ६.१८.
प्रत्युदावृत्त २२३.३४.
प्रत्युदाहरण १३६.२६.
प्रत्युद्गमन २४५.३८४.
प्रत्युद्गम्य द्विजः २४५.३८५.
प्रत्युद्यान १८१.२.
प्रत्युपकारकाङ्क्ष १४१.६.
प्रत्युपस्थान १०.३१. — २४५.८२७.
प्रत्युप्त २३७.५५.
प्रत्येक २६०.११.
प्रत्येकनरक २१५.१६.
प्रत्येकबुद्ध १०.३२.
प्रत्येकबुद्धयान १०.३२. — ५६.२.
प्रत्येकबुद्धयानाभिसमयगोत्र ६१.२.
प्रथम ६४.२.—६७.१.—७०.१.—७१.१.—
१० दशम २५०.१३०—१३६.
प्रथमा कर्मवाचना २६६.६.
प्रथमं दशकं २६०.२.
प्रथमपुरुष २०६.२६.
प्रथमप्रहर २५३.२४.
प्रथमाभिनिर्वृत्त १५६.२.
प्रथमे यामे २५३.१५.
प्रथित १३१.१४.
प्रदक्षिण १७.२१. — °णीः २४५.६१६.
प्रदक्षिणग्राहिन् १२६.१६.
प्रदक्षिणपट्टिका १६७.१२७.
प्रदक्षिणावर्तकेश १७.२.
प्रदक्षिणावर्तगात्रिन् १८.१५.
प्रदक्षिणावर्तनाभि १८.३८.
प्रदक्षित २४५.६८३.
*प्रदास १०४.४३.
प्रदीप २१.३१.४१.४७.५०. — २४५.४६६.

प्रदीपशरणाधन १७४.५.
प्रदीप्त १५.१६. — २२३.१७५.
प्रदेश २४४.४६.१४०. — २६३.७४.१०५.
प्रदेशकारिन् ८४.२.
प्रदेष्टृ १८६.२८.
प्रद्योत १८४.६.
प्रधान १२८.१२. — २०१.२.
प्रधानहेतु २४५.६६२.
प्रध्यानपर २४५.७२१.
प्रध्यापन्न २४५.८३५.
प्रध्वंसाभाव २०२.४.
प्रपतित २४५.३२८.
प्रपाटिका १६.८३. — २४५.६८८. (°टी°)
प्रपात २२३.१२.१८६. — २६३.७६.
प्रपितामह १८८.५.
प्रपितामही १८८.७.
प्रबन्ध १०४.८६.
प्रबन्धोपरम १०४.६५.
प्रभङ्गुर १३०.४३.
प्रभव ५४.७.
प्रभा २१.३६.३७.३९.१०४.१०६.१०७.१०९. — १५२.१. — १६७.६६. — २४४.३६.
प्रभाकरसिद्धि १७७.३२.
प्रभाकरी ३१.३.
प्रभाकरी नाम समाधिः २१.३७.
प्रभाव २२३.८२.
प्रभावना २४५.५१२.
प्रभावित २२३.६६.
प्रभाष्यते २४४.११८. вар.
प्रभास्वरा २०.७.
प्रभु १.८१.
प्रभूततनुजिह्व १७.१२.
प्रभूतधन २४५.६६६.
प्रभेद २१.६५. — २४६.५.
प्रभ्रष्ट २४५.८३४.
प्रमथन २४५.२०२.
प्रमाण १६६.४७.७५.७६. — २००.३. — २४५.६२३.
प्रमात्र २४६.१४. — २४७.५८.
प्रमाद १०४.५४. — २४६.६३. — २४७.६७.
प्रमादस्थान २४५.५४४.
प्रमुक्त २१.१४.
प्रमुदित १४५.४. — °ता २०.४६. — ३१.१.
प्रमुदितप्रलम्बसुनयन १७०.६.
प्रमुदितस्य प्रीतिर्जायते ८९.१.
प्रमेय २००.३.
प्रमेह २८४.१६.
प्रमोदको नागराजा १६७.४३.
प्रमोद्यपूर्वकधर्म (नव) ८९.—
प्रयत्न २०३.१६.
प्रयत्नानन्तरीयक १६६.७०.
प्रयाण २२३.४५.
प्रयात १०.२५.
प्रयुक्त २४५.११७७.
प्रयोग १२१.१०.
प्रयोगबल २६.३.
प्रयोगिक २४५.१००५. — २८१.४६. (प्रा°?)
प्रयोजन २००.५.
प्ररणित १५१.१४.
प्रज्ञपणा २४५.१८४८.
प्ररोदन २४५.१२१.
प्रलम्ब १७.१८.
प्रलम्बित २३६.२१.
प्रलाप २५७.४.
प्रलेपक २३६.
प्रवचन ६६.४.

प्रवण ३०.४. — २२३.६२.
प्रवर १२८.६. — २४६.६. — २४७.११. — २८०.१३.
प्रवर्तक २४५.८३७.
प्रवर्तन ६४.१. — १३३.१६.
प्रवाड २३५.५.
प्रवाद २४५.१५८८.
प्रवादिन् ३०.२६.
प्रवारक २७३.३५.
प्रवारण २६६.२४.
प्रवारणावस्तु २७६.४.
प्रवारिक २६६.२५.
प्रवारित २६६.२६.
प्रवारितार्थातिसेवा २६१.७८.
प्रवासनीय २६५.६.
प्रवाह्न १०६.६५.
प्रविचय ३०.४१. — ४३.२.
प्रविजन्म १३०.६०.
प्रविवेकज २४४.८०.
प्रविष्टः स्पर्शस्वीकृतौ २८१.२६.
प्रवीण १४३.४.
प्रवृत्त २६.१३.
प्रवृत्ति १०४.७६.
प्रवृद्ध २४५.४६६.
प्रवेधित १५१.८.
प्रवेश २१.१२.१७.१८.७१.६२. — १६७.७१. — २४४.८२.
प्रव्रजित २७०.१.
प्रव्रज्यावस्तु २७६.१.
प्रशंसा १२५.६. — १३१.२.
प्रशंसित १३१.६.
प्रशठता १०६.१६.
प्रशमन ३०.५७.
प्रशान्तविनिश्चयप्रातिहार्यनिर्देश ६५.५२.
प्रशस्त १३७.८.
प्रशाखा १६०.५.
प्रशान्तारात्रि २५३.१२.
प्रशान्तेर्यापथसंपन्न ४८.४०.
प्रशास्तृ १८६.४६.
प्रशिष्य २७०.२५.
प्रश्ननिर्णय २४५.४८३.
प्रश्नव्याकरण २४४.४८.
प्रश्वसत् ५३.६.११.१३.१५.१७.१६.२१.२३.
प्रष्ठ १२८.२३.
प्रसङ्ग १६६.११६. — २०६.१७ — १६.
प्रसङ्गः प्रसज्यते २०६.१६.
प्रसज्यप्रतिषेध १६६.१०४.
प्रसन्न २४५.८८६.
प्रसभ २४५.४५३.
प्रसर १५४.१८.
प्रसरित २४५.४३५.
प्रसर्पणा २४५.१०३८.
प्रसाद २८.३. — २४५.८८५.
प्रसार २२३.४८.
प्रसारण २०३.२३.
प्रसारित २४५.३३२.
प्रसिद्ध १३१.१३.
प्रसुत २४६.१४.
प्रसूत २४५.१००१.
प्रसृत १६.११. — °ता २०.५०.
प्रसेन १६७.३४.
प्रसेनजित् १८४.७.
प्रस्कन्दिबल २५२.५.
*प्रस्कन्ध २४५.४११.७६६.
प्रस्कान्त २०५.५.
प्रस्तव २४५.३८.
प्रस्थ २२३.५१.

प्रस्थान ३०.५४. — २४५.२४६.

प्रस्थापन २४५.५.

प्रस्फोटक १६८.३७.

प्रस्फोटन २८१.२२०.

प्रस्रब्धकायसंस्कार १६.८५.

प्रस्रब्धकायः सुखं वेदयति ८१.३.

प्रस्रब्धि १०४.१६.

प्रस्रब्धिसंबोध्यङ्ग ७३.५.

प्रस्रभ्य कायसंस्कारानाश्वसन्प्रस्रभ्य कायसंस्कारानाश्वसामीति यथाभूतं प्रजानाति ५३.१४.

प्रस्रभ्य कायसंस्कारां प्रश्वसन् प्रस्रभ्य कायसंस्कारां प्रश्वसामीति यथाभूतं प्रजानाति ५३.१५.

प्रस्रभ्य चित्तसंस्कारानाश्वसन् प्रस्रभ्य चित्तसंस्कारानाश्वसामीति यथाभूतं प्रजानाति ५३.२०.

प्रस्रभ्य चित्तसंस्कारां प्रश्वसन् प्रस्रभ्य चित्तसंस्कारां प्रश्वसामीति यथाभूतं प्रजानाति ५३.२१.

प्रस्राव २६३.१०४.१०५.

प्रस्रावकरणे प्रस्रावकरणस्य मुखे वर्चोमार्गे वा २८१.२७.

प्रहर २५३.१८.२४ — २८.

प्रहरण २३८.३५.

प्रहसितनेत्र २.१५.

प्रहाण ३६.२. — ४०.१ — ४. — ६७.४. — २४५.११६८.

प्रहातव्य ६४.६.

प्रहारदान २६१.५२.

प्रहारिता २१७.२३.

प्रहाण ६४.१४.

प्रहेलिका २४५.६४५.

प्रह्लाद २४५.८२१.

प्रह्लादनकरिन् २०.१७.

प्राकाम्य २०१.१६.

प्राकार १५.६. — २२६.४७.

प्राकृत २०६.१३. — °ता २४५.२२७.

प्राकृतहस्तिबल २५२.१.

प्रागभाव २०२.३.

प्राग्भार ३०.५.—२२३.६२.७४. २२६.६५.— २६३.७६.

प्राग्भारेण कायेन दण्डमवष्टब्धः १६२.६.

प्राज्ञ १४३.१०.

प्राणक २१३.५८.

*प्राणकजात २१३.१२७.

प्राणातिपातविरति २६८.१.

प्राणातिपाताद्विरतिः ६२.२.

प्राणिन् २१५.२०.

प्राणिभूत २१३.१४६.

प्रातिलेपिक २४५.११६६.

प्रातिभ २०४.२.

प्रातिमोक्ष २८१.१७.

प्रातिलम्भिक २४५.१७३.

प्रातिहार्य १.७३. — १६.१ — ३.

प्रादेशिकयान ५६.५.

प्रान्त १४६.३. — २४५.८१८.

प्रान्तं शय्यासनं १४६.१.

प्रान्तकोटिकं ध्यानं ६७.५:

प्रान्तवनप्रस्था १४६.२.

प्राप्त १६.५.५७.८८. — ४८.१४.३८. — २४५.१०२०.

प्राप्ति २६.१८. — १०४.६४. — २०१.५५.

प्राप्त्यनुषङ्ग २४५.८५१.

प्रामाणिका सहायकाः २४५.११६६.

प्रामोद्य १४५.८.
प्रायश्चित्तिक २८१.१०७.
प्रास २३८.१०.
प्रासाद २२६.४.१६.
प्रासादिक १८.३६.—१२६.५५.—२२३.१४२.
प्रासादिवारिक २७४.१६.
प्रासिका १८६.६१.
प्राक्वनीय ६७.२०.
प्रिय १३५.१०.
प्रियङ्गु २२८.५५. — २४०.३१.
प्रियवादिता ३५.२.
प्रियविप्रयोगे दुःखं ११२.५.
प्री
-परि ८५.११.
प्रीति ६७.३. — ८१.१. — १६७.६६.
प्रीतिप्रतिसंवेदी प्रश्वसन् प्रीतिप्रतिसंवेदी प्रश्वसामीति यथाभूतं प्रजानाति ५३.१७.
प्रीतिप्रतिसंवेद्याश्वसन् प्रीतिप्रतिसंवेद्याश्वसामीति यथाभूतं प्रजानाति ५३.१६.
प्रीतिमनसः कायः प्रश्रभ्यते ८१.२.
प्रीतिसंबोध्यङ्ग ४३.४.
प्रीतिसुख ६७.१ २.
प्रीतिसुखजननी २०.२०.
प्रीतिसौमनस्यजात १४५.५.
प्रीतिहर्ष १६७.८७.
प्रेक्षते २४५.१०६३.—°ते स्म २४५.१८५.
प्रेतिन् २२३.२८१. — २४४.६६.
प्रेत १२०.३. — २१२.१.
प्रेमणीया २०.२५.
प्रेमन् १३५.५.
प्रेषक १६७.१४४. — २७४.१३.
प्रेषण २६०.१२.
प्रेषिता २४५.१२७.
प्रोक्षण १६७.१२३.
प्रोत्खत २२३.२६३.
प्लवित २१७.२८.
*प्लीह १८६.६३.
प्लोतिक ६३.२७.

फ

फक्क २७१.१२१.
फणा २४५.७७३.
फर २३८.६.
फल ११६.१—५. — २२३.२३५. — २३७.६०.
फलक २८०.३४. — °च्छद्रन २२६.५६.
फलचारक २७४.५.
फलविपाकसंमोह २४५.११३०.
फलवृक्ष १६६.७.
फलाराम २२६.१०४.
फल्गु १६.८३.
फाणित २३१.६७.
फाल्गुन २५३.४४.
फुत्फुकारक २६३.५७.
फुप्फुस २८१.२४३.
फुफुस १८६.६१.
फुल्लित २४१.१७.
फेनपिण्ड १३६.२४.
फेल २४६.७१.

ब

बक २१३.११८.
बकपुष्प २४०.७२.
बकुल २४०.२६.
बडिश २४५.४०३.
बदरफल २३१.३६.
बद्धकदय २३२.१२.
बध् २२३.१६७. — २८१.२१५.
-म्रा २४५.१६५.

बध २५७.३.
बधक १८६.१६८.
बधकाः कामाः २२४.१०.
बधिर २७१.३५.
बधू १८८.२८.
बध्यघातक १८६.१६६.
बन्ध २२३.११६.
बन्धन १०६.५३. — १६७.२७.७६.
बन्धनपालक १८६.१६५.
बन्धि १७१.४.
बन्धु १८८.३६.
बन्धुजीवकपुष्प ७१.५.
बन्धुर २२३.१४१.
बर्हिन् २१३.१०२.
बल १.२५.—७.१—१०.—१६.३३.—२६.५—१०. — ४२.१ — ५. — २२३.७६. — २४५.५८. ११७२. — २४६.४४. — २५२.१ — ७.
बलदेवो नागराजा १६७.७३.
बलपारमिता ३४.६.
बलं सुखस्पर्शविहारता च २४३.२६.
बलविपुलहेतुगति १७१.६.
बलव्यूहो नाम समाधिः २१.५५.
बलाका २१३.११६.
बलात् २४६.५०.
बलादुपक्रान्तः २८५.१६५.
बलाधान २४५.८२२.
बलाहकाश्वराजन् २१३.६.
बलि १६७.१२०.
बलिको नागराजा १६७.३३.
बलीवर्द २१३.४४.
बलेन ग्रनुप्रस्कन्द्य २८१.२४३.
बलवत् २२४.२३.
बहिःकुब्ज २७१.१४८.
बहिरायाम २८४.६४.
बहिर्धा ७०.२. — ७१.१ — ६.
बहिर्धाशून्यता ३७.२.
बहिष्पट्टिका १६७.१२६.
बहिःसंवृत २८१.१३६.
बहुकर २४५.६५७.११८७.
बहुकरणीय १२७.२६.
बहुकृत्य १२७.२५.
बहुजनप्रिय १४५.१२.
बहुजन्य २४५.४७.
बहुतर १३४.१६.
बहुधा १५.६.७.
बहुधा भूत्वा एको भवति १५.७.
बहुमान ६७.३१.
बहुल २४८.८.६.
बहुलीकृत १२१.१५.
बहुश्रोकि २०६.२४.
बहुश्रुत ४८.२२. — १२६.३२.
बहूत्तरविशिष्ट १०६.२४.
*बाढम् २४५.३७४.
बाल २६.१७. — १६१.३.
बालजातीय २४५.६६४.
बालमूल २३०.८५.
बालोष्ठापन २४५.१०६.
बाह्लीक २४५.१२६५.
बाहु १८६.४३.
बाहुता १७.१८.
बाहुव्यायाम २१७.३४.
बाहुशिखर १८६.४१.
बाहुश्रुतीय २७५.६.
बाह्यार्थवादिन् २२३.७४.
बिडाल २१३.२०.
बिम्ब २२३.१३७. — २४५.२६८ — २४७.६१.
बिम्बप्रतिबिम्बदर्शनवदन १८.४७.
बिम्बर २४६.६. — २४७.८. — २४८.४.५. — २४६.१८.

बिम्बिसार १८४.५.
बिम्बोपधान २७३.४०.
बिम्बोष्ठी २२३.१३६.
बिस २४१.१.
बीज २४४.१०५.
बीजं वापयति २४५.७३६.
बीजग्रामभूतग्रामविनाशन २६१.५३.
बीभत्स २२०.३. — २४५.२६७.
बुद्ध १.१. — १०.३२. — १६.५.१७.१६.५५. ८६. — २६.१८. — ३०.५६. — १४३.८.
बुद्धकायवर्णपरिनिष्पत्त्यभिनिर्हारा २५.१२.
बुद्धकार्य १६.६१.
बुद्धक्षेत्र ३०.१२. — १५४.२०. — २४४.३.
बुद्धक्षेत्रव्यूहानन्तप्रणिधानप्रस्थानपरिगृहीत ३०.५४.
बुद्धज्ञान १०.३२.
बुद्धत्वमवाप्नोति २४५.५०३.
बुद्धनेत्री २४४.६३.
बुद्धपालित १७७.२१.
बुद्धभूमि ३.१. — १६.१६. — ६५.२६.
बुद्धलोचना १६७.४४.
बुद्धवज्रसंधारणसन्धि २३.६२.
बुद्धविषय ३०.१७. — १५४.१६.
बुद्धविहारेण विहरणं १६.४.
बुद्धं शरणं गच्छामि द्विपादानामग्र्यम् २६७.१.
बुद्धसंगीति ६५.३५.
बुद्धानुस्मृति ३०.५५. — ५१.१.
बुद्धालंकाराधिष्ठिता २५.१०.
बुद्धावतंसक ६५.४.
बुद्धि १६.१.१३. — १४२.१.
बुद्धिको नागराजा १६७.६२.
बुद्धिजन्मन २०२.१.
बुद्धिमत् १४३.६.
बुद्धीन्द्रिय (पञ्च °याणि) २०१.८.
बुद्धोत्पाद १६.८८.
बुद्बुद १३६.१४.
बुद्बुदास २७१.८३.
बुध १६४.४.
बुभुता १०१.७३. (!)
बुलि १८६.८०.
बुस २३०.६०.
बूसिका २७३.५५.
बृंहयिता शून्यागाराणां १२६.८८.
बृहत्फल १६०.३.
बृहद्दार १७१.८.
बृहस्पति १६४.५.
बोद्धृ १४३.११.
बोधिचित्तासंप्रमोष १२६.२.
बोधिपक्षनिर्देश ६५.१७.
बोधिबल २६.६.
बोधिमण्ड १६३.१२.
बोधिमभिसंबुद्धः २४५.५०१.
बोधिसत्त्व १६.१६.३५. — २२.१. — २३.८२. ८३. — ३०.६७.७६.८०. — १२३.२. — °गण २४४.४. — °पिटक ६५.५.
बोध्यङ्गवती नाम समाधिः २१.८१.
ब्रह्मकायिक ११६.२. — १५७.१.
ब्रह्मचर्य ६३.१. (!)
ब्रह्मचर्यञ्च मे चिरस्थितिकं भविष्यति २५५.१०.
ब्रह्मचारिप्रतिज्ञा २७८.१६.
ब्रह्मचार्याश्रम १५०.२.
ब्रह्मदत्त १८४.३.
ब्रह्मपथकोविद २४५.५६८.
ब्रह्मपारिषद्य १५७.२.
ब्रह्मपुरोहित १५७.३.

ब्रह्मरतस २१२.१४.
ब्रह्मलोक १५.१८.
ब्रह्मस्वर १७.१३.
ब्रह्मस्वररुतारविता २०.३८.
ब्रह्मा सहाम्पतिः १६३.२.
ब्रह्मा हिरण्यगर्भः १६३ १.
ब्राह्मण १८७.२.
ब्राह्मणमहाशालकुल १८७.७.

भ

भक्त २३०.७८.
भक्तच्छेदकारण २६१.५५.
भक्ति ६७.२१.
भक्तोद्देशक २७४.२.
भग २४५.१०८.
भगंदर २८४.३३.
भगवत् १.२. — १६.५५. — ४८.४५. —
६३.१२.१६. — २४४.१६.४१.६८.११५.
भगवतः प्रतिश्रुत्य २४४.५५.
भगवतानुज्ञातः २४४ ६८.
भगवानिममेवार्थं भूयस्या मात्रया अभिद्योत-
यमानो गाथाभिगीतेन॰ २४४.१०६.
भगिनी १८८.१४.
भगिनीरक्षिता २८१.२५४.
भज्
-वि १४०.६.
-संवि १४०.७.
भजन ६७.२६.
भट १८६.७३.
*भटवलाग्र १८६.४४.
भट्टारक २४५.६५१.
भण्डन १३२.३.
भण्डितेन न प्रतिभण्डितव्यं २६६.३.
भदन्त २६८.१०. — २८१.२०.
भद्रकल्प २५३.७५.
भद्रकल्पिकबोधिसत्त्व २३.८२. — ३०.८०.
भद्रपाल २३.४८.
भद्रमुस्त २३१.४८.
भद्रिक १८०.५५.
भयदर्शिन् १२६.६१.
भयानक २२०.६.
भरणी १६५.२८.
भरत १८०.३०.
भरुकच्छ १६८.६.
भल्ल २३८.३०.
भल्लुक २१३.१३.
भव २१.६१. — ४८.११. — ११३.१०.
भवकान्तार २४५.२२३.
भवचारक २४५.२२४.
भवति च न भवति च तथागतः परं मरणात्
२०६.११.
भवति तथागतः परं मरणात् २०६.६.
भवन २२६.२४.
भवराग १०६.५१.
भवसंक्रान्ति ६५.५४.
भवान्तकृत् १.४७.
भवाभव १२६.६८.
भवितव्य ७४.१ — ४.
भविष्यत् २५३.१०१.
भव्य १७७.२२. — ॰व्यं २२३.१४७.
*भस्मक २८४.३४.
भस्मितं कुर्यात् २४५.१२५.
भागिनो भवन्ति २४५.१७८.
भागीय ५५.१.
भाङ्गक २३२.४२.
॰भाजक २७४.८.११.
भाजन १०.३०.
भाजनवत् २०८.४.

भाजनवारिक २७४.१४.
भाण्डगोपक २७४.७.
भाण्डभाजक २७४.८.
भाण्डारिक १८६.४८.
भाण्डी नागराज्ञा १६७.२६.
भाद्रपद २५३.५०.
भार ४८.१०.
भारच्छिन्न २७१.३६.
भारद्वाज १७६.२१.
भार्या १०.२७. — १८८.२०. — २८१.१८६.
भाव २०६.११.
भावभट १७७.३८. (B. वाग्भट)
भावना ३३.१०.
भावनाप्रहातव्य १०६.६६.
भावनामयं पुण्यक्रियावस्तु ६३.४.
भावनामयी प्रज्ञा ७५.३.
भावनामार्ग ६४.७.
भावनारामता ८५.८.
भावनाक्षेप २४५.८४७.
भावयितव्य ६४.११.
भावित ६४.१६. — १२१.१४.
भावितात्मन् १६.८२.
भाविन् २४५.१०१५.
भाष् १३८.८.
°भाषिन् ४८.२६.
भाषिष्ये ऽहं ते २४४.५४.
भाष्य ६६.२३.
भास् २४४.६७.
भास १६८.१५.
भिक्षु ६३.२४. — २६३.७०.७१. — २७०.४. ३७ — ४१.
भिक्षुणी २७०.५.
भिक्षुणीदूषक २७१.१०.
भिक्षुणीपरिपाचितपिण्डपातोपभोग २६१.३३.
भिक्षुणीपिण्डकप्रकरण २६२.२.
भिक्षुणीसार्धं सह गमनं २६१.२६.
भिक्षुत इति भिक्षुः २७०.३६.
भिक्षुपैशुन्य २६१.४.
भिक्षुभाव २७८.४.
*भिण्डिपाल २३८.३२. (B. भिन्दि°)
भित्ति २२६.४६.
भित्तिकता ८५.१४.
भिद् २१५.१८. — २२३.१११.
भिन्नकल्पद्वीपान्तरज्ञ २७१.१४०.
भिन्नक्रम २४५.३१८.
भिन्नक्लेश १६.६६.
भिन्नक्लेशवाद्भिक्षुः २७०.४०.
भिषज् १८६.५२.
भीम १८०.३३.
भीमरथ १८०.३४.
भीमसेन १८५.३.
भीमोत्तर १७५.५.
भीषण २६१.७०.
भुज् २६३.५८.
-आ २४४.२१.
-परि १२६.६०. — २६३.४८.६८.
भुजंगम १६८.३३.
भुजिष्य ८४.१६.
भुवि २२४.६.
भू १५.६.७. — ४०.५. — ७१.१.२. — ८१.६. — १०६.८८. — ११०.३५. — १२६.२६. — २०६.६ — १२. — २२६.११३. — २४४.३३.४४ — ४७.६०. — २४५.१७८.३६६. ६४२.६५७ — ६६०.११२५. — २५५.१०. — २७८.५.१०. — २८१.१३३.१३५.
-प्रत्यनु १५.८. — २४५.७४.
-अभि ७१.१.२.
-आविस् १५.८.
-प्र २४४.११८. — २४५.१०२३.

-सं २४५.१४६.५०६.
भूत २१२.४.
भूतकोटि १६.५७. — ६४.३.
भूतग्राम २६१.१३.
भूतधात्री २४५.६६६.
भूतपूर्वम् २५३.८५.
भूतवर्णा निश्चरयति १३१.१२.
भूमि १६.५८. — ३२.१. — ५०.१ — ७.
भूमिगुहा २२६.६०.
भूमितल २४५.४७६.
भूमिबलविशारदधारिन् २३.८७.
भूमेर्भूम्यन्तरसंक्रमणं २४५.४६७.
भूम्यन्तरस्थचरणावस्तु २७६.१२.
भूम्याक्रमण २४५.४६६.
भूयच्छन्दिक ११०.२१.
भूयस् ३०.७६. (B. भूयस्त्वेन) — २२५.२६. —
२४५.३४२.
भूयस्कामता ११०.१८.
भूयस्या मात्रया २४४.१०६. — २४५.६१.
भूयिष्ठ १३४.१७. — २२३.१०.
भूयो ऽपि २२५.२८.
भूयोभाव ३६.४. — २५५.७.
भूयो ऽभिप्रय ११०.२३.
भूयोन्नचिता ११०.२२. (B. °न्नचिता)
भूयपोन्द्रप्रभ १७३.८.
भृकुटी १६७.४७.४८. — °टि २८१.१५६.
भृगु १७६.३. — १८०.२२.
भृङ्गिरिटि १६३.१०.
भृत्य १८६.१६४.
भृत्यवत् २०८.३.
भृशम् २४५.२७३.
भेड १७६.७.
भेद १०४.८७. — २२३.१००. — २४५.६४०.
भेदक १६.७१. app.
भेदन २४५.६८७.
भेय २१७.१७.
भेरी २१८.३.
भेरुण्डक २१३.१७.
भेलु २४७.७२.
भेतुक १५०.४.
भैरव २४५.७७१.
भैषज्य २३१.२. — २३६.३३.
भैषज्यगुरुवैडूर्यप्रभ ६५.८०.
भैषज्यवस्तु २७६.८.
भैषज्यतारावक २७३.१०.
भैषज्याञ्जननालिका २७३.१४.
भो २४५.३३७.
भोग १२७.६३. — २४५.७७२.६६१.
भोजनीय २६३.४६.
भौतिकरूप १०१.११.
भौम १५६.१.
भ्रम् २२३.३६.
-परि २२३.४२.
भ्रम २८४.२०.
भ्रमत्व २४७.६०.
भ्रमर २१३.८४.
भ्रमरसदृशकेश १८.७४.
भ्रमात्र २४६.५६.
भ्रातृ २२३.१३८.
भ्रातृ १८८.११ — १३.
भ्रातृजनिता २८१.२१३.
भ्रामर २३०.४५.
भ्रू १८.६४ — ६७. — १८६.१४.
भ्रैङ्गरिक १८६.१७.
म
मकार २१३.६४.

मकरो नागराजा १६७.१०.
मकुष्ट २२८.५.
मक्कोल २३४.२०.
मगध २४६.८०. — °धा १६३.१६.
मगधराजन् १८०.४३.
मगव २४७.८४.
मघा १६५.८.
मङ्क्भूत २४५.७१७.
मङ्गल १३७.६.
मङ्गलो नागराजा १६७.८५.
मङ्गलपोषध २६६.१६.
मज्जा १८६.१०६.
मञ्च २६१.१६. — २८१.९८०.
मञ्जरी २३०.६३. — २४५.४३२.
मञ्जिष्ठ २३४.३.
मञ्जु १८.५२.
मञ्जुश्रीकुमारभूत २३.६.
मञ्जुश्रीबुद्धक्षेत्रगुणव्यूह ६५.५६.
मञ्जुश्रीविक्रीडित ६५.४४.
मञ्जुषक २४०.२३.
मणि २३७.७.
मणिकण्ठ १६८.४१.
मणिकार १८६.११६.
मणिचूड १६८.२२.
मणिदामन् २३६.१८.
मणिबन्ध १८६.४५.
मणिरत्न १८१.१३. — २३५.१६.
मण्ड २२३.८६.२१४. — २३०.१८.८८. — २४५.११०६.
मण्डन २३७.५. — २४५.७३०.
मण्डप २२६.६६.
मण्डपूल २७३.२०.
मण्डल १८.२५. — २१.२४. — १६७.६. ६६.७८.
*मण्डलमड २२६.४३. (B. °माड; такъ I.)
मण्डलिन् २४५.१११.
मण्डुक १६८.२१.
मण्डूका २१३.८५.
मत ६६.१३. — १४२.७.
मति १०.३२. — २१.६६. — १४२.२.
मत्त २४५.६३८.
मत्सर १२७.४३.
मत्स्य २१३.७०.
मत्स्यविकार १६६.८१.
मथन २४५.७६४.
मथित २७८.७.
मथुरा १६३.१७.
मद्
-निम् २६३.७१.
मद १०४.३८.
मद्यपान १२७.६४.
मद्यपानविरति २६८.५.
मद्यविक्रय १२७.६१.
मधु २३०.४४.४६. — २३१.६६.
मधुकर २४५.११०१.
मधुर २०.४०. — १०१.६२.
मधुरचारुमञ्जुस्वर १८.५२.
मधुरस्वर १३८.५१.
मधूच्छिष्ट २४५.८०६.
मध्य १६.१६. — २६.१७. — १३३.१३. — १५१.२२. — २४६.६. — २५०.१७. — २७०.२८. — २८१.१५१.
मध्यधातुक २४५.१२६३.
मध्यपदलोपं कृत्वा २४५.१४८.
मध्यम २१६.१.
मध्यमपुरुष २०६.३०.
मध्यमागम ६५.६८.

मध्यमे यामे २५३.१६.
मध्याङ्गुलि १८९.५०.
मध्याद्वनमति ग्रन्ताडुन्नमति १५१.२४.
मध्याह्न २५३.३२.
मध्ये कल्याणं ६३.३.
मध्येन्द्रिय ६०.२.
मन् १४२.१३. — २४४.६१.६४.
-वि १३२.११.
मनस् १२.५.६. — १९.७३. — ३०.६५.
मनआप २४५.४२२.
मनआयतन १०६.११.
मनःशिला २३४.१०
मनःसंचेतनाहार ११८.३.
मनसान्वीक्षिता १२६.६६.
मनसिकार ८५.४.
मनसिकृ २४४.५३.
मनःसुचरित ९२.१०.
मनस्कर्मन् ९.१५.
मनस्कार ९०.४. — १०४.५.
मनस्वी नागराजा १६७.५८.
मनिष्ठका १८९.५३.
मनुज २०७.८.
मनुष्य ६३.२८. — ११९.१.
मनुष्यगतिपरिगृहीतस्य २८१.३१.
मनुष्यगतेः २८१.३५.
मनुष्याणां सभागतायामुपपन्नः २४५.५४.
मनेन्द्रिय १०८.६.
मनोजल्प १०९.३४.
मनोज्ञ २०.३. — १०१.५६.५७.
मनोज्ञानिर्नादस्वर १७३.५.
मनोज्ञाहृतसिंहधन १७०.७.
मनोडुश्चरित (त्रीणि °तानि) ९१.३.
मनोधातु १०७.१६.
मनोनुकूल २४५.४२१.
मनोरथाशापरिपूरि २४४.७१.
मनोरमा २०.४.
मनोविज्ञान १०५.९.
मनोविज्ञानधातु १०७.१८.
मन्त्र १९७.३.
मन्त्रचर्या १९७.३१.
मन्त्रणा २४५.६२०.
मन्त्रय्
-प्रति १३८.२२.
मन्त्रवादिन् १८६.८१.
मन्त्रिन् १८६.११. — १९७.३६.
मन्त्रिपर्षदध्यत्तं १८६.९.
मन्था २३०.७३.
मन्थान २८४.७७.
मन्दप्रज्ञ १२७.३०.
मन्दभाष्यो भवति १२६.२९.
मन्दमन्त्र एवाभूत् २४५.३६९.
*मन्दस्तम्भ २८४.६६.
मन्दारव २४०.६१.
मन्दाकिनी १९५.२२.
मन्डुरक २८०.२५.
मन्यना २४५.६७७.
मन्यु २४५.६७१.
ममकार १०९.७८.
मयूर २१३.१०४.
मयूराङ्की २३५.२७.
मरकत २३५.३.
मरण २०६.९ — १२.
मरणदुःख ११२.४.
मरणांशिक २२३.२६९.
मरणाभव २४५.१२७१.
मरिच २३१.२३.
मरीचि ३०.४९. — १३९.५. — १५२.४.
मरु २२३.२०३.

मरुमरीचिका १३६.७.
मर्कट २१३.६०.
मर्कटकर्णा २७१.७२.
मर्कटजाल २४५.३५६.
मर्कटजोड २७१.६७.
मर्कटदत्त २७१.१०७.
मर्कटनास २७१.८९.
मर्दितकण्टक १८१.७.
मर्मवेध २१७.२१.
मर्यादा व्यवस्थापयन्ति २२३.२४१.
मल १८६.१३२.
मलधात्री २८३.३.
मलप १६४.१७.
मलर २४६.८८.
मलुद २४६.४७.
मलुम २४६.५०.
मल्लिका २४०.१४.
मवर २४६.१०.
मशक २१३.७८.
मशककुटी २७३.५२.
मशकवरणा २७३.३६.
मशिरपि न प्रज्ञापते २२३.१७६.
मषी २३४.२१.
मसूर २२८.३.
मस्करी गोशलीपुत्रः १७६.२. (B. गोशा°)
मस्तक १८६.६.
मस्तकं निर्लिखन्ति २१५.२२.
मस्तकाक्षिन २७८.११.
मस्तकलुङ्ग १८६.७.
मह्व २३६.२५.
मह २२६.१ — ७.
महद् १५.१४. — २०१.४६. — °ज्ञाम
१३४.१८.
महता च बोधिसत्त्वगणेन सार्धम् २४४.४.
महतो जनकायस्य २४४.१३६.
महद्गत ६६.५. — ७१.५.
महर्द्धिक १५.१७.
महर्षि १.१७.
महल्ल १८६.१५२. — २४५.१२४६.
महल्लक १६२.१३. — २५८.७. — २७०.६.
महाकंकार २४६.१७.
महाकरभ २४६.३३.
महाकरुणा १०.१.३२. — ३०.११.३१.
महाकरुणापुण्डरीक ६५.२३.
महाकर्करव २४०.६४.
महाकल्प २५३.७४.
महाकात्यायन ४७.५.
महाकाल १६३.४८.
महाकुश १८०.१७.
महाकौष्ठिल ४७.३४.
महाक्षान्तिसौरत्यसमन्वागत ४८.४९.
महाक्षोभ्य २४६.२१.
महागति २४६.३६.
महाघोषस्वरराजन् २३.४०.
महाघोषानुगा १६७.८९.
महाघोषेश्वर १६६.२१.
महाचक्रप्रवेशज्ञानमुद्रा १६७.७१.
महाचक्रवाड १६४.१२.
महाचित्रपाटल २४०.६०.
महाज्ञानगीता १६७.८८.
महातिमि २४६.५६.
महातुष्टिज्ञानमुद्रा १६७.६५.
महात्मन् १.२६.
महादक्षिणापरिशोधक ४८.३६.
महादेव १६३.४७. — १८०.३१.
महाद्युता २०३.२.
महाद्योता १६७.८४.
महाधन २४५.६६५.

महाधिपति १६७.८४.
महानग्नबल २५२.३.
महानयुत २४६.१२.
महानस १६६.८२.
महानाग ४८.७.
महानाम ४७.१५. – १८०.१६.
महानिम्बरज्ञस् २४६.४१.
महानिर्नादिन् १६८.३०.
महानील २३५.२४.
महानुभाव १५.१७.
महापद्म २१५.८. – °द्म २५०.१४.
महापद्मो नागराजा १६७.१.
महापन्थक ४७.२६.
महापरिनिर्वाण ६५.४१.
महापाटल २४०.५८.
महापारुषक २४०.२२.
महापाश १६८.२६.
महापुण्य २२.१४.
महापुरुष २४५.११५.
महापृथिवी १५.१३. – १८२.७.
महापृथिवीनिश्रापसामग्रीवशेन सर्वबीजानि विरोहन्ति २४४.१०१.
महाप्रजापती गौतमी ४७.४०.
महाप्रज्ञ ४८.३३.
महाप्रणाद १८०.२६.
महाप्रभामण्डलव्यूहज्ञानमुद्रा १६७.६६.
महाप्रमुत २४६.१५.
महाप्रीतिवेगसंभवज्ञानमुद्रा १६७.६६.
महाप्रीतिहर्षा १६७.८७.
महाफणक १६८.२८.
महाबल १६८.३४. – २४६.४१.
महाबलाग्र २४६.५१.
महाबलसूत्र ६५.८२.
महाबिम्बर २४६.१६.
महाबोध्यङ्गवती १६७.६१.
महाब्रह्मन् १५७.४.
महाभाग २२३.१४६.
महाभिज्ञाविक्रीडित ३०.८.
महाभूत (चत्वारि °तानि) १०१.१.
महाभूतसमतापादान ६८.६.
महाभूतहेतुक १०१.५६.५७.
महाभूमिक १०६.३५.
महामञ्जुषक २४०.२४.
महामणिचूड १६८.४४.
महामण्डलिक १६८.४६.
महामति १६६.४.
महामन्दारव २४०.६२.
महामह २२६.१.
महामहेश्वरायतन १६१.७.
महामात्र १८६.१०.
महामुचिलिन्द २४०.२७.
महामुद्रा २४६.४२.
महामूल २३०.८६.
महामेघ १५.१५.
महामैत्रीमहाकरुणादशदिग्लोकधातुस्फरण ३०.११.
महामैत्रीमहाकरुणासमन्वागत ३०.३१.
महायक्षसेनापति १६७.१०४.
महायशस् २२.१२.
महायान ५६.१.
महायानपरिग्राहक २४४.८७.
महायानप्रसादप्रभावन ६५.४०.
महायानाच्युत २६.१०.
महायानोपदेश ६५.४१.
महायुत २४६.११.
महारत्न २८.२.
महारत्नवर्षा १६७.८६.
महारोच २४०.४३.

महारौरव २१४.५.
महार्णव १६५.४.
महावारिधारा १५.१५.
महावार्षिको २४०.१३.
महावाहन २४६.२७.
महाविक्रम १६८.२२.
महाविद्युत्प्रभ १६८.८.
महाविभूत २४६.४६.
महाविवाह २४६.२३.
महाविहारवासिन् २७५.२०.
महावेगलब्धस्थमन् १७२.१.
महाव्यूहो नाम समाधिः २१.१०८.
महाव्रतिन् १७८.२०.
महाशकुनि १८०.१४.
महाशालकुल १८७.६ — ८.
महाशून्यता ३७.५.
महाश्वभ्र २२३.१८८.
महासंघिक २७५.१३.
महासंज्ञा २४६.४७.
महासत्ता २०३.२७.
महासत्त्व २२.२. — ३०.६७.७६.
महासंमत १८०.१.
महासमाप्त २४६.३७.
महासहस्रप्रमर्दन ६५.७५.
महासागरप्रभागम्भीरधर १७२.५.
महासामान्य २०३.२६.
महासाहस्र १५.१६.
महासुदर्शन १८०.१६.
महासुदर्शनो नागराजा १६७.६७.
महासेनाव्यूहपराक्रम १६६.८.
महास्थामप्राप्त २३.६.
महास्थाल २४०.४५.
महास्मृत्युपस्थान ६५.७७.
महाहित २४६.३१.
महिका १०१.३६.
महिकानीहार २४५.७५३.
महित २३६.३०.
महिमन् २०१.१२.
महिष २१३.४५.
मही २४५.७७६.
महीशासक २७५.४.
महेन्द्र २४६.३५.
महेशाख्यमहेशाख्य २४५.८.
महेश्वर १६३.४.
महोत्सङ्ग २४६.२५.
महोरग १६६.६.
महौजस्क १५.१७. — २३.८३. — °महौ-जस्क २४५.७.
मा २४५.३२१.३४२.६२२.६२३.
मा २२३.२४०. — २४५.७१.६४२.
-प्र २४५.६२२.
मांस १८६.१०१.
मांसकील १८६.१२८.
मांसविक्रय १२७.६०.
मात्रिक २३०.४३.
माघ २५३.५५.
*माट २२६.५५.
माणवक १८६.१७६.
माण्डलिकराजन् १८६.५.
मातङ्ग १८७.१३. — २२३.२५५.
मातङ्गो नागराजा १६७.३५.
मातङ्गदारिका १८५.६.
माति १८६.७१.
मातुर्हत्या दूषणं १२३.१.
मातुल १८८.१६. — २४६.७६.
मातुलुङ्ग १६६.११२. — २३१.४०.
मातृ १८८.२.
मातृकाधर २२३.७१.

मातृग्राम १८८.४६.
मातृग्रामेण नक्त स्वप्नः २६१.६६.
मातृघात १२२.१.
मातृघातक २७१.५.
मातृरक्षिता २८१.२५२.
मातृषस् १८८.२४.
मात्रज्ञ १२६.३४.
मात्सर्य १०४.४५
मात्सिक १८६.८६.
माध्यमिक २२३.७२.
मान १०४.२५.
मानना ६७.३.
मानव २०७.६.
मानस २४५.८६६.८६८.
मानातिमान १०४.२७.
मानाप्य २६५.१४ – १७.
मानुष्यलोक २२४.७.
मानुष्यविपक्ष २८१.३६.
मान्धात १८०.७.
मापित २४५.६४२.
मा पुद्गलः पुद्गलं प्रमिणोतु २४५.६२२.
मा भूय एवं करिष्यथ २४५.३४२.
मा भैष्ट २४५.३२१.
मामकी १६७.४१.
माया १०४.४६. — १३६.१. — २१६.१६.
मायाकार १८६.७६. — २४५.८३६.
मायाकृतमिव बिम्बं २२३.१३७.
मायादेवी ४७.४१.
मायामरीचिदकचन्द्रस्वप्नप्रतिश्रुत्काप्रतिभासप्रतिबिंबनिर्माणोपमधर्माधिमुक्त ३०.४६.
मायाविन् १२७.४६.
मायूरव्रतिन् १७८.२४.
मार १६३.२०. — १६७.७८.
मारकर्मसमतिक्रान्त ३०.३६.
मारचमू २४५.६७७.
मारजित् १.२६.
मारण १२३.२.३.
मारधर्षण २४४.१३७.
मारविषय ३०.२६.
माराभिभू १.४१.
मारुत २४५.६८८.
मार्ग १०.२५. — ३०.१०. — ४८.२१. — ५४.१४.१८.१६.
मार्गगमन २६१.७४.
मार्गच्छिन्न २७१.४०.
मार्गजिन २२३.५५.
मार्गजीविन् २२३.५७.
मार्गज्ञ १६.६०.
मार्गज्ञान ५७.८.
मार्गदूषिन् २२३.५८.
मार्गदेशिक १६.६२. — १३८.२. — २२३.५६.
मार्गपरिणायक १६.६६.
मार्गप्रतिरूपक २४५.२८६.
मार्गवित् १६.६१.
मार्गाख्यायिन् १६.६३.
मार्गे धर्मज्ञानं ५६.१४.
मार्गे धर्मज्ञानक्षान्तिः ५६.१३.
मार्गेऽन्वयज्ञानं ५६.१६.
मार्गेऽन्वयज्ञानक्षान्तिः ५६.१५.
मार्जार २१३.२१.
मार्दव १२६.१५.
मालगुणपरिक्षिप्त २८१.२५६.
मालाकार १८६.१०७.
मालाधारा १६३.३७.
मालुद २४७.५५.
मालुङ २४७.८०.
माल्य २३६.६. — २६८.६.
माल्यापण २२६.४०.

माष २२८.४.
माषक २८१.१७४. — °क २८१.६५.
मास २५३.४३.५६.
माहात्म्य १९.८६. — २४५.१४६.
मितवार्षिक २८१.८५.
मित्र १३५.१३. — १८८.३.
मिथ्याज्ञान १९९.६५.
मिथ्यात्व २१.१००.
मिथ्यात्वनियत २४५.४२५.
मिथ्यात्वनियतराशि ९५.१२.
मिथ्यादर्शन १२०.७.
मिथ्यादृष्टि १०४.३६.
मिथ्यादृष्टेः प्रतिविरतिः ९२.१३.
मिथ्याधर्मपरीत १२७.२.
मिथ्यामान १०४.३१.
मिद्ध १०४.६१.
मिरक २४७.९२.
मिलिताक्ष २७१.११७.
मिश्रक ६६.२७.
मिश्रकावन १९६.२.
मिश्रीभूत २२३.११७. var.
मीढ २४५.५६०.
मीमांसक १७८.५.
मीमांसासमाधिप्रहाणसंस्कारसमन्वागतो ऋद्धिपादः (I) ४०.४.
मीवग २४६.१७.
मुकुट २३७.१६.
मुकुन्द २१८.१३.
मुकुलजात २४१.१४.
मुक्तो मुक्तपरिवारः १९.६२.
मुक्तत्याग १४०.१.
मुक्तप्रतिभान ३०.७१.
मुक्तादामन् २३९.१७.
मुक्ताफलक २४०.५३.
मुक्तावली २३५.१२.
मुक्तिका २३५.१०.
मुक्तिकाज्ञापि २६६.१०८.
मुख २९.११. — ३०.४३. — १८९.१७. — २६३.५३. — २८१.२७.
मुखतो जातः २२.१९.
मुखद्वार २४४.४१. — २६३.५२.
मुखद्वारेणानुप्रविशति स्म २४४.४०.
मुखपुष्पक २३७.५०.
*मुखपोच्छन २७३.१३. (B. पोञ्छन)
मुखफुल्लक २३७.४९.
मुखमण्डल १८९.११.
मुखर १२७.४०.
*मुखरा २३९.१५.
मुख्य २४५.६८१.
*मुङ्गीभूत २४१.१२.
मुच्
-अधि १०.१. — ६९.५.
-वि ८१.९. — १२९.५.
मुचि १८०.११.
मुचिलिन्द १८०.१२. — °न्द २४०.२६.
मुचुकुन्द २४०.२८.
मुञ्जबल्बजजात २२४.२३.
मुण्डना २८१.१३१.
मुण्डशयनासनत्रासिक २७४.१७.
मुदिता ६९.३. — ८२.३.
मुदिताविहारिन् ३०.७४.
मुद्ग २२८.२.
मुद्गर २४५.५२७.
मुद्रा २१.२.७.१२.२०.२२.६०. — १९७.६३— ७९. — २१७.३. — २४९.४२. — २७३.२५.
मुद्राबल २४८.१८.१९.
मुद्रिका २३७.३९.
मुरजा २१८.६.

*मुरुचिका २७३.४७.
मुषितस्मृतिता ९.३. — १०४.५५.
मुष्टि १८९.५४.
मुष्टिबन्ध २१७.६.
मुष्टियोग २४५.१२१४.
मुसल २३३.४.
मुसारगल्व २३५.१४.
*मुसुत्तिका २४५.६६७.
मुस्त २३१.४७.
मुहूर्त २५३.६.
मूक २७१.३४.
मूढ २४५.३१०. — २७१.१६६.
मूत्र १८९.१३४.
मूत्रकृच्छ्र २८४.७३.
मूत्ररोध २८४.३७.
मूर्वालिका २३८.३१.
मूर्च्छा २४५.११७०.
मूर्च्छित ११०.५.
मूर्धगत १८०.६.
मूर्धटक १९७.४२.
मूर्धन् २१.८. — १८९.८. — २४४.८२.
मूर्धांत १८०.६. nap.
मूर्धान ५५.३.
मूर्धाभरण २३७.४२.
मूर्धाभिषिक्त १८६.३.
मूल १६५.१७.
मूलग्रन्थ २४५.१२६५.
मूलपरिवास २६५.१२.
मूलमानाप्य २६५.१५.
मूलसर्वास्तिवाद २७५.२.
मूलापकर्षपरिवास २६५.१३.
मूलापकर्षमानाप्य २६५.१६.
मूष २१३.६२.
मृग २१३.२३.
मृगतृष्णिका १३९.६.
मृगदाव १९३.२७.
मृगमद २३१.६२.
मृगय् २४५.८७३.
मृगव २४७.५९.
मृगशिरस् १६५.३.
मृगशीर्ष २५३.५३.
मृगशृङ्गव्रतिन् १७८.२२.
मृगारमाता १८५.१२.
मृज्
-परि १५.१७.
मृड्
-म्रत्र २६३.६८.
मृतगृह २४५.६९९.
मृतपरिष्कार २८०.२६.
मृतविभवाड्डक् २८१.७२.
मृत्तिका २४५.१२४२.
मृदङ्ग २१८.४.
मृदु १३३.१४.
मृदुका २०.२.
मृदुगान्धिक २४०.८.
मृदुगात्र १८.२२.
मृदुजिह्व १८.४८.
मृदुतरुणाहस्तपादतल १७.२६.
मृद्विन्द्रिय ६०.१.
मृद्वीका २३०.३६.
मृश्
-परा १५.१७. — २८१.१६७.
मृषा २४५.१०७. — २६१.२.
मृषावादविरति २६८.४.
मृषावादात्प्रतिविरतिः ९२.६.
मृष्टकुटि १८.३४.
मृष्टगात्र १८.१९.

मेखला २३७.३४.
मेघसंभव १६८.३८.
मेघस्वर २.१७.
मेघस्वरघोष २०.३४.
मेघोन्नतिदर्शनात् २०३.३५.
मेचक २३५.२३.
मेद १८९.११२.
मेदिनी २२३.२३३.
मेधाविन् १४३.७.
मेध्य २४५.३०७.
मेरक २८०.२३.
मेरु १८०.२३. — १९४.८.
मेरुटु २४६.६०.
मेरुडु २४७.७८.
मेरुबलप्रमर्दिन् १६९.९.
मेरुशिखरधरः कुमारभूतः २३.४६.
मेरुसुसंभव १७५.७.
मेल २४६.७२.
मेलन्दुक २७३.१८.
मेलु २४७.७६.
मेलुद २४६.७४.
मैत्री ६९.१.५. — ८२.१.
मैत्रीव्याकरण ६५.७६.
मैत्रेय २३.२.
मैत्र्यात्मक ३०.७२.
मैथुनाभाषण २५८.३.
मैरेय २३०.३८.
°मोचक २२३.२८६.
मोचनपट्टक २७३.७५.
मोचिक १८६.१२६.
मोघधर्मिन् २४५.६०८.
मोक्ष १०.१६.
मोक्षन १९७.१३६.
मौद्गल्यापन ४७.४.
मौक्तिक १८६.१४०.
मौनज्ञ २८१.१६३.
मौल ६७.६. — १२१.११.
मौलि २३७.१८.
मौलीशिरम् २६३.६०.
मौष्टिक १८६.१३८.
म्रक्ष १०४.४२.
म्लान २४५.८२८.
म्लेच्छ १८७.१८.

य

यः कश्चित् २२५.७४.
यकृत् १८९.६२.
यक्ष १६६.३.
यक्षन २२२.१.
यजुर्वेद २२१.२.
यज्ञोपवीत १९७.१०५.
यत् २२५.१६.
यति ८४.११.
यत्किञ्चिच्चारक २७४.६.
यत्रकामावसायित्व २०१.१७.
यत्र सूर्यचन्द्रमसां प्रभाया गतिर्नास्ति २४४.३६.
यथा १५.१. — २२५.६.
यथाक्रमम् २४५.७०८.
यथात्म्यवतारकुशल ३०.५३.
यथापि नाम २२५.७१.
यथा प्रत्यर्हम् २४४.१११.
यथाभूत ५३.८ — २३. — ८१.५.
यथाभूतदर्शी निर्विद्यते ८१.६.
यथायोगम् १०९.१००. — २४५.१६२.
यथार्तुकम् २४५.२६१.
यथावादी तथाकारी १२६.५६.
यथा श्रुतम् २४४.११०

यथा समाहिते चित्ते स्वीये ग्रासने ऽन्तर्हितः
१५.१. (r. °स्वयमा°)
यद् १०.३२. — ६७.३. — २०३.३२. —
२२५.१६. — २४४.६१. — २८१.३२. —
या १५.१६.
यदपीच्छया पर्येषमाणो न लभते तदपि दुःखं
११२.७.
यदा २२५.३२.
यदि २२५.३६.
यदि भगवानाज्ञासीत्सदेवकं लोकं संनिप-
तितं २४४.११५.
यदिदं २२५.५६.
यद्भूत २४४.६२.
यद्भूपसिकोय २६४.४. (K.; Мин. यद्भूपः ईशोकीयः)
यद्भूपस्कारिन् ८४.३.
यम्
-व्या ३६.४.
-प्र १४०.२६.
यम १६३.४१. — १६८.१६.
यमकव्यत्यस्ताहारकुशल २६.१२.
यमलक १८८.३३.
यमलोक २११.५.
यव २२८.१३. — २५५.११.
यवनिका २२६.५५.
यवस २४५.७७५.
यवागू २३०.७२.
यवागूचारक २७४.३.
यशस् १२५.३. — १३१.३.
यशोधरा ४७.४२.
यष्ट १४०.८.
यष्टि २४५.६१६.
यष्टीमधु २३१.३१.
यस्मात् २२५.१३.
यस्य २२५.६०.
यस्येदानीं कालं मन्यसे २४४.६१.
या २४४.५६.
-निम् १२६.१०. — २४५.२३.
यागमय १४०.१२.
याञ्चा २६०.८.
यानन २२२.२.
याना ईष्टः २२१.१७.
यात्रा २४४.२०.
याथासंस्तारिक ४६.१२.
यादांच्छक ११०.१६.
यान १०.३२. — २८.४. — २६.६. —
५६.१ — ६. — ६१.१ — ३. — २६३.६५.
यानबल २६.६.
यानीकृत १२६.६६.
यापदेश २४५.१२१२.
याभिर्वारिधाराभिरयं त्रिसाहस्रमहासाहस्रो
लोकधातुरादीप्तः प्रदीप्तः संप्रज्वलितो
ऽग्निना एकज्वलीभूतो निर्वाप्यते १५.१६.
याम १५६.५.
यामिक २८१.२३४.
याम्या २५४.१७.
यायजूक १४०.४.
यावज्जीवम् २६८.११.
यावज्जीविकम् २८१.२३६.
यावत् १५.१८. — २२५.६८.
यावदन्यतरान्यतरं परिष्कारं ददाति
१४०.१३.
यावद्देवमनुष्येभ्यः सम्यक्सुप्रकाशितः
६३.२८.
यावद्ब्रह्मलोकादपि सत्त्वां कायेन वशे वर्तयति
१५.१८.
यावत्तिक १८६.१०५.
याष्टीक १८६.६६.

युक्त २१.१११ – २४५.६७०. – °क्ता २०.२६.
युक्तकुल २४५.१२०४.
युक्तकुलमध्यगतो वा २४५.३३.
युक्तप्रतिभान ३०.७०.
युक्ति १३८.४६.
युक्तैः पदव्यञ्जनैः २४५.६१०.
युग २२७.१०. – २४५.११४. – २८१.५१.
युगंधर १६४.६.
युगपत् २४५.११५.
युगमात्रदर्शिन् २६३.१६.
युग्म २८०.२८.
युज्
-उप १४१.५.
युधिष्ठिर १८५.२.
युवति १६१.१०.
युवन् १६१.८.
युवराजन् १८६.४.
यूक २५१.५०. – °का २१३.६४.
यूथिका २४०.१८.
यूप २४५.६६०.
ये केचित् २२५.७३.
येन २२५.८३.
येन भगवांस्तेनाञ्जलिं प्रणाम्य २४४.१६.
येषाम् २२५.८८. – °कृतशः २२५.६६.
योग ४०.५. – ८५.३. – ६०.३. – १०४.८१. – १०६.६१. – १६८.१४. – २१६.११.
योगक्षेम २४४.१३६.
योगमापत्तव्यम् ६८.१२.
योगाचार ८५.१.
योगिन् ८५.२.
योग्य २२३.१४८.
योजन २२६.११०. – २५१.१७.
योजनमुद्यम् २२६.१११.
योद्य २२३.६४.
*योतक २२३.२४८.
योनिश उपपरीक्षितव्यम् २४५.१०४७.
योनिशो मनसिकारः ८५.४. – °स्कारः ६०.४.
यौगपद्य १६६.१११.
यौवन १६१.७.

र

रक्त ११०.१.
रक्ताङ्क १८.५०.
रक्षावरणगुप्तिं संविधास्यामहे २४४.१०३.
°रक्षिता २८१.२११ – २१८.
रङ्ग २३४.१.
रङ्गशाला २२६.१४.
रङ्गस्तम्भन २३४.१४.
रचित २३७.५८.
रञ्ज् २८१.५६.
-वि ८१.७.
रजक १८६.६६.
रजत २३५.३८. – २८४.५७.
रजनी २५३.११.
रजस् १०१.३५. – २०१.४.
रञ्जनीय ११०.१७.
रण २४५.११२०.
रणंजहो नाम समाधिः २१.३०.
रणधर १८६.१८४.
रणशौण्ड २४५.५८३.
रणित १५१.१३.
रतिकरो नाम समाधिः २१.४०.
रतिचरणसमन्तस्वर १७०.५.
रतिजहो नाम समाधिः २१.६२.
रतिराग १६७.१६.
रत्न २६.१७. – १८१.१० – १६. – २३५.१८ – २१.२५. – २४५.७४.

रत्नकरण्डक ६५.८४.
रत्नकूट २३.११. – ६५.३६.
रत्नकेतु २३.१०. – ६५.२४.
रत्नकोटिर्नाम समाधिः २१.५६.
रत्नगर्भ २३.२१.
रत्नचूड २३.१४.
रत्नचूडपरिपृच्छा ६५.३८.
रत्नध्वज २३.१८.
रत्नपाणि २३.११.
रत्नपेटक २३३.१०.
रत्नमय २४५.७५.
रत्नमयविमान २३७.५४.
रत्नमयः संस्थितो ऽभूत् २२६.११३.
रत्नमुकुट २३.१३.
रत्नमुद्रो नाम समाधिः २१.२.
रत्नमुद्राहस्त २३.१२.
रत्नमेघ ६५.१२.
रत्नवत्सुपरिशुद्धचित्तः ३०.२३.
रत्नवर्ष १६७.८६.
रत्नशिखर २३.१७.
रत्नशिखिन् २.१६.
रत्नसंस्पर्श २६१.६३.
रत्नसंघत २३५.४७. var.
रत्नसमुद्गत २४.१.
रत्नसंभव २.४.
रत्नसंमत २३५.४७.
रत्नाकर २३.१६. – २४.५.
रत्नाकरण २४५.१२२०.
रत्नोत्तमा १६७.५६.
रत्नोल्का ६५.५०. – १६७.५३.
रथ २१७.३२. – २२७.५.
रथकाय १८३.३.
रथकार १८६.१२७. – २८१.१२७.
रथ्या २२६.१२४.
रभ्
-घा ३६.४.
रभस १४६.२०.
रम् २४५.६३२.
रवणक २७३.८३.
रविगुप्त १७७.३७.
रवित ६.२. – °ता २०.३०.३१.५६.
रशना २३७.३१.
रश्मि १५२.२. – २२७.६. – २४४.२१
२२.३१.
रश्मिप्रमुख २४५.३६१.
रश्मिप्रमुक्तो नाम समाधिः २१.१४.
रस १०१.२६. २२३.२११.
रसकर्मन् २३४.१७.
रसधातु १०७.११.
रसरसाग्रता १७.१८.
रसायतन १०६.८.
रसायन २३१.४.
रसिक २४५.१२७६.
रहसिनिषद्या २६१.३५.
रहसिस्थान २६१.३२.
रहस्य २४५.३८८.
रहोगत ८५.१३.
रहो ऽनुशासक २७०.१७.
रातस २१२.११.
राग १०.१४. – १०४.२३.
रागनिसूदन १३०.३६.
राघव्
-घा १२६.४५. – २४५.११६४.
-वि १२६.४६.
राघवो नागराजा १६७.४२.
राजकुल २४५.१२८२.
राजकुलमध्यगतो वा २४५.३६०.
राजकुलरात्रिचर्या २६१.८६.

राजगृह १६३.५.
राजधानी २२६.१७.
राजन् १८४.१ — ६. — १८६.१.
राजपट्ट २३४.७.
राजभट २७१.४३.
राजमाष २२८.१.
राजयक्ष्मन् २८४.१८. (!)
राजवृत्त २३१.५८.
राजहंस २१३.११०.
राजा अनन्तनेमिः १८४.४.
राजा आर्यपुद्गलाना १९.३६.
राजा क्षत्रियो मूर्धाभिषिक्तः १८६.३.
राजद्वारिक १८६.४६.
राजानक १८६.१४.
राजा प्रद्योतः १८४.६.
राजा प्रसेनजित् १८४.७.
राजा बिम्बिसारः १८४.५.
राजा ब्रह्मदत्तः १८४.३.
राजामात्य १८६.७.
राजाववादक ६५.१०५.
राजा शतानीकः १८४.२.
राजा सहस्रानीकः १८४.१.
राजिका २२८.१८. — २३०.५३.
*राजोकर्ण २७१.१६४.
राज्य २४५.१३६.
राज्यैश्वर्याधिपत्यं कारयति २४५.१३७.
रात्री २५३.१६.
राध्
-आ २४४.५६.
रामव्रतिन् १७८.२१.
रावण १६९.१२.
रावणो नागराजा १६७.१८.
राशि ९५.११ — १३.
राशीभाव १३०.४२.
राष्ट्र २२६.१६.
राष्ट्रपालपरिपृच्छा ६५.३६.
राष्ट्रपिण्ड १२६.६०.
राहु १६४.८. — १७१.१.
राहुल ४७.१०. — १८०.६०.
रिक्त २४५.६१०.
रिक्तमुष्टि १३९.२०.
रिच् १३०.६.
-व्यति २४५.१२३२.
*रिरंस २४५.६४०. (रिरंसा?)
रुक्मिणीकरण २४५.१२२३.
रुच् १०.३२. — ११०.३२.
-आ २८१.२०१.
-वि २४४.२६.
रुचिर २४५.६५६.
रुचिरप्रभाससंभव १७४.१०.
रुषानयन २४५.२६०.
रुत २१.६२. — ९८.२३. — °ता २०.३५.
३७ — ३९.
रुद्र १६३.१४.
रुधिर १२२.५. — १८९.१०५. — २७१.६.—
२८४.४६.
रुह्
-अधि २६३.१०६.
-व्यप १३०.३२.
-आ २६३.६२ — ६६.
-वि २४४.१०५.
रूक्ष २४५.१०८६.
रूप १९.४२.४५. — ७०.१.२. — ७१.१ — ६. —
१०१.१०.११.२३.२८.४१. — १९९.१०७. —
२०८.१.३.४.
रूपण १०९.२. — २४५.११३७.११३९. nap.
—°णात् २४५.११५३.
रूपधातु १०७.२. — १५५.२.

रूपप्रतिसंयुक्त १०६.६६.
रूपप्रमाद १०१.२२.
रूपमात्मा स्वामिवत् २०८.१.
रूपवानात्मा अलंकारवत् २०८.२.
रूपसंज्ञा ६८.१. — ७०.४. — ७१.७.
रूपस्कन्ध १००.१.
रूपायतन १०६.२.
रूपावचर २४५.४११.
रूपिकव्यवहार २६०.२२.
रूपी रूपाणि° ७०.१.
रूपे आत्मा भाजनवत् २०८.४.
रूप्य २३५.३७.
रूप्यते २४५.११५४.
रे २४५.३३६.
रेवती १६५.२६.
रेवतीयक्त २१२.१२.
रैत्य २३५.४५.
रोगस्पृष्टा विगतरोगा भवन्ति स्म २४४.४६.
रोगान्तरकल्प २५३.६६.
रोच १८०.२. — २४०.४२.
रोध २१.१०१. — २२३.११५.
रोमकूप १८६.१२४. — २४५.४३१.
रोमन् १७.२१.२२. — १८.६६. — १८६.१२३.
रोमपाद .२८०.४१.
रोमभू १८.६६.
रोमहर्ष २४५.२८७.
रोषितेन न प्रतिरोषितव्यं २६६.२.
रोहिणी १६५.२. — २३१.६१.
रौद्र १४६.१. — २२०.४.
रौद्रचित्त १४६.६.
रौरव २१४.४.

ल

लक्ष २४६.६. — २५०.६. — °निक्षेपक्रिया २४८.२४.
लक्षण १०.३१. — १६.२८. — ८७.१ — ३. — १६६.१ — १२.६२.६३.७७.७८. — २०१.३४ — ३७. — २४५.५७०.८२७.
लक्षणपरिशोधनो नाम समाधिः २१.६५.
लक्षणाभिसंधि ८६.२.
लक्ष्मी १३७.५.
लक्ष्य २२३.१८. — २४५.५६६.
लग्न १६८.१३.
लघिमन् २०१.११.
लघुत्व १०१.७१.
लघुसमुदीरणत्व १०१.६.
लघूत्थानता २४४.२५.
लघ्वी २८१.४८.
लङ्कावतार ६५.१३.
लङ्ग २४५.६५८.
लङ्घित २१७.२१.
लज्जा १०६.१६.
लज्जिनां स्पर्शविहाराय २५५.५.
लड्डुक २३०.१७.
लतार्क २३०.५०.
लतावल्ली १६६.३८.
लप् १३८.१०.
लपना १२७.५३.
लब्ध ३२.२.
लभ् ११२.७.
लभ्या मिथ्यादृष्टिः प्रहातुं २४५.६२१.
*लम्पक २७३.४६.
लम्पट ११०.१४.
लम्ब् २३६.२२.
-प्र २३६.२३.
लम्बन २३२.८.
लम्बाम्बुदर्शनाद्वर्षानुमानं २०३.३३.
लम्बुको नागराजा १६७.२०.
लम्बोदर २७१.१३५.

लय २०१.२२.
लयन ६६.७. – २२६.२६. – २७६.३.
लयनपरिष्कार २८१.६२.
ललाट १७.३. – १८.७१.७२. – १८६.१३.
ललाम २४५.३५८.
ललित १८.८०. – °ता २०.५३.
ललितविस्तर ६५.६.
लव २५३.५.
लवङ्ग २३१.४३.
लवण १०१.६४. – २३०.२७.
लवणपातलिका २७३.६८.
लवणभङ्गिक ४७.३३.
लवणोदक १६५.६.
लशुन २३०.४६.
लसीका १८६.११६.
लाता २३४.२.
लाङ्गल २२७.१५.
लाङ्गलीपुष्प २४०.४०.
लाङ्गुल २२३.२५७.
लाङ्गुलच्छिन्न २७१.११३.
*लात्रा २३०.५७.
लाडिक १६१.४.
लाडित २४५.७३१.
लापन ३०.४४.
लाभ १०.२६. – ४८.१७. – १२५.१.
लाभानुत्तर्य ७६.३.
लाभेन लाभनिश्चिकीर्षा १२७.१५.
लाभेन लाभनिष्पादनं १२७.५६.
°लाभिक ५४.२१.
*लालापिण्ड २२६.११५.
लास्य २४५.७२७.
लिना २१३.६५. – २५१.६.
लिख्
-निम् २१५.२२.
-वि २४५.७७६.
लिङ्ग २४५.८४१.
लिङ्गनोड २७१.१००.
*लिङ्गशिरम् २७१.१४१.
लिपि २१७.२.
लिपिफलक २४५.३६६.
लिपिशाला २२६.८.
लिप्त ३०.६७.
ली ६६.६.
-प्रत्र २४५.८६७.
-सं ६६.१०. – २४५.८६७.
लीन ३०.३५. – २४५.८६३.
लीलायितत्व २८१.२२६. (°तव्य?)
लुभ्यत इति लोकः १५४.१६.
लुञ्च् २४५.५३२.
लुडित २४५.४१४.
लुप्
-उद्ध २६८.१२.
लुप्त २४५.८१७.
लुब्ध १०.२६. – ११०.१५.
लुब्धक १८६.८५.
लुब्धो लोभाभिभूतो वताय लोकसंनिवेशो° १०.२६.
लुम्बिनी १६३.२१.
लून २४५.५६३.
लूनकाल्य २२३.२३८.
लूक १३४.२०.
लेख १८.४३ – ४५.
लेखना ३३.१.
लेखनी २३३.१३.
लेखहारिक १८६.१४७.
लेप २४५.२६८.
लैशिक २५८.६.

लोक्
-ग्रत्र २६३.७१.७२.
-ग्रा २४४.१०८.
लोक ६९.६. — १५४.१६. — २०६.१.२.५.
६. — २४४.११५.
लोकज्ञ १२६.३६.
लोकज्येष्ठ १.१३.
लोकधर्म ३०.६९.
लोकधातु १५.१६.—१९.११.—२०.११.५५.—
१५३.१—३. — १५४ १.१५.१८.२५.
लोकपाल १६३.३१.
लोकपात्रा २४५.८३.
लोकविंत् १.८.
लोकविभत्र २४५.४४०.
लोकसंज्ञा २४५.१५६.
लोकसंनिवेश १०.२४—२६.
लोकसंभव २४५.४४१.
लोकान्तरिक १५४.१७.
लोकाभिलाषिन् २.१९.
लोकायत १७८.८.
लोकोत्तरपरिवर्त ६५.९.
लोकोत्तरवादिन् २७५.१७.
लोठका २७३.४५.
लोभ १०.२६. — १२७.१.
लोभपत् २४५.१२५२.
लोभाभिभूत १०.२६.
लोमाशो २९३.१८.
लोलुप ११०.१२.
लोष्ट २२३.२३०.
लोह २३५.४१.
लोहकार १८६.११७.
लोहरजस् २५१.३.
*लोहरि १८६.१४६.
लोहलिङ्ग २८४.२४.
लोहित ७१.५. — ७२.१२. — १०१.३१. —
२४५.१२५३.
लोहितकृत्स्नायतन ७२.३.
लोहितचक्षुविवर्ण २७१.६५.
लोहितनिदर्शन ७१.५.
लोहितनिर्भास ७१.५.
लोहितवर्ण ७१.५.
लोहितमुक्तिका २३५.११.
लोहितान्त २७१.७७.
लौकिकाग्रधर्म ५५.५.

व

वंश २१८.१९.
वंशरोचना २३१.१९.
वंशवेणु १९६.२१.
वक्कलि २३२.३१.
वक्कुल ४७.३७.
वक्र १८९.१२.
वक्रका २४५.९२०. nap.
वक्र २४५.९१७.
वक्रनितम्ब २७१.१२९.
वङ्क २४५.९१६.
वच् २४८.१—२२.
-वि १३२.१६.
वचसा परिगीता १२६.६२.
वचा २३१.४२.
वज्र २३५.९.
वज्रो नाम समाधिः २१.११.
वज्रगर्भ २३.१९.
वज्रदृढनेत्र १६९.६.
वज्रद्रुमकेसरधज १७०.९.
वज्रधात्वीश्वरी १९७.५७.
वज्रपाणि २३.५.
वज्रभृकुटी १९७.४७.

वज्रमण्डलो नाम समाधिः २१.२४.
वज्रमेरुशिखर ६१.६३.
वज्रलक्षज्ञानमुद्रा १६७.६४.
वज्रसार २३.६६.
वज्राङ्कुशी १६७.५०.
वज्राभिषेक १६७.७२.
वज्राम्बुजा १६७.४६.
वज्रोपमो नाम समाधिः २१.५५.
वञ्चना १०६.३०.
वटिक २८०.३१.
वडवा २१३.४०.
वडवामुख २४५.३६२.
वणिज् १८६.१३१.
वत १०.२४ — ३०. — २२५.६६.
वता २४४.१२६.
वता मार्षा २४४.१२८.
वता ह्य २४४.१३०.
*वत्तुशिरस् २७१.५२.
वत्स १८.८०.
वत्सदन्तक २३८.२८.
वत्सल २४५.३६०.
वत्सशाला २२६.१२५.
वत्सश्रीसंभव १७१.१०.
वद्
-अभि ६३.११.
वदन १८.४६.४७. — १६७.१५२.
वन १४६.६.
वनखण्ड १६६.२०.
वनप्रस्था १४६.२.
वनलता २२३.२१३.
वनविचयगत २६२.५.
वनस्पति १६६.१६.
वनाद्विर्वणमागतः २४५.३०.
वनीपक २४५.६२७.
वन्दन ६७.१. — २८१.७८.
*वन्दुशिरस् २७१.५३.
वन्ध्य २४५.६४१.
वन्ध्यासुत १३६.१८.
वप्
-निस् १५.१६.
वमन २४३.१. — २६०.२७.
वयस् १६१.१.
वयस्य २४५.१२८६.
वयोऽनुप्राप्त २४५.१२५१.
वर २०.६०. — २१.६७. — १२८.८.२२.
वरकल्याण १८०.४.
वरण २४७.३१.
वरद १.५२.
वरधर्ममुद्रो नाम समाधिः २१.६०.
*वरत्र २८१.२४१.
वररुचि १७७.२३.
वराङ्गरूपिन् १८२.३.
वराङ्गबल २५२.४.
वरार्क १.५१.
वराह २१३.२५.
वरुण १६३.४३.
वरुणो नागराजा १६७.६.
वरुणमतिः कुमारभूतः २३.५८.
वर्ग २२३.२. — २४५.३८६.
वर्गचारिन् ४५.२.
वर्चोमार्ग २८१.२७.
वर्ण ७१.१-६.—१०४.६४.—१३१.१०.१२.—
°र्णाः (चत्वारः) १८७.१.
वर्णक २६८.६.
वर्णनिभ २४५.११५६.
वर्णरूप १०१.२८.
वर्णवादिन् १३७.३.
वर्णित १३१.७.

वर्तनि २२३.२६२.
वर्तानन् १६.८७.
वर्तमान २५३.६६.
*वर्तुलि २२८.७.
वर्धक १८६.१०३.
वर्धनिका २७३.५५.
वर्धमान १८.८१.
वर्धमानको नागराज १६७.६१.
वर्धमानमति २३.६२.
वर्धित २४५.१०१२.
वर्मतनाह्न २३८.२.
वर्मित २२३.१३१.
वर्ष २०३.३३. — २५३.६०. — °र्षा २५३.३८.
वर्षक २७९.४.
वर्षधार १६८.४०.
वर्षाशाटीगत २६१.६२.
वर्षाशाटीगोपक २७४.६.
वर्षाशाटीचीवर २७२.१२.
वर्षाशाट्यकालपरिदिष्टधारण २६०.३२.
वर्षावस्तु २७६.३.
वर्षोपनायिका २६६.२३.
वलक २३७.२८.
वलय २३७.६.
वलि २४०.६८.
वलिकासंनाह २३८.३.
वलितक २३७.३२.
वलीनिचितकाय १६२.५५.
वलीप्रचुरता १६२.३.
*वलो मोट २३१.१४.
वल्कल २२३.२४५.
*वल्गना २४५.११५५.
वल्गु २०.८.
वल्मीक २४५.६८८.
वल्ल २२८.२२. — २४०.७१.
वल्लरी २१८.१२.
वश १५.१८.
वशि ४८.१४.
वशिक २४५.६१२.
वशिता २७.१ — १०. — २८.४. — ३०.६८.
वशित्व २०१.१४.
वशीकरण १६७.१०.
वशीभूत ४८.३.
वषट् १३७.१८.
वस्
-अधि २४५.४१.६३१.
-अध्या १८२.६.७.
-उप ८४.२१.
-नि २६३.८.
-प्र २२३.१६८.
वसन २४५.११२६.
वसन्त २५३.३६.
वसा १८१.१११.
वसिष्ठ १७६.२२.
वसु २४५.१५६६.
वसुबन्धु १७७.५.
वसुमित्र १७७.१४.
वस्ति १७.२३. — १८१.७०.
वस्तु २९.७. — २७६.१ — १७. — २८१.१२.
वस्तुकृत १२६.७०.
वस्तुविद्या २२१.८.
वस्त्र ७१.३ — ५. — २३२.६.
*वक्कारि २३०.५५.
*वक्हेड २३१.२५.
वा १९५.२३.२४.—२२५.१०.—२४४.४१.—२४५.३०—३४.६२३.—२६१.२२.—२६३.४७.—२८१.२७.

वा २४५.७३६.
वाक्कर्मन् ६.१४.
वाक्कालिविध्वंसनगगनकल्पो नाम समाधिः २१.११७.
°वाक्य १३८.५८.
वाक्यशेष २४५.११४७.
वाक्योपन्यास २०६.६.
वाकसुचरित ६२.५.
वागुरिक १८६.६२.
वाग्दुश्चरित (चत्वारि शानि) ६१.२.
वाच् १२.३.४. — २६.१४. — ३०.६५. — २०१.२३. — २६१.८. — २६३.५३.
वाचक १६६.७३.
वाचन ३३.५.
वाचोयुक्ति १३८.४६.
वाच्य १६६.७२.
वाटिका २२६.१०३.
*वाडो २२६.१०२.
°वात २४५.५५.
*वातदत्तिका २२६.५६.
वातप्रतोद २८४.६५.
वातायवेदिका २२६.५७.
वाताण्ड २७१.११४.
वातापन २२६.३३.
वातापनच्छिद्रकरणम् २५१.८.
वात्सीपुत्रीय २७५.१२.
वाद २००.११. — २४५.११८१ — ८७.१२००. १२०२.
वादनिःसरण २४५.११८६.
वादनिग्रह २४५.११८५.
वादविधिज्ञानभवितव्य २४५.१२००.
वादाधिकरण २४५.११८२.
वादाधिष्ठान २४५.११८३.
वादालंकार २४५.११८४.
वादिन् १.२३.७१. — १६६.३४.
वादिसिंह १.३६.
वादे बहुकराः धर्माः २४५.११८७.
वाद्य २१८.१७.
वान २३२.३८.
वानप्रस्थ १५०.३..
वानर २१३.५६.
वान्त २६३.१०४.१०५.
वान्तदोष १.४३.
वान्तीकृत १३०.२.
वान्तीभाव १३०.५४.
वाभट १७७.३८. uap. (B. वाग्भट)
वामक १८०.२०.
वामन २७१.३२.
वायवी २५४.११.
वायस २१३.१२८.
वायसविद्या २२१.११.
वायु ७२.१२. — १६३.४४.
वायुकृत्स्नायतन ७२.८.
वायुधातु १०१.५.
वायुसंवर्तनी २५३.७०.
वाराणसी १६३.२.
वाराणसेय ७१.३ — ५.
°वारिक २७४.१२.१४ — २०.
वारित्रसंपन्न ८४.२३.
वारिधारा १५.४.११.१६.
वारुणी २५४.१८.
वार्णवाशिन् २४५.७२६.
वार्ता २१६.३.
वार्त्तिक ६६.२५.
वार्षिक २८१.८४.
वार्षिकवास २२६.१३३.
वार्षिकी २४०.१२.
वालपथ २४५.८८.

वालाग्र २४५.८६.
वालाग्रकोटि २४५.८७.
वालुक १९५.२७.
वाष्प ४७.२३. – १९९.८४.
°वान २२६.१३२ – १३५.
वासं कल्पयति २४५.४६८.
वासना २४५.१९१.
वासुकिर्नागराजा १६७.६.
वासुदेव १६३.१८.
वाहन २४१.२६.
वाहनप्रज्ञप्ति २४८.२७.
वाहितपाप १३०.८.
वाहितपापधर्म १९.७०.
विंशतिशिखरसमुद्गतः सत्कायदृष्टिशैलः २०८.–
विकटक २७१.१८.
विकत्थन २४५.७२८.
विकत्थित २४५.८४०.
विकरालविकृतदंष्ट्र १९७.१११.
विकलेन्द्रिय २४५.९६०.
विकलेन्द्रियाः परिपूर्णेन्द्रिया भवन्ति स्म २४४.४७.
विकसित २४१.१८.
विकालचर्या १२७.६६.
विकालभोजनविरति २६८.८.
विकिरण २१.८१. – २४५.९८४.
विकिरणो नाम समाधिः २१.६४.
विकुर्वणबल २६.८.
विकुर्वाणराजपरिपृच्छा ६५.८१.
विकृत १९७.१११. – २४५.२६१.
विकृतवदन १९७.११२.
विक्रमिन् १२६.११.
विक्रय १२७.५७ – ६१.
विक्रान्त १८.११ – १४. – २२.९.
विक्रीडमान २४५.९३१.
विक्रीडित २१.४. – ३०.८.१८.७०. – २४५.१.
विक्षिप्तकसंज्ञा ५२.७.
विक्षिप्तचित्त २२३.१२३. – २८१.४३.
विक्षेप १०४.५६.
विक्षेपाधिपति १८६.१८.
विक्षोभ २४६.४१. – २४७.४१.
विक्षोभणबातमण्डली २४५.१११.
विखत २४७.२९.
विखादितकसंज्ञा ५२.६.
विख्यात २४५.४३७. – २४६.२७.
विगत १०.१४ – १६. – २०.३१. – ३०.९.११. – २४५.९८१.
विगतद्वेषाः सर्वधर्माः १०.११.
विगतपिपास २४४.४१.
विगतमोहाः सर्वधर्माः १०.१६.–
विगतरागाः सर्वधर्माः १०.१४.
विगतरोग २४४.४६.
विगतशोक २३.८१.
विगम २४६.९४.
विगर्ह १३२.७.
विगत्र २४६.१६. – २४७.२१.
विग्रह २०९.२०. – २२३.१११.
विग्राह्य २४५.३१७.
विघस २६३.७३.
विघुट २४५.४२६.
विघ्न १६३.६१.
विचक्षण १४३.२.
विचतुष्करणाय २४५.१२६.
विचटन २८१.५६.
विचरण २४५.४६१.

विचर्चिका २८४.५५.
विचस्त २४६.३६.
विचार ६७.१.२.—१०४.६३.—२४६.३५.—
°रं २४७.३६.
विचारण २४५.१८६५.
विचिकित्सा १०४.३६.
विचिकित्सानिःसरणमस्मिमानसमुद्घात
८२.५.
विचित २४५.४३३.
विचित्रो नागराजा १६७.४१.
विचित्रभूषण १७३.४.
विचित्रमौलिश्रीचूड १७२.७.
विचित्रालंकारस्वर १७४.८.
विचित्राकारता १५०.२५.
विच्छन्दयति २४५.१२५.
विजघ २४७.२५.
विजम्भ २४६.२२.
विजयविक्रामिन् २३.७६.
विजयिन् १.३०.
विजाग २४६.२३.
विजातीय १६६.६७.
विजितवत् २४५.१४०.
विजितविजय १८५.८.
विजृम्भण २४५.७७८.
विजृम्भा १८६.१३५.
विजृम्भित २१.२८.
विजेतृ २२.७.
विज्ञ ६३.१८.—१४३.१५.
विज्ञप्ति १०१.५१.
विज्ञान ६८.२. — ७०.५. — ७१.८. —
७४.३. — १०५.१.२.४ — ६. — ११३.३.
विज्ञानकृत्स्नायतन ७२.१०.
विज्ञानमात्मा २०८.१७.
विज्ञानवानात्मा २०८.१८.
विज्ञानवादिन् २२३.७३.
विज्ञानस्कन्ध १००.५.
विज्ञानानन्त्यायतन ६८.२.३.—७०.५.६.—
७१.८. — ११६.७. — १६२.२.
विज्ञाननालक्षण २४५.११५६.
विज्ञानाहार ११८.४.
विज्ञाने घात्मा २०८.२०.
विज्ञापनीया २०.२८.
विज्ञाविरनीय १४४.८.
विज्ञेया २०.२३.
विट १२७.४८.
विटप २३७.६०. — २४१.७.
विठपनप्रत्युपस्थानलक्षण १०.३१. —
२४५.८२७.
विडङ्गिका २६३.४०.
विडम्बना २४५.५५५.
वितण्डन २६१.५५.
वितण्डा २००.५३.
विततवल्लिका २४५.५४०.
वितर्क ६७.१.२. — १०४.६२.
वितर्दि २२६.१००.
वितस्ति २६०.१८. — २८१.१६८.
वितान २३६.११. — २४५.१११२.
वितानवितत २३६.१२.
वितिमिरकर १३०.४७.
वितिमिरविशुद्धालोक १८.३२.
वितुर्ण २४६.३३. — २४७.३७.
वित्त १०.२६.
वित्ति २४५.१२३८.
विद्ध ८१.३. — २४५.८७५.
-निम् ८१.७.
-प्र २८१.२०१.
-सं २४५.८७६.
-प्रतिसं ६७.३. — २४५.८७७.

°विद्ध १.८. — १६.६१.
विद्ग्धकसंज्ञा ५२.८.
विदर्भण १६७.११७.
विदर्शना ५०.१.
विद्रूप १८६.१३६.
विदेह १५४.४.
विद्यमान २२३.६८.
विद्या १.६. — ७६.१ — ५. — १६७.४. — २२१.८.६.११ — १३.
विद्याचरणसंपन्न १.६.
विद्याधर १६७.३७.
विद्युत्ज्वाल १६८.७.
विद्युत्प्रदीपो नाम समाधिः २१.४१.
विद्युत्प्रभो नाम समाधिः २१.१०७.
विद्योतित २४५.५०४.
विद्रुम २३५.६.
विद्वत् १४३.१३.
विद्वेष २२३.२६२.
°विध १५.२.५.
विधमन २७३.३८.
विधान १६७.१४. — २४५.५७७.१०८०.
विधि १४.६. — २६.८. — १६७.१३. — २४५.११३३.
विधुर २४५.६८०.
विधूतपाप २२३.२६७.
विधेयत्व २४५.५५२.
विधंसन २१.११७. — १६७.७८.
विधंसनधर्म २४५.६८६.
विनतक १६४.७.
विनय ६५.६०. — २६४.१ — ३.
विनयक्षुद्रक ६५.१०३.
विनयात निवेशयति २४४.७२.
विनयधर २२३.७०.
विनयवस्तु ६५.१०२.
विनयविभङ्ग ६५.१०१.
विनयातिसारिणी २६५.१.
विनर्दित १६८.३१.
*विनस्वर २४५.१०६५.
विनाग २४७.२०.
विनायक १.२२. — १६३.५१.
विनाशन २६१.५३.
विनिधायसंज्ञा २८१.३७.
विनिपात २११.३.
विनिबद्ध २४५.८२६.
विनिबन्ध ११०.६.
विनीतदेव १७७.२७.
विनीता २०.१२.
विनीलकसंज्ञा ५२.१.
विनीवरण १६.७२.
विनोदन १३०.५६.
विन्ध्य १६४.१८.
विपडुमकसंज्ञा ५२.३.
विपत्ति २४५.६८२.
विपथ २४६.३०.
विपरिणाम १३०.२८. — २४५.६०६.
विपरिणामदुःखता १११.३.
विपरीतात २७१.१५६.
विपर्य २४६.३१.
विपर्यासंप्रयुक्तो वतायं लोकसंनिवेशो विषममार्गप्रयात उत्पथमार्गस्थायी १०.२५.
विपश्यना ६०.२.
विपश्यिन् २.६.
विपाक ७.२. — २४५.१८२.१८३.
विपाकफल ११६.४.
विपाकहेतु ११४.३.
विपाटक २७१.६३.

विपिष्टीभवति २४५.८६८. [v. विपृ°]
विपुल ६६.५. — १३४.११.
विपुलता २४५.१०२८.
विपुलपार्श्व १६४.१६.
विपूयकसंज्ञा ५२.२.
*विपृष्टीभवति २४५.८६८. pap.
विप्रकर्ष १६६.१०८.
विप्रकीर्ण २४५.१२६.
विप्रकृष्ट २०१.२६. — २२३.३०.
विप्रणाश २४५.११२२.
विप्रतिसार १०६.३३. — २२३.१६१.
विप्रमुक्त १६.७१.
विप्रमुक्तः स्कन्धेभ्यः १६.४७.
विप्रयोग ११२.५.
विप्रवादन २८१.२२६.
विप्रवास २६०.४.
विप्रसन्न २४५.८८७.
विप्रसन्नमनस् १६.७३.
विबन्ध २४५.१०३.
विभक्त २४७.२८.
विभक्ति ३०.४१. — २४६.२६.
विभज २४७.२४.
विभजन २२३.१०२.
विभज्यवादिन् २७५.८.
विभज्यव्याकरण ८६.२.
विभव २४५.६७.
विभाग २०३.१०.
विभावना २४४.६६.
विभाषा २४५.११६०.
विभीषणो नागराजा १६७.७६.
विभीतक २३१.२६.
विभु १.३१.
विभुग्न १६२.१६.
विभूत १३०.२१. — २४६.४८.
विभूतिगम २४८.२२.२३.
विभूषण २३७.४.
विमति १०६.४८.
विमतिविकिरणो नाम समाधिः २१.८१.
विमर्द २४७.५७.
विमल्ल २४७.६४.
विमल २१.४६.१०६. — °ला २०.६. — ३१.२.
विमलकीर्तिनिर्देश ६५.१५.
विमलगर्भ २३.६७.
विमलना २४५.११३१.
विमलनेत्र २३.३३.
विमलप्रदीपो नाम समाधिः २१.३५.
विमलप्रभो नाम समाधिः २१.३६.१०४.
विमलवेगश्री १७२.३.
विमुक्त २१.६३. — ४६.१७ — २०. — १२६.३.
विमुक्तः परिदाघैः १६.५१.
विमुक्तस्य विमुक्तोऽस्मीति ज्ञानदर्शनं भवति ८१.६.
विमुक्ति ६.१२. — २१.११८.
विमुक्तिचन्द्र २३.३०.
विमुक्तिज्ञानदर्शनस्कन्ध ४.५.
विमुक्तिमार्ग ५४.१६.
विमुक्तिस्कन्ध ४.४.
विमुद २४६.५२.
विमोक्ष ७.७. — १६.१८. — ७०.१ — ८.
वियोग १३०.२१.
विरक्तो विमुच्यते ८१.८.
विरज २४६.१८.
विरजस् २१.१११.
विरजस्तेजःस्वर १७४.२.
विरति ६२.२ — ४. — २६८.१ — ८.
विरलदन्त २७१.१२४.
विरलिका २७३.३७.

विराग २६७.२.
विरागनिश्रित ४०.७.
विराज् १.३४.
विरिक्त २६३.१०४.१०५.
विरुद्ध १६६.२३.
विरूढक १६३.३४. – १७५.१. – १८०.४६.
विरूढि २४५.१०२८.
विरूपात १६३.३५.
विरोध १६.७५. – २१.१०१.
विरोलित २२३.२६४.
विलिख्य २२३.१६०.
विलेपन २३६.७. – २६८.६.
विलोकित २४४.१०८. – २४५.२३१.
विलोकितमूर्धा नाम समाधिः २१.८.
विलोमप्रतिलोम २८१.११७.
विलोकितकसंज्ञा ५२.५.
*विल्व १६५.१२.
विवक्ता २४५.११५०.
विवज्ञितज्ञ १२६.३६.
विवर २४४.३१.३६.८२. – २४६.८६. – २४७.३२.६०.
विवरण ३०.६. – ६६.२१.
विवर्तकल्प २५३.६३.
विवर्तन १३३.२०. – °ना ५३.६.
विवर्धन २४५.१०३६.
विवर्प २४७.३५.
विवाद १०.२४. – १३८.३४. – २२३.१५५. – २४५.११८६.
विवाह २२३.२४६. – २४६.२५. – २४७.२७. – २४९.२२. – २८१.२६२.
विविक्तं कामैर्विविक्तं पापकैरकुशलैर्धर्मैः° ६७.१.
विविधसंमोदनकथामुपसंस्कृत्य २४४.१०.
विवृत ६३.२६. – २४५.६३.
विवेकज ६७.१.
विवेकनिश्रित ४०.६.
विश् २४५.३०६.
-नि २४४.७२.
-प्र २४४.३६.
-समनुप्र २४४.४०.
विशद् २८४.८१.
विशाखा १६५.१४.
विशात १०१.४७.
विशांपति १८०.२८.
विशारद ६६.२.
विशाल १३४.१०.
विशालनेत्र १८.६१. – २३.३४.
विशिष्ट १०.३२. – १२८.११. – २४६.३८. – २४७.४२.
विशिष्टपरिनिर्वाण १०.३२.
विशुद्धः स्वरेण १६.४०.
विशुद्धगात्र १८.२३.
विशुद्धनेत्र १८.६०.
विशुद्धस्वरनिर्घोषा २५.३.
विशुद्धालोक १८.३२.
विशुद्धि ४.६.
विशेष २०३.४.
विशेषमित्र १७७.३६.
विश्राम २४५.११६६.
विश्रुत १.६५.
विश्लेष १३०.२३.
विश्वकर्मन् १६७.७६. – २४५.१२३१.
विश्वंतर १.३१.
विश्वभुक् २.८.
विश्वस्तमानस १३५.७.
विष् १८६.१३६.
विष १.४४. – २२३.१४६ – १५५. – २३१.३६. – २४५.७४०.

विषण्णमानस २४५.८६६.
विषम १०.२५.२८.
विषमगन्ध १०१.६१.
विषमज्वर २८४.५३.
विषमदृष्टि २०५.८.
विषमलोभ १२७.१.
विषमाशोवा वर्तेमि सत्त्वा° १०.२८.
विषमापरिहार २४५.५५१.
विषमो ऽप्यमुपन्यासः १३८.३५.
विषय १५.५. — ३०.२६.३०.
विषयतीर्णो नाम समाधिः २१.७६.
विषयपति १८६.३६.
विषविक्रय १२७.५६.
विषाण ४५.१. — २२३.२१६.
विषाद २४५.८६४.
विषूचिक २८४.१५.
विष्कम्भण १३०.५.
विष्कम्भेण १३४.२.
विष्टि १६८.६.
विष्णु १६३.१६.
विसंयोग १३०.२२.
विसंयोगफल ११६.५.
विसंस्थित २४५.२६६.
विसंज्ञावति २४८.२०.२१.
विसदृशपाको विपाकः २४५.१८२.
विसंप्रयुक्तो धातुभिः १६.४८.
विसर २४६.२१. — °रं २४७.२३.
विसर्जन १६७.२६. — २४५.१८८.
विसर्जित २४५.१८९.
विसर्पण २४५.१०३६.
विसोत २४६.२४.
विसोद २४७.२६.
विस्तरेण संप्रकाशयिष्यति २४४.११३.
विस्तरेण संप्रकाशितम् २४४.११२.
विस्तार १३४.३.
विस्तीर्ण १३४.८.
विस्पर्ध २४५.६३४.
विस्पष्ट २०.२४.
विस्फूर्जित १६८.३५.
विस्फोट २८४.७.
विस्फोटक १६८.३६.
विहग २१३.६६.
विहरण १६.४.
*विहान्या २४५.११६७.
विहायस् १५.२.
विहायसा २४५.७८३.
विहायनगामिन् १२६.५४.
विहापनाभ्युद्गम्य चतुर्विधमीर्यापथं कल्पयति १५.२.
विहार १६.४.१७. — ४८.३८. — २७६.२.
विहारिन् ३०.१४.७४.७५. — ६७.३. — २४४.१०३.
विहारोद्देशक २७४.१.
विहिंसा १०४.४६.
विहिंसानिःसरणं करुणा ८२.२.
विहित १०६.१४. — २२३.१०८.
विहीन १३०.३४.
विहेठक १४६.१५.
विहेठना २८.२.— १०६.३२.— २२३.२८४.— °नं २६१.१५.
विह्वलीभूत २४५.५४८.
वीणा २१८.१८.
वीत २०१.३०.
वीततृष्णा १.६३.
वीततृष्णो गणागो १२६.८.
वीतरागभूमि ५०.६.
वीथी २२६.१०३.
वीप्सा २४५.५५४.११८४.

वीर १.५३. — १२६.५२. — १८२.२. — २२०.२.
वीरदत्तगृहपतिपरिपृच्छा ६५.८३.
वीरबाक्त १७५.८.
वीर्य ६.८. — २६.४. — ३६.४. — ४०.३.— १०४.१८. — १६७.७७.
वीर्यपारमिता ३४.४.
वीर्यबल ४२.२.
वीर्यसमाधिप्रहाणसंस्कारसमन्वागतो ऋद्धिपादः ४०.३.
वीर्यसंबोध्यङ्ग ४३.३.
वीर्येन्द्रिय ४१.२. — १०८.१५.
वृ
-वि २६३.५२.
वृक २१३.२५.
वृक्षा १८६.६५.
वृत्त १६६.३१. — २१० (склоненіе) — २६३.१०६.
वृत्ततल २४५.४७४.
वृत्तमूल २६६.१२.
वृत्तमूलिक ४६.८.
वृत् १५.१८. — ८४.२५. — २२३.२६६. — २४५.१०१७.
-नि २४५.१००७.
-पारि २७१.१७६.
-प्र ६.१६ — १८. — २४५.५१.
वृत्त ६६.३४. — १०१.४४.
वृत्तकुक्षि १८.३३.
वृत्तगात्र १८.१८.
वृत्तदंष्ट्र १८.५३.
वृत्ताङ्गुलि १८.[illegible]
वृत्ति ६६.[illegible]
वृद्ध १८.[illegible]
वृद्धात्त २७८.३०.
वृद्धि ३२.३.
वृद्धिं विवृद्धिविपुलतामापद्यते २४५.१०२८.
वृद्धिप्रसर्पणा २४५.१०३८.
वृध् २४५.८०१.
-वि २२३.२३८.
वृत्त २४१.२.
वृन्द २२३.६.
वृश्चिक २१३.७५.
वृषभविक्रान्तगामिन् १८.१४.
वृषली २४५.३६८.
वृष्टि २०३.३४. — २४४.८६.
वेग २०.२२. — १६७.६६. — २४५.४४६.
वेगसार २१३.४६.
वेणि २७३.४८.
वेणुकार १८६.१२८.
वेणुवन १६३.६.
वेतस १६६.२७.
वेताड १६७.१४२.
*वेत्य २१७.१८.
वेत्र १६६.२३.
वेदक ५६.७१. — २०७.१२. — ०कं २४५.१२३७.
वेदना १०४.४.—११३.७.—२०८.५ — ८.— २४५.११४०.११४१.
वेदनात्मा २०८.५.
वेदनाभिन्न २८१.४५.
वेदनायामात्मा २०८.८.
वेदनावानात्मा २०८.६.
वेदनास्कन्ध १००.२.
वेदनीय ६३.१८. — १२१.१ — ५.
वेदनास्मृत्युपस्थान ३८.२.
वेदयमानाद्धति २४५.[illegible]
वेदिका ६६.[illegible] — २२६.[illegible]
वेदिकाजाल २२६.[illegible]

वेदित ७०.८.
वेद्य २४५.१२३६.
वेध २१७.१६ – २२.
वेधित १५१.७.
वेमचित्र १७१.२.
वेमन् २४५.११५४.
वेल २४६.६४.
वेला २५३.२.
वेलाचक्र २७६.७.
वेलाज्ञा १२६.४२.
वेलु २४७.६८.
वेलुव २४६.८३.
वेशवार २३०.२६.
वेश्मन् २२६.२०.
वेष २४५.२२०.
वेष्टक २३२.३५.
वेष्टितशिरस् २६३.६५.
वैजयन्तः प्रासादः २२६.४.
वैजयन्ती पताका २३७.७०.
वैडूर्य २३५.१.
वैडूर्यदण्ड २४२.२.
वैडूर्यप्रभ १६८.१२.
वैतरणी १६५.३१.
वैदेहकपर्वत १६४.२०.
वैद्य १७८.११. – १८६.५३.
वैधर्म्यवत् १६६.२७.
वैपञ्चिक १८६.१२४.
वैपुल्य ६२.१०.
वैभाषिक २२३.७६.
वैभूतिक २४५.१०७३.
वैमात्र २४५.८०२. -- २४६.५३.
°वैमात्रता ६०.–
वैयाकरण २२३.७८.
वैयावृत्यकर २७०.२३.
वैराग्य २३५.४०.
वैरानुबन्ध १०६.२६.
वैरिन् १३६.८.
वैरूप्य १६६.७.६.
वैरोचन २.१. – १७१.५.
वैरोचनो नाम समाधिः २१.३१
वैवश्यतो १६७.१०२.
वैशाख २५३.४६.
वैशारद्य ८.१ – ४. – २८.१ – ४.
वैशाली १६३ ३.
वैशिक २१६.२.
वैशेषिक १७८.६.
वैश्य १८७.४.
वैश्रवण १६३.३२. – १६६.१.
वैश्वानर १६३.४६.
वैसर्प २८४.२६.
*वोण्ड २३६.५.
व्यक्त १४३.६.
व्यग्र २२३.२४४. – २८१.७०.
व्यञ्जकहेतु १६६.५७.
व्यञ्जन १८.२३. – ७४.१. – १०४.६२. – २३०.२२.
व्यञ्जनं परिवर्तते २७१.१७६.
व्यञ्जनकाय १०४.७७.
व्यतिकृत १३०.४.
व्यतिपात १६८.१०.
व्यतिरेक १६६.२१.
व्यतिवृत्त १३०.६.
व्यत्यस्त २६.१२. – १५४.२४. – २४७.४७.
व्यत्यस्तो नाम समाधिः २१.२६.
व्यन्तीकृ २४५.६३८.
व्यन्तीभाव २४५.१२५६.
व्यन्तीभू २४५.६३६.
व्यपकर्षित २४५.११६३.

व्यपकृष्ट २४५.७६०.
व्यपगततिलकालकगात्र १८.४१.
व्यपदेश १३८.४५.
व्यय २४५.८२५.
व्यर्पणा २४५.१०२२. (sap. तर्पणा)
व्यवकिरणा २४५.११३६.
व्यवचारयितव्य २४५.१०५१.
व्यवच्छेद २२३.६६.
व्यवदान ७.७.
व्यवसर्गपरिणत ४०.६.
व्यवसर्गरत १४०.३.
व्यवसाय ६८.२४. — २४५.२४.
व्यवसायात्मक २००.२२.
*व्यवसीयत्त २४५.१२३५.
व्यवस्थान १६.६.—२४५.५१३.—०प्रज्ञाप्ति २४८.१२.
व्यवस्थापन २२३.१०३.
व्यवहार १३८.१६. — २४५.१४३.
व्यसन २४५.२७४.
व्यस्कन्धकसमापत्ति ६८.६.
व्यस्त १३३.७.
व्यस्तिका २६३.८६.
व्याकरण ८.३.—६२.३. — ८६.१ — ४.— २४४.४८. — २४५.६१.
व्याख्यान ६६.२४.
व्याघ्र २१३.१०.
व्याड २१३.७२. — २४५.५५६.
व्याधिदुःख ११२.३.
व्याधिरोग २८४.५.
व्याध्मातकसंज्ञा ५२.४.
व्यापाद १०.२४.
व्यापादस्याव्यापदो निःसरणं मैत्री ८२.१.
व्यापादात्प्रतिविरतिः ६२.१२.
व्यापृत २४५.१०८७.
व्याम २८१.१६६.
व्यारोष १०६.२८.
व्यावृत्ति १६६.६६.
व्यास १७६.२०.
व्यासपरिपृच्छा ६५.६८.
*व्यासेक २४५.११३२.
व्याहृत २४५.१२३४.
व्याहार ६८.२३.
व्युत्क्रान्तकसमापत्ति ६८.५.
व्युत्थान ७.७.
व्युत्पत्ति २४५.१०८६.
व्युत्पन्न २४५.१०८८.
व्युपशम ६७.२. — २४५.१२६०.
व्यूह २१.८७. — २६.१७. — ३०.१३. — १६७.६६. — २३७.३.
व्योमक २३७.५३.
व्रण २८४.३.
व्रणसामन्तक २८१.१२६.
व्रतिन् ८४.१०.

श

शकट २२७.२.
शकटचक्रप्रमाण २४२.१.
शकलिक २४५.२६६.
शकुन १६८.५.
शकुनरुत १६८.८.
शकुनविद्या २२१.१२.
शकुनि १५.११. — १८०.१३.
शकुनियक २१२.१३.
शक्ति २२३.८३. — २३८.१६.
शक्र १६३.२७.
शक्राभिलग्नरत्न २३५.१८.
शक्रो देवेन्द्रः १६३.२५.

शंकर १६३.११. – १८०.२७. – १९७.१००.
शंकरो नागराजा १६७.२८.
शङ्कु २२६.९५. – २५०.११.
शङ्ख १८९.२४. – २३६.२.
शङ्खो नागराजा १६७.२२.
शङ्खपालो नागराजा १६७.१.
शङ्खस्वरसमाचार २७८.१७.
शची १६३.६०.
शठ १२७.४६.
शत २४६.१. – २४७.३. – २४८.१ – २३. – २४९.३. – २५०.३.
शतक्रतु १६३.२९.
शतपत्त्र २४०.२.
शतभिषा १६५.२२.
शतरथ १८०.३५.
शतसहस्रनिर्हारकुशल ३०.५९.
शतसहस्रपत्त्र २४०.४९.
शतसाहस्रिका प्रज्ञापारमिता ६५.१.
शतानीक १८४.२.
शत्रु १३६.९.
शनैश्चर १६४.७.
शबर १८७.१४.
शबल १०९.७.
शब्द २०.३३.४४.४५. – १०१.२४. – १३१.८. – १३८.४० – ४२. – २०२.७. – २१६.५.
शब्दधातु १०७.५.
शब्दब्रह्मन् १९९.९८.
शब्दविद्या ७६.१.
शब्दवेध २१७.२०.
शब्दापतन १०६.४.
शब्दार्थ १९९.१०२.
शमथ ९०.१.
*शमसामन्तक २८०.२७.
शमितृ १.५४.
शम्बर १७१.३.
शम्भु १६३.६.
शम्या २१८.११.
शयनासन २३२.१८.
शयनासनवस्तु २७६.१७.
शयनासनवारिक २७४.१८.
शयनासनसंतुष्ट १२६.२६.
शय्या २४५.५२३.
शय्यासन १४९.१.
शर २३८.२५.
शरण १.३८. – ९६.१. – २६७.१ – ३.
शरण्य १.३७
शरत् २५३.३९.
शरत्कवास २२६.१३४.
शरभ २१३.३०.
शरावती १६३.२०.
शरीर ९९.१५. – १८९.२. – २०६.१३.१४.
शरीररक्षक १८६.१५८.
शर्करा २२३.२२८. – २३१.१७.
शर्व १६३.१३.
शलकचर्या २८१.४.
शलाका २३३.१८. – २६६.२१.
शल्य २४५.६७८.
शल्योद्धरण २४५.२०१.
शश २१३.३१.
शशरजस् २५१.५.
शशवागुर २३३.९.
शशितजस् १६८.५२.
शस्त्र २३८.३६.
शस्त्रक २७३.२७.
शस्त्रपाणि २६३.९९.
शस्त्रविक्रय १२७.५८.

शस्त्रान्तरकल्प २५३.६५.
शाकुनिक १८६.८७.
शाक्यपुंगव १.२७.
शाक्यबुद्धि १७७.१६.
शाक्यमित्र १७७.३०.
शाक्यमुनि २.१२.
शाक्यसिंह १.५०.
शाखा १९.८३.
शाखावाटिका २२६.१०२.
शाटक २३२.३२. — २८०.१२.
शाठा १५४.१०.
शाठ्य १०४.४७.
शाड् १२६.७४.
शाणक २८०.२.
शात १०१.४६.
शान्त ५४.११. — २२०.९.
शान्तपाप १.५५.
शान्तरक्षित १७७.१९.
शान्तिक १९७.७.
शाब्दिक २४५.३१७.
शारिक २१३.११६.
शारिपुत्र ४७.३.
शार्दूल २१३.९.
शालमुचिन्त १७५.६.
शालि २२३.२३५. — २२८.१०.
शालिवन १९६.२६.
शालिस्तम्भ ६५.७८.
शालूक १९९.११८. — २४२.६.
शाश्वत २०६.१. — २४५.८८०.
शाश्वतश्चाशाश्वतश्च २०६.३.
शाश्वतो लोकः २०६.१.
शासन ६६.५.
शासनकर १२६.८६.
शास्तृ १.११.
शास्ता चास्य तथागतो ऽर्हन्सम्यक्संबुद्धः ६३.२३.
शास्ता सर्वसत्त्वानां १९.३४.
शास्तुः शासनकरः १२६.८६.
शास्त्र ६६.२४.
शास्त्रीय २४५.१०७५
शिक्य २७३.३.
शिक्षमाणा २७०.८.
शिक्षा २६३.८.१०६.
*शिक्षाक्ष २७१.१५८.
शिक्षादत्तक २७०.१०.
शिक्षानुत्तर्य ७९.४.
शिक्षापद २४५.६०२.
शिक्षापदक्ष्मव्यताऽध्यावचार २६१.८७.
शिक्षापदप्रज्ञाप्ति २८१.८.
शिक्षाभ्रष्ट २७८.२४.
शिक्षोपसंहारप्रतिक्षेप २६१.८०.
शिखर २०८. — २२३.१६४. — २२६.२८.
शिखाबन्ध २१७.७.
शिखिन् २.७. — २१३.१०३.
शिङ्घाणक १८९.११४.
शिमल्ल २४७.६६.
शिरस् १८.७.८. — १८९.५. — २७१.१४५.
°शिरस्कता १७.१.
शिरोरुह १८९.१०.
शिरोवेष्टन २३२.२.
शिला २३५.१३.
शिलाकुट्ट १८६.११३.
शिलाजतु २३१.५५.
शिलातल २२३.२३१.
शिलापुत्र २४५.११०९.
शिल्प २१६.८.
शिल्पकर्मस्थानविद्या ७६.५. var.
शिल्पस्थानविद्या ७६.५. var.
शिल्पाध्याय २२१.१०.

शिव १४४.१३.
शिवंकर १.५७.
शिवमात्र २४६.६२.
शिवकृत २२३.२५०.
शिविकारूढ २६३.६४.
शिशिर २५३.४१.
शिशुमार २१३.६३.
शिष्य १६.५६. — २७०.२४.
शीघ्र २४५.४४६.
शीत १०१.७२.
शीतल १५.४.
शीतीभू १२६.६.
शीतीभूत १.५६.
शीधु २३०.३६.
शीर्ण २४५.८२६.
शीर्णपलाश १६६.३५.
शीर्ष २७१.६४ — ६७.
शीर्षक २२६.८३. — °कः २३८.५.
शीर्षप्रचालक २६३.२६.
शील २६.२. — ३०.७६. — १२६.५.६१. — २४५.६०३.
शीलधन ७८.२.
शीलपारमिता ३४.२.
शीलभद्र १७७.३३.
शीलमयं पुण्यक्रियावस्तु ६३.३.
शीलविपन्न २७८.२०.
शीलव्रतपरामर्श १०४.३८.
शीलस्कन्ध ४.१.
शीलानुस्मृति ५१.४.
शुक २१३.१०८.
शुक्ति २७३.६५.
शुक्तिका २३६.३.
शुक्र १६४.६.
शुक्रविसृष्टि २५८.१.
शुक्ल १७.६. — ४८.४३.
शुक्लदंष्ट्र १८.५५.
शुक्लपक्ष २५३.५८.
शुक्लविदर्शनाभूमि ५०.१.
शुक्लोदन १८०.४६.
शुचि १.६८. — २४५.७७.
शुचिगात्र १८.२१.
शुचिनास १८.५६.
शुचिनेत्ररतिसंभव १७०.२.
शुचिसमाचार १८.४०.
शुण्ठी २३०.२८. — २३१.२२.
शुण्डी २३०.२८. uap.
शुद्ध २०.५.
शुद्धकालकानां २६०.१५.
*शुद्धपापत्तिक २८१.१०८.
शुद्धप्रतिभासो नाम समाधिः २१.५१.
शुद्धप्रायश्चित्तिक २६१.१.
शुद्धसारो नाम समाधिः २१.३८.
शुद्धाधिमुक्त १६.३१.
शुद्धि २१.७६.
शुद्धोदन १८०.४८.
शुभ २८.३. — २६.१७.
शुभकृत्स्न ११६.४. — १५६.३.
शुभगर्भ २३.२२.
शुभधर्माकर १.६६.
शुभपुष्पितशुद्धिर्नाम समाधिः २१.७६.
शुभवर्ण २२३.१४५.
शुभविमलगर्भ २३.२४.
शुभं विमोक्षं कायेन° ७०.३.
*शुलुक २३०.३०.
शुल्क २८१.१५६.
शुश्रूषमाण ११.१.३. — १२६.७५.
शुश्रूषमाणाशुश्रूषमाणेषु समचित्तता ११.३.
शुश्रूषमाणेषु समचित्तता ११.१.

शूक्र २३०.६२.
शूद्र १८७.५.
शून्य ५४.४.
शून्याः सर्वधर्माः १०.२१.
शून्यता ३७.१ — १८. — ७३.१. — ९४.७.
शून्यतागोचर ३०.१३.
शून्यताशून्यता ३७.४.
शून्यागार १२६.८८.
शूर १२६.५३. — १८२.१. — २४५.४६१.
शूरंगम २३.५७.
शूरंगमसमाधिनिर्देश ६५.३१.
शूरंगमसमाधिसमन्वागत ३०.७.
शूरंगमो नाम समाधिः २१.१.
शूर्पक २८१.२३९.
शूल २३८.१५.
शूलपाणि १६३.९.
शूलोपम २२४.२०.
शृ
-वि २१५.१९.
शृङ्ग २२३.२५१.
*शृङ्गलिक २७३.८२.
शृङ्गाटक २२६.१२८.
शृङ्गाटकचिह्नित १९७.१०८.
शृङ्गार २२०.१.
शृणोतु भदन्ता संघः २६८.१०.
शेखर २३७.४७.
शेषपति १८६.६९.
शैल ९५.८.
शैलधर्म (संबकुला:) २५६.५.
शैलस्य मारणं १२३.३.
शैलाभिनिकुब्जित २२३.१६३.
शैल २०८.—
शैलगुहा २२३.२०४. — २२६.६१.
शैलबाकुर्नागराजा १६७.७५.
शैलमुक्तिमिव काञ्चनं २४५.४२.
शैलाटक २३१.१३.
शैलो २२३.१८२.
शैव १७८.१३.
शैवलो नागराजा १६७.५९.
शोक ११३.१३.
शोकविनोदन १३०.५९.
शोष २८४.२३.
शौटीर २८१.१३६.
शौण्डिक १८६.१०८.
शौद्धोदनि १.२४.
शौल्किक १८६.१३२.
शौल्बिक १८६.१२०.
श्मश्रु १८९.३०.
श्माशानिक ४९.१०.
श्याम १०९.६.
श्यामाक २२८.२१.
श्यामिका २४५.६०९.
श्येन २१३.१३२.
श्रद्धा १०४.१२.
श्रद्धाधन ७८.१.
श्रद्धाधिमुक्त ४६.१५.
श्रद्धानुसारिन् ४६.१३.
श्रद्धाबल ४२.१.
श्रद्धाबलाधान ६५.७३.
श्रद्धेन्द्रिय ४१.१. — १०८.१४.
श्रम २४५.११६८.
श्रमण १६८.२०. — २७०.३.
श्रमणकारक २६६.१७.
श्रमणकारका धर्माः (चत्वारः) २६९. —
श्रमणप्रतिज्ञा २७८.१८.
श्रमणप्रतिरूपक २४५.२८५.
श्रवण ३३.४.
श्रवण १६५.२०.
श्रवणपथ २४५.५७.

श्रवणानुत्तर्य ७६.२.
श्रवणीया २०.६.
श्राद्धमनुप्रदास्यत्ति १४०.२५.
श्रामणेर २७०.६.
श्रामणेरिका २७०.७.
श्रामण्य २७८.५.१०.
श्रावक १०.३२. — २६.१७.
श्रावकयान १०.३२. — ५६.३.
श्रावकयानाभिसमयगोत्र ६१.१.
श्रावकसङ्घ ४८.४५.
श्रावण २५३.४६.
श्रावस्ती १६३.८.
श्राविका २८४.५.
श्रि
-श्रा १६६.२. — २४५.३१३.११४५.११४६.
श्री १३७.४
श्रीगर्भ २३.२२.
श्रीगर्भरत्न २३५.१६.
श्रीतेजस् १६८.५१.
श्रीभद्र १६८.४३.
श्रीवत्सस्वस्तिकनन्द्यावर्त्तललितपाणिपाद १८.८०.
श्रु २४४.५३.
-प्रति २४४.५५.
श्रुत २८.१. — २४४.११०.
श्रुतधन ७८.५.
श्रुतधर ४८.२३.
श्रुतमयी प्रज्ञा ७५.१.
श्रुतसंनिचय ४८.२४.
श्रुति २०२.१२. — २१६.१२.
श्रेणिकः श्रेण्यः १८४.१०.
श्रेयस् १०६.२३. — १३७.१५.
श्रेष्ठ १२८.७.
श्रेष्ठिन् १८६.३८.
श्रेण्य १८४.१०.
श्रोणाकोटीकर्ण ४७.३०.
श्रोणाकोटीविंश ४७.२७.
श्रोणि १८६.७३.
श्रोतृ १३८.७.
श्रोत्र १४.२.
श्रोत्रघ्राणजिह्वाकायमनःसंस्पर्शजा वेदना° २४५.११४१.
श्रोत्रधातु १०७.४.
श्रोत्रविज्ञान १०५.५.
श्रोत्रविज्ञानधातु १०७.६.
श्रोत्रायतन १०६.३.
श्रोत्रिय १६.६८.
श्रोत्रेन्द्रिय १०१.१८. — १०८.२.
श्लक्ष्णकेश १८.७६.
श्लक्ष्णत्व १०१.६८.
श्लक्ष्णभ्रू १८.६५.
श्लाघमानेन २४५.१२४७.
श्लाघ्य १३७.१३.
श्लीपद २८४.३८.
श्लीपदिन् २७१.३७.
श्लेषोक्ति २४५.४६८.
श्लेष्मकटाहक २७३.६६.
श्लेष्मन् १८६.११६.
श्लोक १०.२६. — ६६.३०. — १३१.६.
श्वभ्र २२३.१८६.
श्वमुख २७१.१३६.
श्वशीर्ष २७१.६६.
श्वशुर १८८.१७.
श्वशुररक्षिता २८१.२५५.
श्वश्रूरक्षिता २८१.२५६.
श्वस्
-आ ५३.८.१०.१२.१४.१६.१८.२०.२२. — २४५.५८६.
-प्र ५३.६.११.१३.१५.१७.१६.२१.२३.

श्वान २१३.१३६.
श्वापद २१३.७.
श्वास २८४.२२.
श्वासविष २२३.१५१.
श्वित्र २८४.६२.
श्वेतक १६८.१७.
श्वेलु २४७.७०.
शशुकारक २६३.५५.

ष

षट्पञ्चिकया वाचा धर्मदेशनायाः २६१.८.
षडङ्गसमन्वागत १६.७४.
षडङ्गुलि २७१.१५२.
षडभिज्ञ १.४६.
षडायतन ११३.५.
षड्‌ २१६.४.
षड् धर्माः २८१.११६.
षड्वार्गिक २८१.५५.
षड्वर्षाणि २६०.१७.
षड्वार्षिकमह २२६.६.
षण्ढ २७१.१६.
षष्ट ७०.६. – ७१.६. – २५०.१३५.
षष्ट्यङ्गमहायोपेतस्वर २४४.१२७.

स

स १६.२३. – ६७.२ – ३.
स इमामेव समुद्रपर्यन्तां° १८२.७.
संयम ८४.६. – २४५.६०७.
संयुक्तागम ६५.१००.
संयोग २०३.६.
संयोजन ४८.११. – १०६.५२.
संरक्ता ११०.१६.
संरञ्जनीय १४५.१३.
संराग ११०.११.
संरोध २४५.८३६.
संलयिका २६३.३१.
संलसक १३५.२.
संलेख २४५.६०६.
संवत्सर २५३.६१.
संवर ८४.२४. – २२३.१७५. – २४५.६०४. – २५५.८.
संवरकरणीया २६५.३.
संवरकूट २८१.१६१.
संवर्तकल्प २५३.६२.
संवाहन २४५.३७७.३८५.
संविभाग १४०.५.
संवृत २४५.७३८.
संवृत ष्वायतनैः १६.४६.
संवृतिज्ञान ५७.४.
संवृतिसत्य २४५.१४३.
संवृत्त २१७.२४.
संवेग २४५.४०५.
संवेदन १६६.१८६.
संशय २००.४.
संश्लिष्यमाणा २४५.३२८.
संसरित्वा २४५.२२५.
संसर्ग २४५.१३३.
संसार १०६.८२.
संसारनिर्वाणमुखसंदर्शक २६.११.
संसृष्ट २२३.११७.
संसेवन ६७.२६.
संस्कार १६.८५. – ४०.१ – ४. – ५३.१४. ५५.१८ – २१. – ११३.२. – २०३.१८. – २०८.१३ – १६.
संस्कारा ह्यात्मा २०८.१३.
संस्कारदुःखता १११.२.
संस्कारस्कन्ध १००.४.

संस्कारवानात्मा २०८.१४.
संस्कारेषात्मा २०८.१६.
संस्कृत १०६.१०४. — २०६.१२.
संस्कृतशून्यता ३७.७.
संस्तर २६१.१७.
संस्तुत १०६.१२. — २४५.४१२.
संस्तुतक १३५.३.
संस्तुति २६१.१०.
संस्तूप ६३.२१.
*संस्त्रित २३७.६६.
संस्थानरूप १०१.४१.
संस्थित २२६.११३.
संस्वेदज ११७.३.
सकल १८.६३.
सकृदागामिन् ४६.४. — २२३.६२.
सकृदागामिप्रतिपन्नक २२३.६१.
सक्त ११०.२.
सक्तु २३०.१५.
सक्थन् २६३.३६.
सखि १८८.३६.
सखिला २०.५१.
सगौरव ६७.२४.
सग्राह २४५.६३२.
संकलिका २७२.४.
संकट २०५.१०.
संकथ्यविनिश्चय २४५.१२६८.
संकर २४५.५४६.
संकलन २४५.१२६७.
संकलनप्रहाण २४५.११६८.
संकल्प १६.८४. — ४८.२०.
संकल्पितमार्गणा २८१.२०६.
संकार २८१.११३.
संकार्य २२३.२६८.
संकाश २४५.१६७.
संकीर्णो विहरति १२७.३३.
संकुचित २७१.१३१.
संकुञ्चन २४५.३३४.
*संकुट्टका २४५.४४४.
संकेत १३८.१७. — १६६.१०३.
संकेतकृतप्रवेशो नाम समाधिः २१.६२.
संकोच २२३.४७.
संक्रम २४६.२०. — २४७.२२.
संक्रमणक २२६.६२.
संक्लेश ७.७.
संक्षिप्य पिण्डयित्वा २४५.२७१.
संक्षेपतस् २४५.७६०.
संक्षेपेण पञ्चोपादानस्कन्धदुःखं ११२.८.
संख्य २४७.१०७.
संख्या १०४.८६. — २०३.८. — २१७.४. — २४६.१०३.
संख्यात २२३.२७६.
संख्यामपि २२३.११.
संख्यां गच्छति २४५.२२६.
संगीति २०.३६. — २१८.५१.
संगीतिकार १३८.३.
संगीतिपर्याय ६५.६२.
संगीतिप्रासाद २२६.७०.
संगृहीत १०.२४.
संग्रसन २१.१००.
संग्रह २५५.१.
संग्रहवस्तुसर्वसत्त्वसंग्राहक २६.७.
संग्राम २३५.३१६.
°संग्राहक २६.७.
संघ २६.१८. — २२३.८. — २६८.१०. — °कल्प २७७.१.
संघं शरणं गच्छामि गणानामग्र्यम् २६७.३.
संघभद्र १७७.१२.

संघभेद १२२.४. — २५८.१०.
संघभेदक २७१.८.
संघसंग्रहाय २५५.१.
संघसुष्ठुतायै २५५.२.
संघस्य स्पर्शविहाराय २५५.३.
संघाटसूत्र ६५.६१.
संघाटी २७२.१.
संघात २१४.३.
संघाधीन २८१.८०.
संघानुस्मृति ५१.३.
संघाय द्वारहरणं १२३.४.
संघावशेष (त्रयोदश) २५६.२.
सचेत् २२५.३८.
स चेत्पृष्टः प्रश्नव्याकरणाय अवकाशं कुर्यात्
२४४.४८.
स जीवस्तच्छरीरं २०६.१३.
संचय २१.७७.
संचरित्र २५८.५.
संचारयति स्म २४५.१६७.
संचारव्याधि २८४.४३.
संचार्य २४५.१६६.
संचित २४५.१०३७.
संचिन्त्य २४५.६८.
संचेतनीयता २४५.११२८.११२६.
संचोदन २४५.४३०.
सञ्ज्
-प्र २०६.१६.
संजनन २४५.१०१३.
संजयी वैरटीपुत्रः १७६.३.
संजीव २१४.१.
संज्ञा ६.५. — ५२.१ — ६. — १०४.३. —
२४६.४६.
संज्ञागत २४५.३०२.
संज्ञात्मा २०८.६.
संज्ञाननालतया २४५.११५७.
संज्ञापयेत् २४५.१०५८.
संज्ञाप्ति २४५.११२६.
संज्ञाभिज्ञ २७०.३७.
संज्ञायानात्मा २०८.१२.
संज्ञायानात्मा २०८.१०.
संज्ञावेदितनिरोध ७०.८.
संज्ञास्कन्ध १००.३.
संज्ञिन् १०.२७. — ११६.१ — ४.
सततसमित ३०.५५. — २४५.८५६.
सततसमितसमाहितचित्त ६७.१३.
सतां २४४.६७.
सत्कथ्य १३८.४६.
सत्कायदृष्टि १०४.३४. — २०८.—
सत्कार १०.२६. — ४८.१७. — ६७.७.
सत्कार्य २०३.३०.
सत्कृत्यकारिन् ६८.५.
सत्कृत्य पिण्डपातं परिभोक्ष्यामः २६३.४८.
सत्कृत्य पिण्डपातं प्रतिग्रहीष्यामः
२६३.४९.
सत्ता १६६.७१.
सत्त्व १०.१.२७ — ३०.२२. — १५.१८. —
१६.३४.५८.६०. — २८.३.४. — २६.७.६.
१५. — ३०.१६.२८. — १६६.४४ — ४६. —
२०१.३. — २०७.२. — २४५.५८६.
सत्त्वकाय १२४.४.
सत्त्वचित्तचरितसूक्ष्मज्ञानाधिमुक्त्यवतारकु-
शल ३०.५१.
सत्त्ववती १६७.६३.
सत्त्वविक्रय १२७.५७.
सत्त्वाख्य १०१.५६.५७.
सत्त्वावास (नव) ११६.—
सत्पुरुष २४५.६५२.
सत्पुरुषापाश्रय ८३.२.

सत्य १९.७६.
सत्याधिष्ठान ८०.५.
सत्संप्रयोगे पुरुषस्येन्द्रियाणां बुद्धिजन्म
प्रत्यक्षं २०२.१.
सद्
-नि २४४.१८.२१.
सद्‍घ २२३.१६९.
सदम २४६.५१.
सदानुबद्धो भवति १०९.८०.
*सदाप्रस्रवणी २७१.१७३.
सदामाद्य १६३.३८.
सदृश १८.४२.७४.
सदेवक २४४.११५.
सदोद्गृहीतधर्माविस्मरणप्रज्ञोपायनिष्ठागत-
सत्त्वानिस्तारणप्रसादसंदर्शनशुभानन्तराधि-
कवैशारद्य २८.३.
सद्गति २२४.४.
सद्धर्मपरियाहक २४४.८८.
सद्धर्मपुण्डरीक ६५.१०.
सद्धर्मवृष्टि २४४.८९.
सद्धर्मश्च चिरस्थितिको भवति २४४.९०.
सद्यस् २५३.८४.
सनत्कुमार १७६.१२.
सनातन १७६.११.
सनिदर्शन १०१.५२.
सनिदान १५.१६.
संतत १९२.१०.
संतानबाकुल्य २८१.२२७.
संतानवर्तिन् १०९.६१.
संतानानुवृत्ति १०९.४२.
संतुषितदेवपुत्र १६३.२३.
संतुष्ट १२६.२२ — २६. — १४५.९.
संतुष्टि ११०.२६.
संतुष्टिकरिन् २०.१६.
संतोषणी २०.५५. — १९७.८३.
संत्रास ६६.८.
संदर्शक २९.९.११.१६.
संदर्शन २८.३. — २९.१८.
संधि १८९.५६.
संधिच्छेदक २२३.२८५.
संधिनिर्मोचन ६५.३४.
संधिप्रवेश २४४.८२.
संधिमवाप्नोति १०९.८३.
संधुक्षण २४५.८११.
संधुनक २६३.६६.६७.
संध्याकाल २५३.१०६.
संनद्ध २६३.१०२.
संनाह २३८.२ — ४.
संनाहसंनद्ध ९८.२६.
संनिकर्ष २००.१६.
संनिकृष्ट २०१.२८. — २२३.२९.
संनिचय ४८.२४.
संनिधातृ १८६.४७.
संनिधिकार २४५.३६३. — २६०.३४.
संनिपतित २४४.३.११५.
संनिपात २४४.१७. — २८४.५४.
°संनिवेश १०.२४ — २६.
संनिश्रित २४५.८२०.
संनिषण्ण २४४.१७.
संनिहित २८१.२०९.
संनिहितवर्जन २६१.४२.
संन्यास २८४.६९.
सपत्नं सत्त्वं १९९.४५.
सपत्नी १८८.२६. — २४५.६७२.
सप्तकूटवपारम ४६.२.
सप्तम ७०.७. — ७१.७.
सप्तरत्नसमन्वागत १८१.९.
सप्तरात्रविप्रवास २६०.३१.
सप्तशतिकप्रज्ञापारमिता ६५.६७.
सप्ताङ्गसुप्रतिष्ठित २४५.३३१.

सप्ताह्रिक २८१.२३५.
सप्तोत्सद १७.१५.
सप्रतिघ १०१.५४.
सप्रतिभयभैरवसंमत २८१.५४.
सप्रतीश ६७.२३.
सप्राणिकोपभोग २६१.२१.
सप्राणिजलोपभोग २६१.४५.
सप्रीतेर्विरागाडुपेक्षको विहरति° ६७.३.
सप्रेमक १३५.४.
सफल ८५.१६.
सब्रह्मक २४५.२१.
सब्रह्मचारिन् २८१.१६.
सभा २२६.५.६. — २४५.१२०५.
सभाग १०६.४४.
सभागता २४५.५४.
सभागहेतु ११४.६.
सभामण्डप २२६.६७.
सभामध्यगतो वा २४५.३०.
सभिक्षुणीजालयानोढि २६१.३०.
सभोजनकुलनिषद्या २६१.४६.
सभोजनकुलस्थान २६१.४७.
सभ्य २४५.७८७.
सम १८२.७.
समकर्ण १८.६६.
समक्रम १८.२६.
समगन्ध १०१.६०.
समग्र २२३.२४३. — २८१.६६.
समग्रसमग्री १०६.८७. (S. r. °सामग्री)
समचित्त ३०.१६.२८.
समचित्तता ११.१ — ३.
समजीविक २८१.२५०.
समता १६.५.१०.१६. — २१.६१.११०. — ३०.३५. — ६८.६. — १६७.६७. — २४७.५६.
समताज्ञान ५.२.
समताभिप्राय ८८.१.
समतिक्रम ६८.१. — ७०.४.
समतिक्रान्त ३०.२६.३६.
समतितिक्ष २६३.४२.
समदंष्ट्र १८.५६.
समदन्त १७.७.
समनन्तरम् २५३.६.
समनन्तरप्रत्यय ११५.२.
समनुज्ञा २४५.२१७.
समनुबन्ध १०६.८४.
समन्तगन्ध २४०.५१.
समन्तचारित्रमति २३.२७.
समन्ततल २४५.४७८.
समन्ततस् २४५.६२.
समन्तनेत्र २३.३१.
समन्तप्रभ २३.६३. — २४०.५०.
समन्तप्रभा बुद्धभूमिः ३.१.
समन्तप्रासादिक १८.३६. — २३.३६.
समन्तभद्र २३.४.
समन्तभद्रा १६७.५५.
समन्तरश्मिकिरणमुक्तप्रभ १७०.८.
समन्तव्यूहसागरचर्याव्यवलोकन १७२.६.
समन्तस्थूलावलोकननयनाभिराम २४०.५२.
समन्तस्फरणमुखदर्शन १७२.८.
समन्तात्परिक्षिप्त २३७.६८.
समन्तालोको नाम समाधिः २१.५७.
समन्तावभास २४४.४३.
समन्तेर्यापथ २३.३५.
समन्वङ्गीभूत २४५.६६७.
समन्वागत १६.१३.७४. — ३०.७.३१.५२. ६४. — ४०.१ — ४. — ४८.३७.४१. — २२३.२४५. — २४५.६३३.६७१.
समन्वाहर आचार्य २६८.६.

समन्वेषणा २४५.८७२.
समपदोद्देशदान २६१.६.
समपाणितलजात २२६.११२.
समभिद्रुत २२३.२८३.
समय ६६.६. — २४४.१६. — २५३.३. — °याः (पञ्च) २६६.१०.
समयज्ञ १२६.४३.
समयविमुक्त ४६.१७.
समयापाचन्या प्रज्ञया समन्वागतः २४५.६३३.
समयो ऽस्य निवेशनधर्मं कर्तुं २४५.२८६.
समरोमकूप १८.६६.
समर्पित २४५.६६७ — ६६९.
समर्थ २४६.३२. — २४७.३६.
समललाट १७.३.
समवधान २४५.२७२.५३४.
समवर्ण २८०.१६.
समवसरण २१.२२.११२.११३. — २२३.६३.
समवसर्ग २४५.११६५.
समसूपिक २६३.४३.
समस्त १३३.८. — २०९.९.
समाकारावकारो नाम समाधिः २१.६६.
समाचार १८.४०.
समाज्ञ १९७.७१.
समाज्ञदर्शन १२७.६८.
समादान ७७. — १२६.६०. — २४५.८०.
समादानिक २४५.१०७१.
समादाय वर्तते ८४.२५.
समाधान १९९.४३.
समाधि ७.७. — ९.१०. — २१.१ — ११८. — ३०.६.७.५५.६४.६६.६८.७७. — ३२.५. — ४०.१ — ४. — ४८.५१. — ६७.१०. — १०४.११.
समाधिगर्भ २३.२८.
समाधिज्ञ ६७.२.
समाधिबल ४२.४.
समाधिमण्डल २४५.४७२.
समाधिराज ६५.७.
समाधिराजासुप्रतिष्ठितो नाम समाधिः २१.१३.
समाधिविक्रीडित ३०.५८.
समाधिसमता नाम समाधिः २१.११०.
समाधिसंबोध्यङ्ग ४३.६.
समाधिस्कन्ध ४.२.
समाधीन्द्रिय ४१.४. — १०८.१७.
समानाधिकरण २०९.२७.
समानार्थता ३५.४.
समापत्ति ७.७. — ३०.६४. — ६८.५ — ८. १०. — १०४.६६.६७.
समापन्न २२४.२४.
समाप्त २४९.३६.
समाप्तलम्भ २४८.१५.१६.
समारक २४५.२०.
समारूढ २४५.१११७.
समावर्जन २४५.६८९.
समास २०९.८.
समासतम् २४५.७८९.
समाहर्तृ १८६.४५.
समाहित १५.१. — ६७.१२.१३.
समाहितचित्तो यथाभूतं प्रजानाति यथाभूतं पश्यति ८१.५.
समिध १९७.११०.
*समुच्छ्रित २३७.६४.
समुच्छ्रय २४५.८१४.
समुच्छ्रित २४५.८१५.
समुच्छ्रितच्छत्रध्वजपताका २३९.१३.
समुत्कर्षिक २४५.६५४.
समुत्तेजन २४५.४२९.

समुत्थान २४५.१२१.
समुत्थापक २०७.१६.
समुत्सृष्टैषणा १६.७७.
समुदय ५४.६. – ६४.४.६.१४.
समुदयज्ञान ५७.६.
समुदयः प्रक्षीणः ६४.१४.
समुदये ऽन्वयज्ञानं ५६.८.
समुदये ऽन्वयज्ञानक्षान्तिः ५६.७.
समुदये धर्मज्ञानं ५६.६.
समुदये धर्मज्ञानक्षान्तिः ५६.५.
समुदागत २४५.४३६.
समुदागम २४५.४३८.
समुदाचार १२.१.३.५.—१६.२.—२८.२.— २४४.१०६. – २४५.१०२४.
समुदाचारता १२.२.४.६.
*समुदानय २४५.१०१४.
समुदानयन २४५.८०५.
समुदायार्थ २४५.४८१.
समुदित २४५.४६७.
समुदीरणत्व १०१.६.
समुद्ग २३३.६.
समुद्गत २०८. – २४४.१२६.
समुद्गतो नाम समाधिः २१.१६.
समुद्घात ८२.५.
समुद्घनन २२३.१२१.
समुद्र १६५.१. – २४५.६२६. – २५०.१६.
समुद्रकलेख २७१.१४३.
समुद्रतीरीयकानां २४५.७४४.
समुद्रपर्यन्त १८२.७.
समुल २४६.७७.
समुल्लोकितमुख २४५.५०.
स मैत्रीसहगतेन° ६६.५.
*समोदहन २४५.१०६६.
संपत् ८.४.
संपन्न १.६. – १६.७६. – २८.२. – ४८.४०. – ७१.३–५. – ८४.२२.२३. – १३४.५.
संपराय १४८.६.
संपश्यत् ५०.२४.
संपश्यमान २४५.२८२.
संपूजित २३६.२८.
संपूर्ण २८.४.
संपूरणता १३०.४८.
संप्रकम्पित १५१.३.
संप्रकाशित २४४.११२.
संप्रक्षुभित १५१.१२.
संप्रख्यान १३३.२५.
संप्रगर्जित १५१.१८.
संप्रचलित १५१.६.
संप्रजानत् ६७.३.
संप्रजानमृषवाद २८१.६६.
संप्रज्वलित १५.१६. – २२३.१७७.
संप्रतिपत्ति १०६.१७.
संप्रतीच्छित १६.१६.
संप्रदीप्त २२३.१७६.
संप्रमथन २१.११६.
संप्रयुक्त १०.२५.
संप्रयुक्तकहेतु ११४.४.
संप्रयोग ११२.६. – २०२.१.
संप्ररणित १५१.११.
संप्रवार्य २४५.१६१.
संप्रवेधित १५१.६.
संप्रशमन २१.१०१.
संप्रसाद ६७.२.
संप्रहर्षण २४५.४२६.
संप्रापण २८.४.
संबन्ध १६६.७३.७७ – ७६. – २०१.३२ – ३७.
सम्बल २४७.८१.

संबकुल २४४.५.
संबाध २४५.६६. — °प्रदेश २८१.१२८.
संबोधिगामिन् ६३.२०.
संबोध्यङ्ग ४३.१ — ७.
संभत्र १६७.६६.
संभवत्प्रमाण १९९.४७.
संभार ३०.२५.
संभावना २४५.८८४.
संभिन्न २४५.४७०.
संभिन्नप्रलापात्प्रतिविरतिः ९२.६.
संभिन्नव्यञ्जन २७१.१७२. — २८४.३१.
संभूत २४६.९८. — २४७.१०२.
संभेद २२३.११८.
संभोगकाय ६.२.
संभ्रम २४५.२५६.
संमतीय २७५.६.
संमार्जन २४५.३८३.
संमार्जनी २८१.११४.
संमुखविनय २६४.५.
संमोदनकथा २४४.१८.
संमोदनीय १४५.१४.
सम्यक् ३६.४. — ४४.१ — ८. — ८३.३.
सम्यक्कर्मान्त ४४.४.
सम्यक्त्वनियतराशि ९५.११.
सम्यक्त्वमिथ्यात्वसर्वसंग्रसनो नाम समाधिः २१.१००.
सम्यकप्रत्यात्मं ज्ञानदर्शनं प्रवर्तते २४५.५१.
सम्यकसंकल्प ४४.२.
सम्यकसमाधि ४४.८.
सम्यकसंबुद्ध १.५. — ६३.२३.
सम्यकसंबोधि २४४.६१.
सम्यकसुखेन २४५.६३४.
सम्यकसुप्रकाशित ६३.२८.
सम्यकस्मृति ४४.७.
सम्यगवबोध १४२.७.
सम्यगाजीव ४४.५.
सम्यगाज्ञानुविमुक्तचित्त ४८.१३.
सम्यग्ज्ञान १९९.६४.
सम्यग्दृष्टि ४४.१.
सम्यग्वाच् ४४.३.
सम्यग्व्यायाम ४४.६.
सरक २७३.६.७८.
सरण २१.११३. — १०६.७६.
सरत २४६.७३.
सरल २४७.७७.
स राशिं निश्चार्य २४४.३२.
सरस् १६५.१०.
सरिता २०.५२.
सरीसृप २१३.७६.
सर्ग ६६.४१.
सर्जरस २३४.२२. — २४३.१३.
सर्प २१३.७१.
सर्पशीर्षोपम २२४.१८.
सर्पिर्मण्ड २३०.२.
सर्पिस् २३१.६१.
सर्व १६.५८. — २१.६१.१०० — १०२.१०६. ११३. — २८.४. — २६.७.६.१२.१५ — १८. — ३०.७६. — ४८.१७. — २४४.१०५.
सर्वं कष्टं शाडयति १२६.७४.
सर्वकाय २६३.३४.
सर्वकायकर्मज्ञानपूर्वंगमं ज्ञानानुपरिवर्ति ६.१३.
सर्वकायप्रतिसंवेदी प्रश्वसन् सर्वकायप्रतिसंवेदी प्रश्वसामीति यथाभूतं प्रजानाति ५३.१३.
सर्वकायप्रतिसंवेद्याश्वसन् सर्वकायप्रतिसंवेद्याश्वसामीति यथाभूतं प्रजानाति ५३.१२.

सर्वगुणसंचयगतो नाम समाधिः २१.७७.
सर्वचक्रा १६७.५८.
सर्वचर्यासमन्वागतबुद्धि १६.१३.
सर्वचेतसा समन्वाहृत्य २४५.८।१४.
सर्वचेतोवशिपरमपारमिप्राप्त ४८.१४.
सर्वजगदभिरुचितसंदर्शक २६.१६.
सर्वज्ञ १.१४.
सर्वज्ञता २६.१७.
सर्वज्ञताचित्तासंप्रमोषान्ययानानिर्याणासंपू-
र्णाविशितासर्वप्रकारसत्त्वार्थसंप्रापणवैशारद्य
२८.४. (B. सर्वज्ञता°)
सर्वज्ञतानिम्न ३०.३. (B. सर्वज्ञता°)
सर्वज्ञतानिर्यात ३०.६०. (B. सर्वज्ञता°)
सर्वज्ञताप्रवण ३०.४. (B. सर्वज्ञता°)
सर्वज्ञताप्राग्भार ३०.५. (B. सर्वज्ञता)
सर्वज्ञताभिमुख ३०.२. (B. सर्वज्ञता°)
सर्वणीवरणविष्कम्भिन् २३.७.
सर्वतथागतधर्मधातुनिष्प्रपञ्चज्ञानमुद्रा
१६७.७४.
सर्वतथागतप्रज्ञाज्ञानमुद्रा १६७.७३.
सर्वतथागतबन्धनज्ञानमुद्रा १६७.७६.
सर्वतथागतवज्राभिषेकज्ञानमुद्रा १६७.७२.
सर्वतथागतविश्वकर्मज्ञानमुद्रा १६७.७६.
सर्वतथागतविषयावतारज्ञानकुशल ३०.३०.
सर्वतथागतसंतोषणी १६७.८३.
सर्वतथागतसमाजाधिष्ठानज्ञानमुद्रा
१६७.७१.
सर्वतथागतसुरतसुख १६७.८०.
सर्वतथागताकर्षणी १६७.८१.
सर्वतथागतानुरागणज्ञानमुद्रा १६७.६८.
सर्वतथागतानुरागणी १६७.८२.
सर्वतथागताशापरिपूरणज्ञानमुद्रा १६७.७०.
सर्वत्रगहेतु ११४.५.
सर्वत्रगामिनीप्रतिपज्ज्ञानबल ७.६. (S. r. °गामिनी°)
सर्वथा २४५.४.
सर्वथा सर्वं २४५.३.
सर्वदुःखस्कन्धसङ्घातात्मोपादानसर्वसत्त्वधा-
तुपरित्यागिन् २६.१५.
सर्वधर्म १०.१ — २३.३१.
सर्वधर्मनिःसंशयज्ञान १६.१२.
सर्वधर्मपट्टाबद्धाभिषेकप्राप्तिबुद्धधर्मसंघप-
र्येष्टिसंदर्शनानिवृत्त २६.१८.
सर्वधर्मपदप्रभेदो नाम समाधिः २१.६५.
सर्वधर्मप्रवेशमुद्रो नाम समाधिः २१.१२.
सर्वधर्ममुद्रो नाम समाधिः २१.७.
सर्वधर्मशून्यता ३७.१३.
सर्वधर्मसमताज्ञानमुद्रा १६७.६७.
सर्वधर्मसमता नाम समाधिः २१.६५.
सर्वधर्मसमवसरणसागरमुद्रो नाम समाधिः
२१.२२.
सर्वधर्मातिक्रमणो नाम समाधिः २१.८३.
सर्वधर्मानावरणज्ञानिन् ३०.२७.
सर्वधर्माप्रवृत्तिनिर्देश ६५.३७.
सर्वधर्माभिसंबोधिवैशारद्य ८.१.
सर्वधर्मेश्वर १.३३.
सर्वधर्मोद्गतो नाम समाधिः २१.६.
सर्वध्यानविमोक्षसमाधिसमापत्तिसंक्लेशव्य-
वदानव्युत्थानज्ञानबल ७.७.
सर्वपरिपृच्छा २४१.१६.
सर्वपर्षदनुरक्षिता २०.५६.
सर्वप्रणिधानानिश्रयविगत ३०.११.
सर्वबल २४८.१६.२०.
सर्वबुद्धविषयकुशल ३०.१७.
सर्वबुद्धविषयावतारज्ञानालोकालंकार
६५.६६.
सर्वबुद्धसमताप्राप्त १६.५.
सर्वबोधिसत्त्वसंप्रतीच्छितज्ञान १६.१६.

सर्वमनस्कर्मज्ञानपूर्वंगमं ज्ञानानुपरिवर्ति ६.१५.
सर्वमलापगत २३.४४.
सर्वमारमण्डलविध्वंसनज्ञानमुद्रा १९७.७८.
सर्वमारविषयसमतिक्रान्त ३०.२९.
सर्वरोधविरोधसंप्रशमनो नाम समाधिः २१.१०१.
सर्वलोकधातुप्रसर १५४.१८.
सर्वलोकधातुप्रसृतकाय १९.११.
सर्वलोके ऽनभिरतिसंज्ञा २४५.६०१.
सर्ववाक्कर्मज्ञानपूर्वंगमं ज्ञानानुपरिवर्ति ६.१४.
सर्वविक्षेपता २४८.३१.
सर्वविषयावभासालंकारप्रतिभानदर्शनगर्भ २३.६१.
सर्ववैरत्यसंयुक्त ६५.६०.
सर्ववैरूप्योपलब्धिलक्षण १९९.९.
सर्वव्यूहरतिस्वभावनयसंदर्शन १७०.१०.
सर्वशब्दानुप्रविष्टा २०.४४.
सर्वशस् ६८.१—४. — ६९.६. — ७०.३—८. — ७१.७.८.
सर्वसंज्ञा २४८.२१.२२.
सर्वसत्त्वसमचित्त ३०.२८.
सर्वसत्त्वहिताभ्युद्यत ३०.१६.
सर्वसत्त्वानां किंकरणीयता २४५.४६.
सर्वसत्त्वाशयसुविधिज्ञ १९.६०.
सर्वसमाधिवशितापारमिंगत ३०.६८.
सर्वसंपदधिगमाय नैर्याणिकप्रतिपत्तथाववैशारद्यम् ८.४.
सर्वसारूप्योपलब्धिलक्षण १९९.८.
सर्वसुखदुःखनिरभिनन्दी नाम समाधिः २१.१०२.
सर्वसुखसमर्पित २४५.६६८.
सर्वस्वरपूरणी २०.५४.
सर्वाकारप्रभाकरो नाम समाधिः २१.१०६.
सर्वाकारवरोपेत २०.६०. — १२८.२२.
सर्वाकारवरोपेतो नाम समाधिः २१.६७.
सर्वार्थसाधक २४५.११०२.
सर्वार्थसिद्ध २४.७.
सर्वावत् ६९.६.
सर्वावन्तं पर्षन्मण्डलं २४४.६६.
सर्वावरणविवरणपर्युत्थानविगत ३०.९.
सर्वाशापरिपूरक ३०.६३.
सर्वास्तिवाद २७५.१.
सर्वास्रवक्षयज्ञानवैशारद्य ८.२.
सर्वेण सर्वं २४५.२.
सर्वेन्द्रियसंतोषणी २०.५७.
सर्वोपधिप्रतिनिसर्ग १३०.३.
सर्षप २२८.१२.
सलील २४५.६३६.
सलीलगजगामिन् २.१८.
सवर २४६.८९. — रं २४७.१२.
सविकल्प २४५.१०४६.
सविकल्पक १९९.६६.
स वितर्कविचाराणां व्युपशमाद्ध्यात्मं° ६७.२.
*सश्रमणब्राह्मणिकाः प्रजाः २४५.२२.
स सर्वश आकाशानन्त्यायतनं° ६८.२.
स सर्वश आकाशानन्त्यायतनं° ७०.५.
स सर्वश आकाशानन्त्यायतनं° ७१.८.
स सर्वश आकिंचन्यायतनं° ६८.४.
स सर्वश आकिंचन्यायतनं° ७०.७.
स सर्वशो नैवसंज्ञानासंज्ञायतनं° ७०.८.
स सर्वशो रूपसंज्ञानां° ६८.१.
स सर्वशो रूपसंज्ञानां° ७०.४.
स सर्वशो रूपसंज्ञानां° ७१.७.
स सर्वशो विज्ञानानन्त्यायतनं° ६८.३.
स सर्वशो विज्ञानानन्त्यायतनं° ७०.६.

स सुखस्य च प्रहाणाद्दुःखस्य च° ६७.४.
सह २९.१५.
सहकारिप्रत्यय १९९.८६. — २४५.६६३.
सहगत ६९.५. — २४५.८२.
सहचरसंबन्ध २०१.३२.
सहज २८.२. — १०९.३६.
सहदेव १८५.५.
सहभव्यता २४५.३४८.
सहभूहेतु ११४.२.
सहरितप्रदेश २६३.१०५.
सहसा २२५.५३. — २४५.२६३.
सहस्र २४४.१२७. — २४६.२. — २४७.४.— २४९.४. — २५०.४.
सहस्रपत्र २४०.४८.
सहस्रानीक १८४.१.
सहस्रावर्ता १९७.६०.
सहस्वप्न २६१.५८.
सहाम्पति १६३.२.
सहायक २४५.११९९.
सहायीभावं गच्छति १३५.८.
सहालोकधातु १५४.२१.
सहिता २०.३०.
सहिताङ्गुलि २७१.११०.
सहितैः २४५.६५१.
सांयमनिक २८१.२१७.
सांयोगिक २४५.११६५.
सांव्यवहारिक २४५.१०७४.
साकम् २२५.५४.
साकारम् १५.५६. — १९९.६८.
साकारं सोद्देशं सनिदानं पूर्वनिवासमनुस्मरति स्म ज्ञातिस्मरः १५.१९.
साकेत १९३.३१.
साक्षात्कर्तव्य ६४.१०.—°त्कृत ६४.१५.—°त्कृत्वा ७०.३.८.
*साक्षि पृष्टमानं २४५.५८७.
*साक्षिव्यपदिष्टा २४५.५८६.
*साक्षित्यम् २४५.५७८.
सागर २१.२२. — १९५.२.
सागरनागराजपरिपृच्छा ६५.३२.
सागरो नागराजा १६७.११.३७.
सागरमुद्रा २५.६.
सागरवद्गम्भीरचित्त ३०.२०.
सांकेतिक २४५.१४५.
सांख्य १७८.७. — °ा २१६.४.
सातत्यकारिन् ९८.६.
सातवाहन १८४.१२.
सातिसारो भवति २८१.१३५.
सात्म्यम् २४५.१०७७.
साधक १९७.३९.
साधन १९९.३०.
साधर्म्यवत् १९९.२६.
साधुकारमदात् २४४.५५.
साधु दमः ८४.२६.
साधुमती ३१.९. — १९७.६१.
साधु शमः ८४.२७.
साधु संयमः ८४.२८.
साधु साधु २४४.५२.
साध्य १९७.३८.
सानु २२३.१६५.
सानुचर १०९.६४.
सान्तरोत्तर २६०.९.
सांदृष्टिक ६३.१३.
सांधिविग्रहिक १८६.२२.
साभिसंस्कारपरिनिर्वायिन् ४६.९.
सामग्री १०४.८८.— °वशेन २४४.१०५.
सामन्त १८६.६.
सामन्तक ६७.८.
सामवाप २०३.६.

सामवेद २२१.३.
सामान्य १९९.३८.६०.६१. — २०३.५.२८.२९.
सामिष २६३.६९.७०.७२. — °षा
२४५.३४९.११४४.
सामीची ९७.१५.
सामीचीकरणीय ९७.१८.
सामीचीप्रतिपन्न ४८.४८.
सामुद्रलक्षण २२१.१४.
सामुद्रिकनाव २२३.२४२.
सांपरायिक १४८.८.
सांपरायिकाणां सेतुसमुद्घाताय २५५.९.
सांप्रतम् २५३.८१.
साम्राज्य २४५.१३८.
सायं लूनकाल्यं विवर्धते २२३.२३८.
सायाह्न २५३.३४.
सार १०.२७. — २१.३८. — २२३.८८.
°सारथि १.१०.
सारवती नाम समाधिः २१.१०५.
सारस २१३.११५.
सारूप्य १९९.६.८. — २४५.६६८.
*सारी २१७.१०.
सार्थवाह २२.११. — २४५.५१६.
सार्थवाह आदिकर्मिकाणां १९.३७.
सार्द्रम् २४५.१०७६.
सार्धम् २२५.५५. — २४४.९.
सार्धविहारिन् २८१.७३.
सार्वभौम २४५.१३९.
सालम्भ २१७.२६.
सालवृक्ष १९६.२९.
सालोहित १८८.३७.
सावदानम् २६३.४४.
सावद्यम् २४५.८३१.
सावर्तम् २४५.६३१.
सावशेषा २८१.४९.
साशङ्कम् २८१.५३.
सास्ना २२३.२५२.
सास्रव १०९.१०५.
सास्रवज्ञान २४५.९८०.
साहचर्य २४५.३१४.
साहसिक १४६.२१.
साहस्रचूडिको लोकधातुः १५३.१.
सिंह २१३.८.
सिंहनादनादिन् २३.४१.
सिंहपरिपृच्छा ६५.७०.
सिंहपूर्वार्धकाय १७.१९.
सिंहवत्स १७४.७.
सिंहविक्रम २४५.७६.
सिंहविक्रान्तगामिन् १८.११.
सिंहविक्रीडित २३.३९.
सिंहविक्रीडितो नाम समाधिः २१.४.
सिंहविजृम्भितो नाम समाधिः २१.२८.
सिंहस्वरवेगा २०.३२.
सिंहहनु १७.११. — १८०.४७.
सिंहाज्ञानेय २१३.१.
सिंहासनं प्रज्ञापयति २४४.२०.
सिंहासनं प्रज्ञप्तं २२६.१०९.
सिक्थक २४५.७१०.
सिङ्घाणक २६३.१०४.१०५.
सितपुष्पिक २८४.६१.
सितासितकमलदलसकलनयन १८.६३.
सित्यपृथक्कारक २६३.५९.
सिद्धान्त ६६.८. — २००.७.
सिद्धार्थ १.४९. — १८०.५२.
सिद्धि १९७.३५.
सिद्धोत्तमा १९७.६२.
सिद्धोपनीत २४५.११६३.

सिध्म २८४.६०.
सिन्दूर २३४.१२.
सिन्धुर्नागराजा १६७.७८.
*सिरा १८६.६२.
*सिलि २१३.१४५.
सीता नागराजा १६७.७६.
सीताहरण २४५.१२२१.
सीमा २४६.१३. — °मं २४७.५५.
सीमाबन्ध २४५.४२०.
सीस २३५.४४.
सुकुमार १८.४२.
सुकुमारगात्र १८.२७.
सुकृतकर्मकारिन् ४८.२७.
सुक्षेत्र २२३.२१७.
सुख १५.१६. — २०.१६.२०. — २१.१०२. — ४८.३८. — ६७.३.४. — ७७.१.४. — ८१.३. — १०२.१. — १२५.७. — १६७.८०. — २४४.१३८. — °खा २४५.११४०–११४६.
सुखल्लिका २४५.७६७.
सुखवती १५४.२२.
सुखविपाक ७७.२.४.
सुखसंवास १२६.१८.
सुखसंस्पर्श २४५.७४६.
सुखस्पर्शविहारता २४४.२६.
सुखस्याधारः २४५.६४६.
सुखापि कायिकी दुःखाप्यदुःखासुखापि कायिकी २४५.११४२.
सुखापि गेधाश्रिता दुःखाप्यदुःखासुखापि गेधाश्रिता २४५.११४५.
सुखापि चैतसिकी दुःखाप्यदुःखासुखापि चैतसिकी २४५.११४३.
सुखापि नैष्क्रम्याश्रिता दुःखाप्यदुःखासुखापि नैष्क्रम्याश्रिता २४५.११४६.
सुखापि सामिषा दुःखाप्यदुःखासुखापि सामिषा २४५.११४४.
सुखाप्रतिपत्तिप्राभिज्ञा ५८.४.
सुखाप्रतिपद्धन्धाभिज्ञा ५८.२.
सुखितस्य चित्तं समाधीयते ८१.४.
सुखेन्द्रिय १०८.१०.
सुखोपधान २३३.३. — २३६.३४.
सुगत १.७.
सुगतचीवरगत २६१.६४.
सुगति २२४.३.
सुगन्ध १०१.५८.
सुचन्द्र २३.८८.
सुचन्द्रो नाम समाधिः २१.३.
सुचरित ६२.१.५.१०.
सुचिन्तितचिन्तिन् ४८.२५.
सुचीर्णाधन १७५.३.
सुजात २४५.६६८.
सुजुष्ट २४५.३४६.
सुदर्शन १६१.४. — १८०.५८. — १६४.३.
सुदर्शनप्रीतिकर १७३.७.
सुदुर्जया ३१.५.
सुदृश १६१.३.
सुधर्मा २२६.७.
सुधा २३१.३. nap. — २३४.२४.
सुधौत १३०.५२.
सुनिखाता २४५.६४३.
सुनिर्माणरतिदेवपुत्र १६३.२५.
सुनिश्चित २४५.६२.
सुनेत्राधिपति १७४.९.
*सुन्वणा २३२.६.
सुन्दर १६८.३.
सुन्दरनन्द ४७.२६.
सुपरिणत २४५.६६६.
सुपरिणतललाट १८.७१.
सुपरिपूर्णोत्तमाङ्ग १८.७३.
सुपरिभुञ्जिता २४५.७३५. nap.

सुपरिभुर्जिता २४५.७३५.
सुपरिशुद्ध ३०.२३. — १२६.१.
सुपर्णि २१३.१०१.
सुपर्यवदात ३०.२४.
सुपोषता १२६.२७.
सुप्त २४५.५२०.
सुप्रतालित १३०.५१.
सुप्रतिच्छन्न २६३.१२.
सुप्रतिपन्न ४८.४२.
सुप्रतिपन्नो भगवतः श्रावकसङ्घः ४८.४५.
सुप्रतिविद्ध १२६.६७. — १४२.८.
सुप्रतिष्ठित १७.३०. — २१.१३. — २४.२. — १६८.४२.
सुप्रतिष्ठितो नाम समाधिः २१.५८.
सुप्रतिष्ठितपाद १७.३०.
सुप्रबुद्ध १२६.३४.
सुप्रवेदित ६३.१६.
सुप्रव्रजित ४८.१८.
सुबाहु ४७.३१.
सुबाहुपरिपृच्छा ६५.६६.
सुबाहुर्नागराजा १६७.१५.
सुभरता १२६.२८.
सुभावित ६६.५.
सुभाषित १३८.१४.
सुभाषितभाषिन् ४८.२६.
सुभित्त २४५.१३.
सुभूति ४७.६.
सुमतिः कुमारभूतः २३.५१.
सुमतिरेणु १७४.१.
सुमनस् २४०.१७.
सुमात्र २४६.५५.
सुमुखो नागराजा १६७.६६.
सुमेरु १६४.६.
सुमेरुपारिषण्ड १६४.२१.
सुमेरुपर्वतराज २४८.२४.
सुमेरुपर्वतराजवदकम्प्यचित्त ३०.२५
सुमेरुवत्स १७४.६.
सुम्भ १६७.६४.
सुयष्ट १४०.६.
सुयामदेवपुत्र १६३.२४.
सुरत १६७.८०.
सुरवधू १६३.५४.
सुरभिकेश १८.७६.
सुरा २३०.३७.
सुरामैरेयमद्यपान २६१.८३.
सुरेणु १८०.२६.
सुरेणुपुष्पधन्न १७३.६.
सुलभ १३३.११.
सुवचम् १२६.१७.
सुवर्ण १७.१७. — ७१.१.२. — १०६.३. — २३५.३३.
सुवर्णकार १८६.११५.
सुवर्णकेश १६८.१३.
सुवर्णगर्भ २३.२०.
सुवर्णदामन् २३७.३६.
सुवर्णध्वज २३४.१६.
सुवर्णप्रभासोत्तम ६५.१४.
सुवर्णवत्सुपर्यवदातचित्त ३०.२४.
सुवर्णसूत्र २३७.३७.
सुवर्तितोरु १७.२४.
सुविक्रान्तविक्रामिन् ६५.२२.
सुविधि १६.६०.
सुविनीत १६.५६. — ८४.८. — °ता २०.१५.
सुविभक्त २३७.६७.
सुविभक्ताङ्गप्रत्यङ्ग १८.३२.
सुविमुक्तचित्त ४८.४.१३.

सुविमुक्तप्रज्ञ ४८.५.
सुविशुद्ध २२३.१३१.
सुविशुद्धबुद्धि १९.१.
सुविशुद्धागमोपदेशलक्षण १९९.५.
सुवृष्टि २२३.२३६.
सुव्यञ्जन ६३.६.
सुव्याख्यात १३८.१५.
सुव्रतस्वर १७१.११.
सुशल्यादत्त १७.६.
सुशोधित २२६.१०६.
सुशोभित २२६.१०७.
सुश्रुत १२६.३७. — १७६.१.
सुष्ठु १२८.२०. — २४४.१३.
सुष्ठुता २५५.२.
सुसंवृत २६३.१३.
सुसंवृत्तस्कन्ध १७.१४.
सुसंस्थित २४५.१००३.
सुसंस्कृतगात्र १८.३०.
सुसत्प्रकाशाधात्तो ऽर्थः २४५.१२१३.
सुसंप्रस्थित २३.७४.
सुसमाप्त ८४.१८. — १२६.६४.
सुसमारब्ध ३०.४२. — ८४.१६. — १२६.६५.
सुसाध्य १३३.१५.
सुसार्थवाह २३.५३.
सुसिक्त २२६.१०५.
सुसोमदेवपुत्र १६३.२२.
सुहृत १४०.११.
सुहृद् १३५.१४.
सूकर २१३.५३.
सूकरकर्ण २७१.७४.
सूकरक्रोड २७१.६६.
सूकरदत्त २७१.१०८.
सूकरनास २७१.६२.
सूकरशीर्ष २७१.६५.
सूक्त १३८.१३.
सूक्ष्म ३०.५१. — १३४.२४. — १४४.५.
सूक्ष्मसुवर्णच्छवि १७.१७.
सूक्ष्मैला २३१.५.
सूचक १८६.७०. — २२६.६४.
सूचिक १८६.१२१. — °का २२६.६७.
सूचिगृहकसंपादन २६१.८८.
सूची २७३.२३.
सूचीकर्मन् २४५.६१८.
सूचीगृहक २७३.२४.
सूत्र ६२.१. — ६५.८८. — ६६.७.१७. — ७४.४. — २०९.१. — २३२.३७. — २३३.१५.
सूत्रधर २२३.६६.
सूत्रधार १८६.१०४.
सूत्रान्त ६६.६.
सूप २३०.२३.
सूपकार १८६.६८.
सूपसंपन्न ४८.१६.
सूपिक २६३.४७.
सूरत १२६.११.
सूर्प १५.१७.
सूर्यकान्त २७३.३१.
सूर्यगर्भ २३.२७. — ६५.२८.
सूर्यचन्द्रमस् २४४.३६.
सूर्यपरिवेश १६८.४.
सूर्यप्रदीपो नाम समाधिः २१.४७
सूर्यप्रभ २३.४६. — १६८.१४.
सूर्यप्रभतेजस् २४.६.
सूर्यवंश १.७७.
सूर्योदय २५३.२६.
सृ
-ग्रति २४५.६५६.
सृक्क १८९.१८.
सृगाल २१३.१६.

सृज्
-उत् १०.३२. — १५.११. — १३०.१२.— २४५.५२.
-प्रतिनि १३०.१०. — २२३.१५८.
-प्रतिविनि १३०.११.
-वि २४५.१८७.
सृप् २८१.१११.
-उप २२३.२२.
सेचन २८१.११५.
सेतु २४५.१११.
सेतुसमुद्घात २५५.६.
सेना २२३.५.
सेनाकथा २२३.१६.
सेनादर्शन २६१.४६.
सेनापति १८६.१७.
सेनावास २६१.५८.
सेल २४६.७०.
सेलु २४७.७४.
सेवक १८६.७२.
सेवन ६७.२५.
सैन्य २२३.४.
सोण्डिकिका २६३.३०.
सोद्देश १५.१६.
सोपधिशेषनिर्वाण ६५.२.
सोपान २२६.६६.
सोम १६४.२.
सोमदर्शन १६८.५६.
सोर्मिक २४५.६३०.
सौकरिक १८६.६८.
सौगन्धिक २४०.७.
सौत्रान्तिक २२३.७१.
सौमनस्य ६७.४.
सौमनस्येन्द्रिय १०८.११.
सौमिलिका २८०.१७.
सौरत्य ४८.४१. — २४५.१६४.
सौर्पादपिका २४५.१२५५.
सौवर्णिक १८६.११६.
सौवास्तिक १३७.११.
स्कन्द २१२.८.
स्कन्ध ४.१ — ५. — १५.१४. — १७.१४.— १६.४७. — २६.१५. — १००.१ — ६. — १८६.३८.
स्कन्धात २७१.८२.
स्तम्भाकृत २६३.२६.
स्खलित ६.१. — १२६.३०.
स्तन १८६.६४.
स्तम्बक २४०.४१.
स्तम्भ २२६.८०. — २४५.६३३.
स्तम्भक २२६.६१.
स्तम्भन १६७.१३४.
*स्तवर २३२.२६.
स्तुति १३१.४.
स्तूप २४५.१६३.
स्तूपाकृति २६३.६८.
स्तूपभेदन १२३.५.
स्तृ
-वि २२३.१०५.
स्तेयचित्तेन २८१.३०.
स्तेयसंवासिक २७१.१.
स्तेयसार्थगमन २६१.७५.
स्तेये संख्यातः २२३.२७६.
स्तोमित १३१.५.
स्त्यान १०४.६०.
स्त्री १८८.५२. — २६१.७४. — २७१.१२.
स्त्री गुर्विणी १८८.५५.
स्त्रीच्छिन्न २७१.३८.
स्त्रीन्द्रिय १०८.८.
स्त्रीरत्न १८१.१४.

स्त्र्यनुकृतिपुरुष २७१.१३७.
स्थपति १८५.११. – १८६.१००.
स्थल २४५.५८१.
स्थलगत १९.६४.
स्थलज २४०.६.
स्थविक २७३.५४.
स्थविर २७०.२०.
स्था २२३.२७१. – २४४.५७. – २४५.२१०. २११. – २६३.७४.
-व्यव २२३.९७.२४१.
-प्र २४४.७४.
-प्रति २४४.१५.७३.
स्थान ७.१. – ५३.४. – १०१.१४. – २१७.२४. – २४५.७१६.
स्थानास्थानज्ञानबल ७.१.
स्थापनीयव्याकरण ८६.४.
स्थापयित्वा २२५.६३.
स्थामन् २२३.८०.
स्थायिन् १०.२५.
स्थाल २४०.४४.
स्थाली २२३.२०२.
स्थावर २४५.७०६.
स्थाविर २७५.१९.
स्थित २१.११५. – ३९.४.
स्थितः सर्वसत्त्वालोकनीयायां भूमौ १९.५८.
स्थितनिश्चित्तो नाम समाधिः २१.७८.
स्थितानवनतप्रलम्बबाहुता १७.१८.
स्थिति १०४.७३. – २४५.१२७०.
स्थितेरन्यथात्वं १३०.४१.
स्थितैव धर्मधातुस्थितिता ९४.५५.
स्थितो भूतकोट्यां १९.५७.
स्थिर
-वि २४५.४१६.
स्थिरमति १७७.११.
स्थूणोपस्थूणौ यामौ १९३.११.
स्थूणा २२६.७९.
स्थूल १३४.२१.
स्थूलकम्बल २३२.२०.
स्थूलभित्तिकता ८५.१४.
स्थूलात्यय २८१.२४.
*स्नात्रशाटक २७२.९.
स्नानप्रायश्चित्तिक २६१.६४.
स्नापन २४५.३७८.
स्नायु १८९.६१.
स्निग्ध २३०.४२. – ग २०.१.
स्निग्धनख १८.२.
स्निग्धपाणिलेख १८.४३.
स्निग्धभ्रू १८.६७.
स्नेह २०३.१६.
स्पर्श १०४.२. – ११३.६.
स्पर्शप्रज्ञपणा २४५.११३७.
स्पर्शविहार २५५.३.५.
स्पर्शस्वीकृति २८१.२६.
स्पर्शाहार ११८.२.
स्पृश् २६३.७०.
स्पृष्ट २४४.३५.
स्पृहा ११०.३१.
स्प्रष्टव्य १०१.२७.
स्प्रष्टव्यधातु १०७.१४.
स्प्रष्टव्यायतन १०६.१०.
स्फटिक २३५.३१.
स्फर् ६९.५.
-परि ८५.१२.
स्फरण २१.२३. – ३०.११. – २४५.८९.
स्फारिक १८६.६४.
*स्फारित्र २३३.८.
स्फाल २२७.१४.
स्फिच् १८९.२२.
स्फिज २७२.९२.

स्फीत २४५.११.
स्फुट २४५.९०.
स्फोट १३८.३०.
स्फोटक २६३.६३.
स्फोटनो नागराजा १६७.५०.
स्म १०.२६. — १५.१६.
°स्मर १५.१६.
स्मरशत्रु १६३.१२.
स्मित २४४.३०.
स्मितमुखपूर्वाभिलापिन् ३०.४३.
स्मृ
-अनु १५.१६.
स्मृत ६७.३.
स्मृति ९.६. — ५३.१. — ६७.४. — १०४.६. — २०२.११. — २१६.१३.
स्मृतिता ९.३. — १०४.५१.
स्मृतिदौवारिकासंपन्न १६.७६.
स्मृतिमत् ६७.३.
स्मृतिबल ४२.३.
स्मृतिविनय २६४.२.
स्मृतिसंबोध्यङ्ग ४३.१.
स्मृतीन्द्रिय ४१.३. — १०८.१६.
स्मृत्युपस्थान ३८.१ — ४.
स्यन्द् १५.४. — २४५.३५४.
-अभि ८५.६.
-परि ८५.१०.
*स्यन्दरक २८०.२४.
स्यन्दित २४५.८१३.
स्यात् २४५.६५.
स्याद्वाद २४५.१११६.
स्रम्भ्
-प्र ८१.३.
स्रष्टृ २४५.७३.
स्रस्तस्कन्ध २४५.७१८.
स्रु
-अव २७८.१५.
*स्रुवक १६७.११४.
स्रोतोऽनुगतो नाम समाधिः २१.२७.
स्रोतआपत्तिप्रतिपन्नक २२३.५६.
स्रोतआपन्न ४६.१. — २२३.६०.
स्रोताञ्जन २३१.६.
स्व १५.५५.
स्वक ४८.१२.
स्वकायादपि महावारिधारा उत्सृजति तद्यथापि नाम महामेघः १५.५५.
स्वकार्ययोगमनुयुक्तः १२६.८६.
स्वच्छ २४५.८८८.
स्वजन १८८ ३५.
स्वजातीय १६६.६६.
स्वजातीयदृष्टान्तोपसंहारलक्षण १६६.३.
स्वतन्त्र २४५.१०३६.
स्वतः प्रमाणं १६६.७५.
स्वतोऽसिद्ध १६६.८६.
स्वधा १३७.१७.
स्वपक्ष १६६.३२.
स्वप्न ३०.४६. — १३६.११.
स्वप्नाध्याय १६८.७.
स्वप्नान्तरगत २४५.२३७.
स्वप्नान्तिकरूप १६६.१०७.
स्वबाहुबलोपार्जित २४५.६४८.
स्वभाव २४५.१०६१.
स्वभावशून्यता ३७.१७.
स्वभावहेतु १६६.५३.
स्वर्गयान १८१.१.
स्वयंवाग्यसिद्ध १६६.६३.
स्वर १७.१३. — १८.५२. — १९.४०. — २०.३२ — २४.३७ — २६.४१.५४ — १३८.३२.५१. — २१५.२३. — २४४.१२७.

स्वरसनिरोध २४५.१००६.
स्वरूप २४५.१०६२.
स्वरेणाभिविज्ञापयति १३८.२६.
स्वर्ग २२४.२.
स्वर्गोपग २२३.२१.
स्वर्ण ६३.५.
स्वलक्षण १६६.३७.
स्वलक्षणशून्यता ३७.१४.
स्वसंवेदन १६६.१०६.
स्वसृ १८८.१८.
स्वस्ति १३७.६.
स्वस्तिक १८.८०. — १६८.३६.
स्वस्त्यायन १३७.१०.
स्वस्वामिलक्षणसंबन्ध २०१.३४.
स्वाख्यातो भगवतो धर्मः ६३.१२.
स्वाख्यातो भगवतो धर्मविनयः सुप्रवेदितः ६३.१६.
स्वाख्यातो मे भिक्षवो धर्मः ६३.२४.
स्वागत ४७.३६.
स्वाती १६५.१३.
स्वादुकामता ११०.२४.
स्वाध्यायन ३३.८.
स्वापतेय २४५.१२०.
स्वामिन् १.१८. — २०१.३४.
स्वामिवत् २०८.१.
स्वाहा १३७.२०.
स्वीय १५.१.
स्वेद १८९.१२७.
स्वेदमलावलिप्त २४५.६४६.
स्वोल २४६.६७.

ह

हंस २१३.१५२.
हंसविक्रान्तगामिन् १८.१३.
हट्ट २२६.२६.
हत २२३.२७७.
हतमस्य भवति श्रामण्यं २७८.५.
हतविष १.४४.
हतुन २४७.५०.
हन् २२३.११३.१६६.
-समव १२६.७२.
-प्रति २४५.२०३.
*हनन १८६.१६६.
हनु १७.११. — १८९.२३.
हन्त २२५.५६.
°हस् १.४८.
हर्मं २४६.१४. nap.
हय २१३.३८.
हरण २२३.२८६.
हरणाहारणयोर्हृतेनापि २८१.३३.
हरति प्रत्याहरति २८१.५६३.
हरि २४७.४७.
हरिकेश २७१.४६.
हरिण २१३.२७.
हरितकेश २७१.४६.
हरितत्व २७८.१२.
हरितशाड्वल २४५.७०३.
हरिताल २३४.६.
हरिद्रा २३४.८.
हरिभ २४७.४४.
हरिव २४६.४०.
हरिश्चन्द्र १७६.३.
हरिस २४६.४३.
हरीतकी २३१.१०.
हरुणा २४६.४६.
हर्म्य २२६.२७.
हर्म्यशिखर २२६.२८.

हर्ष २३७.२०.
हर्षजात १४५.६.
हल २२७.११.
हलदण्ड २२७.१२.
हलवंश २२७.१३.
हलिभ २४७.४६.
हलिभु २४६.४२.
हवच २४६.८५.
हवन १६७.२०.
हवल २४७.८९.
हवत्र २४७.८८.
हव्य २४५.४४२.
हस्त १७.२६.२७.२९. — १८९.३६. — २५१.१४. — २७१.१६८.१६९. — २८१.१६७.
हस्ततल १८९.५८.
हस्तपृष्ठ १८९.४६.
*हस्तसंवाचक २४५.१२७७.
हस्तसंधुनक २६३.६६.
हस्ता १६५.११.
हस्ताभरण २३७.४०.
हस्तावलेहक २६३.६४.
हस्तिकद्य ६५.७५.
हस्तिकच्छो नागराजा १६७.४३.
हस्तिकर्ण १६८.४. — २७१.६९.
हस्तिकाय १८३.१.
हस्तिग्रीव २१७.३०.
हस्तिजोड २७१.६४.
हस्तितुण्डावलम्बित २६३.५.
हस्तिदत्त २७१.१०३.
हस्तिन् २१३.३३.
हस्तिनास २७१.८७.
हस्तिनियंस १८५.८.
हस्तिरत्न १८१.११.
हस्तिशाला २२६.११६.
हस्तोपग २३७.५१.
हस्त्याजानेय २१३.३.
हस्त्यारूढ २६३.६२.
हह्व २१५.४.
हा १३०.१४.
हा २२५.४८.
हा कष्टम् २४४.१३१.
हानि ९.७—१२.
हार २३७.१२.
हारिद्रकेश २७१.४५.
हारीत १७६.२.
हारीतकी २३१.२७.
हालाहल २४५.७४१.
हासवती १६७.५२.
हास्य २२०.५. — २४५.७२६.
हाहाकारकिलिकिलाप्रक्ष्वेडितशब्द १३८.४१.
हि १९९.७९. — २४४.६५.
हिक्का १८९.१३०. — २८४.१७.
हिङ्गु २३१.६५.
हिङ्गुल २३४.१३.
हित ३०.१६. — १४१.१. — २४४.१३७.
हितचरणसंक्रम १७५.४.
हिवा २२५.६४.
हिमवत् १६४.१४. — २२३.१६८.
हिरण्य २३५.१७.
हिरण्यगर्भ १६३.१.
हीन २४५.८६२.
हीनधातुक २४५.१२६४.
हीनयान १०.३२. — ५९.४.
हीनाधिमुक्तिक १२७.७.
हीर २३५.८.
हु १६७.२१.
हुत १४०.१०.

हुतभुज् २४५.६६१.
हुताशन २४५.६६०.
हुलुण्डो नागराजा १६७.५२.
हुहुव २१५.५.
हृ २२३.२६०. – २८१.१६३.
-प्रत्या २८१.१६३.
-प्रव्या २६३.५३.
-वि ६७.१–४. – ६८.१–४. –
६९.५. – ७०.३–८. – ७१.७.८.
हृदय १८९.३४.
हृदयप्रदेश १८९.६६.
हृदयसंतुष्टिकारिन् २०.१६.
हृद्य १३५.१५.
हृषिताचिन १४५.७.
हे २४५.३३८.
हेतु ५४.८. – ११४.१–६. – १९९.१६.
५३–५८. – २१६.१०. – २४४.३७.६९. –
२४५.१२१६. – २४९.३०.
हेतुक २४५.१००४.
हेतुप्रत्यय ११५.१.
हेतुविद्या ७६.२.
हेतुदिल २४८.१२.१३.
हेत्वाभास १९९.२८. – २००.१४.
हेत्विन्द्रिय २४८.१४.१५.
हेम २३५.३४.
हेमजाल २३९.१९.
हेमदामन् २३९.१६.
हेमनिष्क २३७.६.
हेमन्त २५३.४०.
हेमात्र २४६.५९.
हेयोपादेय २४५.७६४.
हेरि १८६.१३५.
हेलुग २४६.४४.
हेलुप २४६.८२.
हेलुवु २४७.८६.
हेवर २४६.३४. – २४७.३८.
हैमन्तिक २८१.८२.
हैमन्तिकावारा २२६.१३५.
हैमवत २७५.१६.
होतृ १९७.१८.
होम १९७.११.
होमोपकरण १९७.१७.
ह्रद १९५.१४.
ह्रस्व १०१.४३.
ह्रस्वमाश्वसन् ह्रस्वमाश्वसामीति यथाभूतं प्रजानाति ५३.८.
ह्रस्वं प्रश्वसन् ह्रस्वं प्रश्वसामीति यथाभूतं प्रजानाति ५३.९.
ह्री ९९.११.
ह्री १०४.१३.
ह्रीधन ७८.३.
ह्रेपण २४५.४१०.

Замѣченныя опечатки.

			Напечатано:	Слѣдуетъ читать:
Стр. 1	§	१.	गौतमः । ७४	गौ° । ७६
» 2	»	५.४.	प्रत्यवेक्षणाज्ञानं	प्रत्यवेक्षणाज्ञानं
» 6	»	१८.१.	अनात्मनखः	अनात्म°
» 16	»	४०.४.	मीमंसा°	मीमांसा°
» 17	»	४७.२३.	बाष्प	वा°
» 21	»	६३.१.	ब्रह्मचार्य	°चर्य
» 29	»	६३.५.	पण्यक्रियावस्तु	पुण्य°
» 31	»	१००.३.	संज्ञास्कन्ध	°स्कन्धः
» 32	»	१०१.७३.	बुभूक्षा	बुभुक्षा
» 44	»	१४४.१०.	अतकावचरः	अतर्का°
» 44	»	१४४.११.	अनिदशनः	अनिदर्शनः
» 50	»	१६६.६.	वज्रदृढनेत्रः	वज्र°
» 55	»	१८६.१२५.	चमकारः	चर्म°
» 61	»	१९७.१४१.	काखोर्दः	काखोर्दः
» 71	»	२२३.२७१.	धनुरारोपनं	धनुरारोपणं
» 79	»	२३६.	जीवितोपकरणं । ३५	जी° । ३२
» 81	»	२४४.१४.	एकांशमुत्तरा°	एकांश°
» 90	»	२४५.६५२	пропущенъ.	
» 94	»	२४५.१०५४.	प्रत्यवेक्षयितव्यः	प्रत्यवेक्ष°
» 113	»	२७८.१६.	°ब्रह्मचारीप्रतिज्ञा	°चारि°
» 117	»	прим. 10	стр. IV	стр. I
» 121	»	(указатель)	अतितुण	°णक